세 계 전 도
0 1500 3000km
30° 0° 30° 60° 90° 120°
75° 60° 45° 30° 15° 0° 15° 30° 45° 60°
그린란드(덴)
그린란드해
스피츠베르겐섬
스발바르제도(노)
노스이스트랜드섬
젬랴프란차요시파제도
콤소몰레츠섬
세베르나야젬랴제도
볼셰비크섬
노바야젬랴섬
바렌츠해
카라해
랍테프해
타이미르반도
북시베리아평원
서시베리아평원
중앙시베리아고원
스타노보이산맥
노르웨이해
아이슬란드
레이캬비크
페로스제도(덴)
북대서양
노르웨이
스웨덴
핀란드
헬싱키
오슬로
덴마크
영국
아일랜드
러시아
모스크바
유럽
카자흐스탄
우크라이나
프랑스
파리
포르투갈
에스파냐
이탈리아
그리스
터키
알제리
리비아
이집트
모로코
서사하라
모리타니
말리
니제르
차드
수단
사하라사막
아라비아반도
사우디아라비아
예멘
오만
이란
이라크
아프가니스탄
파키스탄
인도
중국
아시아
몽골
몽골고원
울란바토르
베이징
대한민국
서울
네팔
방글라데시
미얀마
타이
베트남
필리핀
타이완
말레이시아
인도네시아
자카르타
스리랑카
몰디브
아라비아해
벵골만
인도양
아프리카
에티오피아
소말리아
케냐
탄자니아
앙골라
나미비아
보츠와나
잠비아
짐바브웨
모잠비크
남아프리카공화국
마다가스카르
세이셸
모리셔스
남대서양
세인트헬레나섬(영)
오스트레일리아
그레이트샌디사막
그레이트빅토리아사막
동티모르
프린스에드워드제도
크로제제도(프)
케르겔렌제도(프)
적도
국계
수도
주요도시
12:00 NOON
PM2:00
PM4:00
PM6:00
PM8:00
지도제작 : 대승지도 02) 2232-0322

북극해
동시베리아해
추코트해
보퍼트 해
베링해
알래스카만
북태평양
태평양
남태평양
북대서양
래브라도해
배핀 만
허드슨만
카리브해
멕시코만
그린란드
캐나다
미국
북아메리카
멕시코
남아메리카
브라질
페루
볼리비아
칠레
아르헨티나
파라과이
우루과이
에콰도르
콜롬비아
쿠바
뉴질랜드
폴리네시아
멜라네시아
미크로네시아
하와이제도
호놀룰루
갈라파고스제도
퀸엘리자베스제도
엘즈미어섬
배핀섬
빅토리아섬
뱅크스섬
앵커리지
밴쿠버
시애틀
샌프란시스코
로스앤젤레스
시카고
워싱턴
뉴욕
오타와
몬트리올
토론토
멕시코시티
아바나
파나마
보고타
카라카스
키토
리마
라파스
브라질리아
산티아고
부에노스아이레스
몬테비데오
아순시온
웰링턴
오클랜드
남회귀선
적도
날짜변경선
12:00 MIDNIGHT
AM2:00
AM4:00
AM6:00
AM8:00
180°
150°
120°
90°
60°
30°
75°
45°
15°
0°

[개정판]

사례로 배우는

글로벌 경영학

사례로 배우는

글로벌 경영학

김기현 지음

pegasus

머리글

오늘날 우리는 국경의 의미가 날로 모호해지고 있는 지구촌 속에서 살아가고 있다. 이처럼 전 세계가 '하나의 지구촌, 하나의 시장'으로 되어가는 글로벌 경영환경 하에 우리 기업들은 생존을 위해 오늘도 치열한 경쟁을 하고 있다. 좁은 국토와 부족한 부존자원을 가진 우리나라의 환경에서 기업들에게 해외시장의 중요성은 아무리 강조해도 지나치지 않다. 우리 기업들이 국경 없는 무한경쟁시대에 생존하여 지속적으로 성장, 발전하기 위해서는 글로벌 경영 마인드로 무장하고 적극적으로 해외시장에 진출하여 기업의 글로벌 경쟁력을 키워가야 한다.

대한민국의 인적 자원만이 우리 기업의 인적 자원이 아니고, 전 세계의 우수한 어떤 국적의 인적 자원도 우리 기업의 인적 자원으로 활용할 수 있다는 생각이 바로 글로벌 경영 마인드의 한 예이다. 우리 기업들은 전 세계의 인적, 물적 자원을 효율적으로 활용하면서 경쟁력을 배양하고, 전 세계 시장을 대상으로 글로벌 경영활동을 펼쳐가야 한다.

이 책은 우리나라 기업들이 지금처럼 치열한 글로벌 경영환경 하에서 어떻게 대처하며 글로벌 경쟁력을 강화해야 하는가에 초점을 맞추어 서술하였다. 글로벌 경영환경에 대한 이해를 통해 글로벌한 시각과 안목을 기르고, 이에 따른 해외시장 진출전략 그리고 범세계적인 관점에서 추진해야할 글로벌 경영전략 등을 자세히 다루는데 주력하였다.

이 책은 총 4부로 구성되어 있다. 제1부는 글로벌경영에 대한 이해를 돕기 위한 기초 개념 소개에 중점을 두었다. 제2부는 우리 기업들이 해외시장으로 진출할 때 직면하게 되는 시장국별 다양한 문화적, 경제적, 정치적·법률적 환경과 관련된 주요 내용들을 이해하고 이를 토대로 전략적으로 대응하는데 필요한 지식습득의 중요성을 강조하고 있다. 제3부는 우리 기업들이 전 세계를 대상으로 글로벌 경영활동을 추구함에 있어서 반드시 알아야 할 매우 중요한 내용인 수출, 국제계약, 해외직접투자 등의 해외시장 진출전략을 자세히 소개하였다. 제4부는 치열한 글로벌 경쟁환경에 직면하고 있는 우리 기업들이 범세계적인 경쟁에 효율적으로 대처하기 위한 글로벌 경영전략 중에서 최근 전 세계 많은 기업들이 활용하는 국제 M&A전략과 국제 전략적 제휴를 중심으로 주요 핵심 내용들을 설명하고 있다.

이 책은 다음과 같은 몇 가지 목적을 가지고 서술하였다.

첫째, 저자의 오랜 강의 경험에서 보면, 글로벌 경영학에서 지나치게 다양한 내용과 이론을 중심으로 가르치다보니 학생들이 나무는 보면서 숲을 보지 못하는 경우가 많았다. 글로벌 경영학 분야는 방대하지만 독자들의 주의를 분산시키지 않고, 글로벌 경영의 기본적 큰 틀을 이해하도록 하기 위해 반드시 알아야 할 핵심 부문을 중심으로 서술하였기 때문에 마지막 장까지 모두 학습하여야 한다.

둘째, 이 책은 글로벌 경영학 분야에 처음 입문하는 학생이나 현업에 종사하는 경영자가 글로벌 경영에 대하여 좀 더 쉽게 이해할 수 있도록 하는 목적에서 서술하였다. 어려운 문장이나 표현은 피하고, 이해하기 쉬운 문장으로 서술하고자 노력하였다. 따라서 오래되고 딱딱한 이론적 배경은 가능한 한 배제하고, 최근 글로벌 경영현장에서 일어나고 있는 현실의 내용들을 충실히 반영하는데 중점을 두었다. 글로벌 경영의 흐름은 아주 빠르게 변화되고 있기 때문에 과거 이론의 틀에 얽매이지 않고, 최근에 전 세계에서 진행되고 있는 기업들의 글로벌 경영 트렌드를 소개하고자 하였다.

셋째, 이 책의 제목처럼 실제 사례를 통해서 글로벌 경영을 보다 쉽게 이해하도록 하였다. 일반적으로 본문의 내용이 이해가 잘 되지 않더라도 실제 사례를 들려주면 이해가 빨리 되는 경우가 많다. 이 책에는 글로벌 경영현장의 최근 실제 사례들을 소개하고 있는데, 본문의 내용을 읽은 후 박스 내의 실제 사례들을 접함으로써 본문의 의미를 현장감과 현실감 있게 이해하도록 하는 의도를 가지고 이 책을 썼다. 나아가 실제 사례들을 다양하게 접함으로써 현재·미래의 경영자들이 향후 이를 적용하고 응용하는 능력이 길러질 것으로 기대한다.

이러한 목적으로 출간된 이 책은 많은 부족함에도 불구하고 2011년 대한민국학술원의 우수학술도서로 선정되었다. 하지만 실제 사례를 통해 글로벌 경영학을 쉽게 이해시킨다는 본래 의도에 맞게 최신 사례들을 자주 업데이트 시켜야 함에도 불구하고 이런저런 이유로 개정을 미루면서 마음이 무척 무거웠다. 이번에 책에 있는 오래된 사례들을 최근 글로벌 경영 트렌드에 맞게 대폭 교체하는 지난한 작업을 거쳐서 올해 개정판을 내놓게 되었다. 독자 여러분들의 아낌없는 지적과 조언을 겸허한 마음으로 받아들일 것이며, 부족한 부분이나 오류는 앞으로 계속 수정, 보완해 나갈 것이다.

끝으로 늘 사랑과 지원을 아끼지 않으셨던 고마운 부모님, 항상 곁에서 따스하게 격려해 주는 아내와 가족, 그리고 미래의 글로벌 경영자들에게 이 책을 바친다.

2021년 2월

세계지도를 바라보며

김기현

제1부 글로벌 경영의 이해

제3부 기업의 해외시장 진출전략

제4부 글로벌 경영전략

GLOBAL BUSINESS

제1부

글로벌 경영의 이해

글로벌 경영의 이해에 앞서 우리는 세계지도를 매일 바라보며 얼마나 많은 국가들이 이 지구상 어디에 존재하는지를 이해하는 것이 필요하다. 우리나라에 서울, 부산, 대구, 대전, 광주, 제주도 등이 어디에 있는지 알고 있듯이, 이제 글로벌화로 인하여 단일 지구촌화 되어가고 있는 지구를 바라보면서 세계에 어떤 나라가 어디에 위치해 있는지, 그 나라의 규모는 어떠한지, 그리고 그 나라에 어떤 대표적 지명들이 있는지를 숙지하고 친숙해 지는 것이 글로벌 경영자의 첫 임무이다.

제1장

글로벌 경영의 이해

이 장에서는 글로벌화가 급속히 진전되는 배경을 먼저 살펴본다. 오늘날 거의 모든 기업들이 글로벌 경영활동에 직접 참여하거나, 이러한 활동에 영향을 받고 있는데, 글로벌 경영의 의미와 주체, 글로벌 경영의 동기 및 특징에 대하여 알아본다.

1.1 세계경제의 글로벌화(globalization)와 글로벌 경영활동

오늘날 국가별 국경의 의미가 점점 약해지면서 그 동안 지리적 장벽, 심리적 거리감, 정부의 규제 등에 의해 분리되었던 각 국가경제가 상호 긴밀한 영향을 주고받는 경제체제로 통합되어 가는 세계경제의 글로벌화(globalization) 시대에 살고 있다. 글로벌화란 '단일 지구촌화'와 같은 의미로 이해할 수 있는데, 과거 국경으로 나누어졌던 각 국가별 시장들이 전 세계적으로 하나의 시장(one market)으로 통합되어가는 과정을 의미한다. 글로벌화의 진전에 따라 과거보다 더 쉽게 제품과 서비스, 기술, 자본, 사람 등이 국가 간에 이동되고 있다.

이러한 글로벌화 현상은 시간이 갈수록 심화되어 가고 있으며, 글로벌화가 진전되면 될수록 기업의 글로벌 경영활동은 더욱 촉진될 것이다. 즉 글로벌화를 촉진시키는 요인들은 바로 기업의 글로벌 경영활동을 촉진시키는데도 직접적인 관련을 가지고 있다. 글로벌화와 글로벌 경영을 촉진하는 배경은 한 마디로 설명하기는 어렵고 다음과 같은 주요 요인들이 상호 작용한 결과로 보아야 할 것이다.

1. 정보·통신 및 운송 기술의 발달

정보·통신 및 운송기술의 발달이 글로벌화를 더욱 가속화 시키고 있다. 과거에 지구촌 사람들이 경험했던 시간적 격차와 공간적 거리는 급속히 단축되고 있으며, 사람과 물건의 이동, 생활과 문화의 전파속도도 엄청나게 빨라지고 있다.

컴퓨터, 인터넷 등 정보·통신기술의 발달로 인하여 전 세계 국가들이 국경 없는 경제에 흡수되어 가고 있으며, 이러한 정보혁명은 구 공산권 국가들을 자유화시키는데도 큰 기여를 하였다. 보다 저렴해진 정보·통신 관련 비용은 세계 경제활동을 더욱 촉진시키고 있고, 지구촌 여러 민족의 라이프 스타일까지 크게 변경시키고 있다. 정보·통신과 운송기술의 발달에 힘입어 국경을 초월하여 정보와 인적· 물적 교류가 가속화됨에 따라 과거 국가 간에 존재하던 다양한 문화, 소비자 니즈(needs), 라이프 스타일 등의 차이가 급격히 줄어들면서 소비자의 기호와 수요에서 공통성과 유사성이 나타나고 있다. 최근에 크게 유행하고 있는 신종 코로나바이러스가 전 세계적으로 빠르게 확산되는 것을 보면 인적 교류가 지구촌에서 얼마나 활발히 일어나고 있는지를 실감나게 해주는 좋은 예이다.

정보·통신 및 운송기술의 발달에 따른 비용절감 효과로 인하여 기업들이 전 세계 많은 나라에 소재하고 있는 해외자회사들을 글로벌 관점에서 통합 관리하는 것을 보다 용이하게 하고 있다. 과거에는 해외자회사 관리에 상당한 비용이 소요되었지만, 지금은 글로벌 경영활동에 요구되는 운송, 통신 등의 제반 비용뿐만 아니라 세계 여러 국가의 소비자 니즈를 파악하여 이에 적절히 대응하는 관리비용 등도 대폭 낮아지고 있다. 즉 기업들은 외국으로의 출장기간도 단축하고, 외국의 다양한 정보를 손쉽게 수집할 수 있게 되었으며, 모기업과 해외자회사간의 의사소통도 전자메일 등을 이용하여 원활히 이루어지게 됨으로써 효과적으로 해외자회사를 관리할 수 있게 되었다.

따라서 본사국의 사업기반을 해외로 확장하는 것이 과거에는 대규모 기업에게만 가능하였지만, 정보·통신 및 운송기술의 혁신에 힘입어 지금은 중소규모의 기업들에게도 해외로 사업영역을 확대하면서 글로벌 경영활동을 수행하는데 유리한 환경이 조성되고 있다.

2. 무역·투자 장벽의 완화 및 지역경제통합의 촉진

우루과이라운드(UR: Uruguay Round)의 타결과 세계무역기구(WTO: World Trade Organization)의 출범으로 각 국가들의 시장개방이 확대되고, 자본, 기술, 제품, 서비스, 지적재산권 등의 국가 간 이동이 빠른 속도로 자유화되고 있다. 이러한 자유화로 인하여 기업들의 해외직접투자, 국제계약, 수출 등이 더욱 가속화되고 있다.

과거 GATT로부터 현재의 WTO체제에 이르기까지 지역경제통합의 흐름은 오랜 역사를 가지고 있다. 글로벌화를 주도적으로 추진해온 미국의 경우 멕시코, 캐나다를 연결하는 북미자유무역협정(NAFTA: North American Free Trade Agreement)을 통해 기존의 경제통합 정도를 보다 높여 가고 있다.

또한 유럽연합(EU: European Union)은 유로존 국가를 중심으로 유로(Euro)라는 단일화폐로 통합을 단행하면서 실질적인 경제 통합을 추구하고 있다. 1993년 마스트리히트 조약을 거쳐, 2009년 12월 1일 유럽연합(EU)의 새로운 헌법인 리스본 조약이 발효됨에 따라 유럽연합(EU)은 정치·경제적으로 통일되면서 인구는 약 5억, 경제규모는 미국과 맞먹는 거대한 '유럽합중국'으로 다시 태어났다.

그러나 영국은 이민자, 난민 등의 문제로 2020년 1월 31일 EU에서 탈퇴하는 브렉시트(Brexit)를 단행하였고, 영국의 탈퇴로 2021년 1월 기준으로 EU가입국은 27개국이 되었다. 유럽연합(EU)은 하나의 국가처럼 통합되어가는 과정에서 많은 시련에 직면함에도 불구하고 유럽국가들 간의 전쟁 없는 평화를 추구하는 하나의 유럽을 향해 계속 나아가고 있고, 국제사회에서 미국·중국·러시아 등 강대국들과 어깨를 나란히 하는 정치공동체로서의 위상도 지켜나갈 것이다.

유럽연합(EU)의 지속적인 지역경제통합의 확대는 역내 국가 간의 무역장벽 해소를 통해 자유무역 질서를 확대하게 된다. 이에 따라 역내 기업들의 역내 교역과 역내 경쟁이 증가하게 되고 자원배분과 생산이 효율화되면서 EU경제의 성장잠재력은 더욱 커지게 된다. 또한 역내 기업들도 EU시장의 확대로 규모의 경제에서 오는 경쟁적 강점을 활용할 수 있게 된다는 측면에서 볼 때 이러한 유럽연합(EU)의 역내 글로벌화는 세계의 다른 지역경제블럭의 글로벌화로 더욱 확대되어 나아갈 것으로 전망된다.

3. 사회주의 국가의 시장개방화

제2차 세계대전 이후 지구촌을 갈라놓았던 동서 양진영의 이념과 체제경쟁이 구소련의 붕괴와 독일통일로 마감되면서 하나의 자유경제체제가 형성되어 가고 있다. 1989년 베를린 장벽 붕괴와 동·서독 통일 그리고 1991년 소련해체에 따른 미·소 냉전체제 붕괴 후 러시아를 필두로 중국, 베트남 등의 공산주의 국가와 헝가리, 폴란드 등 동구권 사회주의 국가들이 중앙계획경제체제에서 탈피하여 시장개방화를 통한 자유경제체제를 적극 도입하고 있다. 즉 이들 국가들은 국영기업의 민영화, 주식시장과 시중은행의 창설, 시장가격제도의 도입, 사유재산제 및 기업의 파산 인정 등 자본주의적 경제체제로 전환하고 있다.

이러한 사회주의 국가들의 경제개혁은 우리 기업들에게 새로운 시장기회를 제공한다. 특히 중국은 2001년 WTO에 가입하면서 시장 개방화에 더욱 적극 나서게 되었고 세계의 많은 기업들이 중국에 몰려들면서 세계의 생산공장이 되었다. 이러한 사회주의 국가들의 시장경제로의 전환은 세계경제의 글로벌화를 더욱 가속화 시키고 있는 것이다.

지금까지 언급한 정보·통신 및 운송기술의 발달, 무역·투자 장벽의 완화, 사회주의 국가들의 시장경제체제로의 전환 등은 우리 기업들의 해외진출을 용이하게 하였을 뿐만 아니라, 전 세계 여러 나라에 소재하고 있는 해외자회사들을 통합 관리하는 것을 더욱 편리하게 하고 있다.

국경의 개념이 점점 더 약해지고, 자본의 이동이 보다 용이하게 됨에 따라 기업들은 원가절감을 위하여 제품생산에 필요한 여러 가지 공정을 전 세계에 분산하는 '생산의 글로벌화'를 추구하고 있기 때문에 오늘날 제품의 국적은 더 이상 중요하지 않다. 미국제, 일본제, 한국제품이라는 국적(made in)의 개념보다는 Samsung, LG, Apple, Sony, Levis, Nike 등 어느 기업에 의해 만들어졌는가(made by) 또는 설계되었는가(designed by)라는 사실이 더 중요한 현상이 되어가면서 국가브랜드보다 기업브랜드의 영향력이 더욱 중요해 지고 있다.

이와 같이 세계경제의 글로벌화가 진행되면서 우리가 깨닫게 되는 중요한 사실은 이제 소비자들은 어떤 제품을 어느 국가가 아닌 어느 기업이 만들었는지, 그리고 얼마나 저렴하면서도 품질이 좋은지에 관심을 더 가진다는 것이다. 따라서 기업들은 이러한 글로벌 경영환경을 잘 활용하여 애국심에 의존하는 마케팅 전략보다는 좋은 품질의 제품을 더욱 저렴하게 소비자에게 공급할 수 있는 글로벌 경쟁력을 키우는데 주력해야 할 것이다.

세계화와 정보통신의 발달 그리고 무역

1980년대 후반부터 '세계화'라는 단어가 부쩍 쓰이기 시작했다. 구소련 등 공산권 국가들이 무너지고 공산주의 국가와 자본주의 국가 간의 장벽이 무너지기 시작할 때였다. 이후 전 세계는 이념의 차이가 무너지고 공교롭게 거의 동시에 피어나기 시작한 정보·통신의 발달로 국가 간의 거리감이 줄어들었다.

소비문화 역시 서로 긴밀하게 영향을 주고받는 1개의 경제권으로 통합되기 시작했다. 바로 '세계화'의 시작이었다. 그리고 세계화는 여전히 진행되고 있다. 그 바탕에는 전 세계의 자유주의적 자본주의화와 정보·통신·교통 등 기술의 혁신적 발전을 두 축이 존재하고 있다.

자유주의적 자본주의화

세계화를 확실하게 촉발시킨 것은 구소련의 붕괴이고, 이를 사람들에게 확실하게 인식시킨 것은 중국의 개방이다. 이전에는 자유진영과 공산진영으로 나뉘어 각자 먹고 사는 식이었다. 그런데 구소련의 붕괴까지는 공산권의 소멸이라는 순전히 정치적 사건이었다.

하지만 국민이 잘 살면 자본주의든 공산주의든 상관없다는 흑묘백묘론을 표방하며 시작한 중국의 개방으로 양 진영 간의 장벽의 붕괴는 본격적으로 경제적인 국면으로 변하기 시작했다. 중국의 제품이 처음 세계시장에 나타나기 시작했을 때는 그야말로 아주 놀라운 웃음거리였다. 우선 엄청나게 저렴한 제품의 가격에 놀라고, 그에 못지않게 조잡한 품질에 실소를 짓게 했다.

1993년에 파나마에 있던 나는 중국산 자전거를 단돈 1만원에 샀던 기억이 난다. 그러고는 자전거를 만드는 쇠값과 파나마까지 운송하는 비용만 해도 1만원이 넘을 텐데 어떻게 이 가격이 가능하지 라는 의문을 가졌었다. 그리고 지금도 '그 때 내가 샀던 자전거가 정말 1만원이었나?' 하고 스스로의 기억에 대하여 의심을 품곤 한다.

그 때만해도 중국은 해외에 수출을 하면 정부에서 기업에게 인센티브로 수출보조금을 주고 있었기 때문에, 제품에서는 손해가 나도 수출보조금으로 이익을 맞출 수 있었기에 아주 불가능하지는 않았을 거라는 생각도 한다.

아무튼 그 때부터 한국의 수출업체들은 일본이라는 앞서가는 경쟁자와 어마어마한 가격 경쟁력을 가지고 덤벼드는 중국 사이에서 샌드위치가 되기 시작했다. 그리고 세상의 모든 자본가들은 돈을 싸들고 중국으로, 중국으로 달려가서 공장을 차리고 수입할 물건을 사들이기 바빴다.

저임금을 바탕으로 한 노동집약적 산업제품의 생산기지였던 한국은 중국으로 말미암아 순식간에 고임금·저기술 제품을 만드는 국가가 되어버렸다. 이제 바야흐로 세계는 자유와 자본주의의 기치아래 하나의 경제권으로 묶였다.

무역장벽의 급진적 완화는 기업들의 입장에서는 세계의 절반이라는 어마어마한 새로운 시장의 돌연한 출연이었다. 소비시장은 통일되었고 생산기지 또한 전 세계 어디든 가장 비용이 낮은 곳을 선택할 수 있게 되었다. 시장과 생산이 세계화되고, 이로 인해 세계 무역, 해외직접투자, 수입이 증가하는 것은 기업이 자국시장에서 더 많은 해외업체와 경쟁해야 한다는 것을 의미했다.

정보통신의 발달

자유주의적 자본주의화가 시장과 생산의 세계화에 대한 바탕을 만들었다면, 기술의 혁신적 발전은 세계화를 현실로 만들었다. 세계는 인터넷을 포함한 정보처리, 커뮤니케이션, 운송기술의 급격한 발전을 경험하였다.

전자화된 미디어의 발전은 전 세계 사람들이 동일한 문화를 경험하게 했다. 북극 끝에서 남극 끝까지 사람들은 위성tv를 통하여 할리우드의 영화를 보고, 중국에서 생산한 청바지를 입으며, 스마트폰으로 통화를 하며 출근한다.

흔히 현대를 디지털시대라고 한다. 이 디지털시대를 가능하게 한 4가지 법칙이 있다. 마이크로프로세서의 성능은 매 18개월마다 2배증가하는 반면 비용은 유지된다는 무어의 법칙(Moore's Law), 광섬유를 이용한 통신 채널의 속도는 1년에 2배씩 증가한다는 길더의 법칙(Gilder's Law), 네트워크의 가치는 사용자 수의 제곱에 비례하지만 비용의 증가율은 일정하다는 메카프의 법칙(Metcalfe's Law), 그리고 거래비용의 감소에 따라 기업 내 조직의 복잡성은 줄어들고 또한 기업 수도 줄어든다는 코어스의 법칙(Coase's Law)이 있다.

이 4가지 기술은 정보통신 기술의 발전에 크게 기여하였다. 사람들은 이제 인터넷을 통하여 누구든지 간에 24시간 시차 없이 실시간으로 연결할 수 있게 되었다. 이제 누구나 가지고 다니는 스마트폰의 기억용량은 인류가 최초로 달에 보낸 우주선 아폴로 11호보다 훨씬 크게 되었다.

그리고 인류는 인터넷을 통하여 연결되었다. 인터넷은 구매자와 판매자들이 서로의 위치나 규모에 상관없이 서로를 더욱 쉽게 찾을 수 있게 해주었다. 또한 기업의 크고 작음에 상관없이 저렴한 비용으로 전 세계에 자신을 알릴 수 있게 되었다. 고도로 발달한 통신기술은 80년대 이전에는 전혀 상상도 하지 못할 방식으로 생산하고 소비할 수 있게 되었다.

운송기술의 발달

운송기술의 발달은 자동차의 전자화나 대형 항공기의 발달도 발달이지만, 실생활이 더 많은 영향을 미친 것은 아무래도 컨테이너선의 등장일 것이다. 컨테이너선의 등장은 운송의 개념과 사업방식을 완전히 변화시켰다.

이전에는 부두 노동자들이 등짐지고 배에서 하역하던 일들을 거대한 크레인이 배에서 컨테이너 박스를 올리고 내리는 방식으로 바뀌었다. 이전에 수백 명이 며칠 걸려서 하던 일이 이제는 고작해야 하루 이틀이면 크레인으로 다 해결할 수 있다. 또한 화물의 크기가 컨테이너라는 용기로 규격화함에 따라 운송 효율이 대단히 증가하고, 제품의 장거리 운송비용을 크게 낮추었다.

운송비의 하락은 거리상으로 떨어진 지역에서 나눠 생산하는 방식이 점점 더 높은 경제성을 갖게 되었다. 기업들은 세계적으로 분산된 생산 및 물류시스템을 구축할 수 있게 되었고, 이는 생산의 세계화로 이어졌다. 예를 들면 하나의 청바지를 만드는 데도 원면의 생산은 인도에서, 부속품은 베트남에서, 염색은 한국에서, 봉제는 중국에서, 최종 포장은 한국에서 이루어진다.

이처럼 국경을 넘어선 무역과 투자의 규모가 매우 빠르게 늘어났다. 더불어 국가 간의 경제가 하나의 글로벌 경제로 묶여지고 서로 간에 의존하는 정도가 더욱 심화되고 있다. 이는 타국의 발전의 덕택으로 인근국의 경제 수준이 올라가면서 많은 나라들이 빈곤을 벗어나고, 선진국에 근접하는 부의 성장을 보여주었다. 증가하는 국제 무역과 투자는 제품과 서비스의 가격을 낮추거나, 적어도 올라가지 않도록 막아주는 데 성공하였다.

그 덕분에 세계화에 참여한 모든 국가들의 경제성장, 소비자 복지의 향상, 일자리 창출을 촉진하였다. 하지만 빛이 있으면 그늘이 있는 것처럼 세계화에 반대하는 목소리도 점차 커져 가고 있다. 기업 일자리의 해외이전으로 인한 선진국의 고질적 실업률 증가, 기계화로 인한 미숙련 노동자들의 임금수준 하락, 환경오염 등이 그 반대의 이유이다.

[조세일보 2017.04.19.]

1.2 글로벌 경영의 의미와 주체

기업이 본사국을 포함하여 2개국 이상에서 수출입, 국제계약, 해외직접투자 등의 다양한 형태의 국제적인 사업 활동을 수행하는 것을 글로벌 경영이라 할 수 있다. 오늘날과 같이 글로벌화가 급진전되고 있는 상황 하에서 외국기업과 직접 거래관계가 없거나, 해외로 진출하지 않고 국내에서만 경영활동을 하는 순수국내기업이라 할지라도 글로벌 경영에 대한 이해는 필수적이다. 왜냐하면 순수국내기업이라도 국내시장에 진출하여 글로벌 경영을 수행하고 있는 외국기업들과 경쟁으로 인하여 순수국내기업의 수익성이 크게 영향을 받기 때문이다.

다시 말해, 순수하게 국내시장만을 대상으로 경영활동을 하는 기업이라고 하더라도 국내에 진출한 외국기업과의 경쟁에서 이기기 위해서는 그 경쟁기업의 글로벌 경영활동에 대한 이해가 선행되어야 올바른 전략적 대응이 가능하기 때문이다. 따라서 수출입거래, 국제계약, 해외직접투자 등의 경영활동에 직접 참여하지 않는 순수국내기업 뿐만 아니라 다른 일반기업들도 외국기업들의 글로벌 경영활동에 직간접적으로 노출되어 영향을 받고 있다는 점에서 오늘날 우리나라 모든 기업들은 글로벌 경영을 이해할 필요가 있는 것이다.

그러면 글로벌 경영의 주체는 누구인가? 기업의 글로벌 경영활동, 즉 수출입거래, 국제계약, 해외직접투자 등을 어느 한 국가에 국한시키지 않고, 모국을 포함하여 2개국 이상에서 수행하는 모든 기업들이 글로벌경영의 주체이다. 오늘날 글로벌화의 급속한 진전으로 과거와는 달리, 다국적기업이나 대기업뿐만이 아니라 중소기업들도 글로벌 경영의 주체라고 할 수 있다. 특히 최근에 대기업뿐만 아니라 중소기업들도 해외직접투자를 급격히 증대시킴에 따라 글로벌 경영활동은 단순히 대기업만이 아닌 중소기업들도 피할 수 없는 경영방식인 것이다.

1.3 글로벌 경영의 필요성

1. 매출액과 이익의 증대

국내시장이 협소하거나, 제품수명주기 상의 성숙기나 쇠퇴기에 도달한 제품군이거나, 또는 치열한 국내 경쟁이 존재하는 경우에 국내시장만으로는 고객과 구매력은 제한되기 때문에 더 나은 성장기회를 찾아서 기업들은 전 세계로 시장을 확대하여 글로벌 경영활동을 함으로써 매출액과 이익의 증대를 시도하게 된다.

2. 국가별 다양한 경영자원 활용

국가별로 생산요소의 부존도가 다르고, 기업들의 해외자회사가 보유한 연구개발능력, 생산능력, 마케팅능력 등의 요소집약도가 다르기 때문에 기업들은 경영활동을 범세계적으로 적재적소에 배치하고 조정함으로써 기업이 필요로 하는 경영자원을 국내보다 외국에서 더 손쉽고 싸게 구입할 수 있다. 즉 원·부자재가 풍부한 국가에서 원자재나 부품을 조달하고, 인건비가 저렴한 국가에서 생산과 최종 조립과정을 거친다면 생산원가를 절감할 수 있다. 또한 기술습득을 목적으로 우수한 인재들이 있는 국가로 진출하여 관련 경영자원을 획득할 수도 있다. 예를 들면 현대차가 독일 프랑크푸르트에 만든 디자인 연구소가 대표적인 사례다. 현대차는 매년 유럽 현지 유명 대학의 석·박사급 인재를 신규 채용하면서 유망 디자이너들을 영입하여 자동차 디자인의 획기적 발전을 이루고 있다.

3. 다각화를 통한 위험분산

다른 국가로 생산기지를 분산시키거나 판매시장을 다각화하는 것은 환위험 회피뿐만 아니라 경기변동에 영향을 덜 받기 때문에 기업이 안정적 현금흐름을 확보하는데 크게 도움이 된다. 만약에 국내에 모든 생산 활동이나 판매시장이 집중되어 있다면 환율변동과 경기변동에 매우 취약한 상태가 되지만, 각국마다 경기변동 사이클이나 환율변동이 다르기 때문에 전 세계로 생산기지나 판매시장을 다변화함으로써 기업은 안정적인 현금흐름을 가져올 수 있게 된다.

4. 현지국 시장에서 생산·판매 강화

어떤 특정 현지국 시장으로 수출을 하던 기업이 관세장벽 또는 비관세장벽에 의해 수입규제가 강화되거나, 현지국 시장에서의 경쟁이 심화되는 경우에는 수출시장을 상실할 가능성이 높게 된다. 이러한 경우에 기업들은 기존시장을 유지하기 위하여 해외직접투자를 통해 현지 생산을 강화하면서 현지 소비자의 수요를 충족시키게 된다. 또한 현지국에 판매자회사를 세워 현지소비자의 니즈(needs)를 신속히 파악하고, 고객 수요를 반영하는 신제품을 제공하기 위한 판매활동을 강화하기도 한다.

1.4 글로벌 경영의 특징

글로벌 경영이나 국내경영은 '기업가치의 극대화'라는 목표를 달성하기 위한 여러 경영활동들을 추구한다는 점에서는 많은 공통점을 가지고 있다. 그러나 글로벌 경영이 국내경영과 뚜렷하게 차이나는 점은 본사국과 다른 문화적, 경제적, 정치적, 법률적 환경을 가진 여러 외국 기업들과 사업거래를 할 뿐만 아니라, 해외직접투자를 통해서 여러 다른 국가들 내에서 해외자회사를 경영을 하게 된다는 점이다. 그러므로 글로벌 경영은 국내경영과 비교하여 다음과 같은 특징을 가진다.

1. 경영자원 이동의 제약과 제한

최근 국경의 장벽이 낮아짐에 따라 기업이 보유하고 있는 기술, 경영노하우, 브랜드 및 자본 등과 같은 경영자원은 쉽게 국경을 넘어 이동할 수 있지만, 상대적으로 인력이나 제품 등의 경영자원을 다른 국가로 이동할 때에 국가별로 다양한 제약과 제한이 아직도 존재한다. 예를 들면 기업의 경영자나 기술 인력들을 파견함에 있어서 입국사증(visa)이 필요하며, 특정 기간 동안만 거주할 수 있게 제한을 두고 있다. 또한 어떤 제품이나 서비스의 국가 간 이동에 있어서도 관세장벽이나 쿼터와 같은 비관세장벽이 존재하기도 한다.

2. 외국통화 사용과 환위험

한국의 원화는 국제통화가 아니므로 국경을 넘는 비즈니스 거래에 있어서 우리 기업들은 미국 달러화나 유로(Euro)화와 같은 국제통화를 주로 사용하게 된다. 따라서 이들 통화의 원화에 대한 가치는 항상 변동할 수 있는데, 거래 성격에 따라서 다양한 형태의 환위험에 항상 직면하게 된다.

3. 외국 환경에서의 기업경영

문화적, 경제적, 정치적, 법률적 환경이 매우 다른 국가에서 해외자회사를 경영해야 하므로 국가별로 다양하면서도 이질적인 환경들을 철저히 분석해야 하고, 진출하려는 투자대상국에 적절한 현지시장 진입전략과 마케팅, 생산, 노무관리 등을 수행하여야 한다.

4. 경영관리의 복잡성

본사와 해외자회사들 간에 거리가 멀거나 시차가 존재할 수 있기 때문에 운송이나 커뮤니케이션 등에 있어서 시간과 비용이 많이 소요된다. 또한 해외자회사의 생산, 마케팅, 재무, 회계, 인사조직 등의 경영활동에 대한 전반적 경영관리의 복잡성이 증대된다.

5. 외국어의 필요성

여러 국가와의 비즈니스 활동을 하기 위해서는 국가별 언어에 어느 정도 익숙한 경영자가 필요하게 된다. 특히 요즈음 국제 비즈니스의 공용어로 영어가 많이 사용되고 있는데, 글로벌화의 급속한 진전과 글로벌 비즈니스의 확대로 인하여 우리 기업들은 영어를 제대로 구사할 수 있는 능력을 갖춘 인재를 절실히 요구하고 있다. 본사와 각 해외자회사들 간의 조정 및 통제를 통해 효율적인 글로벌 경영을 수행하기 위해서는 정확한 커뮤니케이션 수단으로써의 영어의 공용화는 매우 중요하다.

우리나라는 한글의 우수성 덕분에 문맹률이 낮은 국가이지만, 영어의 문맹률도 낮은 국가가 되어야 글로벌 시대의 강국이 될 수 있다. 우리나라 기업들은 최근 삼성전자와 LG전자 등을 필두로 사내 영어공용화에 박차를 가하고 있고, 일본에서도 영어를 사내 공용어로 채택하는 기업들이 많이 늘어나고 있다.

기업의 영어공용화 사례

"사원끼리도 영어로" '영어 공용어' 선언하는 일본 기업들

일본인 토익 점수 韓中日 3국 중 꼴지...시세이도 등 사내 영어 열풍

일본인들의 영어 실력은 주요국 가운데 상당히 낮은 편이다. 적어도 토익(TOEIC) 점수만 놓고 보면 한·중·일 3개국 중 꼴찌다. 지난해 국가별 토익 평균점수를 보면 일본은 517점으로 시험 시행국가 중 39위에 머물렀다. 1위인 독일(800점)과 300점 가까운 차이가 나고 한국(676점), 중국(600점)에도 크게 밀린다.

일본 기업에 최근 영어 열풍이 다시 불고 있다. 영어를 사내 '공용어'로 삼겠다는 회사도 나타났다. 이른바 '잃어버린 20년'이 끝나면서 글로벌 기업 인수합병(M&A)과 해외 진출이 전에 없이 활발한 가운데, 일본 방문객이 급격히 늘고 있는 것 등이 복합적으로 작용하고 있다.

27일 니혼게이자이신문에 따르면 세계적인 화장품 메이커 시세이도는 다음 달부터 회의와 사내문서에서 쓰는 언어를 영어로 바꾼다. 글로벌 본사와 시세이도재팬에서 일하는 약 2500명의 임직원이 대상이다. 도저히 영어가 안 될 경우에는 일본인끼리의 소통에 한해 일본어를 허용하지만, 회의 참석자나 이메일 수신자 중에 한 명이라도 외국인이 포함돼 있으면 반드시 영어로 해야 한다.

해외매출이 전체의 절반 이상을 차지하는 시세이도는 급증한 일본 관광객의 구매 수요와 해외 인터넷쇼핑몰에 대한 대응 차원에서 국내에서도 영어 의사소통이 불가피해졌다고 판단했다. 회사 측은 '보통의 회화를 이해할 수 있는 수준'으로 불리는 토익 730점을 모든 임직원에게 목표로 제시하고 이에 따른 학원 교습비를 전액 지원하고 있다.

글로벌 자동차 기업 혼다도 영어를 2020년까지 회사 내 '공식언어'로 한다는 방침을 세웠다. 글로벌 회의에서 어느 한쪽이 영어로 말한다든가, 회의 참가자가 2곳 이상의 지역에 걸쳐

있다든가 할 때에는 반드시 영어로 소통해야 한다. 영어실력을 승진 심사의 중요한 평가요소로도 삼을 계획이다.

일본 기업들에 영어 공용화 바람이 분 것은 이번이 처음은 아니다. 인터넷 쇼핑업체인 라쿠텐은 2012년에 영어 공용화를 선언해 화제가 됐다. 실제로 라쿠텐의 경우 2010년 526점에 불과했던 직원들의 토익 평균점수가 지난해 830점까지 올랐다. 라쿠텐 외에도 여러 기업에서 비슷한 시도가 있었다.

그러나 직책별로 일정수준 이상의 토익 점수 취득을 의무화하고 일본인끼리도 대화할 때에도 영어를 강요하면서 직원들의 스트레스가 지나치게 높아지는 등 부작용도 생겼다. 이런 이유들 때문에 영어 공용화를 포기하고 이전으로 돌아가는 기업들도 나타났다.

니혼게이자이는 "현 시점에 영어 공용화 바람이 다시 확산될 조짐을 보이는 것은 기업들의 국내 사업과 해외 사업의 경계가 갈수록 모호해지고 있기 때문"이라고 분석했다.

최근에는 과거에 나타났던 부작용을 의식해 영어에 취약한 임직원의 사기를 저하시키지 않으면서 조직에 영어의 생기를 불어넣는 데 초점이 맞춰지고 있다. 시세이도와 혼다의 경우도 영어 실력이 회사가 정한 목표에 못 미치더라도 인사평가에서 불이익을 주지는 않을 방침이다.

니혼게이자이는 "많은 기업에게 국제 경쟁력 제고는 시급한 과제이지만, 인재 부족에 어떻게 대응하느냐도 중요한 문제"라면서 "영어 연수 등 사내 지원을 강화하면서 (영어 부담에 따른) 인력 유출 등 가능성에 어떻게 대비하느냐가 영어 공용화의 성패를 가를 것"이라고 전망했다.

[서울신문 2018.09.28]

참고문헌

강태구. 국제경영, 박영사, 2012.
전용욱, 김주헌, 윤동진, 국제경영, 문영사, 2008.
세계화 추진위원회, '세계화의 비전과 전략' 서울프레스, 1995, pp.7~10.

Bartlett, Christopher A., Sumantra Ghoshal and Paul W. Beamish, *Transnational Management: Text, Cases & Readings in Cross-Border Management,* 5ed., McGraw-Hill, 2007

Czinkota, Michael R., Ilkka A. Ronkainen and Michael H. Moffett, *Fundamentals of International Business,* 1st/Asia-Pacific ed., John Wiley & Sons, 2009.

Daniels, John D., Lee H. Radebaugh and Daniel P. Sullivan, *International Business: Environments and Operations,* 11th ed., Prentice Hall, 2005.

Deresky, Helen, *Global Management: Strategic and Interpersonal,* Prentice Hall, 2002

Deresky, Helen, *International Management: Managing Across Borders and Cultures,* 6ed., Prentice Hall, 2008

Hill, Charles W. L., *International Business: Competing in Global Marketplace,* 7ed., McGraw-Hill, 2008.

Luthans, Fred and Jonathan Doh, *International Management: Culture, Strategy, and Behavior,* 7ed., McGraw-Hill, 2008.

Rugman, Alan M. and Richard M. Hodgetts, *International Business,* 3ed., Financial Times Prentice Hall, 2003

Wild, John J., Kenneth L. Wild and Jerry C. Y. Han, *International Business,* 3ed., Prentice-Hall, 2005

제2장

기업의 국제화와 다국적기업의 글로벌 경영

이 장에서는 기업 국제화의 의미와 특징, 그리고 기업의 국제화 전개과정을 이해하고, 자주 접하는 다국적기업의 개념과 특성 등에 대해서도 알아본다.

2.1 기업의 국제화

1. 기업 국제화의 의미와 특징

기업의 국제화란 기업이 보유하고 있는 인적·물적 자원, 제품, 기술 등의 경영자원들이 국경을 넘어 이전되면서 기업의 경영활동이 세계의 여러 나라로 확대되어 가는 과정을 말한다. 기업의 국제화가 진전되면 될수록 기업의 글로벌 경영활동의 폭은 더욱 확대되어 갈 것이다.

기업의 국제화는 다음과 같은 특징을 나타내게 된다.

1) 참여 해외시장의 확대

기업의 경영활동이 확대되어 감에 따라 참여하는 해외시장의 범위도 점차 확대되어 간다. 해외시장진출의 초기단계에는 국내시장과 지리적으로 가까우면서 문화적, 심리적으로 유사한 시장으로 나아가지만, 국제화의 경험이 쌓여가면서 보다 더 상이한 문화와 환경을 가진 해외시장으로 지리적 범위를 확장해 나가게 된다.

2) 사업범위의 확대

해외시장진출 초기에는 기업들이 생산해왔던 기존제품을 중심으로 사업 활동을 펴지만, 참여 해외시장이 확대됨에 따라 새로운 사업 분야로 사업범위를 확대하게 된다.

3) 글로벌 경영관리 기능의 확대

글로벌 경영활동의 범위가 확대될수록 기업의 경영관리기능의 범위도 확대되어 간다. 즉 기업의 기능적 활동인 글로벌 재무관리, 글로벌 인적자원관리, 글로벌 생산관리, 글로벌 마케팅 관리 등의 경영관리기능은 기업의 해외자회사 분포가 세계 여러 나라로 확산되면서 점점 더 국제적으로 광범위하게 확장되고 복잡해지게 된다.

4) 글로벌 경영 참여방식의 확대

초기의 수출방식에서 더 나아가서 국제계약 형태, 즉 국제라이선싱, 국제프랜차이징, 턴키계약, 국제계약생산 등으로 참여방식이 확대되고 또한 해외직접투자를 통한 해외자회사의 직접 설립이나 국제 M&A 등으로 글로벌 경영의 참여방식이 점점 더 다양하게 확대되어 나간다.

2. 기업 국제화 과정의 전개단계

기업의 국제화 과정은 여러 측면에서 설명할 수 있지만, 해외시장의 진출이라는 측면에서 보면 하나의 점진적 과정으로 볼 수 있다. 기업의 국제화 과정의 전개단계는 내수위주의 국내시장 지향단계에서 글로벌 생산 및 마케팅 단계까지 여러 단계로 구분할 수 있다.

일반적으로 기업의 글로벌 경영 활동이 확대되어 감에 따라 기업의 국제화는 간접 수출, 직접 수출, 국제라이선싱, 합작투자, 단독투자의 순으로 그 규모와 몰입이 점진적으로 확대된다. 예를 들어, 삼성전자의 미국 진출 초기에는 그룹 내 종합무역상사인 삼성물산을 통한 간접수출로 이루어졌으나 수출 물량이 증대됨에 따라 직접수출로 전환하였다. 그리고 수요가 점차 증대하자 삼성전자는 미국 내 판매지점을 설립하여 수출입 업무를 담당시켰고, 수출 규모가 더욱 커지고 유통망을 장악할 필요성이 대두됨에 따라 미국에 판매법인(자회사)을 설립하게 되었다.

이와 같이 기업의 국제화 과정은 하나의 점진적인 학습 과정인데, 해외시장에서의 몰입정도가 높은 진출 방법으로 계속해서 발전해 나갈 수가 있다. 그러나 기업이 갖고 있는 경영 자원,

국제화 경험, 산업의 특성, 투자국의 환경 등 여러 요인에 따라 어느 특정 단계에서 머무르거나, 단계를 건너뛰기도 한다. 또한 기업들은 다양한 진출 방식을 동시에 병행할 수 있다. 예를 들면 해외직접투자와 동시에 국제라이선싱도 할 수 있을 것이다.

▪ 1단계: 국내시장 지향단계

국내시장 지향단계로서 대부분의 생산과 마케팅활동이 내수시장을 목표로 이루어지며, 국내시장에서의 시장 점유율과 매출기반 확대에 주력하는 단계이다. 주로 국내고객의 니즈(needs)를 반영한 제품을 개발한다.

▪ 2단계: 수출시장 지향단계

내수시장의 한계를 극복하고, 해외시장의 개척에 따른 양산체제와 규모의 경제에 의한 수출경쟁력을 강화하는 단계이다. 초기에는 종합상사나 수출대행업자를 통한 간접수출방식으로 수출을 하다가, 점차 해외사업 경험이 쌓여감에 따라 직접수출방식으로 전환한다. 직접수출을 통하여 현지국의 판매대리인이나 현지 유통업자와 유대관계를 증진한다. 더 나아가 현지 유통업자에 의존하지 않고 현지국에 판매지점을 설립하여 직접 운영하게 된다.

▪ 3단계: 해외직접투자에 의한 판매법인 및 생산법인 설립단계

시간이 경과함에 따라 해외시장에 대한 경험 축적과 아울러 자사제품에 대한 해외수요가 증가되면 기업들은 해외사업에 대한 자신감을 가지게 된다. 더 높은 수익을 올리고자 해외직접투자를 통해 독자적인 현지 판매법인(자회사)을 직접 설립하여 국내에서 생산된 제품의 현지판매에 직접 개입함으로써 수출이 더욱 증대되는 단계이다. 그 다음에는 현지국에 생산공장(법인)을 설립하여 현지국에서 필요한 제품을 직접 생산하여 판매하는 시스템을 구축하게 된다.

▪ 4단계: 전반적 현지화 추구단계

현지법인(해외자회사)은 소속된 현지국 시장의 일원으로서 영업활동을 하면서 재무, 인사, 구매 등을 본사로부터 독립하는 단계이다. 즉 생산과 판매뿐만 아니라 제품개발, 재무, 인사, 구매 등의 전반에 걸쳐 현지화전략을 추구해 나가는 단계이다.

이러한 현지화 추구단계에서는 본국중심주의적인 사고를 발전적으로 극복하고 현지국의 사회, 문화적인 차이도 극복하면서 현지국의 좋은 기업시민(good corporate citizen)으로 동화되는 단계인데, 현지국 시장의 소비자 니즈(needs)를 정확히 파악하여 신속히 대처하는 현

지화전략을 수행하게 된다.

▪ 5단계: 통합적 글로벌화 단계

기업의 국제화가 진전됨에 따라 전 세계에 산재해 있는 해외 생산자회사 및 판매자회사들의 활동, 기능, 자원 등을 범세계적인 관점에서 조정 및 통합 운영하는 단계이다. 현지생산이 확대되면서 세계시장을 국내와 해외로 구별하지 않고 통합된 하나의 시장으로 보고 구매, 생산, 판매, 재무, 인사 등의 기능별 경영활동을 글로벌 관점에서 수립하고 실행하는 단계이다.

현지화와 통합화를 동시에 추구하는 진정한 글로벌화로 발전해 나가는 단계이다. 즉 전사적인 차원에서 이익의 극대화를 도모하기 위하여 전 세계에 걸쳐 현지화된 해외자회사들의 활동, 기능 및 경영자원 등을 기업전체의 글로벌 관점에서 중복 손실이 없도록 최적으로 조정하고 통합하는 단계를 말한다.

기업의 국제화과정 사례

삼성전자의 국제화 전개과정과 글로벌 경영활동

일반적으로 기업의 글로벌 경영활동이 확대되어 감에 따라 기업의 국제화는 간접 수출, 직접 수출, 라이선싱, 합작투자, 단독투자의 순으로 그 규모와 몰입이 점진적으로 확대된다. 삼성전자는 국내시장에서의 판매과정을 거쳐 수출, 현지판매, 현지생산이라는 국제화과정을 거쳐 성장해 왔으며, 지역적으로는 북미, 서유럽, 개발도상국 순으로 해외시장을 확대해 나왔다.

삼성전자의 미국진출의 예를 보면, 미국 진출 초기에는 그룹 내 종합무역상사인 삼성물산을 통한 간접 수출로 시작하였지만, 수출 물량이 증대됨에 따라 직접 수출로 전환하였다. 또한 수요가 점차 증대하자 삼성전자는 미국 내 판매지점을 설립하였고, 수출 규모가 더욱 확대되고 유통망을 장악할 필요성이 대두됨에 따라 판매법인을 설립하게 되었다.

삼성전자의 국제화 과정을 보다 구체적으로 살펴보면 다음과 같다.
삼성전자는 1970년에 처음으로 흑백TV를 생산하고 기술을 축적하면서 내수시장 기반을 구축해 나갔다. 그런 다음 1971년에 파나마에 흑백TV를 처녀수출한 것을 시발로 해외시장에 대한 진출을 강화해 나가기 시작하였다. 그리고 1970년대 중반에 이르러서는 사세가 크게 확장되면서 매출과 이익이 급신장하고, 설립당시 흑백 TV에 국한되었던 제품도 점차 VTR, 전자레인지, 컬러TV, 냉장고 등으로 확장되어 갔고 신제품개발과 함께 자동화에 의한 양산체제에 돌입하였다. 그리고 1978년에는 미국에 판매법인을 처음 설립하는 등 해외지점 및 법인을 확대하여 수출을 강화함으로써 1억 달러의 수출실적을 달성하기에 이르렀다.

수출시장의 다변화를 위하여 해외지점 및 법인을 더욱 확대하면서 다각화하는 한편, 자체브랜드 수출도 꾸준히 늘려가는 전략을 취하였고, 1982년에는 최초의 생산법인인 포르투갈공장(SEP)을 준공하였다. 이어 1990년에 들어서는 해외생산체제를 더욱 확대하여 스페인 및 헝가리 생산공장을 설립하였다. 그리고 1990년대 중반에는 세계적인 종합전자업체로 성장하기 위해 끊임없는 기술혁신과 경영합리화를 추구하였는데, 1995년에 영국 윈야드 복합단지, 1996년에는 멕시코 티후아나 전자복합단지 등의 대규모 복합단지를 조성하였다. 또한 1996년에 착공한 미국 텍사스 주의 오스틴 반도체공장이 1998년에 완공되면서 본격적인 반도체 생산을 시작하였다.

1999년에는 미국의 인텔사와 애플사로부터 각각 1억 달러의 외자를 유치하여 휴대폰 해외생산을 개시하였다. 2002년 상반기에 삼성전자는 휴대폰 시장 점유율 3위를 차지함으로써 세계 휴대폰 시장에서 노키아, 모토롤라, 삼성이라는 '빅3' 체계를 이루게 되었고, 2007년에는 모토롤라를 제치고 세계 2위 휴대폰 제조기업이 되었다. 2010년대 이후 Apple과 함께 매출액과 순이익에서 1위, 2위를 다투는 글로벌 기업으로 성장해 왔다. 한편 삼성전자는 스마트폰뿐만 아니라 메모리반도체 분야에서도 강세를 이어오고 있는데, 메모리반도체 시장의 호황으로 꾸준히 높은 매출액과 순이익을 유지하면서 IT기업으로써 세계시장에서의 삼성전자의 위상은 강화되고 있다. 삼성전자는 글로벌 브랜드 컨설팅업체 퓨처브랜드가 발표한 2020년도 톱 100대 브랜드에서 3위를 차지했다. 1위에 오른 Apple에 이어 IT기업 중 두 번째 높은 순위를 기록했다.

삼성전자는 북미, 중남미, 유럽, 아시아, 중국, 러시아, 중동과 아프리카 지역에 해외 지역별 총괄 체제를 운영하고 있으며, 지역별로 차별화된 연구개발, 마케팅 및 서비스를 시행하여 명실공히 글로벌 기업으로서의 역량을 발휘해 나가고 있다. 또한 삼성전자는 해외 현지의 비즈니스 파트너와 함께 각 지역사회 번영을 위해 노력하는 세계기업시민(global corporate citizen)으로서의 역할도 충실히 수행해 나가고 있다. 이제 삼성전자는 초기의 수출단계를 거쳐 해외

판매법인 설립, 해외 생산법인 설립, 해외 연구개발법인 설립 그리고 전 세계에 흩어져 있는 해외자회사들을 통합, 조정하는 글로벌 전략을 전개하고 있다.

한편 삼성전자는 1993년부터 지구모양의 둥근 타원 속에 'SAMSUNG' 이라는 글자를 넣은 파란색 바탕의 기업로고를 사용해 오다가 2015년부터는 이 로고 대신에 간단히 삼성의 영문 레터마크만 강조하는 'SAMSUNG'이라는 영문글자로 통일한 브랜드를 사용하면서 세계 추세에 부응하고 있다.

[자료: 삼성전자 사내자료 및 웹사이트]

현지화전략 사례

글로벌 영토 확장하는 한식, 비결은 철저한 현지화

전 세계를 강타한 한류가 한식까지 뻗어오면서 한식의 글로벌 영토도 점차 넓어지고 있다. 특히 CJ제일제당 '비비고 만두'와 오리온 '초코파이情'은 현지 입맛에 맞춘 제품들을 출시하면서 현지인의 마음을 제대로 공략했다. 여기에 품질까지 놓치지 않아 현지시장에 확실히 안착했다.

국내에서도 꾸준히 성장해온 '비비고 만두'는 2018년 해외 매출이 국내 매출을 처음 넘어섰다. 이후 미국 시장 약진으로 2015년 1240억 원이었던 해외 매출은 지난해 5520억 원까지 폭발적으로 증가했다. 지난해 미국에서만 3630억 원의 매출이 발생, 국내매출을 뛰어넘기도 했다.

'비비고 만두'는 중국, 베트남, 유럽, 일본 등 진출한 모든 지역에서 매출이 성장했다. 중국에선 매출 1000억 원 돌파를 목전에 뒀고, 베트남에서는 600억 원을 기록했다. 유럽과 일본도 전년 대비 매출이 확대되면서 한국식 만두 열풍에 힘을 보탰다.

CJ제일제당은 철저한 현지 조사와 분석으로 현지 소비자 입맛에 맞춘 제품을 개발해내는

데 주력했다. 미국에서는 현지인들이 닭고기와 실란트로(고수)를 선호하는 것을 고려해 만두소에 닭고기와 실란트로를 넣은 '치킨 & 실란트로 만두'를 개발했다. 중국에서는 옥수수와 배추를 많이 먹는 식습관을 토대로 '비비고 옥수수 왕교자' '비비고 배추 왕교자' 등을 선보였다.

CJ제일제당 관계자는 "'비비고 만두'는 한식 세계화를 이끄는 선두주자로 확실히 자리매김하고 있다"며 "앞으로도 지속적인 R&D 투자와 대륙별 생산거점 간 사업 시너지, 철저한 현지화 전략을 통해 글로벌 만두사업 확대에 주력할 것"이라고 말했다.

올해로 출시 46주년을 맞은 오리온 '초코파이情'도 국내엔 없는 색다른 현지화 제품을 내놓으면서 중국, 베트남, 러시아 등에서 많은 사랑을 받고 있다. 라즈베리, 체리, 블랙커런트 등 과일 맛을 담은 초코파이를 러시아에서 연이어 출시하면서 전년 대비 매출이 23% 넘게 성장했다. 텃밭에서 농사지은 베리류를 잼으로 만들어 먹는 게 익숙한 러시아인들의 문화에서 착안해 베리류 초코파이를 출시한 게 현지인의 입맛을 저격하는 데 성공한 것이다.

현지화 제품 덕에 초코파이는 중국과 베트남에서도 잘 나가는 중이다. 차를 즐겨 마시는 중국 소비자들의 입맛에 맞춘 '초코파이 마차'와 진한 초콜릿 맛을 선호하는 베트남 소비자들의 성향에 맞춘 '초코파이 다크' 모두 브랜드 전체 매출에서 10% 이상의 비중을 차지하고 있다.

오리온은 글로벌 통합 R&D 관리를 통해 현지화 전략을 성공시켰다고 평가했다. 2017년부터 글로벌 통합관리를 시작하면서 법인별 R&D 노하우를 공유하고 지속적으로 현지화된 신제품을 선보인 게 제2의 전성기를 만든 동력이라는 설명이다. 오리온 관계자는 "국가별로 다양한 변신을 시도하면서 초코파이 브랜드에 새로운 생명력을 불어넣고 있다. 차별화된 제품을 지속적으로 개발해 초코파이 제2의 글로벌 도약에 나서겠다"고 의지를 보였다.

[국민일보 2020.03.12.]

2.2 다국적 기업과 글로벌 경영활동

1. 다국적 기업과 글로벌 기업

다국적 기업에 대한 정의는 학자들과 기관에 따라 다양하게 정의되어 왔다. 글로벌 경영활동을 수행하는 국가의 수, 최고경영층의 국적분포, 전체 매출액 중 해외매출액의 비중, 전체 자산규모 중 해외자산비중, 전체 종업원 중 해외종업원의 비율 등 다양한 기준으로 다국적 기업을 구분하기도 한다. 더닝(Dunning)은 "단순히 2개국 이상에서 생산자회사를 소유하거나 지배하는 기업이다"라고 정의하고 있고, 버논(Vernon)은 "다양한 국적을 지닌 기업 법인들의 거대한 집합체를 지배하는 모회사"라고 정의하였다. 한편 기업의 행태적인 측면을 기준으로 다국적 기업을 정의하는 경우도 있는데, 예를 들면 포터(Porter)는 "세계시장을 하나의 시스템으로 보고, 각국에서의 경영전략을 유기적으로 조정, 통제하는 기업"으로 정의하고 있다.

이러한 다국적기업들은 주로 MNC(multinational corporation), MNE(multinational enterprise) 등의 용어로 자주 표현된다. UN은 "2개국 이상에서 자산 (생산공장, 판매법인 및 기타 사무소 등)을 지배하고 있으면서, 규모가 크고 독점적 시장지배가 가능한 범세계적 자회사망을 가진 기업"으로 정의하였다. UN은 다국적기업의 공식적 명칭을 초국적기업(TNC: transnational corporation)으로 사용하고 있다.

이와 같이 다국적 기업이 다양하게 정의되고 있는데, 이 책에서는 "해외직접투자를 통해 현지국내에 생산법인 또는 판매법인 등의 해외자회사를 소유하고 있는 기업으로써, 모국을 포함한 2개국 이상에서 경영활동을 하면서 1개 이상의 해외자회사를 보유하고 있는 기업"으로 정의한다. 과거 대기업에 의해 주도되어온 해외직접투자가 오늘날 중소기업에서도 활발히 진행되면서 중소기업도 해외직접투자를 통하여 다국적 기업이 될 수 있다.

한편 세계경제의 글로벌화가 가속화되면서 과거부터 오랜 기간 동안 다국적 기업 활동을 전개해 오던 거대기업들은 세계시장을 하나의 시장으로 보고 원자재조달, 자금조달, 연구개발, 제품생산, 판매 등의 모든 경영활동을 지구상의 어느 곳이든 최적지에서 행하는 국적이 없는 기업 즉 무국적 기업(borderless corporation)이 되어가고 있다. 이러한 다국적기업들은 주로 규모가 거대한 기업들로써 임직원의 국적이 다양하고 세계 많은 나라에 해외자회사를 거느리고 있기 때문에 기업의 국적을 명확하게 구분하는 것이 매우 어려울 정도로 다국적화가 크게 진전된 형태인데, 이러한 기업들을 오늘날 글로벌 기업(global corporation)이라고 부른다. 예를 들면 글로벌 제조기업으로는 네슬레, 필립스, GE, IBM, 소니, 삼성전자, LG전자, Apple 등이 있고, 글로벌 유통기업은 월마트, 아마존, 코스트코, 까르푸 등이 있다.

글로벌 제조기업 사례

'新경영' 통해 삼성 글로벌 초일류기업으로 도약

25일 서울 강남구 서울삼성병원에서 별세한 이건희 고(故) 삼성전자 회장은 시대를 앞서가는 리더십을 발휘해 탁월한 경영 성과를 이룩하고 첨단기술의 발전과 기업 경영의 선진화에 크게 공헌했다는 평가를 재계 안팎에서 받았다.

선친인 이병철 선대회장의 뒤를 이어 1987년 삼성그룹 회장으로 취임한 뒤 지금까지 '신(新)경영'을 통한 경영 혁신을 통해 삼성의 변화를 주도했다. 그 결과 '세계의 변방' 한국의 작은 기업에 불과했던 삼성은 글로벌 초일류 기업으로 탈바꿈하는데 성공했다.

1993년부터 '新경영' 주도…삼성, 글로벌 일류 기업으로 도약시켜

1993년 6월 7일. 삼성의 역사에서 가장 중요한 날로 꼽히는 바로 '프랑크푸르트 선언'이 있던 날이다. 당시 그룹 주요 임원과 해외 주재원 등 200여 명을 독일 프랑크푸르트 캠핀스키 호텔로 불러 모은 이 회장은 지금도 인구에 회자되는 사자후(獅子吼)를 토해냈다. "마누라, 자식 빼고 다 바꾸자. 내가 회장 자리에 앉아 보자는 생각을 가져보자"라는 바로 '신 경영' 선언이었다.

이후 이 회장은 삼성의 경영 전 부문에 걸쳐 대대적인 혁신을 추진하면서 '나부터 변하자'라는 슬로건을 내걸었다. 또 '질(質) 위주의 경영'으로 기업 체질을 개선하기 위해 선진 경영 시스템을 도입하고 도전과 활력이 넘치는 기업문화를 정착시키기 위해 노력했다. '신 경영'을 통해 삼성은 1997년 초유의 외환위기 속에서도 줄기차게 성장하며 현재 명실 공히 세계 최고의 일류 기업으로 도약하는 데 성공했다.

1995년 '열린 채용' 도입…'일하고 싶은 직장' 된 삼성

이 회장의 '인간 중시' 경영철학을 내걸었다. 이는 삼성 경영이념인 '인재와 기술을 바탕으로 최고의 제품과 서비스를 창출하여 인류사회의 발전에 공헌한다'에 잘 나타나 있다. 이 회장은 인재 확보와 양성을 기업 경영의 가장 중요한 과업으로 인식하고 삼성의 임직원이 세계 각국의 문화, 비즈니스 환경을 직접 배울 수 있도록 지역전문가, 글로벌 MBA 제도 등을 도입했다.

특히 1995년 삼성에 '열린 채용'을 국내 최초로 도입시켰다. 이 제도는 학력이나 성별을 불문하고 능력만 있으면 누구라도 삼성에 입사할 수 있는 혁신적인 제도로 꼽히고 있다. 그 결과 삼성은 지금도 대한민국에서 젊은이들이 가장 일하고 싶은 직장으로 꼽히고 있다.

기술 중시 경영철학…'세계 스마트폰 1위' 밑거름

이 회장은 "무엇보다도 남보다 앞선 기술력이 경쟁력의 핵심이자 부가가치를 만드는 원천"이라며 "누구보다 먼저 경영자가 기술을 알아야 한다"고 강조했다. 이를 위해 이공계 출신 중역들을 요직에 대거 발탁하는 한편 인문계 출신 최고경영자(CEO)들에게도 기술적 소양을 쌓을 수 있는 다양한 프로그램을 제공. 인문·자연 통섭형 인재를 길러내는데도 노력했다.

또 세계 초일류 기업으로 도약하겠다는 의지로 삼성의 핵심 기술에 집중함으로써 5~10년 뒤 미래 성장 잠재력을 육성하고자 했다. 그 결과 새로운 제품과 최고의 서비스를 창출했다. 대표적인 것이 '갤럭시' 시리즈로 상징되는 스마트폰. "더 이상 머뭇거릴 시간이 없다. 앞만 보고 나가자"는 화두를 던지며 2010년 3월 삼성전자 회장으로 23개월 만에 경영에 복귀한 이 회장은 복귀 1년여 만인 2011년 삼성전자의 스마트폰 시장점유율을 세계 1위로 끌어올리는 데 성공했다. 이처럼 아날로그 시대 후발주자였던 삼성이 발 빠르게 선진 기업을 추격할 수 있었던 배경은 이 회장의 기술 중시 경영철학이 밑바탕이 됐다는 것이 그룹 안팎의 평가다.

상생 강조…경제적 가치 배분에 215조 투자

이 회장은 취임 직후부터 새로운 경영 패러다임으로 상생을 강조해 왔고 이러한 경영철학은 협력사와의 동반성장으로 이어졌다. 협력사 경쟁력을 키우는 다양한 노력을 통해 삼성과 협력사 모두 기술과 생산성 혁신을 이룰 수 있었다. 이 회장의 '상생 행보'는 그룹 회장 취임 이듬해인 1988년 시작됐다. 당시 삼성은 중소기업과 공존공생을 선언하고, 자체 생산하던 제품·부품 중 생산 이전이 가능한 품목 352개를 선정, 단계적으로 중소기업으로 넘겨주기로 결정해 재계에서 화제가 됐다.

또 이 회장은 기업의 사회적 책임을 실천하고자 1994년 삼성의료원을 세우고 '환자를 먼저 생각하는' 병원 문화를 국내에 확산시켰다. 같은 해 재계 최초로 삼성사회봉사단을 설립해 교육, 다문화, 1사(社)1촌(村) 자매결연 등 다양한 사회공헌 사업을 펼치고 있다. 삼성 관계자는 "이 같은 상생을 위한 노력은 기업과 우리 사회가 불가분의 관계라고 믿고 실천해 온 이 회장의 강력한 의지가 있었기에 가능했다"고 회고했다.

[헤럴드경제 2020.10.25.]

글로벌 유통기업 사례

월마트도 실패한 한국시장에서 '코스트코'가 성공한 이유는 뭘까

글로벌 유통업계에서 한국 시장은 '무덤'으로 불린다. 전 세계 유통업계 두 챔피언 미국 월마트(Walmart)와 프랑스 까르푸(Carrefour)에게 '사업 실패'라는 치욕을 안긴 나라이기 때문이다. 까르푸는 1996년 당시 국내진출 해외기업 사상 최대 금액인 9억2500만 달러(약 1조 700억 원)에 이르는 투자를 단행했지만 10년 만에 이랜드에 매각됐다. 월마트도 한국진출 8년 만에 스스로 사업실패를 인정하고 한국 사업을 철수해야 했다. 전 세계 1만 개 이상의 매장을 보유하고 있는 두 기업이 한국에는 두 손 두 발을 든 형국이 된 것이다. 당시 주요 외신들은 "세계 유통역사에 길이 남을 사건"이라고 평가했다.

반면 미국 창고형 대형할인점 '코스트코(COSTCO)'는 1998년 첫 국내진출 이후 글로벌 유통업체로는 유일하게 한국시장에서 생존했다. 국내진출 초기에는 영업손실을 겪었으나 4년 만에 흑자 전환에 성공, 15개 매장 만으로 3조9000억 원이 넘는 연 매출을 달성하고 있다. 최근 오프라인 유통업체들의 부진에도 두 자릿수 성장률을 보이면서 매년 최고 매출액을 기록 중이다.

이 뿐만 아니라 코스트코 양재점은 전 세계 코스트코 매장 751개 중 매출액 1위에 랭크돼 있다. 미국보다 한국시장에서 더 큰 인기를 끌고 있는 것. 코스트코의 창업자인 제임스 세네갈 회장은 2011년 미국 언론에 "한국은 환상적이다. 생각만 해도 눈물이 날 지경"이라는 인터뷰를 한 것도 이미 잘 알려진 사실이다. 코스트코는 어떻게 한국 시장에서 살아남은 것일까.

제임스 세네갈의 '15% 원칙'

코스트코는 일반 브랜드 제품 마진율 상한선은 14%, 자체상표(PB)인 커클랜드 시그니처(커클랜드)는 15%를 원칙으로 한다. 국내 토종유통업체(평균 25~30%)와 비교하면 절반 수준이다. 심지어 코스트코는 납품 가격이 높아 소매가가 높아진다고 판단되면 과감히 판매를 중단한다.

제임스 세네갈은 "15% 마진율은 우리도 돈을 벌고 고객도 만족할 수 있는 적당한 수준"이라며, "마진율을 16%나 18%로 인상하는 순간 코스트코가 가격과 비용을 최소화하려 했던 모든 노력들이 무너져 내릴 것"이라며 자신의 원칙을 고수하고 있다.

물론 월마트와 까르푸도 코스트코와 같은 저가정책을 펼쳤다. 하지만 이들의 차이는 '가성비(가격 대비 성능)'이었다. 보통 대형마트는 한 번에 많은 양을 주문하는 판매방식으로 낮은 금액으로 제품을 공급 받는다. 코스트코는 모든 품목에 '14~15% 마진율 원칙'을 고수하고 있기 때문에 비싼 제품이라도 대량주문으로 공급가가 낮아지면 소비자가격도 함께 낮아진다. 실제로 과거 코스트코는 백화점에서 50달러에 파는 유명 브랜드 청바지를 29.99달러에 팔아 화제가 됐었다. 그런데 월마트나 까르푸는 저가정책을 위해 품질이 낮은 저가의 제품을 내놨고, 이는 한국사업 실패라는 치명적인 결과를 낳았다.

토종기업엔 없고 코스트코에는 있는 것

소비자에 제한이 없는 일반 유통 마트와는 달리 코스트코는 회원제로 운영된다. 연회비 3만8500원을 지불해 회원이 된 사람만 코스트코를 이용할 수 있다는 뜻이다. 그럼에도 국내회원 수는 100만 명에 달하며, 매년 갱신률은 90%를 웃돈다. 코스트코를 주기적으로 찾는 주 고객에게 집중하겠다는 취지인데, 유료 고객은 충성도가 높을 수밖에 없다.

고객이 제한적이기 때문에 코스트코는 이 고객을 유지하기 위해 고객 만족도를 높이고, 저렴한 값을 만들기 위해 노력을 아끼지 않는다. 일례로 '환불제'가 그렇다. 코스트코는 고객이 만족하지 않으면 100% 환불을 해주는 상품보증제를 운영 중이다. 일부 전자 기기를 제외하면 구입 날짜도 상관없다. 직원은 고객에게 '왜 환불하는지' 구체적으로 묻지도, 따지지도 않는다. 고객과 신뢰를 쌓는 코스트코만의 방법이다.

“직원을 잘 대접해야 사업이 성공한다”

제임스 세네갈은 최고경영자(CEO) 자리에 있었던 28년 동안 ‘직원을 잘 대접해야 사업이 성공한다’라는 철학으로 직원을 대했다. 그는 다수의 인터뷰를 통해 “직원들이 가족을 위해 집을 사거나 의료보험을 가질 수 있을 정도로 충분히 버는 게 잘못이냐”며 “정당한 이윤을 만드는 것, 직원들에게 더 많이 투자하는 것이 기업에 이득이라고 믿는다”고 강조해왔다.

실제로 미국 코스트코 대다수 직원들의 고용형태는 ‘정규직’이다. 게다가 평균 연봉도 5만 달러(약 5800만원) 수준이다. 정년이 없어 60대, 70대 노년층 직원들도 상당수 포함돼 있다. 이런 경영철학은 국내에서도 똑같이 적용됐다. 국내 코스트코 매장 직원들의 정규직 비율은 98%에 달한다. 파트타이머 근무자들도 근무태도를 평가해 정규직 전환으로 이어지는 경우도 많다.

[아시아경제 2019.04.26.]

2. 다국적 기업의 특성

다국적 기업들은 주로 다음과 같은 특성을 가지고 있다.

1) 해외직접투자를 통한 글로벌 경영활동 수행

다국적기업은 해외직접투자를 통해 세계 여러 나라에 현지 판매법인이나 현지 생산법인을 소유한 기업인데, 해외직접투자를 통해 글로벌 경영활동을 수행하면서 성장·발전해 왔기 때문에 해외직접투자 없이는 다국적기업이 존재할 수 없는 것이다.

2) 범세계적 경영전략 전개

본사와 해외자회사들은 경영인력, 자본, 정보, 기술, 특허권, 상표권 등의 기업 경영자원을 범세계적인 관점에서 함께 공동으로 사용하고, 이러한 경영자원의 적재적소 배치를 통하여 상호 협조를 강화하는 경영전략을 전개한다.

3) 내부시장 기능의 수행

다국적 기업은 외부시장을 통한 거래가 불가능하거나, 높은 비용이 수반될 경우에는 본사와 해외자회사 간, 또는 해외자회사들 간의 상호 내부거래를 통하여 전체 매출액과 이익의 상당한 비율을 기업 내부시장에서 실현할 수 있다.

4) 다양한 기업규모

다국적 기업들은 처음에는 거대 규모의 기업에 국한되었으나, 오늘날에는 중·소규모의 기업들도 해외직접투자를 통하여 다국적 경영을 하고 있기 때문에 기업규모를 기준으로 일반기업과 다국적기업을 구분하는 것은 별 의미가 없다.

5) 해외자회사로 경영기능이나 사업본부 이전

본사는 모국에 있지만, 경영기능별 또는 사업별로 해외자회사가 본사의 역할을 분담하고 있다. 즉 경영의 효율성을 추구하면서 해외자회사의 특성에 따라 글로벌 경영기능이나 제품별 사업본부를 본사에서 세계 각처의 해외자회사로 이전하는 기업들이 늘어나고 있다.

3. 다국적 기업의 글로벌 경영방식

다국적기업의 본사와 자회사간의 의사소통방법, 의사결정방식, 조직구조, 인사관리, 경영전략 등에 따라 다국적기업의 글로벌 경영방식을 크게 네 가지 유형으로 구분할 수 있다.[1]

1) 본국 중심주의 방식 (Ethnocentrism)

본국 중심주의는 다국적 기업의 본사가 주요 의사 결정권을 장악하고, 본사의 가치관과 경영시스템을 해외자회사에게 강요하는 체제이다. 해외자회사에 본국의 인재를 파견하며, 본사 경영방식을 효율적으로 전달하기 위한 수단으로 주로 사용한다. 이러한 방식은 기업의 국제화 초기단계에서 많이 실시된다.

모든 중요한 의사결정권은 본사에 집중되어 있으며, 본사의 의사결정과 성과평가 기준이 획

---

1) Chakravarthy, B. S. and H. V. Perlmutter, "Strategic Planning for a Global Business," *Columbia Journal of World Business*, Summer 1985, pp.5~6.

일적으로 해외자회사에 적용된다. 또한 본국의 본사에서 파견 나온 직원이 의사결정권을 장악하고 있기 때문에 해외자회사의 재량권은 거의 없다.

본국 중심적인 사업 방식은 특히 한국과 일본 다국적기업에게서 자주 나타나는 현상으로 강력한 본사통제를 바탕으로 글로벌 효율성을 추구할 수 있는 장점이 있지만, 해외자회사의 자율성을 박탈함으로써 자회사의 핵심역량 구축과 성장에는 한계가 있고, 승진에 한계를 느낀 현지국 출신 인재들의 이탈이 심각한 문제이다.

2) 현지국 중심주의 방식 (Polycentrism)

현지국 중심주의는 세계 여러 나라마다 경영환경이 다르고 각 국가별로도 독특한 문화적 환경이 존재하기 때문에 각 국가별 현지자회사의 경영을 현지경영자에게 위임하여 경영하는 방식이다. 다국적기업의 본사는 재무나 기술개발 등과 같은 중요 분야에서만 의사결정권을 갖고, 그 외 대부분의 일상적인 업무에 대한 권한은 모두 현지자회사에 이양하게 된다. 따라서 본사는 큰 권한이 없으며, 본사와 해외자회사간 또는 해외자회사들 간에 의사소통 및 정보 교환이 거의 일어나지 않는다.

현지국 중심주의는 현지국의 여러 환경이 본국과 다르기 때문에 현지사정에 밝은 현지인에 의한 경영관리가 이루어지므로 현지 환경변화에 신속히 대응하기가 매우 용이하다는 장점이 있고, 현지국 정부나 소비자 등의 이해관계자들에게 좋은 인상을 심어줄 수 있다.

그러나 현지국 중심주의의 단점은 해외자회사가 서로 독립적으로 운영되므로 전 세계에 흩어진 해외자회사들을 유기적으로 연결, 조정함으로서 얻어질 수 있는 시너지효과를 희생하게 된다. 즉 해외자회사별로 제품의 기획, 생산, 판매를 달리하기 때문에 규모의 경제를 활용할 수 없고 궁극적으로 비용이 높아지는 단점이 있다. 이러한 현지국 중심주의는 초기단계에 있는 다국적 기업들이 주로 많이 채택하는데, 특히 유럽과 미국의 다국적 기업에서 많이 나타난다.

3) 지역 중심주의 방식 (Regiocentrism)

지리적 조건이나 사회·문화적 환경 등이 비슷한 국가들을 하나의 지역으로 묶어서 지역중심으로 경영하는 방식이다. 즉 지역본부가 본사로부터 상당한 폭의 의사결정권을 이양 받아 지역 내 현지자회사들을 관리하게 된다. 예를 들면 북미, 유럽, 아시아 등의 지역별로 지역본부제를 도입하여 지역본부가 각 지역별 특성에 적합한 경영전략을 자율적으로 추진하는 것이다.

현지국 중심주의가 초래할 수 있는 자원의 중복을 어느 정도 피할 수 있고, 규모의 경제를 이용할 수 있기 때문에 현지국 지향적이면서도 특정 지역 내의 자회사들 간의 유기적 통합을 동시에 추구할 수 있다는 장점이 있다. 그러나 특정 지역 내 국가들을 어떻게 동질적으로 편성할 수 있느냐가 중요 관건이다. 현지국 중심주의에서 한 걸음 더 나아간 단계에 있는 다국적기업들이 주로 많이 채택하는 경영방식이다.

4) 세계 중심주의 방식 (Geocentrism)

글로벌 효율성과 현지적응성을 동시에 추구하는 경영방식이다. 본사와 전 세계에 분산된 해외자회사들이 유기적으로 연결되어 글로벌한 분업 및 협력 체제를 구축하고, 주요한 지위에는 국적에 관계없이 전 세계에서 유능한 인재를 등용하여 배치한다. 그리고 각 해외자회사들은 단순히 현지국의 좋은 기업시민이 되는 것뿐만 아니라 동시에 범세계적으로 연결된 유기적인 통일체의 하위시스템으로서 최선을 다하는 것이다.

Perlmutter는 "세계 중심주의(geocentrism)가 진정한 의미의 다국적 기업"이라고 정의하였다. 세계 중심주의 방식의 다국적기업에는 본사와 해외자회사가 서로 대등한 입장에서 상호간의 정보교환과 협력적인 의사결정 관계를 갖기 때문에 본사와 해외자회사를 실질적으로 구분하기가 어려워진다.

해외자회사가 일부 사업 분야에서 주도적인 입장을 취할 수 있으며, 어느 특정 업무를 가장 잘 수행할 수 있는 사람은 국적을 불문하고 채용한다. 이러한 다국적 기업은 세계를 하나의 단위로 파악하여 글로벌 전략을 추진하면서, 동시에 각 국가의 환경에 맞는 현지화 전략을 추구한다.

이러한 세계 중심주의적 사고를 갖는 다국적 기업을 오늘날 글로벌 기업(global corporation) 또는 무국적 기업(borderless corporation)이라 부르고 있다. 거대규모를 가진 선진 다국적기업들이 추구하는 경영방식인데, 예를 들면 필립스, 네슬레, Apple, Sony, 삼성전자, LG전자 등의 기업들이 여기에 속한다. 이들 기업들은 모든 문서작성뿐만 아니라 회의도 영어로 진행하며 재무보고서도 미 달러화나 유로화로 작성하고 있다. 더구나 사업별 또는 기능별로 가장 효율적으로 글로벌 경영을 할 수 있는 지역으로 본사 기능을 옮기는 기업들이 늘어나고 있다.

필립스의 경우, 세계 중심 경영의 일환으로 일부 사업본부나 사업부를 네덜란드가 아닌 다양한 국가에 위치시키고 있다. 예를 들어, 부품 사업본부는 미국 캘리포니아에 본사가 있으며, 부품 사업본부 산하의 이동 디스플레이 시스템 사업부는 홍콩에 있다. 가전 사업본부는 네덜란드에 있지만 이 사업본부 산하의 모니터 사업부는 대만에, 비디오와 DVD 사업부는 싱가포르에 글로벌 경영 관리를 수행하는 본사를 각각 두고 있다.

Sony의 경우 1990년대 초기까지는 본국 중심주의 방식의 경영을 해 왔지만 1990년대 중반 들어서는 세계 중심주의 방식으로 전환하였다. 사업전략 측면에서는 글로벌화(globalization)와 현지화(localization)를 절묘하게 혼합시킨 글로컬라이제이션(glocalization)을 추구하면서, 경영관리 측면에서는 세계 중심주의로 전환시켰다. 이를 위해 Sony는 각 사업별로, 사업의 중심지역이면서 시장 정보수집과 우수 인력확보가 용이한 지역에 본사를 위치시키는 세계 중심주의 방식의 경영을 하고 있다. 전자사업의 경우에는 대부분 본국에 본사가 있지만, 멀티미디어와 영상, 음반 사업의 경우에는 미국에 있는 자회사가 본사의 역할을 수행하고 있다. 또한 기능별로도 본사의 역할을 분담을 하고 있는데, 예를 들면 국제금융 업무의 경우에는 뉴욕과 런던의 자회사가 본사의 역할을 하고 있다.

참고문헌

강태구. 국제경영, 박영사, 2012.

Aharoni, Y., "On the Definition of a Multinational Corporation," *Quarterly Review of Economics and Business*, vol.2 1971. pp. 28~35.

Bartlett, Christopher A., Sumantra Ghoshal and Paul W. Beamish, *Transnational Management: Text, Cases & Readings in Cross-Border Management*, 5ed., McGraw-Hill, 2007.

Chakravarthy, B .S. and H. V. Perlmutter, "Strategic Planning for a Global Business," *Columbia Journal of World Business*, Summer 1985, Vol. 20, pp.3~10.

Czinkota, Michael R., Ilkka A. Ronkainen and Michael H. Moffett, *Fundamentals of International Business*, 1st/Asia-Pacific ed., John Wiley & Sons, 2009.

Daniels, John D., Lee H. Radebaugh and Daniel P. Sullivan, *International Business: Environments and Operations*, 11th ed., Prentice Hall, 2005.

Dunning, John H., *Multinational Enterprises and The Global Economy*, Reading, MA.: Addison Wesley, 1992.

Hill, Charles W. L., *International Business: Competing in Global Marketplace*, 7ed., McGraw-Hill, 2008.

Luthans, Fred and Jonathan Doh, *International Management: Culture, Strategy, and Behavior*, 7ed., McGraw-Hill, 2008.

Root. F, *Entry Strategies for International Markets*, Lexington, 1994.

Rugman, Alan M. and Richard M. Hodgetts, *International Business*, 3ed., Financial Times Prentice Hall, 2003

Wild, John J., Kenneth L. Wild and Jerry C. Y. Han, *International Business*, 3ed., Prentice-Hall, 2005

Vernon, Raymond, *Sovereignty at Bay*, New York: Basic Books, 1971.

GLOBAL BUSINESS

제2부

글로벌 경영과 시장국별 환경

우리나라 기업들은 전 세계에 걸쳐 많은 국가에서 글로벌 경영활동을 수행하면서 우리나라와 상당히 다른 문화적 환경, 경제적 환경, 정치적·법률적 환경에 직면하게 된다. 이렇게 상이한 환경을 가진 여러 나라에서 경영활동을 하는 우리나라 기업들은 이질적 환경과 관련하여 발생할 여러 위험에 노출될 가능성이 높다. 따라서 이러한 위험에 대처하기 위하여 문화적, 경제적, 정치적·법률적 환경의 다양한 특성들을 이해하는 것이 매우 중요하다.

제3장

문화적 환경

글로벌화 시대에 세계를 무대로 경영을 하는 기업들이 글로벌 경영을 성공적으로 수행하기 위해서는 국가나 지역별로 다양한 다른 문화에 대한 이해가 필수적이다. 문화 차이는 기업경영의 전 분야에 걸쳐 중요한 영향을 미치므로, 글로벌 경영자는 문화에 대한 올바른 이해와 적응을 통하여 이를 글로벌 경영에 적절히 활용함으로써 기업의 경쟁력으로 전환시킬 필요가 있다.

3.1 문화란 무엇인가

문화란 인간집단이 여러 세대를 통해 형성해 온 하나의 생활양식 또는 규범으로서 천성적으로 가지고 태어나는 것이 아니라, 생활을 통해 반복적으로 습득된 행위라고 정의되고 있다. 즉 문화는 특정 사회(국가나 지역을 포함)의 구성원이 공유하는 관습, 신앙, 규범, 생활양식 등에 관한 학습된 행위(learned behavior)라고 할 수 있다.[2)]

기업이 글로벌 경영활동을 수행하는 과정에서 직면하게 되는 수많은 어려움이나 경영위험은 현지국의 문화를 제대로 이해하지 못하기 때문에 발생하는 경우가 많다. 오늘날 글로벌 경

2) Kroeber, Alfred and Clyde Kluckhohn, *Culture: A Critical Review of Concepts and Definitions*, Random House, 1985. p.11.

영자들에게는 현지자회사 경영에 있어서 과거 중요 이슈였던 정치적 위험(political risk)보다 문화적 위험(cultural risk)을 극복하는 것이 더욱 더 중요한 과제가 되고 있다.

문화는 생리적 혹은 유전적인 요인이 아닌 후천적으로 학습된 행위이기 때문에, 우리 기업은 학습을 통해 다른 문화를 끊임없이 배우고 이해한다면 얼마든지 문화적 위험을 극복할 수 있는 것이다. 기업들은 진출한 현지국(또는 지역)과 우리나라와의 문화적 유사성과 차이점을 파악하여 기업경영에 접목시킬 수 있다면, 이것이 바로 기업의 경쟁우위요소가 될 수 있다. 그러므로 범세계적으로 경영활동을 수행하는 기업들은 현지문화를 철저하게 분석하고 이에 효율적으로 대처할 수 있는 경영 아이디어를 찾는 것이 무엇보다도 중요하다.

[경제칼럼] 다른 문화를 아는 것도 경쟁력이다

김기현(영남대교수. 국제경영학)

기업이 국제 경쟁력을 높이는 길은 많이 있다. 기술력을 높이고, 새로운 제품디자인을 개발하고, 해외시장에 판매, 영업망을 제대로 구축하는 등 여러 다양한 방법을 통하여 국제 경쟁력을 높이기 위한 노력을 기업들은 계속하고 있다. 그러나 이러한 방법에 비해 상대적으로 크게 돈을 투자하지 않고도 쉽게 경쟁력을 높이는 방법이 있다. 그것은 바로 다른 문화를 이해하는 것이다. 다른 문화를 얼마나 잘 이해하느냐는 개인의 경쟁력뿐만 아니라 기업의 경쟁력에도 매우 중요한 영향을 주는 요인이다.

국가 간의 경계가 점점 더 희박해 지고 있는 무한경쟁의 글로벌화시대에 아무리 뛰어난 기술과 전문성을 갖추었다고 해도 다른 문화에 대한 이해와 포용성 없이는 기업의 성공에는 한계가 있을 수밖에 없다. '로마인 이야기'의 저자 시오노 나나미는 로마인을 당시의 다른 민족과 비교하여 이렇게 평가하였다. "지성에서는 그리스인보다 못하고, 체력에서는 켈트인이나 게르만인보다 못하고, 기술력에서는 에트루리아인보다 못하고, 경제력에서는 카르타고인보다 못하다." 다른 민족보다 별로 내세울 만한 경쟁우위요소를 가지고 있지 않은 로마인이 어떻게 거대한 세계 제국을 건설할 수 있었는가. 그 원동력은 바로 다른 민족, 다른 문화에 대한 이해와 포용성이 있었기 때문에 가능하였다는 것이다.

오늘날 글로벌화의 진전으로 국가 간 수출입 활동은 더욱 확대되고 있고, 국내외의 치열한 경쟁에서 살아남기 위하여 우리기업들의 해외직접투자가 급격히 증가하고 있다. 이러한 과정에서 다른 문화권과의 접촉이 빈번해짐에 따라 외국의 다양한 문화를 이해하는 것이 오늘날의 기업경영에도 매우 중요한 과제가 되고 있다. 우리 기업이 다른 문화를 이해하고 더 나아가 이를 잘 활용하면 지속가능한 경쟁우위까지 확보할 수 있고 국제 비즈니스 활동을 성공으로 이끌 수 있다.

인도네시아에 진출한 어떤 한국투자기업은 일본투자기업과 가까운 위치에서 현지 자회사를 운영하고 있었다. 생산제품, 생산기술과 시설 등은 비슷하고 작업환경이나 임금은 오히려 한국기업이 약간 더 나은 편이었다. 그러나 한국 측 자회사는 근로자들의 이직률이 높고 노사분규가 빈번하며 생산성이 저조한 반면, 일본 측 자회사는 근로자들의 사기가 높고, 노사분규는 전혀 없으며 생산성이 대단히 높았다. 과연 이러한 차이를 가져온 근본 원인이 무엇인가를 조사해 보았더니 다른 문화의 이해와 활용 즉 이슬람교도인 현지종업원의 관리에 차이가 있었다. 이슬람교도라면 누구나 건강과 재정형편이 허락하는 한, 평생에 한번은 이슬람 성지인 메카를 순례하는 것이 실천해야 할 다섯 가지 의무 중 하나이다[3]. 일본 측 자회사는 이슬람교의 문화적 특성을 잘 이해하여 10년 이상 근속한 종업원들에게 회사비용으로 메카순례를 지원하는 프로그램을 운영했던 것이다.

또 다른 예로써, 각 국가와 국민의 선호하는 색상에 대한 문화를 이해한다면 기업이 수출하는 제품의 디자인이나 포장 등에 이러한 색상을 사용하여 그 나라 국민들의 수요를 촉진할 수 있을 것이다. 미국시장에서 버드와이저나 코카콜라와 같은 제품은 미국인이 선호하는 붉은 색을 활용하여 제품디자인에 반영함으로써 크게 성공을 거두었다. 줄자를 수출하는 우리나라의 어떤 중소기업은 세계 여러 지역별로 좋아하는 색상이 서로 다르다는 점에 착안하여 색상 선호도의 차이를 제품포장에 적절하게 사용하여 상당한 수출실적을 올리고 있다. 전 세계 각국마다 선호하는 색상이 다양하다면, 이를 알아내는 것은 상당히 시간이 걸리고 귀찮은 과제일 수도 있다. 그런데 각 국가별 국민들이 어떤 색상을 좋아하는가를 가장 간단하게 알아볼 수 있는 방법이 하나 있다. 그것은 바로 그 나라의 국기에 어떤 색상이 들어가 있는 가를 살

---

3) 다섯 가지 의무는 1) 알라만을 유일한 신으로 인정, 2) 성지 메카를 향해 하루 5회 기도, 3) 가난한 사람과 불행한 사람에게 기부(수입의 1/40), 4) 라마단 월 동안 일출에서 일몰까지 단식, 5) 성지순례이다.

펴보는 것이다. 바로 그 색깔들은 그 나라 국민들이 적어도 싫어하는 색은 아닐 것이다.

다른 문화를 이해하는 방법에는 여러 가지가 있겠으나, 직접 그 나라나 특정문화권을 방문하여 몸소 체험해 보는 것이 가장 좋은 방법이라고 할 수 있다. 그러나 시간적으로 제약을 받는 현실에서도 다른 문화에 대한 이해를 높이는 방법은 다양하다. 외국에 다녀와서 쓴 배낭 여행기를 읽거나, 다른 문화와 관련하여 쏟아져 나오는 책들을 읽는 것만으로도 많은 간접적 경험을 쌓을 수 있을 것이다.

무엇보다 중요한 것은 기업 경영자들이 다른 문화를 열린 마음으로 받아들이고, 또한 지속적인 호기심을 가지는 자세이다. 우리 기업들은 다른 문화를 글로벌 비즈니스 활동을 제약하는 장애물이나 갈등요인으로 생각하기 보다는, 다른 문화를 제대로 이해하고 이를 적극 활용함으로써 오히려 기업의 경쟁력으로 전환시킬 필요가 있다.

[매일신문 2004.03.17]

3.2 문화의 중요 구성요소와 글로벌 경영

글로벌 경영자들은 진입하는 국가나 지역별로 현지 문화적 환경을 분석하여 이에 적절한 시장진입 및 경영전략을 수립하여야 한다. 현지국가나 지역별로 분석해야 할 문화적 환경의 공통적인 중요 구성요소들이 어떻게 글로벌 경영활동에 영향을 주는 지를 살펴보자.

1. 언어

문화를 구성하고 있는 중요 요소들에는 언어, 종교, 교육수준 등을 들 수 있는데, 그 중에서 가장 중요한 것이 언어이다. 언어는 현지국 문화를 가장 빨리 이해할 수 있는 도구이며, 현지소비자의 니즈를 파악하거나 현지고용인과의 커뮤니케이션 등에도 많은 영향을 준다.

언어는 1차적인 의사소통 수단의 하나로서 암묵적으로 그 나라의 문화적 환경을 내포하고 있기 때문에 현지국의 문화를 이해하는 데 있어서 가장 기초가 되는 요소이다. 언어가 다르면 문화권이 다르다고 생각해도 무방하며, 다른 문화를 이해하기 위해서는 언어에 대한 이해가 선행되어야 한다. 기업들은 해외시장국 진출 시 현지 언어문제 극복에 대한 준비는 되어 있는지, 현지 언어소통에 문제가 없는 사람을 확보하고 있는지, 현지 교포의 활용 가능성은 있는지 등을 미리 고려하여야 한다.

개방화와 국제화로 상징되는 글로벌화 시대에 여러 언어 중에서도 영어는 필수적이다. 국내 많은 기업들도 본사와 해외자회사 경영자간의 화상회의를 영어로 진행하고 있다. 모든 나라의 언어를 배우기는 힘들기 때문에 국제비즈니스 언어인 영어만이라도 제대로 익혀 의사소통을 잘하는 것이 문화이해의 지름길이다.

글로벌화의 진행과 함께 전 세계 소비자들이 쉽게 알아볼 수 있도록 기업의 로고를 변경하거나 회사명을 영어로 많이 바꾸는 추세이다. 삼성그룹이나 LG그룹이 글로벌화 시대에 맞게 로고로 바꾼 것이나, 포항제철이 POSCO로, 한국통신이 KT로, 선경(Sunkyoung)그룹이 SK그룹으로 변경한 것이 그 예일 것이다. 일본의 Sony는 글로벌화된 브랜드네임을 일찍부터 사용하여 미국인들조차 소니를 미국회사로 알고 있는 사람이 상당히 많을 정도이다. 공동창업자이면서 마케팅을 담당하던 모리타 아키오가 국제무대에 진출하기 위해서는 이름을 바꿔야 한다면서 회사명을 Sony로 변경했다. '소리 또는 음'이라는 뜻의 영어단어 'Sonic'과 어린 아들을 친근하게 부를 때 쓰이는 호칭 'Sonny'를 합성해 전 세계 소비자들이 쉽게 발음할 수 있는 Sony라는 글로벌한 상표로 만들었다. 이외에도 Kodak이나 Coca-Cola, Toyota 등의 브랜드도 이름이 짧으면서 어느 언어로든 발음하기가 쉬운 좋은 글로벌 상표이다.

브랜드 네이밍-1

브랜드 네이밍, 일본에서 배워라

일본에 '슬램덩크'나 '카푸치노'라는 자동차가 있는 것을 보면 '일본식 영어'의 존재를 부인할 수는 없을 것이다. 하지만 글로벌 마케팅의 기본이 되는 브랜드 네이밍에서는 한국 기업들이 아직도 철저하게 배워야 할 입장이다.

일본어의 특성상 일본 기업명은 쉽고 간결해 해외 인지도 측면에서 유리하다. 또한 서구의 기업처럼 창업자나 본거지의 이름을 따기도 하고 아예 영어식의 글로벌한 기업명도 많다. 일본 기업들이 국제무대에서 선전하는 데는 효과적이고 인상적인 브랜드네임의 역할도 무시할 수 없다. 이는 곧 일본이 글로벌 마케팅의 중요성을 정확하게 인식하고 있다는 반증이기도 하다.

일본 기업들 가운데는 국제적 범용성을 높이고 수용자 중심의 브랜드네임을 만들기 위해 창업자의 이름에 변화를 주기도 한다. 도요타자동차를 창업한 도요다 사키지(豊田佐吉)는 원래의 로마자 표기인 TOYODA를 버리고 TOYOTA로 기업명을 정했다. 1936년의 일이다. 세계적 타이어 브랜드 브리지스톤(Bridgestone)은 1937년 창업자 이시바시 쇼지로(石橋正二)의 성(姓)인 '돌다리'의 앞뒤를 바꿔 만들었다. 전자기기 생산업체 카시오는 창업자 가시오 다다오의 Kashio 대신 Casio를 기업명으로 하여 1946년 설립됐다. 마쓰다자동차도 창업자의 성씨인 Matsuda 대신 Mazda를 사용하고 있다. 공식적으로 기업명을 Mazda로 교체한 것은 1984년의 일이지만 1931년부터 일관되게 자동차 브랜드로 Mazda를 사용해 왔다.

또한 '일본색'을 완전히 뺀 평이한 영어식 브랜드도 눈길을 끈다. 소니의 창업자 모리타 아키오 회장은 1958년 도쿄쓰신코교(Tokyo Tsushin Kogyo: 東京通信工業)라는 기존의 이름을 버리고 '소니(Sony)'를 직접 만들었다. 주력 업종인 음향기기와 관련된 '소리'를 의미하는 라틴어 단어 sonus를 변형시켜 세계인들이 쉽게 쓸 수 있는 이름을 개발한 것이다. 가전업체 샤프(Sharp)의 모체는 원래 '샤프'로 알려진 기계식 자동연필을 생산하던 회사였는데, 이 제품이름을 아예 기업명으로 채택했다. 카메라 및 사무기기 생산업체 캐논(Canon)의 이름은 회사가 최초로 생산한 카메라의 제품명인 칸논(Kwannon)을 보다 읽기 쉽고 기억하기 쉽게 바꾼 것이다. 이때가 1935년이고, 칸논은 관음(보살)의 일본식 발음. 이 밖에 파이오니어(Pioneer)나 파나소닉(Panasonic)도 좋은 브랜드네임이다.

일본의 대표적 기업들은 이미 1930~40년대부터 국제적 브랜드 이미지 정립을 위해 일관된 네이밍 전략을 구사해 오고 있다. 소니의 모리타 회장도 한때 회사명의 이니셜인 TTK를 고려했지만 치열한 고민 끝에 Sony를 선택했다고 한다. 만약 소니가 TTK였다면 오늘날의 소니는 존재하지 않았을지도 모른다. 그만큼 이름이 중요한 것이다.

[이코노믹 리뷰 2005.10.31]

브랜드 네이밍-2

'움직이지 않는 차'..해외서 폭망한 자동차 네이밍 실수

기아자동차가 2017년 중국에서 신차 모델명 발음이 '죽을 수도 있다'는 단어와 비슷해 차 이름을 바꾸면서 화제가 됐었다. 이처럼 해외에서 예상치 못한 현지 언어 발음으로 곤욕을 치른 경우가 종종 있다. 기아차는 2017년 갑자기 중국에서 판매 중이던 중형 세단 K4의 이름을 변경했다. K4를 중국식으로 읽으면 "케이쓰"라는 발음이 되는데 이는 "죽을 수도 있다"라는 의미의 중국어 "可以死(커이쓰)"의 발음과 비슷해 판매에 부정적인 영향을 미쳤다는 판단에서다. 이후 K4는 카이션(凱绅)으로 변경되었다.

기아차가 이름으로 곤욕을 치른 것은 K4가 처음은 아니다. 기아차의 카니발(Carnival)은 식인종을 의미하는 영어 단어 'Cannibal'을 연상시켜 이름을 '세도나(Sedona)'로 변경했다. 설상가상으로 'KIA'라는 이름이 미국에서는 'Killed In Action'의 줄임말로 쓰여 '전사자 명단'을 의미한다. 때문에 기아차는 자칫 전사자가 타는 차라는 인상을 줄 수 있어 앞 글자 K를 제외한 'i'와 'a'를 소문자로 표기, 줄임말이 아니라는 것을 어필했다.

이처럼 이름은 브랜드나 자동차 모델의 이미지를 형성하는데 다분히 큰 역할을 한다. 비단 기아차뿐만이 아니라 이미 전 세계적으로 이름 때문에 곤란한 상황을 겪은 자동차 회사들이 많다. 재규어랜드로버를 인수한 인도 자동차 업체인 타타자동차는 예측 불가능했던 장애물을 만나 이름을 바꿔야만 했다. 타타는 2016년 '지카(Zica)'라는 신차를 발표했다. Zippy(날렵한)와 Car(차)를 조합해 만든 나름 괜찮은 이름이었으나 신차를 출시한지 얼마 지나지 않아, 중남미에서 신생아 소두증을 유발한다는 '지카(Zika)' 바이러스가 창궐하면서 전 세계적으로 유행하기 시작했다. 타타모터스는 이미 지카라는 이름으로 자동차 홍보를 해왔기 때문에 이름을 바꿀 수 없다는 입장을 고수해왔다. 하지만 사태의 심각성을 느낀 타타모터스는 결국 지카라는 이름을 포기하고 신차 이름을 티아고(Tiago)로 변경할 수밖에 없었다.

제너럴모터스(GM)의 노바(Nova)는 한국 교과서에도 실린 유명한 실패 사례다. 1969년 GM은 소형 세단 노바를 발표했다. 노바는 영어로는 '신성(新星)'이라는 예쁜 의미지만 스페인어로는 '갈 수 없다(No Va)'라는 뜻이다. 결국 '움직이지 않는 차'인 노바는 중남미에서 참담한 성적을 거뒀다. 이후 GM은 노바의 이름을 카리브(Caribe)로 변경했지만 두고두고 실패사례로 회자되는 해프닝을 만들었다.

부르기 민망해 이름을 바꿔야 했던 경우는 이미 수두룩하다. 현대차의 코나(Kona)는 포르투갈어로 여성의 성기를 뜻하는 비속어 코나(Cona)와 발음이 비슷해 해당 국가에서는 카우아이(Kauai)라는 이름으로 판매하고 있다. 비슷하게 현대차 갤로퍼 원판인 미쓰비시 대형 SUV 파제로(Pajero)도 민망한 이름 때문에 개명을 했다. 원래는 아르헨티나 팜파스 지대에 사는 표범을 의미하는 단어였으나 스페인어로 자위행위라는 의미로 쓰여 영국에서는 '쇼군'이라는 이름으로, 스페인, 인도, 북아메리카에서는 몬테로(Montero)라는 이름으로 판매되고 있다.

2017년 미국에서 트럼프가 대통령으로 당선되면서 중국의 한 자동차 업체는 고민에 빠졌다. 미국 진출을 노리고 있는 중국 광저우자동차그룹(GAC)의 차량 상표명 트럼치(Trumpchi)라는 이름이 미국 대통령 '트럼프(Trump)'와 너무 비슷해서다. 광저우차는 전설이라는 의미의 '촨치(祺)'의 영문명을 'Trumpchi'로 정해 판매하고 있었다. 몇몇 사람들은 이를 'Trump of China'로 오역하는 사례도 있었다. 실제로 2016년 디트로이트 모터쇼에서 관람객들은 트럼치 자동차가 아닌 'Trumpchi'라는 이름만 열심히 찍어가며 야유를 보냈다. 이에 광저우차 관계자는 "우리는 정치와 연관되고 싶지 않다"며 상표명을 바꿀 계획임을 밝혔다. 아직까지 이름을 바꿨다는 소식은 들리지 않는다.

[이데일리 2019.05.20.]

현지 시장국에서의 적절한 언어사용은 상품의 광고나 상표, 그리고 궁극적으로 매출에도 상당히 많은 영향을 미친다. 예를 들면 일본기업이 한국전통식품을 일본이나 미국에 있는 한국교포를 상대로 판매할 때에 '왕비빔밥나물'을 한글로 표기하고 한글을 무늬도안으로 사용하여 현지 한국교포들이 친숙하게 다가갈 수 있도록 하였다.

한편 글로벌 경영활동을 성공적으로 수행하기 위해서는 말로 표현되는 언어뿐만 아니라 침묵적 언어에도 주의를 기울일 필요가 있다. 제스처도 일종의 침묵적 언어라고 할 수 있는데, 해외에서 특정 제스처를 사용할 때는 그것이 어떤 문화권에서 사용되느냐에 따라 전혀 예상치 못한 결과를 초래할 수도 있으므로 상당한 주의를 요한다. 예를 들어, 일반적으로 좋다(OK)라는 의미로 엄지와 검지를 모아 동그라미를 만드는 제스처는 프랑스에서는 가치 없다는 의미로, 그리스에서는 성적모욕을 상징하는 것으로 받아들여지고 있다.

2. 교육수준

교육수준은 국가에 따라 큰 차이를 보이며, 경제발전 수준과도 밀접한 상관관계를 가지고 있다. 일반적으로 경제발전 수준이 높은 국가일수록 문맹률은 낮은 것으로 파악되고 있다. 각 국가별 교육수준은 기업의 글로벌 경영활동에 중대한 영향을 미친다. 현지투자국의 교육수준은 현지경영활동에 필요한 인적자원의 가용여부를 판단하며, 현지고용인의 교육수준의 차이는 현지자회사의 생산성에 많은 영향을 준다.

또한 기업들은 각 국가별 교육수준에 따라 판매하려는 제품의 사용설명서도 다르게 준비해야 한다. 즉 문맹률이 높은 국가에서는 이해하기 쉽게 그림으로 제품의 사용법을 설명할 수 있어야 한다. 광고도 현지국의 교육수준에 맞게 적절한 수단을 선택하여야 한다. 즉 문맹률이 높은 국가에서는 신문 등의 활자매체 대신에 라디오나 TV 등의 방송광고를 적극 활용하여야 할 것이다.

3. 종교

종교도 기업의 글로벌 경영활동에 중대한 영향을 끼칠 수 있는 문화요소의 하나이다. 종교는 그 신념에 따라 소비자들의 생활태도나 제품의 선택 및 구매방법 등에 크게 영향을 미칠 수 있기 때문에 기업의 글로벌 경영활동에 많은 영향을 준다.

종교별로 추구하는 목표나 대상이 각기 다르기 때문에 기업들은 각 종교의 특징을 잘 파악하여 기업경영에 적절히 활용하여야 한다. 불교와 힌두교는 물질적 가치보다 정신적 가치를 더 중요시하므로, 현생에서 부의 축적보다는 영혼의 진화에 더 높은 가치를 둔다. 가톨릭과 기독교는 사랑, 봉사 등의 이념과 함께 물질적 가치도 중요시한다. 이슬람교는 유일신 알라에 절대 의지하고 인간평등, 명예, 선행 등을 강조하며 모든 것이 신의 뜻(인샬라)이라 생각한다. 돼지고기와 음주를 금지하고 있기 때문에 이슬람교 국가에서는 이들 제품의 마케팅 활동이 직접적인 영향을 받게 된다. 특히 사우디아라비아는 이슬람국가 중에서도 계율이 가장 엄격한 편이고 음주는 절대로 허용되지 않는다.

미국의 어떤 항공사는 사우디아라비아 정부로부터 출항정지통고를 받은 적이 있다. 이 항공사는 여승무원이 남자승객에게 샴페인을 따르는 신문광고를 내었기 때문이다. 오늘날 중동 국가들이 상당히 개방되어 가고는 있지만, 많은 이슬람국가에서는 술 마시는 것을 금기시하고 있고, 특히 사우디아라비아는 이슬람 원리주의가 강한 국가인데 여자가 남자 앞에서 얼굴을 히잡(hijab)이라는 천으로 가리지도 않은 채 술을 따르는 광고는 심한 거부감을 준 것이다. 중동의 국가들이나 인도네시아나 말레이시아 등 이슬람국가들은 대개 술 판매가 금지되고 있으므로 생수, 과일쥬스, 청량음료 등에 대한 좋은 시장을 제공하고 있다.

종교에 따라서 휴일이 다르고 또 금지하고 있는 음식이 다르기 때문에 기업의 글로벌 경영활동에 중대한 영향을 미치게 된다. 기독교나 불교와는 달리 이슬람국가에서는 경전인 코란(Koran)의 가르침에 따라 금요일이 종교적으로 중요한 공휴일이며(이집트는 예외), 일요일은 공휴일로 취급하지 않기 때문에 기독교, 불교 등 비이슬람 국가들과의 비즈니스 활동에 많은 지장이 있다.

이슬람 율법은 돼지고기나 알코올 등이 들어간 음식료품이나 화장품, 의약품 등을 '하람'이라고 하여 금지하고 있다. 반면에 '할랄'은 아랍어로 '신이 허락하는 것'이라는 뜻인데, 이슬람 율법에서 인정하는 방식에 따라 만들어진 음식료품, 화장품, 의약품 등에 '할랄' 인증이 붙는다. 인도네시아의 무이(MUI), 말레이시아의 자킴(JAKIM), 싱가포르의 무이스(MUIS)가 세계 3대 할랄 인증기관이다.

할랄 인증제품 사례

깐깐한 진입장벽 뚫고... '매운 할랄라면' 무슬림 사로잡다

말레이시아에는 포장지에 한글로 커다랗게 '대박'이라 적힌 라면이 지난해부터 선풍적인 인기를 끌고 있다. 작년 3월 '김치 맛'과 '양념치킨 맛' 2종으로 출시돼 월 평균 30만개, 누적 400만개가 팔린 '대박라면'이 주인공이다.

혀가 얼얼할 정도로 자극적인 매운 맛이 말레이시아 사람들의 '취향을 저격'한 것인데, '대박라면'을 만든 신세계푸드는 여세를 몰아 지난 1일 후속 제품인 '고스트페퍼 스파이스 치킨 맛'을 출시했다. 이 라면 역시 2주 만에 초도물량 10만개가 완판됐다. 신세계푸드의 '대박라면'은 현지 라면보다 3배나 비싼 1,700원 정도에 판매되는 히트상품이다. 그리고 국내에는 유통

되지 않는 현지 식품이자, 무슬림(이슬람교를 종교로 가진 사람)들이 즐겨 먹는 '할랄 라면'이다.

◇ 무슬림에게 허용된 식재료만 사용

24일 식품업계에 따르면 무슬림 비중이 높은 말레이시아는 1인당 GDP가 1만 달러 이상이고, 하루 400만봉 가량의 라면이 소비되는 거대 시장이다. 그러나 동남아시아 라면 시장 진입은 만만한 일이 아니다. 무슬림이 먹을 수 있는 '할랄 라면'으로 인증 받아야 하는데, 까다롭고 복잡한 생산방식을 거쳐야 한다.

이슬람 율법에 따라 '허용되는 것'을 의미하는 '할랄'이라는 단어처럼 무슬림에게 허용된 식재료만을 사용해야 한다. 대부분의 야채나 과일, 곡류, 어류 등을 비롯해 소, 양, 염소, 사슴, 닭, 오리 등의 육류는 '할랄 식품'으로 분류된다. 다만 육류는 반드시 '자비하'라는 이슬람 종교 의식에 따라 도축된 것만 먹을 수 있다. 금지된 음식은 '하람'이라고 하는데 돼지고기, 술 등 알코올이 들어간 음식, 장어와 메기 같이 지느러미와 비늘이 없는 물고기, 파충류 등이 여기에 해당된다.

말레이시아에서 대박난 '고스트페퍼 스파이스 치킨 맛' 라면은 할랄식품인 닭이 들어가기 때문에 별 문제 없어 보이지만, '자비하' 의식에 따라 도살된 것만 사용해야 한다. 한 번에 목을 쳐 피를 뺀 뒤 정육하는 방식으로 알려져 있다. 또 할랄식품 전용 생산라인을 따로 마련해야 한다. '하람'에 해당하는 다른 식재료가 혼용된 라인에서 할랄식품을 생산할 경우 '교차오염'이 된 것으로 판단하기 때문이다. 심지어 '하람'이 담기거나 스쳤던 그릇 역시 사용해선 안 된다. 때문에 할랄식품을 만들 때는 일반 식품보다 비용이 더 많이 든다.

이런 모든 과정을 통과해야 현지에서 할랄식품을 판매할 수 있다. 신세계푸드는 2017년 11월 말레이시아의 대형 제조·유통업체인 '마미더블데커'와 손잡고 합작법인 '신세계마미'를 설립했다. 또 말레이시아의 할랄 인증 마크인 '자킴'(JAKIM)을 획득해 다른 동남아 국가에도 수출할 수 있는 교두보를 마련했다.

◇ 할랄 라면 시장 눈독 들이는 국내 기업들

한국농수산식품유통공사에 따르면 2009년 6,350억 달러 규모였던 세계 할랄식품 시장은 올해 2조5,370억 달러로 10년 새 4배 이상 커졌다. 세계 식품시장에서 할랄식품이 차지하는 비중 역시 15.9%에서 21.2%까지 높아질 전망이다. 동남아 시장에 진출한 국내 식품업체들은 할랄식품 시장을 차지하려는 경쟁을 벌이고 있다.

신세계푸드와 함께 농심과 삼양식품의 활약도 눈부시다. 2011년 부산에 할랄식품 전용 공장을 마련해 생산을 늘린 농심의 '할랄 신라면'은 지난해 말레이시아에서 약 40억 원의 매출을 올렸다. 2014년 '불닭볶음면'으로 말레이시아에 진출한 삼양식품도 2016년 65억 원에서 지난해 170억 원으로 수출액이 3배 가량 뛰었다. 삼양식품은 본격적인 할랄식품사업을 위해 지난 1월 말레이시아 국영기업 FGV그룹과 손잡고 현지 생산공장 설립도 검토하고 있다.

식품업계 관계자는 "전 세계적으로 할랄식품이 까다로운 공정을 통해 만들어진 건강식으로 알려지면서 무슬림뿐만 아니라 비무슬림의 구매도 점차 늘고 있다"며 "할랄식품 시장이 식품업계의 미래 성장 동력이 될 것"이라고 말했다.

[한국일보 2019.03.25.]

4. 색채

국가나 문화권별로 색채들에 대한 감상·기호·의미 등이 서로 다르며 정서적인 반응도 다르다. 따라서 글로벌 경영자들은 각종 제품의 포장이나 광고 등을 기획할 때에 색채들에 대한 기호나 반응이 국가나 문화권별로 다르다는 사실을 인식하여 적절히 대처하여야 한다.

현지시장국의 색채나 미적 기호에 대한 이해를 바탕으로 상품의 디자인이나 포장을 하는 것은 현지국에서의 판매에 많은 영향을 줄 수 있다. 일반적으로 국가별 색채 선호도를 파악하는 가장 손쉬운 방법은 진출국가의 국기에 사용되고 있는 색채를 살펴보는 것이다. 국기에 포함된 색채는 그 나라 사람들이 선호하는 색일 가능성이 높고 거부감을 줄일 수 있다.

대체적으로 녹색은 회교국에서 선호되는 색이지만, 정글이 있는 나라에서는 죽음을 의미한다. 흑색은 유럽이나 북미에서 죽음을 의미하지만, 한국, 일본, 중국 등에서는 흰색이 죽음을 뜻한다. 황색은 유럽인들에게 거부감이 많은 색인데, 축구에서 반칙할 때 주심이 사용하는 경고카드(yellow card)의 색에서도 볼 수 있다. 일설에 의하면, yellow에 대한 유럽인의 거부감은 징키스칸의 유럽정복에서 비롯되었다고 한다.

5. 관습

어떤 문화권에서는 시간개념이 정확하여 약속시간을 잘 준수하는가 하면, 다른 문화권에서는 약속시간에 조금 늦는 것이 오히려 정상으로 받아들여지는 경우도 있다. 즉 미국, 영국, 독일 등에서는 시간의 가치를 존중하지만, 아랍권이나 중남미는 시간에 대한 압박이나 구속을 싫어한다.

그리고 대화를 할 때 상대방과의 간격에 있어서 중동지역이나 중남미 국가의 사람들이 유럽 사람들보다 훨씬 더 근접해서 대화를 하기도 한다. 또 미국의 경우에는 사무실의 위치나 크기가 그 사람의 지위를 상징하는 데 반해, 아랍국가에서는 그것이 그 사람의 지위와 아무런 상관이 없다. 유럽과 북미지역에서는 어린이가 귀엽다고 신체적 접촉을 하는 것은 성희롱(sexual abuse)으로 오해를 받아 낭패를 당할 수 있으므로 각별히 조심해야 한다. 미국의 General Mills 식품회사가 영국에서 시리얼(cereal) 광고를 하기 위해 미국 어린이를 모델로 사용하였는데 그 광고는 대실패였다. 왜냐하면 영국은 미국처럼 어린이 중심적이 아니고, 또한 미국 어린이를 광고모델로 사용함으로써 영국 가정주부에게 거부감을 주었기 때문이다.

비록 같은 기독교국가라도 다른 관습을 가질 수 있다. 대부분의 기독교국가에서 크리스마스의 선물교환은 대개 12월 24일이나 25일에 이루어지는데 반하여, 네덜란드에서는 12월 6일(성 니콜라스데이)에 이루어진다. 미국의 Tandy사는 네덜란드에 진출한 첫해에 크리스마스시즌에 맞추어 12월 셋째 주에 대대적인 광고 등의 판매촉진활동을 하였으나 이미 성 니콜라스데이에 선물교환이 이루어졌기 때문에 제대로 매출액을 올리는데 실패하였다.

상관습-1

[아시아 & 유럽] 나라별 상관습을 알면 비즈니스가 쉽다

기계부품 업체를 운영하는 P사장은 일본 기계업체와의 거래를 목표로 일본을 처음 방문했다. 당시 일본 업체가 적극적이었고, 첫 대면도 부드러운 분위기에서 시작됐다. 그러나 P 사장이 일본 기계업체 기무라 가즈오 사장을 "가즈오 사장"이라고 불렀는데 그럴 때마다 옆에 있던 한 일본인이 이상하다는 듯한 표정을 지었다. 동석한 무역관 직원은 P사장이 기무라 사장의 성과 이름을 반대로 착각하고 있다는 것을 알고 P씨에게 호칭을 바로 잡도록 전하는 동시에 기무라 사장 및 동석한 일본인 관계자에게도 설명을 하고 양해를 구했다.

성공적인 국제 무역을 하기 위해서는 일반적인 국제 상관습은 물론 나라별 상관습을 숙지해야 한다. 위의 사례처럼 현지 관습을 제대로 이해하지 못한 일들이 벌어지면 의도치 않게 바이어에게 결례를 하게 된다.

최근 국제무역 환경은 국경 장벽이 크게 낮아진 자유무역협정(FTA)의 확산과 함께 급변하는 추세다. 국가별 특정 상관습에 대한 지식을 습득하지 않고서는 효율적인 마케팅을 수립하기가 불가능할 정도다. 개인이든 기업이든 국제경쟁력을 높이기 위해서는 나라마다 다른 상관습의 파악이 필요하다는 말이다.

한국무역협회, KOTRA 등의 자료를 참고해 △지난해 한국의 대륙별 수출액 상위 국가 △신흥시장의 경우 최근 우리 정부가 해당 국가에 무역경제사절단을 보냈거나 한국과 FTA 협상을 추진하는 국가 등을 대상으로 대륙별 주요 시장의 상관습을 정리했다.

◇ 아시아

중국

한국의 제1 수출국 지위를 13년째 유지하는 중국과의 비즈니스에선 꽌시, 즉 연줄을 찾는 것이 중요하다. 국내업체가 꽌시를 만들기 위해서는 중국 바이어와 지속해서 관계를 다지는 등 양측 간의 신뢰감이 형성돼야 하는데 이때 중국인 통역사나 조선족 통역사보다는 가급적 한국인 통역을 활용하는 편이 낫다. 우리말을 충분히 이해하지 못해 오역하는 경우가 있기 때문이다. 또 일부 중국 바이어는 계약을 체결해놓고도 취소하는 경우가 있어 국내업체는 끝까지 마음을 놓지 말아야 한다.

지역별로 다른 중국의 상관습도 알아두어야 한다. 수도인 베이징에선 남방 지역보다 소비에 보수적이고 상품에 대한 정보가 많아 고급제품만 골라 구입하는 경우가 많다. 상하이의 경우 소비자가 외관과 디자인을 중시하는 편이어서 의복, 액세서리, 개인용품에 대한 소비 비중이 상대적으로 높다. 구매 패턴이 서구화돼 중국에서 가장 까다로운 시장으로 평가받는다. 광저우에선 식품, 음료, 오락에 대한 지출 비중이 의복 지출보다 높다. 상하이보다 국제화가 덜 되어 있어 소비자가 상하이에 비해 깐깐하게 따지지 않다. 끝으로 중국 기업은 경영 및 회계의 투명성이 낮으므로 초기 거래 시 KOTRA, 무역보험공사, 국내외 민간 신용평가기관 등을 통해 신용조사를 하는 것이 안전하다.

일본

지난해 한국의 대일본 수출액은 256억 달러로, 홍콩(304억 달러)은 물론 베트남(278억 달러)에도 밀려났다. 이에 따라 일본은 한국의 5번째 수출국으로 떨어졌다. 하지만, 여전히 일본은 중요한 시장이다. 지리적으로 가까울뿐더러 시장 규모도 크다. 기존 일본 바이어와 오랫동안 거래하는 국내 업체도 상당수 있다.

먼저 일본 바이어와 비즈니스 만남을 진행할 때는 시간을 반드시 지켜야 한다. 약속 시간보다 최소한 10분 전에 미리 도착하거나 업체 방문 시에도 5분 전에 도착하는 것이 기본이고 약속을 할 때는 사전 약속이 필수다. 일본 바이어는 제품이 마음에 들어도 좀처럼 'Yes' 또는 'No'라는 명확한 대답을 하지 않는다. 또 '긍정적으로 검토하겠습니다(前向きに 検討します, 마에무키니 겐토시마스)'라는 말을 두고 대부분의 한국 업체는 긍정적으로 생각하지만, 오히려 일본 바이어는 부정적인 의미로 더 많이 사용한다.

명함에 일본어로 표기된 일본 바이어의 이름은 한국과 마찬가지로 성이 먼저 나오고 뒤에 이름이 나오지만, 영어로 표기될 때는 이름이 먼저 나오고 성이 나중에 오게 된다. 이밖에 통역자를 낮은 사람으로 취급하거나 갑작스럽게 가격을 낮추는 제안은 오히려 바이어에게 신뢰를 떨어뜨릴 수 있으므로 피해야 한다.

인도

중국에 이어 세계 2번째로 인구가 많은 인도는 지난해 20년 만에 대만을 제치고 한국의 7번째 수출국이 됐다. 국내업체가 인도 바이어들을 상대할 때는 실제 오더(Order) 및 대금 결제까지 많은 시간과 비용이 필요해 느긋한 마음을 가져야 한다. 특히 정부 공무원과 업무를 하는 국내 업체는 데드라인을 항상 여유 있게 잡아야 무리가 없다. 인도에서는 손을 엉덩이 근처에 올린 채 서 있는 것은(Arms akimbo) 화가 났다는 의사 표시이므로 피해야 할 행동이다. 인도 사람들은 보통 턱으로 사람을 가리킨다. 손가락으로 사람을 짚는 것은 결례이다. 이밖에 발은 청결하지 못한 것으로 인식되므로 절대 자신의 발이 다른 사람에게 닿지 않도록 주의하고 만약 닿았다면 사과하는 편이 좋다.

결제방식으로는 인수인도조건(D/A), 지급인도(D/P) 방식보다 신용장(L/C), 송금(T/T) 방식을 권하는데 인도 바이어들이 정상 거래를 하다가도 외상 거래로 전환되자마자 문제가 발생한 경우가 많기 때문이다. 제품의 성능 등에 대해서도 그 기준을 명확히 해야 한다. 애매한 표현은 화를 자초하거나 제품 수령이 거절되는 빌미를 제공하게 되는 탓이다. 예를 들어 국내 업체가 바이어에게 농산물 선별 기계의 성능을 두고 99% 선별력을 갖는다고 설명했는데, 나중에 바이어가 기계의 성능을 손으로 직접 확인해본 결과, 98%밖에 되지 않아 제값을 받지 못한 사례도 있었다. 계약상 위반 상황이 발생하면 한국 측이 절대적으로 불리하므로 만일의 경우를 대비해 중재국을 제3국으로 해두는 방편도 고려해 볼 만하다.

베트남

지난해 일본을 제치고 처음으로 한국의 4번째 수출국이 된 베트남은 최근 제3국 진출을 위한 투자 대상지로 평가받고 있어 국내 업체들의 진출이 활발한 시장이다. 먼저 국내 업체는 베트남 바이어와 현지에서 미팅 약속을 할 때 날씨를 고려해야 한다. 베트남에서는 더운 날씨로 인해 오전 업무보다 오후 업무에 소홀히 하는 경향이 있다. 업체 방문 일정은 가능한 한 오전 시간으로 하는 편이 좋으며 오후 방문의 경우 점심 및 낮잠 시간을 고려해 오후 2시 이후부터가 무난하다.

또 베트남 기업은 70~80%가 국영 기업이기 때문에 개인 기업과는 달리 의사 결정에 상당한 기간이 소요되므로 느긋한 자세로 임하는 것이 필요하다. 이밖에 시장 변화에 따라 가격 변동이 심한 품목은 바이어 측에서 일방적으로 계약을 취소하는 경우가 많으므로 시황에 민감한 품목을 다루는 국내 업체는 이에 대해 대비를 하면서 계약을 추진해야 한다.

베트남에서는 보통 손님에게 차나 음식을 대접하는 데 이를 거부하는 것은 무례한 행동으로 오해받을 수 있다. 대화 시에는 허리에 손을 얹거나 팔짱을 낀다거나 지나치게 손가락질을 하는 것도 자제해야 한다. 비즈니스 진행 시 선물을 할 경우 칼이나 가위 등 뾰족한 제품들의 선물은 금기시되며 흑백 이미지 제품이나 4종 선물세트 등은 죽음을 의미하기 때문에 역시 피해야 할 선물이다. 일부 기업에서는 스카프나 넥타이 등이 속박의 뜻을 담고 있다고 보기도 한다.

◇ 유럽

영국

영국은 지난해 한국의 대유럽연합(EU) 수출액 481억 달러 중 비중이 가장 컸다(15.3%, 74억 달러). 영국은 특히 타 유럽국가와 달리 제조업체가 거의 없고 수입에 의존하는 경우가 많다. 영국 바이어는 업체와 상담할 때 가격, 품질(인증획득유무), 배송기간 등의 객관적인 지표에 집중한다. 일반적으로 CE마크 획득 여부를 가장 많이 문의하며 일부 제품은 영국표준협회(BSI)의 KITE 마크를 요구하는 경우도 있다. 영국 바이어와 초기 접촉 시 가장 중요한 점은 영국인이 이해할 수 있는 올바른 언어로 작성된 자료를 준비해야 한다는 점이다.

불필요한 접대문화도 지양해야 한다. 대부분의 영국기업들은 거래 시 접대를 받지 않으며 선물을 주거나 식사, 유흥을 제공하는 것은 뇌물로 간주한다. 또 이런 상황을 내부 보고해야 한다는 자체 규정이 있어 블랙리스트에 올라 후에 연락이 끊기는 사례도 있다. 이밖에 영국 바이어는 기존 공급업체 제품의 가격, 품질, 운송 및 A/S 지원 여부까지 세밀히 검토한 후 거래처를 정하기 때문에 철저한 준비가 필요하다.

인사의 경우 영국인들은 제3자를 통해서 소개받는 것을 선호하며 영국 가정에 초대받았을 때 와인, 꽃, 초콜릿 등의 선물이 무난하다. 양주의 경우는 취향의 차가 심한 편이어서 좋은 선물 품목은 아니다. 꽃을 선물할 때에는 되도록 빨간 장미, 하얀 백합 또는 국화는 피하도록 한다.

독일

유럽경제의 중심지인 독일은 자동차, 건설장비, 산업용 설비 등에 중견기업뿐 아니라 특수한 제품만을 생산하는 중소업체가 상당수 있어 한국의 부품 등 산업재 제조 기업에게 진출의 기회가 많은 시장이다.

독일 바이어는 정확성을 가장 중요시 여긴다. 약속시간 혹은 납기 등이 거래 관계에 있어 적지 않은 영향을 미치게 된다. 심지어 독일 북부 지방에서는 상대방이 약속을 일방적으로 어기는 것을 자신에 대한 모욕으로까지 생각하므로 주의가 필요하다. 독일 바이어는 자국 내 시장이 품질 및 브랜드 인지도를 중시한다는 것을 알기에 제품의 품질, 디자인, 포장을 가격보다 더 중요하게 여긴다. 고부가가치 제품의 경우 국내업체가 품질 보증과 A/S에 만전을 기해야만

이 좋은 결과를 얻을 수 있다.

이밖에 독일 회사에서는 각 담당자의 업무와 책임 및 권한이 명확히 구분돼 있어 제품에 대한 평가와 선택은 사장보다는 담당자의 권한이 강하다. 즉, 담당자를 설득하지 못한다면 사장도 어쩔 수 없는 상황이 되기에 제품의 특성을 강조하는 것이 매우 중요하다.

한국과 독일의 문화와 관습은 차이가 있어 생각지도 못한 곳에서 오해의 상황이 발생할 수 있다. 손짓으로 오라는 표시를 한국식으로 하게 되면 독일에서는 가라는 의미로 받아들인다. 독일에서는 이쪽으로 오라는 표현은 한국과는 반대로 손바닥을 위로해서 손짓하기 때문에 이런 제스처에 불쾌하게 받아들일 필요가 없다. 또 한국인들이 흔히 혼자 골똘히 생각할 때 검지를 관자놀이 부분에 대는데 독일에서는 '생각 좀 하라'라는 뜻으로 받아들이므로 주의해야 한다.

[한국무역신문 2016.06.03.]

상관습-2

[미주 & 중동 & 아프리카] 나라별 상관습을 알면 비즈니스가 쉽다

S건설에 근무하는 A씨는 지난해 오만 출장에서 해외 프로젝트를 담당하던 현지인과 자리를 가졌다. 식사를 함께하고 차도 마시며 덕담이 오가는 등 분위기가 좋았지만, 마지막 자리에서 진땀을 빼야만 했다. 마트에서 담배를 사기 위해 줄을 서던 중 뒤에 서 있던 한 여성 현지인이 난데없이 A씨에게 손가락질을 하며 화를 낸 것이다. 처음에 A씨는 영문을 몰라 당황했으나, 현지 관계자의 말을 듣고서야 얼굴을 붉혔다. 오만에서는 남성들이 서는 줄과 여성들이 서는 줄이 다를뿐더러 남자가 현지 여성에게 가까이 가면 안 된다는 사실을 몰랐던 것이다.

◇ 미주

미국

한국의 제2 수출시장인 미국에선 레퍼런스를 중요하게 여기므로 국내업체가 현지 바이어와 상담할 때 선진국 시장에 수출한 경력, 전문 제조기술 보유 등을 강조해야 한다. 미국 바이어와 무역협상을 하기 위해서는 사전약속은 필수며 악수를 할 때는 힘을 주는 것이 좋다. 또 미국 바이어는 신뢰관계를 쌓기 위해 대화 시 상대방의 눈을 보면서 대화한다. 그리고 의사표현인 'Yes' 또는 'No'가 분명하다.

연락하고 싶은 미국 바이어에게는 직접 전화나 이메일, 우편 연락을 하면 좋은데 비즈니스 약속은 근무시간 중에 하는 것이 관습으로 일주일 정도 전에 전화로 미리 잡으면 된다. 미국 바이어의 기억에 남게 하는 방법으론 회사의 마크가 나타난 편지지에다가 비즈니스 영문으로 커버레터를 작성, 기본적인 제품 설명서, 회사소개 및 홍보물 등과 같은 자료를 첨부해 우편으로 보내는 방법이 있다. 또 미국 바이어는 저녁식사를 개인적인 관계를 위해 사용하는 경향이 강하므로, 대부분 비즈니스는 점심식사에 이루어진다.

전 세계 업체들이 미국진출을 위해 연락하기 때문에 미국 바이어는 일반적으로 오더를 신중하게 진행하는 편이다. 이에 따라 국내 업체는 미국 바이어에게 자사의 제품이나 거래조건이 다른 공급자들에 비해 경쟁적임을 알리는 노력이 필요하다. 첫 오더 량은 새로운 공급업체를 시험하기 위해 소량 오더가 많으므로 적다고 생각하기 이전에 다음에 올 큰 오더를 위한 전초 단계의 오더라고 생각하는 것이 중요하다.

멕시코

지난 4월 대통령이 순방했던 멕시코는 33개 중남미 국가 중에서 가장 큰 수입시장으로 분류 되지만, 미국 등 선진국 시장에 비해서는 소량주문이 많은 편이다. 또 거래까지 성사되는데 상당한 기간이 소요되므로 끈기를 가져야 한다. 멕시코 바이어는 노골적으로 'NO'라는 말을 하지 않으므로 수차례 시도 후에도 반응이 미지근하다면 사실상 구매의사가 없는 것으로 간주해야 한다.

가격 협상 시에는 보통 중국산과 가격을 비교해 깎아보려고 한다. 하지만 멕시코의 가장 큰 수입대상국은 미국이며 캐나다나 일본, 유럽 등지에서도 수입을 많이 하는 편이기 때문에 제품의 질도 중요시한다. 따라서 중국산 가격을 내세우며 가격 할인을 시도하면 침착하게 대응해야 한다. 결제 방식으로는 높은 금융비용으로 인해 L/C방식보다 D/A, D/P거래 방식을 선호한다. 통상 60~90일의 D/A를 요구하지만, 안전한 거래를 위해 계약 시 50%, 선적 시 50% 등 T/T 방식으로 계약을 유도하는 것도 좋다.

멕시코 현지인은 약속에 철저한 편이 아니므로 종종 상담을 앞두고 취소하는 경향이 있다. 멕시코로 출장을 떠나기 전 바이어와의 미팅약속을 최종 확정하는 것이 필수인데 이메일을 사용하지 않거나 잘 확인하지 않는 사람이 많다는 점을 유의해야 한다. 또 영어가 잘 통용되지 않으므로 민감한 사항이 들어있는 얘기를 하는 경우 스페인어로 상담하는 것이 효율적이다.

파나마

파나마는 과테말라, 엘살바도르, 온두라스, 니카라과, 코스타리카 등으로 이뤄진 중미경제통합 상설사무국(SIECA)의 관문으로 거래가 성사되면 주변 중미 국가에도 수출되는 이점을 가진 시장이다. 우리나라 정부도 지난해 6월 SIECA와의 FTA 협상을 시작함에 따라 국내 업체의 관심이 높아지는 추세다. 우선 파나마 바이어는 나라가 협소한 관계로 미국 등 선진국보다 소량주문이 많다. 따라서 초반 거래 시 큰 규모의 거래는 기대하기 힘들다.

파나마 사람은 다른 대부분의 중남미 사람들과 마찬가지로 호칭을 중시한다. 현지에서의 호칭은 사회적 신분이며 자존심의 표상으로도 생각하는 사람도 있다. 파나마를 비롯한 중남미 국가나 스페인 등에서는 이름 앞에 반드시 학위를 붙여서 명함을 제작하며 이름을 부를 때 학위만으로 부르는 경우가 많다. 또 시내 교통체증이 매우 심해 약속시간에 늦는 것을 현지에서는 당연하게 받아들인다. 적어도 약속시간 30분 정도까지는 기다려 주는 것이 좋으며 한 시간 이상 늦게 나타나는 경우도 다반사이니 이를 두고 확대해석할 필요는 없다.

결제방식으로는 D/A뿐만 아니라 D/P조건의 거래를 요구하는데 이런 거래는 주로 원단 거래에서 많은 편이다. 바이어들은 원단 거래 시 D/P 조건으로 계약을 체결한 뒤 보통 5~10% 정도의 선수금을 지급하고 수출상이 물건을 선적한 후 추심은행이나 현지 에이전트 등을 통해 B/L 등 서류와 수입대금을 교환한다. 국내 업체가 시장가격의 변화가 심한 품목을 D/P 방식으로 거래해야 한다면 가능한 한 선수금 20% 이상을 요구하는 것이 좋고 시장가격의 변화를 예의 주시해 물건을 선적하는 것이 필요하다.

브라질

최근 지카바이러스 확산, 지우마 호세프 대통령 탄핵 분위기, 경제 불안 등으로 현지 내 상황은 좋지 않지만, 브라질은 인구와 면적이 세계 5위에 달하는 등 남미 최대 경제대국으로 꼽힌다. 브라질 바이어는 처음에는 소량 거래를 시작으로 신용을 쌓은 뒤에 물량을 늘리는데 이렇게 신뢰가 쌓이면, 웬만한 경우가 아니면 거래처를 바꾸지 않는다.

한국과 브라질의 문화 및 관습의 차이를 모르면 오해가 생길 수도 있다. 예를 들어 엄지와 검지를 동그랗게 모으고 나머지 세 손가락을 피는 동작은 한국에서는 'OK'표시지만, 브라질에서는 일종의 욕으로 받아들인다. 또 엄지손가락을 둘째와 셋째손가락 사이에 넣어 상대방을 향하는 제스처는 우리나라에선 부정적으로 받아들이지만, 브라질에서는 하늘을 향해 취하는 '피가(FIGA)'로 '행운을 빈다'라는 뜻이 포함돼 있다.

국내 업체가 상담을 마친 뒤 바이어에게 메일을 보냈는데 연락이 없다면 포기하지 말고 지속해서 연락을 취하는 것이 좋다. 브라질 사람은 남미 특유의 여유로움이 있어 업무 처리가 신속하지 않다. 수차례 연락해 겨우 회신만 받는 경우도 흔하다.

계약 관행상으로는 브라질은 세계에서 이자율이 가장 높은 국가 중 하나로 외상거래가 일반화돼 있다. L/C 방식보다는 D/A, D/P 등과 같은 방식을 선호하는 것이다. 따라서 상담 시 융통성 있는 상담자세가 필요하며 초기 진출 시에는 현금 거래를 추진하되 동시에 무역보험공사를 통한 보험가입을 병행해야 한다. 만일의 사태에 대비해 업체의 신용상태를 파악하는 것도 좋다.

◇ 중동

이란

최근 경제 제재가 해제되면서 국내 무역사절단이 대규모로 방문했던 이란을 두고 아랍의 일부라고 생각하면 낭패를 보기 쉽다. 이란의 모국어인 페르시아어는 아랍어와 완전히 다를 뿐더러 시아파 중심이기 때문에 수니파 중심인 타 이슬람 문화권과 다른 분위기가 존재한다.

이란은 이슬람 율법이 지배하는 나라로 외국인 여성도 히잡을 써야하며 남성도 반팔은 허용되지만 반바지는 허용되지 않는다. 남녀구별이 확실하기 때문에 버스도 앞쪽 반은 남자 나머지 반은 여자로 구분되어 있으며, 공항 출입 시에도 남녀 출입문이 따로 있다. 여성과의 비즈니스 시 신체 접촉은 피해야 하며 악수도 금기 시 된다. 이란인은 이슬람교의 영향으로 돼지고기와 비늘 없는 생선을 먹지 않지만, 양고기는 즐겨 먹는다, 반대로 한국인은 양고기를 잘 먹지 못하기 때문에 간혹 곤란한 상황이 발생하곤 한다.

이란은 '야보시(Slow)' 문화가 존재한다. 이란 바이어와 계약을 체결할 시 L/C 개설에만 6개월 이상 걸릴 수 있으므로 인내심을 가지고 접근해야 한다. 하지만 이란은 풍부한 석유·가스 자원을 가지고 있는 만큼 외화부족으로 L/C 대금결제가 이루어지지 않는 경우는 극히 드물다. 이 때문에 이란과의 비즈니스는 신용장 거래가 신뢰도가 높고 안전한 편이다. 최초 상담에서 이란 바이어들의 공통적인 요구 사항은 가격 인하이며 이는 되면 좋고 안 되면 그만이라는 '인샬라' 식의 사고에 기인하므로 이를 두고 당황할 필요가 없다.

사우디아라비아

지난해 한국의 대중동 수출 국가 중 가장 큰 규모(95억 달러)를 기록한 사우디아라비아는 이란과 달리 수니파 중심으로 이뤄져 있다. 이슬람 종주국을 자처하는 사우디는 이슬람 신앙생활을 해치는 돼지고기 판매, 고리대금, 간음 등과 같은 행위에 대해 엄격히 제한하고 있다. 심지어 해가 떠있는 동안 금식을 하는 '라마단' 기간에는 음식, 음료, 흡연 등이 금지된다. 금식 기간 중에 공공장소에서 흡연을 하거나 음료를 마실 경우 현지 무슬림에게 제재를 받을 수도 있어 주의해야 한다.

현지에서는 남자가 여성에게 말을 걸거나 사진 찍는 행동을 삼가야 하며 특히 기혼 여성에게 말을 거는 행위는 큰 문제를 야기할 수 있으므로 숙지해야 한다. 현지의 모든 식당은 남성 독신자석과 가족석으로 구분되어 있으며 일부 대형 쇼핑몰에서는 여성 전용 쇼핑 층을 마련해 놓거나 휴일 등의 특정 요일에 남성의 단독 입장을 금지하기도 한다.

사우디 바이어를 만날 때는 대면상담을 하는 것이 효과적이며 상담 시에는 제품에 대한 전문적인 지식, 사후관리 정책, A/S 등 상세한 정보를 제공해야 한다. 사우디 시장은 전 세계 상품이 모이는 완제품 수입시장으로 비슷한 스펙의 제품이 치열하게 경쟁하는 시장이기 때문에 가격에 특히 민감하다. 만약 가격이 맞지 않는다면 10년간 계약을 해온 회사라도 거래처를 변경하기도 한다.

일반 소매품의 경우 이슬람 최대 명절인 라마단이나 하지 기간에 소비량이 급증하므로 이에 수입업자들은 명절대목에 맞춰 통상 3~4개월 전부터 수입을 위한 거래를 시작한다. 지난해 저유가로 인해 부채가 급증했지만, 사우디는 대외무역, 외환거래 등이 자유화 되어 있고 은행들의 신용도도 높은 편이다. 하지만 아랍계 은행들의 신용장은 조건이 매우 까다로우며 문구 하나 수정 시 70달러가량의 하자 수수료를 청구하는 은행도 많다.

◇ 아프리카

에티오피아

이르면 2018년 내 한국섬유단지가 조성되는 에티오피아에서는 종교에 따라 협상하는 폭의 차이가 크다. 에티오피아는 정교와 이슬람이 비슷한 비율로 존재하며 같은 국가 내라도 종교에 따라 협상하는 방법이 매우 다르므로 이를 숙지해야 한다. 또 에티오피아의 공권력은 매우 강하기 때문에 최대한 존중해야 하는 것이 좋으며 한국인들에게 호의적인 부분이 있어 이에 대한 긍정적인 영향도 있다. 하지만 지난해 은행 외환보유고가 부족해 서류상환불(CAD)이나 L/C 등의 추심이 제대로 이뤄지지 않은 것은 부담이다.

케냐

케냐 업체와 거래 시에는 신용장 거래가 가장 안전하고 일반적이다. 현지 시중은행들의 재정상태가 불확실한 경우가 많아 가능한 L/C 개설 시 우량은행 여부를 사전에 확인하는 것이 바람직하다. 일부 바이어들은 신용장 지불 보증기간을 90~120일까지 요구하거나 일시불을 원한다. 또 현지 은행금리가 20%에 달해 화학 원료 등의 경우 대부분이 D/A, D/P 거래가 일반적이다. 현지 상권의 대부분을 무역업무에 상당한 수완을 가진 인도상인이 장악하고 있어 이에 대한 신중한 상담자세가 요구된다. 급한 오더일수록 함정이 많으므로 첫 거래인 경우 위험성이 높은 D/A는 가급적 지양해야 한다.

총 55 국가에 달하는 아프리카 진출에 있어서 가장 큰 장애물은 국내 업체의 마음가짐이다. 국내 업체가 아프리카 시장에 대해 과소평가하거나 유럽, 미주 등과 같은 타 시장 진출에 비해 노력을 덜 하기 때문이다. 현지에서 팔고 있는 소비재 품목은 유럽 기업의 제품이거나 다른 나라에서 수입한 것으로 실제 경쟁은 글로벌 기업과 해야 한다는 점을 명심해야 한다. 이밖에 상당수 아프리카 국가에서는 부족 정치가 심해 이에 따른 대비도 필요하다.

[한국무역신문 2016.06.03.]

6. 식음(食飮) 문화[4)]

식음문화도 앞에서 설명한 관습에 포함되지만, 글로벌 경영자들이 외국인과 비즈니스 거래를 하다보면 파티에 참여하여 함께 식사를 하는 중요한 자리도 많기 때문에 별도로 소개한다.

외국인을 초대하거나, 국제행사에서 파티를 준비할 때는 각국의 식음문화에 유의해야 한다. 이탈리아인들은 '맛있는 식사와 건강을 위해 와인을 과하지 않게 늘 즐긴다'는 생각을 갖고 있다. 그들은 술을 인간의 피와 살을 만들기 위해 필요한 영양분으로 생각한다. 프랑스인들에게도 음주는 삶의 커다란 즐거움 가운데 하나다. 그 즐거움을 위해서 돈과 시간을 아낌없이 쏟을 수 있는 사람들이 바로 프랑스인들이다.

독일에서 나이 많은 사람들은 대개 비프스테이크를 '웰던(welldone)'으로 구운 것을 좋아하는 경향이 있다. 다른 나라 사람들은 나이가 들면 부드러운 '레어(rare)'를 선호하는 것과 차이가 있다.[5)]

미국인들은 스테이크를 먹기 전에 샐러드를 먹는 경우가 많은 반면, 유럽인들은 고기를 먹고 난 후에 샐러드를 먹는 경우가 많다. 일반적으로 구미인 들은 빵 바구니에 빵을 듬뿍 담아 테이블 위에 놓고 자기가 먹을 만큼만 조금씩 뜯어 가면서 먹는다. 하지만 프랑스인들은 빵 하나를 자기 앞의 테이블 클로스(table cloth) 위에 갖다 놓고 먹는 경우가 많다.

미국은 기본적으로 실외에서 술을 마실 수 없다. 운동경기장에 술을 갖고 들어갈 수 없는 것은 물론이다. 양주를 마실 때도 잔으로 시키는 게 생활화된 미국인들은 한국인들이 양주를 테이블 위에 병째로 놓고 주거니 받거니 마시는 것을 보면 눈이 휘둥그레지며 혀를 내두르곤 한다.

일본에서는 파티나 모임 등에 초대받은 경우 술을 그리 많이 마시지 않는다. 함께 술잔을 기울이지만, 술잔을 돌리거나 술을 강요하는 모습은 거의 찾아볼 수 없다. 각자 즐기는 분위기 속에서 각자 주량만큼만 마신다. 하지만 "간빠이(乾杯)"라고 외치면 잔을 다 비워 주는 것이 예의다. 같이 온 일행 동료끼리 각각 다른 종류의 술을 놓고 마시는 모습도 쉽게 눈에 띈다. 우리나라에서는 첨잔을 삼가지만, 일본에서는 상대방의 술잔이 비지 않도록 아직 바닥이 드러나지

---

4) 월간조선(2009.12) pp.592~594.

5) 스테이크는 굽기 정도에 따라 rare, medium rare, medium, medium welldone, welldone의 5단계로 구분할 수 있다.

않은 상대방의 술잔에 술을 따라 주어, 늘 술잔이 가득하게 해 주는 것이 예의다. 일본의 술자리 문화는 보통 한 시간, 길어야 두 시간 정도로 다음날 지장을 주지 않는 정도만 마시는 경우가 보통이다.

중국에서는 손님에게 술을 많이 권하는데, 손님이 술을 피하면 자신을 무시하는 것으로 받아들이므로 주의해야 한다. 중국에서는 식사할 때 반주를 곁들이는 경우가 많다. 친구와 어울릴 때도 술은 빠지지 않는다. 하지만 만취할 때까지 술을 마시는 경우는 드물다. 술주정을 혐오하는 중국인들은 술자리에서 우리나라의 '묵찌빠'와 비슷한 '화취안' 놀이를 하면서 과음을 삼간다. 화취안에서 지면 스스로 벌주(罰酒)를 한 잔 마시고, 잔에 술이 없으면 자기가 부어서 적당히 마시면서 계속 놀이를 한다. 이 놀이는 중국의 술꾼치고 모르는 사람이 거의 없으므로, 중국인들과 친구가 되기 위해서는 알아둘 필요가 있다.

음주문화-1

나라별 음주문화 (아시아 편)

술은 마성의 매력이 있다. 알코올을 빌려 진심을 토로하는가 하면 낯선 이와도 쉽게 친해지게 만든다. 전 세계적으로 각양각색 다양한 술이 있는 것도 이 때문이 아닐까. 하지만 나라별 매너와 문화가 다른 법. 오늘은 비슷하지만 다른 한중일의 음주 문화를 소개한다.

한국

한국인에게 '밥심'이란 대단한 힘이다. '밥 먹었어?' '나중에 밥 먹자' '내가 밥 살게' 등 한국의 모든 인사말이 '밥'으로 통하는 만큼, 술문화에서도 '쌀' 과 '밥'을 빼놓고 이야기 할 수 없다. 때문에 예로부터 쌀로 술을 빚은 막걸리, 지역 별 전통주가 즐비했다. 그래서 주식과 술을 별개로 생각하는 다른 나라와 달리 우리나라는 밥과 함께 반주를 즐기는 문화도 발달했다.

전 세계적으로 유일한 한국 술문화 '회식'을 빼놓고 이야기 할 수 없다. 요즘에 들어서 회식문화를 간소화하는 등의 문화가 생기고 있지만 한국인에게 회식이란 피땀과 눈물이 젖어 있다고 해도 과언이 아니다. 보통 직장 일이 끝나는 6시 이후부터 시작해 1차, 2차로 자리를 옮겨가며 지속된다. 여기서 술에 술을 타는 '소맥'은 특히 회식에서 빠지지 않는다.

한국의 오랜 술문화는 이렇다. 본인의 술은 본인이 따르지 않고, 상대방이 술을 다 마시면 술을 따라주는 것을 예의로 여긴다. 윗사람과 함께 마시는 경우에는 고개를 돌려 술잔을 비워야 한다. 추가로 술을 받을 때나 따를 때 모두 두 손을 사용하는 것이 특징이다.

일본

일본 특유의 조신함은 술자리에서도 드러난다. 먼저, 일본인들이 주로 찾는 술집은 '이자카야(居酒屋)'다. 시끌벅적한 한국 술집과 다르게 비교적 조용한 분위기에 술을 강요하거나 술주정 부리는 사람도 찾아보기 힘들다. 일행과 같이 갔더라도 각자 마시고 싶은 술을 선택해 더치페이 한다. 특히 맥주를 좋아하는 민족으로 야끼도리(닭꼬치)나 교자(만두)와 함께 술을 곁들인다.

일본 술문화 중 가장 큰 특징은 바로 '첨잔(잔에 술이 비지 않게 계속 따라주는 것)'이다. 사실 한국에서는 제사 때 고인에게만 하는 문화라 이상하게 생각할 수도 있지만 일본에서는 상대방 술잔이 비어 있으면 큰 결례라고 생각한다. 따라서 상대방 술잔에 술이 얼마나 남아 있든 상관없이 항상 찰랑찰랑할 정도로 다시 채워준다. 이 때 잔에 술이 가득 찬 상태로 그냥 두면 더 이상 마시지 않겠다는 의사표현이므로 술을 권해선 안 된다. 일명 '마셔라 마셔' 문화는 절대 금물이다.

또 한 가지 특이한 점은 술과 밥을 먹는 순서다. 보통 한국에서는 밥을 먼저 먹고 술을 마시지만, 일본은 술을 먼저 마시고 마지막에 밥을 먹는다. 술상에 밥이 올라왔다는 것은 술자리가 마무리되고 있다는 뜻이니 슬슬 일어날 준비를 하면 된다.

중국

흔히 중국 사람들은 항상 다 같이 모여 왁자지껄 술자리를 보낼 것 같지만 사실 가족 혹은 특별한 비즈니스 상황을 제외하면 술을 모여 마시는 경우가 거의 없다. 술을 먹고 자신의 행위를 통제하지 못하는 사람에 대한 인식이 상당히 좋지 않기 때문이다. 그래서 타인과 술자리를 하는 것은 큰 위험이 생긴다는 것으로 생각해 최대한 자제하는 경우가 많다. 혹시 술에 취해 외박이라도 하게 된다면 그 자체로 이혼 사유가 될 정도이다.

중국에서는 술을 마실 때 상대방의 눈을 보며 같이 술잔에 입을 대고, 상대방이 술잔에 입을 뗄 때 같이 떼야한다. 한국에서는 윗사람과 술자리를 할 때 고개를 돌려 마시곤 하는데, 이는 중국에서 상대방과 대면하기 싫다는 의미로 해석된다. 자칫하면 무례한 인상을 줄 수 있다.

중국에서는 보통 원샷을 하는 것이 예의이며 '건배'를 자주 한다. 건배는 호탕한 성격을 나타내는 것으로 간주되어 많이 하면 할수록 서로 의기투합되고 친구로 사귈 만 하다는 의미가 내포되어 있다.

[아시아경제 2020.01.30.]

음주문화-2

나라별 음주 문화 (서양 편)

동양의 술문화와 서양은 어떻게 다를까?

얼음장 같던 분위기도 유연하게 풀어버리는 술. 비즈니스 업무는 물론 사회활동이 늘어나면서 외국인과 술을 마시는 일이 다반사! 몰랐던 그 나라의 술문화를 이해하고 가까워진 관계를 더 돈독히 만들자. 나라별 음주 매너가 기본 지식이 된 요즘, 아시아에 이어 서양의 음주문화를 소개한다.

캐나다와 미국

캐나다와 미국은 실외 공공장소에서 음주가 제한된다. 마약·술 관련 범죄와 치안에 민감하기 때문에 술을 마시며 비틀대는 것은 금물. 술에 관한 실수도 용납되지 않는다. '아, 술 좀 마시다 보면 그럴 수도 있지'의 사고방식은 먹히지 않으므로 삼가는 것이 좋다. 음주운전도 우리나라보다 더 강하게 주의를 주는 편. 함께 술을 마실 경우에는 술을 각자 시키는 개인주의 성향이 강하다. 술을 사는 것도 까다로운 편. 신분증 확인이 철저하고 술을 판매할 수 있는 시간이 국가적으로 지정되어 있어 시간 엄수가 필수적이다.

프랑스

프랑스는 식사에 곁들이는 음주가 자연스러우며 하루의 큰 부분을 차지하는 즐거움이다. 비싼 술도 마다하지 않고 구매한다고. 그만큼 이 나라에선 예의범절이 중요한데, 식사 중 와인을 마실 때 본인이 직접 따라서는 안 되며 와인을 달라고 얘기하거나 눈치를 주는 것도 예절에

어긋난다. 그럼 어떻게 마셔야 하냐고? 주인이 따라줄 때까지 기다리자. 대신 주인은 손님의 잔이 비면 얼른 잔을 채워주는 것이 매너다. 식사시간은 곧 음주 타임인 만큼 술에 굉장히 강하다. 어디서나 그렇지만, 특히 프랑스에서는 술에 취한 사람을 좋게 보지 않으므로 주의하자. 역량 것 마시기!

러시아

추운 지방의 러시아는 보드카가 일반 술이라고 볼 수 있다. 보드카는 그들에게 단순한 술이 아닌, 삶 그 자체라고 봐도 무방할 정도! 이들은 감기에 걸리면 보드카에 후추를, 배가 아프면 소금을 타서 마신다고 하니 보드카가 삶에 깊이 자리 잡고 있음을 알 수 있다. 러시아 하면 곧 높은 도수의 술이 생각나곤 하는데, 그만큼 폭음과 과음이 만연하며 그 명성답게 세계 1위의 음주 율을 보여준다. 우리나라처럼 다양한 술집을 찾기보다는 집에서 손님들과 만찬에 음주를 즐기고, 가끔 분위기 전환을 위해 야외에서 피크닉을 하며 음주를 즐긴다고. 이들이 공원에서 갑자기 캔 맥주를 따더라도 당황하지 말자.

이탈리아

와인생산 세계 1위인 이탈리아는 길쭉한 모양의 국토 덕분에 지역별로 기후가 달라 다양한 종류의 와인이 생산된다. 와인 생산지 1위답게 음주는 대부분 와인으로 이뤄지며 결혼, 출산 등 중요한 일이 있을 땐 와인이 빠지지 않는다고. 파티나 모임 장소에선 필수템이라고 볼 수 있다. 우리나라와 달리 10대 초반부터 음주를 경험하는 것이 일반적이다. 가족이 술을 권하여 미리 음주 매너를 가르치는 것이 그들의 문화. 와인에 대해 해박한 사람들은 이탈리아, 매우 유리하다.

독일

맥주 하면 독일! 약 1,000년 정도의 맥주 역사를 자랑하는 독일은 성숙한 음주문화가 있다. 차나 커피가 일반적인 대화의 수단으로 꼽히는 동양과는 달리 맥주가 이들에겐 담소를 즐기는 수단이다. 늦은 시간까지 술을 즐기는 그들이지만 술주정은 굉장히 신사적이라고. 독일은 오후 10시 30분 이후에는 옥외에서 술을 판매할 수 없도록 법으로 규제하며 이를 철저히 지킨다. 술값은 더치페이가 기본! 남에게 술을 강요할 땐 강요한 사람이 필수로 계산까지 해야 한다. 미국과 마찬가지로 개인적인 성향 때문에 각자 좋아하는 술로 자리를 즐기며 자신의 주량을 넘기는 일이 거의 없다.

[아시아경제 2020.03.29.]

7. 팁(Tip) 문화

글로벌 경영자들이 외국에 출장을 가거나 여행을 할 때에 가장 어려워하고 실수도 잦은 것이 바로 팁(Tip)이다. 우리나라는 일상적인 생활에서 팁 문화가 발달되어 있지 않기 때문에 외국에 가게 되면 팁을 언제, 어디서, 얼마를 줘야할지가 난감하다. 팁 문화가 발달돼 있는 국가에서 팁을 주는 것에 인색하면 상대방의 매너를 의심하는 경우까지 발생할 수 있으므로 글로벌 경영자들은 주의를 해야 한다.

팁의 어원은 '선물'을 뜻하는 라틴어의 'Stips'에서 유래하였다는 설도 있고, 신속한 서비스 보장을 의미하는 'To Insure Promptness'에서 비롯되었다는 설도 있다. 18세기 당시 영국 다방의 차 배달은 무척 느렸기 때문에 신속배달을 보장한다는 의미의 글이 쓰인 상자가 놓여있었고, 그 상자에 동전을 넣는 손님에게 우선적으로 차를 배달하였다는 것이다.

팁은 보통 가격의 10~20% 사이에 주는 것이 일반적인데, 세계에서 가장 팁 문화가 발달한 미국의 경우 팁의 비율은 평균적으로 15~20%이다. 팁을 직접 상대방에게 건넬 때는 손바닥 안에 돈을 잘 감추고 남에게 안 보이도록 하여 주는 것이 예의이다.

팁을 주는 주요 대상은 1) 공항과 호텔에서 무거운 짐들을 운반해 주는 포터, 2) 호텔의 벨보이나 객실담당 룸메이드, 3) 레스토랑에서 서빙하는 웨이터나 웨이트리스, 4) 택시 운전기사, 5) 구두닦이, 6) 이발사나 미용사 등이다.

세계의 TIP 문화

세계 여러 나라들의 팁 문화를 크게 네 가지의 유형으로 요약해 볼 수 있다.

I 유형

주로 미국의 경우인데, 계산서에 포함되어 있지 않지만 팁이 일반적인 경우이다(약 15~20%). 캐나다, 홍콩 등도 여기에 해당한다. 이곳에선 그 나라의 실정에 맞는 팁을 제공해야 한다.

II 유형

주로 유럽의 경우인데, 호텔과 고급 음식점 등에선 팁이 계산서에 포함된다(약 10~15%). 그러나 그 외의 장소에서는 재량에 따라 별도로 팁을 지불한다.

III 유형

서비스료 명목으로 계산서에 이미 부과되어 나오는 경우이다. 단, 이것이 호텔과 음식점 등 한정된 곳에만 적용되고 다른 서비스에는 거의 존재하지 않기 때문에 따로 팁에 신경을 쓸 필요가 전혀 없다. 우리나라와 일본이 여기에 해당한다.

IV 유형

관광객을 대상으로만 팁 문화가 존재하는 경우다. 주로 동남아시아 나라들이 이 경우에 속하는데, 이는 원래 팁 문화가 없던 곳에 외국인(특히 구미인) 관광객이 드나들면서 팁이 시작된 특징이 있다. 내국인들 간에는 여전히 팁이 낯설지만, 호텔이나 고급 음식점의 외국인 관광객들을 대상으로 때로는 바가지 팁을 받아내기도 한다.

팁문화 사례

한국에서는 익숙지 않는 팁문화…알고 떠나면 '두 배'

과연 팁은 얼마나 지불하는 것이 적당할까

세계 부호 순위 7위인 페이스북 최고경영자 마크 저커버그는 2012년 신혼여행에서 팁을 지불하지 않아 구설수에 올랐다. 당시 저커버그는 하루 숙박비가 800유로(한화 117만원)에 달하는 최고급 호텔에 머물면서 로마의 정통 유대식당에서 32유로짜리 점심식사를 마치고 팁을 남기지 않았다. IT업계의 거물인 저커버그의 행동에 실망한 식당 주인이 이 사실을 언론에 알리면서 전 세계가 또 다른 이유로 저커버그를 주목했다.

실제 팁은 친절한 서비스에 대한 감사의 뜻으로 주는 것으로 팁문화가 발달한 유럽에서 이 같은 행동은 결례에 해당한다. '인색한' 한국인으로 손가락질 받지 않으려면 팁문화를 제대로 숙지하고 떠나자.

레스토랑에서 팁을 지불해야 경우 일반적으로 전체가격의 10~20%를 지불하면 된다. 그러나 최근에는 전체가격에 서비스 가격을 포함하는 레스토랑이 늘고 있어 메뉴판이나 금액표를 확인하는 것이 좋다. 맥도날드와 같이 서비스를 받지 않은 곳에서는 팁을 지불할 필요가 없다. 레스토랑 이외에 호텔에서 벨보이의 도움을 받았다면 1~2달러(혹은 유로)를, 룸을 정리해주는 하우스키퍼에게는 하루당 2~5달러(유로)가 적당하다.

가끔 이탈리아를 처음 방문하고 돌아온 여행객 가운데 메뉴판에 적힌 금액과 계산할 때의 금액이 달라 '덤터기를 쓰고 온 것 같다'고 속앓이를 하는 이들을 종종 만나게 된다. 이는 copert, 일명 자릿세 때문이다. 가령 카페에서 1유로의 에스프레스를 마셨는데 4유로를 지불할 것을 요구한다면 자릿세로 3유로를 떼인 셈이다. 유명 관광지일수록 다른 지역보다 자릿세가 훨씬 비싸다. 메뉴판에 'servizio incluso'라고 쓰여 있다면 계산서에 서비스 비용으로 약 15%가 포함돼 있으니 따로 팁을 지불하지 않아도 된다. 그러나 'servizio incluso'가 따로 표시돼 있지 않은 경우에는 전체 금액의 10% 정도를 지불하는 것이 보통이다.

유럽 가운데 의외로 팁문화가 발달하지 않은 나라들도 다수 존재한다. 네덜란드의 경우, 팁이 전체가격에 포함돼 있어 따로 지불하지 않아도 되며, 팁을 받아야 한다고 생각하는 사람도 드물다. 스위스와 영국도 마찬가지이며 좋은 서비스에 대한 감사의 표시를 하고 싶다면, 10%를 지불하는 것이 적당하다.

[미디어펜 2015.10.19.]

지금까지 문화의 중요 구성요소들을 살펴보면서, 언어, 교육수준, 종교, 색채, 관습, 식음문화, 팁문화 등이 글로벌 경영활동에 미치는 영향, 그리고 문화적 차이로 인해 야기될 수 있는 많은 어려움에 대하여 알아보았다. 문화는 학습된 행위이므로, 문화적 차이는 학습을 통해서 다른 문화를 이해를 하고 배워나간다면 충분히 극복할 수 있는 것이다.

처음부터 다른 문화권의 사람들을 제대로 이해하기는 곤란하다. 그렇다고 너무 두려워 할 필요도 없다. 시간의 경과에 따라 서로 간에 신뢰가 구축되고 친숙한 관계가 맺어지게 되면 자연스레 서로 다른 문화에 대한 이해의 폭이 넓어질 수 있기 때문이다. 이러한 상호간의 신뢰와 이해는 원활한 커뮤니케이션을 통해 보다 쉽게 이루어질 수 있다. 그러므로 언어의 장벽을 극복하는 것이 중요하며, 최소한 국제비즈니스 언어인 영어를 통해서라도 의사소통할 수 있는 능력을 기르도록 노력해야 할 것이다.

그리고 자국의 문화적 관점에서 다른 문화를 평가하거나 우열을 가리려 하지 말고, 다른 문화를 있는 그대로 인정할 줄 아는 세계시민(global citizen)으로서의 관점을 길러나가는 것이 중요하다. 문화의 차이는 우열의 문제가 아니라 단지 다름일 뿐이라는 점을 명심하자.

3.3 문화적 차이와 국제협상

1. 문화와 국제협상

서로 다른 문화권의 국가에서 국제계약이나 합작투자, 국제M&A, 국제 전략적 제휴 등을 추진하기 위해서는 글로벌 경영자들은 현지국의 정부 관료나 현지 경영자들과 만나서 수많은 협상을 벌여야만 한다. 따라서 글로벌 경영자들이 상이한 문화권에서의 협상(cross-cultural negotiations)을 성공적으로 이끌 수 있다면 기업의 매출과 이익 등에 매우 긍정적인 영향을 미칠 것이다.

유능한 협상가가 되기 위해서는 자신이 가지고 있는 강점과 약점 그리고 상대방의 강점과 약점이 무엇인지를 미리 파악하여 분석해야 하고, 또한 상대방이 원하는 의도, 즉 이해관계를 파악할 수 있는 능력을 키워야 한다. 이러한 감정이입(empathy) 능력을 통하여 유능한 협상가는 상대방의 오파(offer)와 카운터 오파(counter offer)를 예상할 수 있고, 나아가서 이에 대한 대응책을 수립할 수 있게 된다.

그러나 동일 문화권에 속해 있는 사람의 진의도 파악하기 힘든데, 하물며 상이한 문화권의 외국인과의 협상 시에 상대방의 진의를 파악하기란 더욱 어려운 일이다. 따라서 글로벌 경영자는 먼저 상대방의 문화를 제대로 잘 이해해야만 국제협상을 성공적으로 이끌 수 있을 것이다.

2. 문화권간 협상방식

각 문화권마다 다양한 협상방식을 보이는데, 예를 들면 미국인과 일본인은 협상방식에 있어 상당한 차이를 보인다.[6)]

첫째, 미국측 협상자들은 구체적인 제안을 단도직입적으로 제시하는 반면, 일본 측은 구체적인 제안을 마련하기 전까지 제3자적인 입장에서 충분한 시간을 가지고 사안들을 하나하나

---

6) Graham, J. R. and Y. Sano, (HED 번역실 옮김), 미·일간의 교섭전략, 한교원, 1991.

신중하게 검토하는 자세를 취한다. 또한 일본인들은 협상팀의 전 구성원의 의견이 어떠한 합의점으로 조정되기 전까지는 상대편측에 자신들의 의견을 개별적으로 제시하는 것을 매우 꺼려한다.

둘째, 문화 간의 차이는 합의에 있어서도 나타난다. 일본인들이 고개를 숙이면서 말하는 "예(yes)"의 의미는 단순히 이해하였다는 것이지 꼭 동의한다는 것을 의미하는 것은 아니다. 더군다나 일본인들은 상대방의 감정을 해치는 것을 우려해서 면전에서 "아니오"라고 대답하는 것을 매우 꺼려한다. 반면, 미국인들은 합의과정에 있어 "yes와 no"를 분명히 밝힌다.

셋째, 미국인들은 공격적인 설득 전술을 펼치는데 반하여, 일본인들은 강압적인 설득에 대해 거부감을 느낀다. 일본인들은 자연스럽고 순리적인 협상 분위기에 익숙하다.

넷째, 일본인들은 인간적인 유대관계를 매우 중요시 여기기 때문에 합의된 내용을 실행하는 과정에서 야기되어질 수 있는 모든 문제들에 대해 양측이 호의를 가지고 신축적으로 해결할 수 있도록 이행조건을 구체적으로 명시하기 보다는 광범위하게 정해 놓는 것을 선호한다. 따라서 일본인들은 계약체결 그 자체보다도 어떻게 하면 합의된 사항을 성공적으로 이행할 수 있는가에 더욱 높은 관심을 기울인다. 반면 미국인들은 문서화된 계약에 의거해서 상호간의 합의사항에 대해 공식적이며 법률적인 조치를 취해 놓는다. 따라서 미국인들은 합의된 계약서에 서명함으로써 사실상 협상은 종결된 것이라 생각한다.

문화권간 협상방식-1

"글로벌 비즈니스는 이렇게!"

현대상선 해외주재원들의 체험담 펴내...

"러시아인은 빵 없이는 살아도 꽃 없이는 못 삽니다. 3월 8일 '여성의 날'엔 무조건 한 달 접대비를 모두 투자해서라도 거래처나 대리점 여직원에게 꽃과 샴페인, 초콜릿을 선물하세요. 업무 협조를 잘 받으려면요. 꽃송이 수는 행운과 기쁨, 축하의 숫자인 홀수로 하고요."(모스크바사무소 이동훈 차장)

"중동 사람은 협상할 때 10%의 가능성만 있어도 '예스(yes)'라 답합니다. 때문에 '예스'라는 납을 들어도 나중엔 협상이 깨질 수도 있어요. '인샬라'(신의 뜻대로)라는 답변은 99% '노

(No)'라고 이해하면 됩니다."(두바이사무소 조재병 과장)

전문 역량, 뚝심, 열정으로 무장하고 세계시장에서 기치를 높이고 있는 '글로벌 전사(戰士)'의 생활 사투기(死鬪記)가 나왔다. 현대상선은 전 세계의 4개 본부, 23개 법인, 57개 지점에 110여명의 해외 주재원을 파견하고 있다. 지난해에 이어 현대상선은 14개국 20개 지역에서 수년간 근무한 33명의 체험담을 모아 '해외주재 보고서'를 펴냈다. 단순한 업무나 실적 보고서가 아니다. 현지인과 비즈니스를 할 때 유념해야 할 점, 일할 때 상대방의 마음을 사는 법, 일하거나 생활하면서 곳곳에서 만난 변수를 극복하는 법 등 몸과 마음으로 해외에서 겪은 경험담이 고스란히 담겨있다.

적을 알고 나를 알아라

같은 나라 사람이 같은 말로 해도 어려운 게 비즈니스 협상이다. 하물며 국적 다르고 언어 다르고 피부색 다른 사람끼리 벌이는 협상이 쉽게 이루어질리 없다. 중동지역에서 협상을 할 땐 안건부터 꺼냈다가는 실패할 가능성이 높다. 상대방의 건강이나 안부를 묻고 대화가 자연스러워질 무렵, 안건을 꺼내야 한다.

두바이사무소의 조재병 과장은 열 번이 넘는 미팅 끝에 터미널 사용 계약을 맺었던 일화를 소개했다. 첫 번째 미팅에서 예상액의 120%를 내놓았는데 상대방이 예상액의 80% 정도의 안(案)을 낼 것이란 기대와 달리 예상액의 10%를 내놓더라는 것. 조과장은 "우여곡절 끝에 협상이 이뤄지긴 했는데 중동지역에선 협상 상대자가 말도 안 되는 조건을 내건다고 해도 포기하지 말아야 한다."며 "시간이 오래 걸리더라도 협상 자체를 즐기는 기분으로 임해야 한다."고 말했다. 협상안을 내놓을 때도 한 번에 여러 가지를 내놓기보다는 협상할 때마다 하나씩 제시하는 게 유리한 입장을 선점할 수 있다고 했다.

또 현지인의 국민성도 고려해야 한다. 일본에서 비즈니스를 할 땐 냉정이 최고의 미덕이다. 3년째 일본 법인에서 근무하고 있는 회계·경영 분야의 김용해 부장은 "일본에선 업무상 문제가 생겼을 때 큰소리치며 흥분하면, 몰상식하고 자기 억제를 못하는 사람으로 평가받게 된다."며 "노여움이 있더라도 얼굴로 표현하지 말고 말씨도 변치 않고 태연한 자세를 가져야 한다."고 했다.

현지의 종교나 관습을 이해하는 것도 글로벌 전사가 챙겨야 할 필수사항이다. 이슬람교인은 이슬람력으로 매년 9월이 되면 한 달간 단식을 한다. 저녁 예배 이후 약간의 음식을 섭취할 수 있으나 배고픔을 면할 정도로 먹을 뿐이다. 이 기간 중엔 오후 2시면 업무가 끝난다. 오후에 현지 업체를 방문했다가는 홀대 당할 각오를 해야 한다. 두바이사무소 조재병 과장은 "이 기간에 이슬람 국가로의 출장은 가능하면 자제하라"고 권한다. 단식하느라 허기가 진 인부의 하역 능력도 떨어지고 작업도 지연되므로 이 기간에 이슬람 국가에 입·출항하는 선박 스케줄 관리에도 주의를 기울여야 한다는 것이다.

연애하듯이 비즈니스를 하라

비즈니스가 어려운 것은 사람 마음을 사야 하기 때문이다. 그런 점에서 연애(戀愛)와 별 다를 것도 없다. 해외 주재원들이 말하는 '현지인의 마음을 얻는 방법'을 알아보자.

모스크바사무소의 이동훈 차장은 러시아인과 비즈니스 상담을 할 땐 러시아의 뛰어난 과학기술, 세계 최고 수준의 발레와 음악, 문학을 칭찬하라고 권한다. "톨스토이나 푸슈킨의 작품이나 차이코프스키의 음악을 언급하고 나폴레옹이나 히틀러 군대를 물리친 러시아의 역사를 숙지하고 칭찬하는 것도 훌륭한 비즈니스 기술"이라고 한다. 러시아에선 보드카를 잘 마시는 것도 업무 능력에 속한다. 보드카를 마실 땐 '한 방울도 남기지 말아라, 그건 재앙을 남기는 것과 다름없다'는 말까지 있다. 이동훈 차장은 "러시아 업체가 주최한 만찬이나 러시안과의 술자리에 가서는 러시아말로 건배 제의를 할 수 있는 센스도 필요하다"고 했다.

'이슬람 사우나 하맘(Hammam)에 가면 익은 홍합이 입을 벌리듯 사람들의 마음이 열린다.'는 말이 있다. 어색한 사이라도 목욕탕에 한번 같이 다녀오면 허물이 없어지는 것은 인류 공통인가보다. 한국식 접대 문화가 주로 술자리나 골프장에서 이뤄진다면 러시아에선 '바냐(Banya)'라는 사우나에서 이뤄진다. 그러고 보니 러시아에서 일을 할 땐 '사우나' '보드카' '꽃', 이 세 가지를 늘 머릿속에 두고 살아야 할 것 같다. 모스크바사무소의 이동훈 차장은 "오랜 시간 동안 사우나를 같이 하고 보드카를 마시면서 어려운 사업 얘기를 나누다 보면 어려운 부분도 손쉽게 해결되는 경우가 많다"며 "언제라도 예약을 할 수 있는 '바냐' 몇 군데쯤은 알아두어야 한다"고 했다.

비즈니스 파트너의 마음을 사고 그들과 친하게 지내려면 그네들의 생활 습관도 알아둘 필요가 있다. 프랑스나 네덜란드 같은 유럽 지역에서는 낯익은 상대 이성과 만나거나 헤어질 때 볼을 마주치며 뽀뽀 인사를 한다. 네덜란드 법인의 조원기 차장은 "네덜란드에선 얼굴을 웬만큼 익힌 사이라면 이성끼리 만나고 헤어질 때 오른쪽, 왼쪽, 오른쪽 이렇게 뺨을 세 번 부딪치는 키스를 한다"며 "입으로 '쪽~' 소리를 내면서 볼만 부딪치는 것인데 이럴 때 당황하지 말아야 한다"고 했다.

뜻하지 않은 상황, 이렇게 해결해라

글로벌 전사들은 낯선 땅에 가서 비즈니스 현장에서 뛸 뿐만 아니라 가족들과 함께 생활을 해야 한다. 일상사에서 예상치 못한 변수가 곳곳에서 터지기도 한다. 이럴 땐 어떻게 해결하는 게 좋을까.

구주본부(런던)의 정경인 마케팅과장은 인터넷과 전화선을 연결하려고 텔레콤 회사 직원을 불렀지만 "라인을 깔기 위해 별도의 추가 작업이 필요하다. 추후 연락이 갈 것이다"는 통보를 받았다. 그날부터 2주일 동안 매일 해당 부서로 전화를 걸었지만 추후 작업에 대한 확인을 못 받았다. 정 과장은 "영국에서 이럴 경우, 전화를 걸기보다는 편지나 이메일을 써서 보내야 문제가 해결된다는 걸 알게 됐다"고 한다.

생존비결까진 아니어도 알아서 생활에 득(得)이 되는 생활지침도 있다. 프랑스의 르 아브르 지역에 살고 있는 프랑스법인의 한순구 과장은 "아파트는 대부분 중앙난방식이고 현지의 여름 기온이 낮기 때문에 프랑스에 살 때엔 전기장판 등의 난방기구가 필요하다"고 했다. 싱가포르에 살고 있는 동서남아본부 진형철 과장은 "여행자가 무관세로 국내 반입할 수 있는 담배 양은 정확히 19개비이므로 담배 한 갑을 소지하고 입국하다가 세관에 적발돼 곤란을 겪는 일은 피해야 한다"고 말했다.

해외에서 자녀를 교육시킬 때 염두에 두어야 할 수칙도 있다. 인도에서 자녀를 학교에 보낼 땐 엄격한 인도식 교육 방식을 따라야 한다. 인도 뭄바이사무소에서 5년간 근무했던 고객지원부 탁병률 부서장의 경우, 부인인 차혜정씨가 쓴 교육 관련 지침을 소개했다. "학교에선 선생님 말에 이의가 있어도 허락 받지 않고선 질문을 못하고 부모가 교사와 상담을 하고 싶어도 미리 학생 수첩에 만나고 싶다고 적어 보내 면담 날짜 허락을 받아야 한다. 일주일 정도 무단결석하거나 잦은 결석, 나태한 습관 등이 모두 '레드카드'라 불리는 퇴학 사유가 될 수 있다."

네덜란드에선 저녁 시간에 아이들 앞에서 무심코 텔레비전을 켰다가는 황당한 일을 겪을 수도 있다. 네덜란드 법인의 조원기 차장은 "처음 이곳에 부임하면 밤 8시 이후에 아이들이 텔레비전 시청하는 걸 금해야 한다. 성인용 영화를 보게 되는 낯 뜨거운 상황을 사전에 막아야 하기 때문"이라고 한다.

호주 멜버른에서 살려면 대중 교통수단인 트램(경전차) 이용법부터 숙지할 일이다. 육상에서 선로를 따라 움직이는 경전차는 탑승한 후 동전을 기계에 넣고 티켓을 자동 발부 받아야 한다. 동전 없이 승차했다가 갑자기 표 검사원에게 적발되면 100달러 정도의 벌금을 내야 한다는 것이다.

두바이사무소의 조재병 과장은 "해수욕장에 가서 수영복 차림의 아랍 여성 사진을 함부로 찍다가는 카메라 압수는 물론 경찰에 연행까지 될 수 있으니 조심하라"고도 귀띔했다.

[위클리조선 2006.01.24]

문화권간 협상방식-2

중국과의 협상전략

한중간 교류가 증가하면서 경제뿐만 아니라 정치, 문화, 사회, 예술, 체육 등 다양한 분야에서 각종 협상이 이루어지고 있다. 과연 우리는 중국인들과 협상을 진행 할 만큼 내공을 갖추고 있을까? 필자의 경험에 비추어보면 우리의 협상전략은 상당히 부족한 것이 현실이다.

중국인들은 태생적으로 협상기술을 타고난 사람들로 보인다. 중국은 국력에서 나오는 파워와 13억의 인구를 바탕으로 세계에서 가장 큰 시장을 보유한 '갑(甲)'질이 가능한 나라다. 우리의 자존심과 이익을 지키기 위해서 아래와 같은 중국인의 협상에 대한 특징을 알고, 우리의 협상력을 높일 필요가 있다.

첫째, 중국인들은 비즈니스를 전쟁의 일종으로 인식하므로 협상에서 모략과 책략을 활용하는 것에 대해 도덕적으로 아무런 죄의식을 느끼지 않는다. 술좌석에서는 호방한 태도를 보이던 사람도 협상 테이블에서는 지저분한 협상전략(Dirty Tricks) 구사도 마다하지 않는 사람들이다. 중국인들은 협상에서 까다롭고 거북한 이야기를 먼저 꺼내기 좋아한다. 인정(人情)보다 냉정한 자세로 실리를 따지는 경향이 강하다. 즉 먼저 소인이 되고 나중에 군자가 되는 것(先做小人, 後做君子)이 낫다고 생각한다.

둘째, 중국인들은 사전에 관시(關系)를 맺고 있는 관계라면 상대를 속이지 않는다. 만약 관시를 통하여 소개를 받은 사람이나 친구를 속이거나 이들에게 기회주의적인 행동을 취하면, 그것은 바로 자기가 속한 관시망(關系網)에 알려지게 되고, 그는 자기들의 관시 네트워크에서 추방된다. 그래서 중국인들은 "먼저 친구가 되고 나중에 비즈니스를 하라(先做朋友, 後做生意)" 라고 말한다. 이 같은 전략은 다소 시간이 소요되나 안전한 방법이다.

셋째, 중국인들은 체면을 중시한다. 아무리 갑의 입장일지라도 상대로부터 100%를 얻어내는 것은 상대의 체면을 세워주는 것이 아니다. 체면 중시의 관념은 중국문화에 배태되어 있는 하나의 문화현상이다. 친절한 공항영접이나 고급차량의 배차, 고급식당으로의 초대는 상대의 체면을 세워주는 일이 된다. 제대로 활용하면 신뢰를 쌓는데 큰 도움이 된다. 체면을 살려주면 반드시 보답을 하는 사람들이 중국인이다.

넷째, 만찬도 협상의 연장으로 생각해야 한다. 중국인들은 밥을 먹거나 술을 마시면서 상대를 평가하기를 좋아하는 사람들이다. 만찬장의 자리배치를 보면 협상책임자가 누군지 알 수 있다. 만찬테이블에 상대가 예상치 못한 현직 고위공무원이 출현하는 것은 상대에 대한 상당한 배려로 간주된다. 우리도 세계 어느 나라에 뒤지지 않을 만큼 술을 즐기는 민족이다. 우리가 개발한 다양한 폭탄주를 제조하고, 마실 수 있는 주량이면 일단 유리하다. 다만 술좌석에서 취한 모습을 보이거나 술주정은 점수를 깎아먹는 추태임을 명심해야 한다. 분위기가 자유롭다고 하여 민감한 정치적인 이슈, 신장 및 티베트 문제, 소수민족, 반체제 인사 등에 대해서는 화제를 삼지 않는 것이 좋다.

다섯째, 중국과의 협상에서 조급함은 금물이다. 협상을 위해 중국으로 길을 떠나는 임원에게 반드시 성사시키고 돌아오라는 오더나 윗사람의 압력은 협상에 임하는 인사에게는 재앙이다. 우리는 빨리빨리 문화이지만, 중국은 만만디(慢慢地)문화다. 협상을 지연시키거나 소강상태를 만드는 것도 중국의 협상전략의 일종이다. 조급함은 협상에 아무런 도움이 되지 않는다.

끝으로 협상에서 가장 중요한 것은 상대에 대한 신뢰다. 협상의 절반 이상은 "상대가 신뢰할 수 있는 사람인가를 테스트 하는 과정"이라고 하여도 과언이 아니다. 아무리 유능한 협상 역량을 갖추고 있는 사람일지라도 신뢰를 잃으면 무용지물이다. 신뢰는 하루아침에 이루어지는 것이 아니다. 현대는 한 다리만 걸치면 다양한 루트를 통하여 상대에 대한 정보를 얻을 수 있는 시대다. 기업이나 개인은 평소에 자기 관리에 철저해야 협상에서도 유리하다고 생각한다.

[아주경제 2015.02.02.]

참고문헌

반병길, 국제경영, 박영사, 2000.

Czinkota, Michael R., Ilkka A. Ronkainen and Michael H. Moffett, *Fundamentals of International Business*, 1st/Asia-Pacific ed., John Wiley & Sons, 2009.

Daniels, John D., Lee H. Radebaugh and Daniel P. Sullivan, *International Business: Environments and Operations*, 11th ed., Prentice Hall, 2005.

Elashmawi, P & P. Harris, 삼성국제경영연구소 옮김, 해외비즈니스 문화를 알아야 성공한다, 21세기북스, 1995.

Ferraro, Gary, *The Cultural Dimension of International Business*, 5ed., Prentice-Hall 2006.

Graham, J. R. and Y. Sano, HED 번역실 옮김, 미·일간의 교섭전략, 한교원, 1991.

Hill, Charles W. L., *International Business: Competing in Global Marketplace*, 7ed., McGraw-Hill, 2008.

Kroeber, Alfred and Clyde Kluckhohn, Culture: *A Critical Review of Concepts and Definitions*, Random House, 1985.

Luthans, Fred and Jonathan Doh, *International Management: Culture, Strategy, and Behavior*, 7ed., McGraw-Hill, 2008.

Ricks, D. A., 이승영 옮김, 성공으로 가는 국제비즈니스(Big Business Blunders: Mistakes in Multinational Marketing), 고려원, 1991.

Wild, John J., Kenneth L. Wild and Jerry C. Y. Han, *International Business*, 3ed., Prentice-Hall, 2005

제4장

경제적 환경

각 국가별 경제적 환경을 체계적으로 분석하는 것은 쉽지 않다. 왜냐하면 현지국 진입유형에 따라 중점적으로 분석해야 될 경제적 환경이 다르기 때문이다. 어떤 특정 시장국에 대하여 수출, 국제계약 또는 해외직접투자를 통해 진입하려는 경우, 그 진출형태에 따라 분석대상의 관점이 달라질 수도 있다. 이 책에서는 수출이나 해외직접투자를 통해 진출할 현지국 시장의 일반적인 경제적 환경을 개괄적으로 살펴본다.[7)]

4.1 일반 경제 환경

1. 인구

현지국의 내수시장에 특히 관심이 있는 기업이라면 목표시장의 시장 잠재력을 분석할 때 가장 먼저 고려해야 할 변수는 인구이다. 인구수는 목표시장국에 따라서 그 규모가 크게 다를 뿐만 아니라, 소비재와 같은 인간의 기본생활을 유지하는데 필수품인 경우에는 인구의 규모가

7) 각국의 경제적 환경에 관한 정보는 국제기구인 World Bank(WB), International Monetary Fund (IMF), Asian Development Bank (ADB) 등에서 발행하는 각종 정보들과 일반 저널인 Far Eastern Economic Review, The Economist, Euromoney 등의 정보원을 이용하여 구할 수 있다.

큰 시장이 유망시장이 되기 때문이다.

또한 인구증가율도 중요하게 고려해야할 변수이다. 그 이유는 글로벌 기업들의 의사결정이 인구증가율의 장기적인 추세와 전망에 따라 이루어지는 경우가 많기 때문이다. 그리고 지역별, 연령별, 성별, 교육수준별, 직업별 인구분포도 제품의 수요에 상당한 영향을 미치므로 현지국 경영활동을 위한 기업의 각종 의사결정에 중요 고려요소가 된다. 예를 들어 연령분포의 추이에서 노년층의 인구가 증가하는지 또는 청소년층의 인구가 증가하는지에 따라 특정 제품과 서비스의 수요에 상당한 차이가 나타난다.

인구이동추이도 분석해 볼 필요가 있다. 선진국의 경우에는 도시중심부에서 도시외곽 즉 교외로 인구가 이동하고 있다. 교외지역에 새로운 쇼핑센터나 몰(Mall) 등이 많이 개발되고 있는 것이 이러한 변화를 잘 보여주고 있다. 반면에 개도국에서는 지방이나 소도시에서 대도시로의 인구가 유입되는 현상이 주로 나타나고 있다. 규모가 큰 도시로의 인구이동은 결국 취업 및 생활 인프라의 향상에 기인한 것이다. 따라서 이러한 인구이동추이를 사전에 파악하여 분석함으로써 어떤 국가 내 어떤 지역에 생산공장 또는 판매법인을 설립하는 것이 유리한 가를 판단하여야 한다.

2. 경제규모

GDP(국내총생산)나 GNI(국민총소득)의 규모는 한 나라의 경제규모를 파악 할 수 있는 가장 좋은 지표가 되기는 하지만, 이것은 극히 개략적인 수치에 불과하기 때문에 단순히 GDP나 GNI 규모만을 가지고 시장잠재력을 파악하는 것은 무리라고 할 수 있다.

따라서 현지국의 경제규모를 분석할 때는 1인당 GNI와 소득분포도 함께 고려해야 한다. 멕시코, 브라질 등 중남미 국가나 중국, 인도, 파키스탄 등의 국가들의 1인당 GNI는 낮지만 이것은 단지 평균적 개념이며, 소득구조가 한쪽으로 치우친 이중구조로써 일부 소수의 상당한 부유층과 다수의 빈곤층이 공존하고 있다. 반면 미국, 서유럽·북유럽 국가, 호주, 캐나다, 일본 등은 1인당 GNI가 높기 때문에 중산층이 두텁고 전체적으로 시장 잠재성이 큰 국가들이다.

3. 산업구조와 산업정책

목표시장국의 산업구조와 그 변동 추이도 투자대상국의 시장잠재력을 평가하는 데 중요한 자료가 된다. 산업구조는 그 나라의 경제발전수준과 밀접한 관련을 가지고 있으므로 해외에 진출하고자 하는 기업은 진출국의 주요 산업이 농업, 공업인지 혹은 서비스산업, IT산업인지 등의 산업구조를 면밀히 파악해보는 것이 중요하다.

산업 내 경쟁기업의 수와 크기, 소비자의 구매패턴, 유통구조, 산업의 크기와 산업 내 다른 여러 특징들을 파악한다. 또한 과거 산업구조의 변동추이를 토대로 장기적 변화방향을 분석할 수 있다. 한편 현지국 정부의 산업정책도 분석함으로써 현지국 정부가 장기적으로 어떤 방향으로 산업을 이끌어 갈 것인가에 대한 방향을 파악할 수 있다.

4. 인플레이션과 통화가치

일부 동남아 국가나 중남미 국가들은 높은 인플레이션과 더불어 이들 국가의 통화가치가 평가절하 되는 경우가 많기 때문에 환위험에 대한 고려가 필요하다. 원부자재 수입이나 외화송금과 관련하여 통화가치 하락으로 인한 환손실의 위험을 사전에 고려하여 투자에 임해야 될 것이다.

5. 수출입구조와 무역정책

수출구조를 파악함에 있어서 투자대상국의 주요 수출 국가는 어느 곳인지 그리고 어떤 품목이 주 수출품목인지를 파악하는 것도 중요하다. 왜냐하면 수출지향적 동기를 가지고 현지국에 진출하는 경우에 주 수출품목이 그 시장에서 경쟁력이 있는 제품일 가능성이 높기 때문이다. 또한 현지 투자대상국의 수입구조를 살펴서 어떤 품목이 주 수입품목인지를 파악함으로써 현지 투자대상국의 내수시장을 겨냥하여 진출할 목적을 가진 기업들은 수입대체품목의 생산에 주력할 경우 상당한 매출성과를 올릴 가능성이 높다.

한편 각국 정부는 기업의 현지국 시장진출에 영향을 미칠 수 있는 여러 가지 수출지원 정책과 수입제한 정책 등을 시행하고 있기 때문에 목표시장국의 잠재력을 평가함에 있어서는 이러한 현지국 정부의 무역정책도 충분히 고려할 필요가 있다.

6. 사회간접시설

사회간접시설이란 한 나라의 산업화에 필수 요소가 되는 도로·철도·항만·공항 등의 수송시스템, 전기·가스 등의 에너지공급시스템, 전신·전화·인터넷 등의 정보통신시스템, 그리고 신문·

라디오·TV 등의 커뮤니케이션 시스템으로 구성된다. 이러한 요소들은 넓게 보아 사회간접자본이라고 할 수 있다.

사회간접시설은 기업의 현지국 경영활동에 직접적인 영향을 주어 곧바로 비용에 반영되므로 기업이 현지국에 대한 투자를 결정할 때 반드시 고려해야 할 가장 중요한 요소 중의 하나이다. 현지국의 사회간접시설이 잘 갖추어져 있지 않으면 현지자회사 경영이나 무역활동을 할 때 운송비, 생산비, 통신비, 보관비 등의 비용이 많이 소요되어 경쟁력이 약화될 수 있기 때문에 현지시장국의 사회간접시설의 양적, 질적 수준을 중요하게 파악해야 한다.

7. 경제개발 중점추진 내용

각국 정부의 경제개발 중점추진 내용이나 목표를 파악해야 한다. 특히 경제개발 5개년 계획 등과 같은 장기 경제개발계획을 미리 분석함으로써 향후 어떤 산업분야와 어떤 지역으로 진입하는 것이 바람직한지를 미리 고려하여 준비해야 한다.

경제적 환경-베트남

2년 연속 '성장률 7% 돌파'…지금은 베트남 경제 '황금기'

베트남의 성장세가 거침없다. 1990년대 후반~2000년대 초반 고속 질주를 막 시작하던 중국이 떠오를 정도다. 베트남은 지난해 국내총생산(GDP) 성장률 7.02%를 기록, 중국(6.10%)을 따돌렸다. 지난해 전 세계 평균 3%대, 한국 2%대의 성장률을 보면 베트남의 경제 성장이 얼마나 숨 가쁘게 이뤄지고 있는지 알 수 있다.

베트남의 경제 호황은 도심 곳곳에서 풍기는 분위기로도 확인할 수 있다. 지난해 연말과 올해 연초 베트남 하노이와 호찌민 등 대도시의 상점가들은 문전성시를 이뤘고 새해를 맞이하는 밤 12시에는 도심 곳곳에서 불꽃놀이가 펼쳐졌다. 최근 몇 년간 꾸준한 경제 성장을 보여온 베트남이지만 올해 새해는 유독 흥이 넘치는 분위기를 연출했다. 현재 베트남은 1986년 '도이모이'로 불린 개혁·개방 정책을 택한 이후 최고의 전성기를 맞고 있다.

베트남으로 돈이 모이고 있다. 세계 각국의 기업들이 베트남 현지 투자와 베트남 기업 인수·합병(M&A)에 뛰어들고 있다. 10여 년 전 '세계의 공장'이던 중국이 그랬던 것처럼 무서운 속도로 유수의 글로벌 기업들을 빨아들이며 제조업 생산 기지로 자리를 굳히고 있다.

북부 하노이와 남부 호찌민을 중심으로 형성된 산업 단지 지역은 더 이상 개발할 수 없을 정도로 커졌다. 북부 지역(박닌·박장·빈폭·타이응웬·푸토·하남·하노이·하이증·하이퐁·흥옌 등)과 남부 지역(동나이·타이닌·롱안·메콩경제구역·붕따오·호찌민 등) 대부분이 포화 상태다.

그럼에도 불구하고 세계 유수의 기업들이 계속 돈 보따리를 짊어지고 모여든다. 이제는 그동안 개발이 더뎠던 중부 지역도 개발이 본격화되고 있다. 특히 중부 연안에 자리한 13개 성·시(꽝찌·트어티엔후에·다낭·꽝남·꽝응아이·꼰툼·자라이·빈딩·닥락성·푸엔·닥농·칸인화·럼동 등)에는 하이테크공단 1곳, 경제특구 4곳, 산업공단 60여 곳 등이 조성돼 있고 이들 공단의 수는 앞으로도 계속 늘어날 것으로 전망된다.

2019년에 이룬 베트남의 경제성장은 세계를 깜짝 놀라게 했다. 세계 최대 경제블록인 환태평양경제동반자협정(TPP) 불발과 미·중 무역 분쟁의 위기에도 불구하고 경제와 관련된 지표 대부분에서 사상 최대의 성과를 거뒀다. 지난해 GDP 성장률 7.02%는 베트남 정부가 설정한 목표 6.6~6.8%를 초과 달성한 것이다. 10년 만에 최고를 기록한 2018년 성장률 7.08%에 근접한 수치다. 세계은행(6.6%)과 국제통화기금(IMF, 6.5%) 전망치보다 각각 0.4%포인트, 0.5%포인트 이상 높다.

베트남 경제는 이에 따라 2년 연속 7%대 성장세를 이어 가게 됐다. 생산·조립 분야의 GDP가 지난해보다 11.29% 증가하면서 경제성장을 견인했다. 서비스 분야도 7.3% 늘어났다. 무역 관련 수치들도 개선되고 있다. 베트남의 2019년 수출은 2018년보다 8.1% 늘어난 2634억 달러(약 305조원)로 집계됐다. 수입은 전년 대비 7% 증가한 약 2535억 달러(약 294조원)였다.

특히 미·중 무역전쟁 틈바구니에서 외국인 직접투자(FDI)와 대미 수출이 늘어난 것이 눈에 띈다. 베트남 외국인투자청(FIA)에 따르면 2019년 베트남에 새로 들어온 FDI금액(도착 기준)은 2018년보다 7% 정도 늘어난 203억8000만 달러(약 23조6500억 원)를 기록했다.

베트남은 2019년 99억 달러의 무역 흑자를 기록했다. 사상 최고치다. 2016년 16억 달러,

2017년 19억 달러, 2018년 68억 달러를 기록하며 급격한 상승세를 보이고 있다. 수출입을 합한 교역액도 2019년 5170억 달러로 사상 처음 5000억 달러를 돌파했다. 무역 활성화에 힘입어 베트남 중앙은행(SBV)은 그 어느 때보다 안정된 체제를 구축하고 있다고 선언했다. 베트남의 외환보유액은 작년 말 기준 800억 달러에 달해 새로운 정점을 찍었다. 이 중 4분의 1이 2019년 한 해에 베트남 중앙은행(SBV)에 입고됐다.

특히 민간 부문의 활력이 눈에 띈다. 2019년 한 해에만 13만8100개의 기업이 신설돼 역대 최고치를 갈아치웠다. 전년 대비 5.2% 증가한 수치다. 등록 자본금 역시 1730조 동(약 751억 달러)으로 사상 최대치다. 이는 2018년보다 17.1% 증가한 수치다. 기업 당 평균 등록 자본금은 약 54만 달러를 기록했다.

베트남의 경제 성장세는 올해도 이어질 것으로 분석된다. 베트남 통계청은 올해 베트남 경제가 6.8% 수준의 성장률을 기록할 것이라고 전망했다. 세계은행과 IMF의 내년 베트남 경제 성장률 전망치는 모두 6.5%다.

◆ 인력·인건비·생산성이 최대 강점

베트남의 고성장 배경에는 여러 요인이 복합적으로 작용하고 있다. 풍부한 인력, 값싼 노동력, 질 높은 생산성, 지리적 환경 등이 어우러진 결과다. 이를 바탕으로 베트남은 10여 년 전 중국이 그랬던 것처럼 무서운 속도로 유수의 글로벌 기업들을 빨아들이고 있다.

이제는 중국을 대신해 제조업 생산기지로 자리를 굳히는 분위기다. 그중에서도 첫손에 꼽는 것은 우수한 노동력이다. 베트남 정부 인구가족계획국 정책전문가로 초빙돼 인구정책자문관으로 활동한 조영태 서울대 보건대학원 교수가 최근 펴낸 '2020~2040 베트남의 정해진 미래'를 보면 베트남 공식인구는 2019년 4월 1일 기준 남자 4788만1061명(49.8%), 여자 4832만7923명 등 모두 9620만8984명으로 세계 14위다. 아세안지역에서 인도네시아·필리핀 다음으로 인구가 많고 게다가 젊은 층의 비율이 높다. 전체 인구 중 15세 미만이 23.7%, 평균연령은 31.8세에 불과하다.

임금도 싸다. 베트남 시장의 최대 장점이다. 국제노동기구(ILO)에 따르면 2019년 베트남 노동자들의 월평균 임금은 약 228달러(27만원)다. 태국 391달러, 중국 613달러보다 훨씬 저렴하다. 또한 베트남 인구 10명 중 7명이 지방에 거주하고 있다. 지방 노동인구는 임금에 대한 압력이 높지 않아 노동집약적 산업을 육성하기에 유리하기 때문이다. 베트남의 값싸고 젊은 노동력은 특히 숙련된 기술력을 필요로 하는 기업들의 선호를 받고 있다.

베트남의 인력은 태국·인도네시아·말레이시아보다 수준이 높다고 평가받는다. 이는 베트남의 교육정책이 뒷받침된 결과다. 인적 자원 육성에 힘을 쏟는 베트남의 공교육은 GDP의 6.3% 규모에 달한다. 다른 중간소득 국가의 평균 교육비보다 2%나 높은 수준이다. 15세 학생의 지적 능력을 평가하는 세계 순위에서도 베트남 학생의 수학과 과학 실력은 미국과 영국 학생보다 뛰어난 것으로 알려져 있다. 베트남 정부의 이러한 노력은 양질의 인력을 원하는 외국 기업과의 교역을 증진시켰다.

기술혁신으로 공장이 자동화되더라도 기계를 조작하는 직원은 언제나 필요하다. 직원이 갖춰야 할 능력은 단순한 노동력보다 언어적·수학적으로 복잡한 기계 조작과 지시 사항을 따를 수 있는 능력으로 바뀌고 있다. 이 때문에 삼성전자(사이공·하노이·다낭하이테크파크)·LG 전자(하이퐁) 등이 이곳으로 생산 거점을 옮기고 있다. 국내 중소 협력업체의 수출이 늘 수밖에 없는 이유다.

지리적인 여건도 베트남의 장점이다. 베트남 면적은 한반도의 약 1.5배지만 영토가 남북으로 가늘고 길다. 이 때문에 서쪽에서 동쪽으로 두어 시간만 달리면 바다가 나온다. 또 도로·항만·공항 등 기반 시설이 다른 동남아 국가들과 비교가 안 될 정도로 잘 갖춰져 있다.

◆ 외투기업 주도의 투자 환경

여기에 베트남의 적극적인 경제개방정책은 성장 기대치를 더욱 높이고 있다. 현재 베트남은 아시아태평양경제협력체(APEC)·동남아국가연합(ASEAN)·역내포괄적경제동반자협정(RCEP) 등 3대 자유무역협정(FTA)에 모두 가입한 상태이며 2015년에는 유럽연합(EU)·한국과 FTA를 체결했다.

이를 발판으로 베트남의 FDI 유치액은 지난해 205억 달러(승인액 기준)를 기록해 4년 연속 200억 달러가 넘는 성과를 거뒀다. 실제로 개방경제를 내세운 베트남은 국제 교역을 통해 성장하고 있다. 2016년 기준 베트남의 국제통상규모는 GDP의 150%를 차지한다. 비슷한 소득수준 국가에 비해 훨씬 높다.

외국기업의 설비 투자규모는 베트남 연간 설비 투자의 4분의 1을 차지한다. 이 때문에 외국기업이 총수출의 3분의 2를 담당하고 있다. 이는 베트남의 노력 덕분이다. 베트남 정부는 1990년대부터 국제통상 관련 법규를 쉽고 간단하게 만들고 외국과의 교역을 장려했다. 인접국 인도네시아는 자국에서 생산되는 제품의 재료나 노동력을 자국에서 공급해야 한다는 규정을 두고 있는 반면 베트남은 이러한 규제를 철폐했다. 또한 베트남은 1986년 도이모이 정책을 채택해 적극적으로 대외 개방을 추진, 외투 기업 주도의 투자환경을 만들었다.

사회주의 국가인 베트남은 중국처럼 모든 토지가 국가소유라는 점은 비슷하다. 하지만 현지기업과 50 대 50 합작이 아닌 외국인이 100% 투자하는 단독법인을 설립할 수 있도록 했다. 방송 서비스 같은 분야를 제외하면 제조업은 물론이고 금융업도 단독 법인을 설립할 수 있다.

베트남 정부는 또 자국 내 63개 주가 외국기업을 유치하기 위해 경쟁하도록 장려했다. 호찌민시는 제조업을 위한 산업단지를 구축했고 다낭은 첨단기술 산업을 중심으로 투자를 유치했다. 중국과 가까운 북부는 제조업에 기반을 두고 투자 유치에 나서는 중이다. 이는 각각의 지역이 다른 산업에 집중해 산업의 다양화를 구축하게 되는 결과를 낳기도 했다. 또 베트남 정부는 장기적인 경제 5개년개발 계획을 수립해 안정성을 선호하는 투자자들을 유혹했다. 이 때문에 많은 기업들이 베트남으로 생산기지를 이전하고 있다.

여기에 베트남 정부는 지난해부터 베트남 노동자들의 초과근무 법정 한도 시간을 연 200시간에서 300시간으로 늘렸다. 한국을 비롯한 외국 기업들의 초과 노동시간을 현실화해 달라는 요청에 따른 것이다. 실제 현장에서 노동자당 초과 노동시간은 연 500시간에 달한다. 현재 베트남은 주 노동시간 기준 최대 48시간이 가능하다. 노동자들과 합의하면 연 300시간까지 초과 노동이 가능하다. 단순 환산하면 주54시간 근무가 합법적인 한도인 것이다. 베트남 정부는 이 시간을 연 400시간까지 늘리는 것도 검토하고 있다.

◆ 베트남의 핵심 파트너 한국, 투자 1위

풍부한 노동력과 값싼 인건비 그리고 투자환경이 어우러지면서 베트남은 이제 한국의 산업 생태계에서 없어서는 안 될 핵심 파트너로 자리매김했다. KOTRA 등에 따르면 베트남에는 작년 말 기준 약 9000개에 달하는 한국 기업이 진출해 있다. 올해 중 1만 개 돌파가 확실시된다.

특히 최근 4년간 진출한 기업 수가 절반에 달할 정도로 최근 베트남에 대한 관심이 불붙고 있다. 여기에 한국은 1988년부터 2019년까지 32년간 베트남에 677억 달러(약 79조8200억 원)를 투자해 135개 투자국 중 1위다. 투자 비율은 베트남 전체 외국인 투자의 18.7%다. 투자 건수만 8467건에 이른다. 2위는 일본으로 같은 기간 4385건에 593억 달러를 투자했다. 싱가포르(498억 달러, 2421건), 대만(324억 달러, 2692건), 홍콩(234억 달러, 1735건)이 3~5위를 차지했다.

상황이 이렇다 보니 베트남이 한국 경제에서 차지하는 위상이 나날이 높아지고 있다. 한국의 대 베트남 수출은 2009년 71억 달러에서 2018년 486억 달러로 약 10년 새 7배 가까이 늘었다. 일각에서는 중·장기적으로 베트남이 미국을 제치고 중국과 함께 한국의 양대 수출국으로 부상할 수 있다는 전망까지 나온다.

국내기업이 베트남을 보는 시각 역시 이전과 완전히 다르다. 과거엔 저렴한 노동력을 활용할 수 있는 단순 생산기지나 수출거점에 불과하다고 생각했다. 이제 베트남은 기업의 미래를 좌우할 수 있는 '생산기지'라는 인식이 강해졌다.

베트남에 진출하는 산업군도 다양해지고 있다. 초기 1980년대 베트남에 진출했던 한국기업들은 대부분 봉제공장이나 염색공장으로 한정됐다. 하지만 1995년 대기업인 LG화학이 베트남에 생산기지를 만들면서 대기업들의 베트남 진출행렬이 이어졌다. 2000년대 들어 두산중공업·포스코·효성·삼성전자·LG전자 등이 베트남에 진출했다. 특히 삼성전자는 2008년 설립한 하노이 인근 박닌성 옌퐁 공단과 2013년 세운 타인응유옌성 옌빈 공단 내 공장에서 연간 2억 대 정도의 스마트폰을 생산하고 있다. 이는 삼성전자 전 세계 스마트폰 생산량의 절반에 가까운 것이다. 연간 500억 달러에 달하는 삼성전자 스마트폰 수출액은 베트남 전체 수출액의 4분의 1에 해당할 정도다.

2007년 현지 법인을 설립한 효성도 베트남에서 자리 잡았다. 2015년 4월 동나이법인을 추가로 설립해 스판덱스와 타이어코드 생산설비를 증설했는데 두 법인은 지난해에만 19억6700만 달러의 매출을 올렸다. 포스코 역시 2009년 호찌민 인근 붕따우성에 연간 생산량 120만톤 규모의 동남아 최대 냉연 공장을 준공해 운영하고 있다.

한국 기업의 베트남 진출은 최근 들어 걷잡을 수 없이 확산되고 있다. 지난해 LG전자는 평택의 스마트폰 생산라인을 베트남 하이퐁으로 통합 이전했다. LG전자는 이미 흥이옌(1995년 설립)과 하이퐁(2015년 설립) 공장을 운영해 왔다. 여기에 평택 생산 라인이 더해지면서 베트남 현지에서의 스마트폰 생산규모는 연간 600만 대에서 1100만 대로 수직 상승하게 됐다. 현대차는 2017년 북부 탄공 지역에 반조립 차량(CKD) 생산을 위한 합작법인을 설립했다.

◆ 국내 기업의 현지 M&A도 활발

국내 기업들의 베트남 진출은 간접투자를 통해서도 이뤄진다. 대표적인 곳이 바로 SK그룹이다. 지난해 베트남 민간기업 2위인 마산그룹 지주회사 지분 9.5%를 약 5300억 원에 매입했다. 또 '베트남의 삼성'으로 불리는 1위 기업 빈그룹에 약 1조2000억 원 규모로 지분 투자를 단행했다. 빈그룹은 유통·건설사·리조트·종합병원에 이어 자동차·스마트폰 제조 사업을 아우르는 거대 기업이다.

하나은행도 지난해 베트남투자개발은행(BIDV)의 지분 15%에 해당하는 주식을 1조148억 원에 인수하는 계약을 체결했다. 지난해 금융·보험업, 제조업, 부동산 경영업을 중심으로 한 간접투자는 2959건으로, 건수 면에서 이미 직접투자(1594건)를 훌쩍 넘어섰다. JW중외제약은 베트남 제약회사 유비팜 지분 100%를 인수했다.

베트남이 대기업들에만 기회의 땅인 것은 아니다. 예전엔 대기업과 협력업체의 동반 투자가 대세였지만 최근에는 중소기업들도 직접 개별 투자를 통해 베트남에 진출하고 있다. KOTRA에 따르면 베트남 현지에 진출한 중소기업 수는 9000여 개에 달하는 것으로 추산하고 있다.

글로벌 기업 사이에서 생산 시설을 중국에서 베트남으로 이전하려는 움직임도 활발하다. 블룸버그통신에 따르면 나이키와 언더아머 제품을 수탁생산하는 대만 스포츠 의류 제작 기업 에클라트텍스타일은 최근 베트남 생산 비율을 50%로 높였다. 이 기업은 2016년까지만 하더라도 제품 대부분을 중국에서 생산했다.

구글과 애플도 베트남에서 스마트폰 등 전자 제품 공장을 운영할 계획인 것으로 알려졌다. 일본 닛케이아시안리뷰는 구글이 베트남 박닌성의 낡은 휴대전화 생산공장을 사들여 자사 스마트폰 생산공장으로 개조하고 있다고 밝혔다. 애플은 베트남에서 자사 이어폰 제품인 에어팟을 시범 생산하고 있는 것으로 전해졌다.

한편 베트남 정부는 2015년 이후 상승세를 보이고 있는 경제성장에 한껏 고무돼 있다. 2016년부터 베트남을 이끌어 온 응우옌 쑤언 푹 총리는 2045년 고소득 국가로의 진입을 선언했을 정도다. 베트남의 올해 1인당 국민총소득(GNI)은 약 3000달러에 불과하다. 캄보디아·인도네시아·미얀마·필리핀 등과 함께 중하위 소득 국가(1인당 GNI 1026~3995달러)로 분류돼 있다. 향후 20년간 현재와 같은 6~7%대 성장률을 유지해 2045년께 고소득 국가(1인당 GNI 1만2376달러 이상)를 달성하겠다는 계획이다.

[한경BUSINESS 2020.02.11.]

4.2 외국인직접투자 정책 및 제도

1. 외국인직접투자 우대정책

저개발국들은 외국인직접투자를 유치하여 경제개발을 추진하기 위해서 여러 가지 유인책을 외국인투자기업에게 제공한다. 그러나 이러한 유인책은 처음에는 유리한 조건을 제시하여 외국기업을 유치하고, 산업이 어느 정도 궤도에 오르면 인센티브를 대폭 줄이거나 오히려 제약을 가하는 경우도 적지 않다.

이러한 우대 및 유인정책은 반드시 저개발국들만이 제공하는 것은 아니며 미국, 캐나다와 같은 선진국들도 자국 내의 개발이 부진한 지역에 투자하는 외국기업들에 대해서는 여러 가지 유인책을 제공한다. 한 국가 내에서도 투자대상지역, 투자규모, 투자대상산업의 종류, 투자에 따른 고용증대효과 등에 따라 제공되는 유인책의 종류와 정도가 다른 경우도 많다.

제공되는 유인책으로는 외국인투자기업이 생산하는 제품과 경쟁할 가능성이 있는 수입품에 대해서는 높은 수입관세를 부과하거나, 수입할당제도를 실시하기도 한다. 또한 외국인투자기업이 공장건설을 위하여 수입하는 자본재에 대해 면세하거나 감세하는 경우도 있으며, 현지정부가 저리로 장기금융을 제공하는 경우도 있다. 외국인투자기업의 이익에 대하여 일정기간 법인세를 면제하는 경우도 있으며, 현지정부가 외국인투자기업에 근무할 종업원을 대신 교육·훈련시키거나, 종업원 1인당 교육·훈련비를 지원하는 경우도 있다.

2. 투자업종에 대한 혜택

각국마다 외국인직접투자를 업종구분 없이 무조건 허용하는 것이 아니라 투자금지업종, 투자제한업종, 투자우대업종 등으로 구분하여 유치하고 있다. 투자우대업종으로는 주로 현지국에 꼭 필요한 산업, 사회간접자본투자, 생산이 되지 않는 업종, 수입의존도가 높은 업종, 수요에 비해 공급이 부족한 업종, 첨단기술업종 등이 있다. 따라서 현지에서 외국인직접투자 인허가를 받을 때 투자업종에 따라 혜택이 달라질 수 있으므로 많은 혜택을 받을 수 있는 투자업종을 사업목적에 추가하는 것도 한 가지 방법이 될 수 있을 것이다.

3. 외국인직접투자 규제정책

현지국 정부는 외국인직접투자에서 발생하는 편익을 극대화하고 비용을 극소화하기 위하여 외국기업에 대하여 유인을 제공하는 동시에 규제도 가하고 있다. 대부분의 국가는 어떤 특정사업 분야에 대해서는 외국인직접투자를 금지하고 있다. 외국인직접투자 규제정책으로는 진입통제, 소유권제한, 특정부문에 대한 투자제한, 송금제한 및 외환통제 등이 있다. 예를 들면 철도, 항공, 전력과 같은 공익사업, 은행 등 금융산업, 방송통신산업, 안보 관련산업 등이 주로 외국인직접투자 금지업종에 포함된다.

한편 외국인투자기업이 생산하는 제품의 국산화비율을 올리기 위하여 연도별로 현지 원자재 사용률을 정하여 제품국산화를 촉진하기도 하며, 현지인 고용비율이나 현지인에게 지급되는 최저임금을 정하기도 한다.

외국인직접투자 우대정책 사례-1

미국 조지아 주의 기아차 교훈

요즘 한국 언론에 자주 등장하는 미국 조지아 주 기아자동차 이야기에는 소개되지 않은 반쪽이 있다. 경제위기 속에서 조지아 주민들이 한국의 기아차 공장을 '신의 선물'이라며 열광하는 점이 집중 부각되고 있지만, 조지아 주민들이 공장 유치를 위해 자세를 낮춰가며 쏟아 부은 정성과 노력은 묻혀 있다.

기아차 공장이 들어서는 조지아 주 웨스트포인트는 인구 3400명의 조그마한 농촌도시다. 19세기 이후 주력산업인 면화·섬유산업이 고품질의 값싼 중국산 섬유제품에 밀리면서 지역산업은 몰락했다. 실업률은 다른 주보다 높아졌고 평균 임금은 20% 정도 낮았다. 그나마 지역경제를 버티어 주던 '미국 자동차의 자존심' GM과 포드가 방만한 경영과 도요타·현대차 돌풍에 밀려 공장폐쇄 계획을 발표했다.

그러자 소니 퍼듀 주지사와 드루 퍼거슨 웨스트포인트 시장은 GM·포드의 경쟁자라고 할 수 있는 기아차 유치에 나섰다. 일부 주민들은 반발했다. 세계 1등 강국인 미국이 아시아의 '소국'에 손을 벌리는 것에 대한 자괴감과 '황색 돌풍'에 대한 경계심 때문이다. 더구나 미국 경제가 잘나가던 시절이어서 다급한 상황도 아니었다.

하지만 지도층은 주민들을 설득했고, 열심히 뛰었다. 지역경제를 살리기 위해서는 '자존심'보다 '일자리'가 더 중요하다는 실용적 판단 때문이었다. 드루 퍼거슨(Ferguson) 웨스트포인트 시장은 지난 2006년 정몽구 회장이 검찰의 수사를 받았을 때 "제발 기아차 공장 유치가 무산되지 말라고 간절히 기도했다"고 말했다.

조지아는 결국 인프라건설, 세금감면, 고용창출지원금 등 4억 달러의 파격적인 혜택을 주면서 경쟁자인 인근 앨라배마 주를 제치고 기아차를 끌어왔다. 그 덕택에 웨스트포인트 주민들은 요즘 글로벌 경제위기 속에서 '호황의 꿈'에 부풀어 있다. 연말에 연산 30만대의 공장이 가동되면 1만 명의 일자리가 생기는 까닭이다. 외국 기업에 대한 주민들의 인식도 달라졌다. 주민들은 외국인을 경계하기보다는, 경쟁력 있는 제품을 만들지 못한 미국 자동차 회사를 비난하고 있다.

미국 소도시가 외국 기업을 유치해 성공한 사례는 조지아 주뿐만이 아니다. 버번위스키와 경마로 유명한 미국 켄터키 주의 조지타운은 1980년대 중반에 인구 2000명의 시골도시였다. 하지만 마사 콜린스 켄터키 주지사는 북쪽 오하이오 주가 혼다자동차를, 남쪽 테네시 주가 닛산과 새턴 자동차 공장을 유치하자 즉각 일본의 도요타로 달려갔다. 일본 공장에 대한 주민 반발이 컸지만 설득했다. 그리고 오하이오 주가 혼다를 유치하기 위해 제공한 것의 30배에 해당하는 1억4700만 달러의 인센티브를 내놓았다. 유치에 성공한 결과 조지타운은 이제 인구 2만 명의 번성하는 중소도시가 됐다.

고용효과가 큰 외국기업들을 파격적 조건으로 유치해 미래를 대비한 조지아의 '열린 자세'를 참고할 때가 아닌가 싶다. 한국의 일류기업들이 해외에 공장을 세우면서 국내 일자리를 줄이는 시대이기 때문에 더욱 그렇다.

[조선일보 2009.04.27]

외국인직접투자 우대정책 사례-2

베트남 독주 못 봐줘... 태국·말레이시아, 잇따라 외자 우대 정책 발표

미국과 중국 간 무역 갈등이 동남아시아의 외자유치 경쟁에 불을 붙였다. 동남아 일부 국가들이 미국과의 무역전쟁으로 피폐해진 중국에서 탈출하는 기업들의 생산기지를 유치하기 위해 외국기업에 대한 세제우대 조치를 잇달아 내놓고 있다고 니혼게이자이신문이 18일(현지시간) 보도했다.

최근 태국과 말레이시아, 인도네시아 정부는 외국기업을 대상으로 한 세제우대 정책을 각각 발표했다. 신문에 따르면 태국 정부는 2021년 말까지 첨단 전자산업과 생화학산업 등 중점 분야에 10억 바트(약 390억 원) 이상을 투자한 외국 기업의 법인세 절반을 면제해주기로 했다. 대상 분야는 모두 방콕 동쪽에 있는 경제특구 '동부경제회랑(EEC)'에서 육성하는 첨단 산업이다. EEC는 아시아로 향하는 관문이자 태국이 선진국으로 도약하려는 개발 계획의 핵심이다. 이르면 2020년 초 중국기업을 대상으로 한 공업단지 건설도 시작된다. 이 프로젝트는 태국 부동산 재벌 CP랜드와 중국 건설 대기업 광시건공집단이 합작으로 추진한다.

이미 많은 중국기업이 대미 무역전쟁을 피해 태국으로 진출했다. 4월에는 타이어 제조업체 프링스 샨이 약 6억 달러를 투자해 공장을 건설하기로 했다. 태국 정부는 올해 중 기업의 투자신청액이 전년 대비 30% 늘어난 715억 바트에 달할 것으로 보고 있다.

말레이시아 정부도 자국에 신규 투자하는 해외 대기업과 유망 스타트업을 대상으로 향후 5년에 걸쳐 연 10억 링깃(약 2809억 원) 규모의 우대조치를 적용하기로 했다. 내용은 세금 감면, 보조금 지급 등이 될 전망이다. 중점 유치 대상인 약 60개 대기업을 정하고 개별적으로 진출을 장려해나갈 방침이다.

말레이시아 정부에 따르면 1~6월 말레이시아에 대한 외국인직접투자액은 총 495억 링깃으로 전년 동기의 약 2배로 늘었다. 미중 무역 전쟁의 영향이 컸다. 말레이시아 정부는 새로운 혜택으로 외자유입을 가속화시켜 선진국 대열에 합류한다는 복안을 갖고 있다. 외자 증가로 서플라이 체인이 강해지면 향후 5년 간 10만 명 규모의 양질의 일자리가 생길 것으로 기대하고 있다.

동남아시아국가연합(ASEAN)의 인구, 경제 규모가 모두 40%를 차지하는 인도네시아도 투자유치 경쟁에 뛰어들었다. 조코 위도도 인도네시아 대통령은 10월 하순 경제 담당 외무차관에게 "미·중 갈등 중에 인도네시아의 입지를 극대화하라"는 지시를 내렸다. 규제 완화와 법인세 감면 등을 추진해 중국을 떠나는 외자를 끌어들이라는 것이다. 인도네시아는 그동안 미중 무역전쟁의 '어부지리' 혜택을 거의 받지 못한 나라로 꼽힌다.

세계은행(WB)에 따르면 6~8월 중국에서 다른 나라로 생산 거점을 옮기기로 한 33개사 중 23개사는 이전처로 베트남을 선택했다. 다만 인건비가 낮다는 것이 베트남의 매력 중 하나였지만 최근에는 꼭 그렇지도 않다. 제조업 노동자의 인건비는 2014년 1월 시점 베트남 하노이에 비해 태국 방콕이 2.4배, 말레이시아 쿠알라룸푸르는 2.8배였다. 하지만 올 1월 시점에는 모두 1.9배로 격차가 줄었다. 인프라 상황 등을 감안할 때 베트남이 절대적으로 우위는 아니라는 것이다.

[이투데이 2019.11.19.]

외국인직접투자 규제정책 사례

호주, 통신·에너지 등 안보에 민감한 분야 외국인 투자 규제 강화

호주 정부가 통신·에너지·기술 등 국가 안보에 민감한 분야에 대한 외국인투자규제를 대폭 강화하기로 했다. 5일(현지 시각) 로이터 통신과 뉴욕타임스(NYT) 등 주요 외신에 따르면 조시 프라이던버그 호주 재무장관은 이날 기자회견을 통해 "모든 외국인 투자에 대해 새로운 국가 안보 심사기준과 함께 보다 강화된 규제와 준수 의무를 적용할 예정"이라고 발표했다.

현행 규정대로 하면 투자금이 2억 7500만 호주 달러(자유무역협정 체결국은 13억 달러) 이상인 외국인 민간투자 경우 외국인투자심의위원회(FIRB)로부터 사전 승인을 받아야 한다.

하지만 이번 개정안은 '민감한 안보 관련 사업'에 대한 외국인 투자는 금액과 상관없이 의무적으로 FIRB 승인을 신청하도록 하고 있다. 연방 재무부에는 안보 관련 분야 외국인 투자에 대해 FIRB 승인 전후 언제라도 '국가 안보적 사유'로 추가 조건 부과·자산 처분 등을 강제할 수 있는 재량권이 부여된다.

또한 호주국세청(ATO)도 외국인투자기업에 대해 조사권은 물론 직접 시정명령을 내릴 수 있는 권한을 갖게 된다. 프라이던버그 재무장관은 "호주가 외국인 투자를 환영해온 성공적인 기록을 보유한 국가라는 사실은 변함이 없다"고 강조했다.

[조선비즈 2020.06.05]

참고문헌

반병길, 국제경영, 박영사, 2000.

Bartlett, Christopher A., Sumantra Ghoshal and Paul W. Beamish, *Transnational Management: Text, Cases & Readings in Cross-Border Management*, 5ed., McGraw-Hill, 2007

Czinkota, Michael R., Ilkka A. Ronkainen and Michael H. Moffett, *Fundamentals of International Business*, 1st/Asia-Pacific ed., John Wiley & Sons, 2009.

Daniels, John D., Lee H. Radebaugh and Daniel P. Sullivan, *International Business: Environments and Operations*, 11th ed., Prentice Hall, 2005.

Hill, Charles W. L., *International Business: Competing in Global Marketplace*, 7ed., McGraw-Hill, 2008.

Wild, John J., Kenneth L. Wild and Jerry C. Y. Han, *International Business*, 3ed., Prentice-Hall, 2005

제5장

정치적·법률적 환경

먼저 정치적 위험의 개념과 유형, 정치적 위험의 분석방법 그리고 정치적 위험을 어떻게 관리할 것인가에 대하여 살펴본다. 정치적 위험관리는 현지국 투자이전과 이후로 나누어 관리하게 된다.

법률적 환경과 관련하여 글로벌 경영자들이 현지국에서 경영활동을 할 때 자주 직면하게 되는 공통된 법률적 문제가 무엇인지, 현지국의 법률체제가 관습법과 성문법 중 어떤 법의 적용을 받으며 그 차이는 무엇인지, 국제계약 분규발생시 재판장소와 계약서의 언어선택문제, 그리고 글로벌 경영활동을 수행하면서 분쟁이 발생하였을 때 어떤 해결방법을 사용해야 하는지에 대하여 알아본다.

5.1 정치적 환경

1. 정치적 위험의 개념

정치적 위험(political risk)이란 투자대상국의 예상치 못한 정치적 변화로 인해 기업의 현지 경영활동이 직접 혹은 간접적으로 영향을 받거나, 투자자산이나 수익성에 손실이 발생할 가능성을 말한다. 예를 들면 1960년 카스트로(Castro)가 대통령으로 당선된 후 쿠바(Cuba)의 모든 사유재산을 국유화함으로써 쿠바에 진출해 있던 모든 외국 기업들을 심각한 정치적 위험에 빠뜨렸던 역사적으로 기억될 만한 정치적 위험의 전형적인 사례로 알려져 있다.

위와 같은 정치적 위험의 개념을 규정하는 요건은 크게 두 가지로 볼 수 있다. 첫째, 예측하기 어려운 정치적 변화가 있어야 된다는 것이고, 둘째, 그러한 정치적인 변화가 기업의 현지국 경영활동에 영향을 미쳐야 한다는 것이다. 따라서 단순한 정치적인 변화가 있다고 해서 이를 정치적 위험이라고 볼 수 없으며, 그러한 정치적인 변화가 기업의 현지국 경영활동이나 투자자산 또는 수익성 등에 영향을 미칠 때 비로소 이를 정치적 위험으로 볼 수 있다. 예를 들어 진출국에서 쿠데타가 발생하더라도 기업의 현지경영활동에 아무런 영향이 없다면 정치적 위험이 있다고 할 수 없다.

기업의 성공적인 해외직접투자를 위해서 투자대상국의 정치적 환경을 면밀히 분석, 평가하여 정치적 위험을 회피하거나 최소화 할 수 있는 방안을 강구하는 것이 무엇보다도 중요하다. 이러한 정치적 위험은 크게 거시적 위험과 미시적 위험으로 구분 할 수 있다. 거시적 위험이란 특정 정치적 위험이 현지국에 진출한 모든 외국인투자기업에게 일률적으로 영향을 미치는 경우를 의미하고, 미시적 위험은 정치적 위험에 특정 산업이나 기업, 또는 특정 프로젝트에 한정해서 영향을 미치는 경우를 말한다.

2. 정치적 위험의 유형

정치적 위험은 다음과 같이 크게 네 가지 유형으로 나눌 수 있다.[8]

1) 일반적 불안정 위험(general instability risk)

현지국 정치적 시스템의 연속성, 즉 현지국의 정치 시스템과 집권당의 안정성에 대한 불확실성에 기인하는 위험이다. 대표적으로 혁명, 체제전복, 정국동요 등이 있다. 일반적 불안정 위험의 발생은 다국적기업의 해외자회사 사업의 일시적 중지 또는 손실을 야기 시킨다.

2) 소유권·통제권 위험(ownership & control risk)

현지국 정부의 외국기업 자회사에 대한 소유권 및 통제권한을 소멸시키거나 제약할 수

8) Root, F. R., *Entry Strategies for International Markets*, Lexington Books, 1987, p.132.

있는 위험이다. 이러한 위험의 대표적인 형태로서 몰수, 수용, 강제적 재협상, 계약철회 등이 있다. 2009년 베네수엘라의 차베스는 외국기업의 자산을 몰수(confiscation)하거나 수용(expropriation)하였다. 수용이란 약간의 보상과 함께 투자자산을 압류하는 것이다.

3) 운영위험(operation risk)

현지국 정부의 정책이 투자기업의 현지국내 생산, 마케팅, 재무 등의 경영활동을 제약할 수 있는 위험이다. 즉 정책위험이라 할 수 있는데, 여기에는 수입규제, 가격통제, 현지국의 원자재 사용요구, 수출의무 등이 포함된다.

4) 이전위험(transfer risk)

현지국 정부가 현지국에서의 자금유출을 규제할 수 있는 위험이다. 즉 현지국 통화의 태환불능(inconvertibility) 위험이라 할 수 있다. 현지국 정부가 현지국의 외국자회사에서 모기업으로 과실송금, 즉 배당금이나 로열티, 수수료 등의 송금을 규제할 수 있는 위험이다.

3. 정치적 위험의 분석방법

정치적 위험을 정확하게 측정하여 평가하는 것은 중요하다. 그러나 예측하기 어려운 미래의 정치적 변화와 이에 따른 기업의 경영활동에 미치는 영향을 정확히 파악하는 것은 상당히 어려운 문제이다. 정치적 위험을 분석하기 위해 가장 많이 활용되는 방법은 다음과 같다.[9)]

1) 현지방문조사(grand tour) 방법

어떤 특정 국가에 대한 투자를 고려하고 있는 기업은 국내에서 현지국에 대한 정보를 사전에 수집한 후에 현지조사단을 파견하여 현지국의 정부 관리나 현지기업들과의 직접 면담하여 현지국의 정치적 환경을 주관적으로 파악하는 방법이다. 이 방법은 직접 방문하여 현지의 정치적 상황을 눈으로 확인하므로 신속한 판단을 내릴 수 있는 장점이 있지만, 투자에 대한 조사가 다분히 제한된 정보에 국한되고, 조사가 단시간 내에 이루어지기 때문에 방문조사자의 주관적

---

9) Rummel, R. J. and D. A. Heenan, "How Multinationals Analyse Political Risk," *Harvard Business Review*, Jan/Feb. 1978, pp.67~76.

판단에 많이 의존해야 하는 단점이 있다.

2) 지역 전문가(old hands) 자문을 받는 방법

기업이 투자하고자 하는 국가나 지역에 대해 전문적인 지식이나 오랜 체류 경험을 가지고 있는 전문가, 즉 외교관, 현지파견 경영자, 학자, 국제기업인 등으로부터 자문을 구하는 방법이다. 현지방문조사에 의해 획득한 정보를 이 방법을 통해 보다 정확히 판단하는 데 크게 도움이 될 수 있다는 장점이 있다. 그러나 이 방법은 전문가들의 주관적 판단을 토대로 하기 때문에 어떤 전문가에게 자문을 받느냐에 따라 정치적 위험정도가 달라질 수 있다.

3) 델파이 예측(delphi forecasting)을 이용하는 방법

델파이 기법은 1948년 미국 랜드연구소에 의하여 개발되어 공공부문이나 민간부문의 예측활동에 사용되어 왔다. 이 방법은 전문가들의 의견을 수렴하고 종합하여 평가하는 방법으로 정치적 위험을 훨씬 체계적으로 분석, 예측 할 수 있는 방법이다.

먼저 정치적 위험에 영향을 미칠 수 있는 요인들을 파악하여 체크리스트를 작성한 다음에, 전문가들로 하여금 각 요인별 주관적 점수를 제시하도록 한다. 그리고 전문가들의 평균점수를 구하여 다시 전문가들에게 나누어 주고 각 요인들을 재평가하게 하는 과정을 몇 차례 반복한 후 최종적인 종합점수를 산출한다. 이에 근거하여 각국의 정치적 위험의 순서를 결정하는데, 현재 가장 많이 사용되는 델파이분석방법으로 BERI(Business Environment Risk Index), BI(Business International Index), NBI(Nikkei's Business Index) 등이 있다.

4) 계량적 분석(quantitative analysis) 방법

정치적 위험의 평가에 주관성을 배제하고, 객관적 자료를 이용해 분석하는 계량적인 방법이다. 미래의 정치적 위험을 예측하기 위해 다중회귀분석이나 차별분석 등의 통계적 방법을 활용할 수 있으며, 통계수치를 토대로 정치적 위험지수를 산출하기 때문에 객관적인 결과를 얻을 수 있다. 대표적인 계량적 방법으로는 정치체제 안정지수(Political System Stability Index)를 들 수 있다. 그러나 계량적 방법은 정치적 불안 등 질적 자료를 계량화하기에 어려움이 있고, 또한 과거의 자료를 가지고 미래의 정치적 위험을 측정하는 방법이기 때문에 예측에 한계가 있다.

5) 통합적 분석(integrated analysis) 방법

전문가들의 주관적 판단에 따라 작성된 질적 자료와 객관적 자료들을 통합적으로 분석하는 방법이다. 대표적인 방법이 시나리오 분석기법인데, 객관적인 통계자료를 이용하여 정치적 위험에 대한 몇 가지의 가상적인 시나리오를 작성하고, 최고경영자가 주관적 판단에 근거해 가장 발생가능성이 높다고 생각되는 1개의 시나리오를 선택하여 정치적 위험의 대처방안을 모색하는 방법이다.

4. 정치적 위험의 관리

정치적 위험은 수출입, 국제계약, 해외직접투자 등의 기업의 글로벌 경영활동에 모두 영향을 미치지만, 거의 대부분은 현지국에 대한 해외직접투자와 관련하여 발생한다. 따라서 정치적 위험의 관리방안을 현지국에 대한 직접투자 이전과 이후로 구분하여 설명할 수 있다.

1) 현지국 직접투자 이전 위험관리방안

정치적 위험을 관리하는 가장 좋은 방법은 현지국 투자 전에 현지국의 정치적 위험 정도를 인식·평가함으로써 투자 여부를 결정하는 것이다. 이를 위해서는 피투자국 정치적 위험에 대한 정확한 평가와 예측이 필요하다. 현지 투자국에 진출하기 전 정치적 위험이 예견되었을 경우 기업은 다음과 같은 대처방안을 강구할 수 있다.

첫째, 회피방안이다. 즉 현지국의 정치적 위험도가 높을 경우, 해당 투자국 진출을 포기하고 정치적 위험도가 낮은 투자대상국을 찾아 진출하는 대안이다.

둘째, 투자위험에 대하여 보험이나 보증 제도를 활용하는 방법이다. 미국의 경우 OPIC(Overseas Private Investment Corporation)이라는 회사는 해외투자기업의 정치적 위험에 대한 보험 상품을 판매하고 있으며, 일본은 수출입은행이 보험기능을 수행하고 있다. 우리나라의 경우에도 한국무역보험공사가 수출보험이나 해외투자보험 등을 운용하고 있는데, 이 보험에 가입할 경우 피투자국의 전쟁, 혁명, 내란, 몰수, 수용 등의 정치적 위험으로 발생한 손실액에 대해 사후보상을 받을 수 있다. 따라서 이러한 보험 제도를 이용할 경우 부분적으로는 기업의 해외활동에 따르는 정치적 위험을 줄일 수 있다.

셋째, 현지국에 진출하기 전 현지국 정부와의 협상을 통하여 투자액, 투자보장 등에 걸쳐 구체적인 확약을 받아내는 방안이다. 이 경우 기업은 현지국에 대한 공헌(기술이전 등)을 협상무기로 삼을 수 있다.

2) 현지국 직접투자 이후 위험관리방안

현지국에 직접투자 이후에는 대정부 교섭력이 급격히 떨어지므로, 단순히 이익만을 추구하기 위해 투자했다는 인식을 주지 않도록 해야 하며 현지국 경제발전에 기여하도록 노력해야 한다. 현지국 직접투자 이후의 위험관리전략은 다음과 같다.

첫째, 피투자국의 국내·외 정치적 환경변화에 대하여 정치적 중립을 철저히 지키는 것이다.

둘째, 정치적 환경의 변화를 주목하여 만약의 사태에 적응할 수 있는 위기관리계획을 마련하는 것이다. 위기관리계획이란 비정상적인 돌발사태의 발생가능성을 전제하고, 그에 대응하기 위하여 수립하는 계획을 말한다.

셋째, 현지화에 충실한 경영전략이 필요하다. 생산, 인사, 광고, 판매 촉진 등에서 현지의 실정에 맞게 적응하여 현지국의 국내기업처럼 경영활동을 추구하는 현지화전략이 필요하다. 아울러 현지국 주민들이 적대감을 갖지 않도록 기업의 좋은 이미지를 적극적으로 홍보하는 것도 중요하다.

넷째, 현지국에서 선량한 기업시민(good corporate citizen)으로 행동하면서 현지국의 경제발전, 기술수준의 향상, 현지국 산업의 육성 등에 적극적으로 기여하는 자세로 임하는 것이 정치적 위험을 가장 확실히 줄일 수 있는 방법이다.

지금까지 살펴본 이러한 정치적 위험은 오늘날 글로벌화의 진전과 함께 전 세계적으로 크게 낮아지고 있다. 지속적인 자유화, 개방화의 바람이 불면서 각국 정부들은 외국기업의 자국 투자유치를 위하여 과거의 규제를 대폭 줄이면서 많은 투자유인책을 제시하고 있다. 각국 정부는 외국인직접투자가 경제 활성화 및 고용창출에 매우 중요하다는 점을 인식하면서 외국기업을 유치하기 위해 국가별로 치열한 경쟁을 벌이고 있는 실정이다.

그렇지만 베네수엘라, 볼리비아 등 일부 남미국가에서 자원민족주의를 내세우며 자원국유화를 추진하는 등 지금도 정치적 위험이 존속하고는 있다. 그러나 글로벌 환경의 변화추세를 감안할 때 향후 정치적 위험은 과거보다 지속적으로 줄어들 것으로 예상된다.

정치적 위험 사례

글로벌 기업 베네수엘라 엑소더스…마두로 "자산 몰수해 국유화" 맞불

다국적 기업들의 베네수엘라 엑소더스가 계속되는 가운데 사회주의 정권인 베네수엘라 정부가 철수하는 외국계 기업의 생산시설과 자산을 몰수하는 초강력 조치를 취하고 있어 파장이 일고 있다. 베네수엘라 정부의 이 같은 행태는 경제원리를 정면으로 무시한 무자비한 기업 탄압이라는 지적이다.

15일(현지시간) CNBC 등 외신에 따르면 미국 식품업체 켈로그는 이날 베네수엘라에서 철수하기로 결정했다. 미국 미시간 주에 위치한 켈로그 본사는 성명을 내고 "계속된 경제 악화와 고물가, 엄격한 가격 통제 탓에 베네수엘라에서 영업을 중단하겠다"고 밝혔다. 켈로그는 이날 베네수엘라 지사를 폐쇄하고 종업원 300명을 해고했다. 월스트리트저널(WSJ)에 따르면 켈로그는 1961년 베네수엘라에 진출해 현지 시리얼 시장의 75%를 점유하고 있다. 베네수엘라 시리얼 시장은 중남미에서 멕시코에 이어 둘째로 크다. 베네수엘라 중부 마라카이 시에 있는 켈로그 공장에는 직원 550여 명이 근무하고 있다.

켈로그가 베네수엘라에서 사업을 철수하는 이유로는 정부의 엄격한 가격 통제, 번거로운 행정 절차, 초(超)인플레이션, 통화 통제, 공장에 쓰일 기기들의 부품 부족 등이 꼽힌다. 니콜라스 마두로 정부가 달러 공급을 중단하며 원자재 공급이 안 되는 상태에서 '공정가격위원회'를 동원해 원가 대비 30% 이상 마진을 남기지 못하도록 제품 가격을 통제하고 있어 도저히 기업 경영이 불가능하다고 판단한 것이다. 앞서 킴벌리 클라크, 클로록스, 제너럴 밀스 등 다른 글로벌 기업들도 비슷한 이유로 베네수엘라 시장을 떠났다. 베네수엘라 정부는 가격통제정책 등을 따르지 않으면 사업주를 구속시키거나 국유화하고 있다.

가뜩이나 식량난을 겪고 있는 베네수엘라에서 켈로그가 떠나게 되면 사태는 더욱 심각해진다. 지금도 식료품 상점과 슈퍼마켓에는 먹을 것을 구하지 못한 시민들이 새벽부터 줄을 서고 있기 때문이다. 베네수엘라의 살인적인 물가상승률은 지난달 1만8000%에 달했다. 전문가들은 연말에 10만%를 웃돌 것으로 관측했다. 여기에 국민 수백만 명이 식량과 의약품 부족을 겪고 있다. 그런데도 니콜라스 마두로 베네수엘라 대통령은 빈민층 지지를 앞세워 승리가 낙관적이다.

마두로 대통령은 켈로그 공장을 압류해 근로자들이 운영하도록 하겠다는 '초법적인' 대책을 내놨다. 오는 20일 치러지는 조기 대선에서 연임을 노리는 마두로 대통령은 유세에서 "켈로그의 철수는 헌법에 위배되는 행위"라며 "공장을 근로자들에게 넘기는 등 몰수를 위한 법적 절차를 시행할 것"이라고 말했다. 이 같은 방식은 앞서 킴벌리 클라크가 철수할 때도 써먹은 것이다. 킴벌리 클라크의 생산 시설은 모두 베네수엘라 국가소유로 넘어갔으며 현재 이전 생산량의 40%가량을 생산하고 있다.

[매일경제 2018.05.16.]

5.2 법률적 환경

1. 글로벌 경영과 법률적 환경

기업들의 글로벌 경영활동과 관련하여 발생되는 여러 법률적인 문제를 일정 권한을 가지고 해결해 줄 수 있는 국제적인 기관이나 국제상법이 존재하지 않기 때문에 글로벌 경영활동을 수행하는 과정에서 관련 당사자들 간에 법률적인 문제가 발생하는 경우, 이것을 해결하는 데 여러 가지 어려움을 겪게 된다.

국적이 서로 다른 기업들 간에 국제 비즈니스 거래가 이루어질 경우에 어느 국가의 법률이 적용되는지를 판단해야 하는 등 법적 문제들이 빈번히 나타나므로 경영자들은 각국의 법률체계를 이해하고, 이에 적절히 대응해 나가야 한다.

또한 기업이 자국과 전혀 다른 법률적 환경을 가진 현지 투자국에 진출하여 글로벌 경영활동을 수행하는 경우, 그 나라의 법률에 의하여 직접적인 규제를 받게 되기 때문에 현지국에서 사업활동을 성공적으로 수행하기 위해서는 무엇보다도 먼저 현지국의 법률적 환경을 면밀하게 분석하고 이해해야 하는데, 이때 현지국의 법률전문가로부터 조언을 받는 것이 필요하다.

2. 글로벌 경영과 일반 법률적 문제

현지국에 직접투자로 진출할 경우에 글로벌 경영자들은 법률적인 문제를 검토함에 있어서는 우선적으로 현지국의 외국인직접투자법 또는 해외직접투자 관련법을 검토해야 한다. 왜냐하면 이러한 관련법의 검토를 통해 현지국이 외국인투자기업에게 제공하는 권익에 대한 법률적 보장의 형식과 내용을 파악할 수 있기 때문이다.

각 국가별 법제도는 극단적으로 다른 경우도 있기는 하지만, 글로벌 경영자들이 해외자회사 경영관리 활동을 할 때에 자주 공통적으로 직면하는 일반 법률적 문제들은 다음과 같다.

(1) 해외직접투자 관련법: 인허가, 소유권, 과실송금규제, 현지부품 사용요구, 수출의무 등에 관한 법률

(2) 수출입 관련법: 관세, 가격 및 수량규제, 원산지규정, 전략물자 통제 등에 관한 법률

(3) 세법: 법인세, 소득세, 과실송금, 이전가격 등에 관한 법률

(4) 지적재산권: 특허, 브랜드 네임, 상표권, 영업비밀 등의 등록 및 심사, 적용범위, 존속기간 등에 관한 법률

(5) 근로기준법: 종업원의 채용, 해고, 임금, 노동시간, 작업조건 등 근로기준에 관한 법률과 노동조합관련 법률

(6) 공정거래법: 기업인수·합병, 합작투자, 독점규제법, 공정거래 등에 관한 법률

(7) 환경보호법: 대기, 수질 및 해양오염방지, 공해대책, 환경보호시설, 공장폐기물 및 제품 폐기물 등의 환경평가와 환경보호에 관한 법률

(8) 외국환관리법: 외국환거래 규제, 결제방법, 기준환율, 외국환관리기관 등에 관한 법률

(9) 부정부패 방지법: 정치자금, 뇌물공여 등에 관한 법률

(10) 회계법: 재무제표, 회계감사, 감가상각, 환손익 처리 등에 관한 법률

위에서 언급한 법률적 문제점들은 글로벌 경영을 하는 기업들이 주로 직면하게 되는 일반적 사항들이지만 이외에도 각 국가별로 특별히 강조되는 주요 법률적 문제가 존재할 수 있다. 그러므로 기업의 경영자는 반드시 현지 법률전문가의 자문을 받으면서 현지국에서 사업활동을 추진하는 것이 바람직하다.

3. 현지국의 법률체제

현지국의 법률체제는 현지국에 진출하여 글로벌 경영활동을 전개하고자 하는 기업에게 여러 가지 면에서 중대한 영향을 미치므로, 진출하기 전에 현지국의 법률체제를 미리 파악하는 것이 대단히 중요하다. 일반적으로 현지국의 법률체제는 크게 관습법(불문법)과 성문법으로 다

음과 같이 구분할 수 있다.[10)]

1) 관습법과 성문법

(1) 관습법

영국에서 발달하기 시작한 관습법(common law)은 문자로 표현되지 않은 법으로 불문법이라고도 하는데 영국, 미국, 캐나다, 오스트레일리아, 뉴질랜드 등 영어를 국어로 사용하는 국가들이 주로 채택하고 있다. 영국의 식민지였던 국가들에서 관습법의 영향을 발견할 수 있다. 관습법은 오랜 기간 일상생활에서 관행으로 반복적으로 행해지면서 형성된 것으로 전통이나 관습, 이에 대한 법적 판결, 과거의 판결에 대한 법적 판례 등에 기반을 두고 있다. 하지만 불문법 국가들도 관습법으로 규율할 수 없는 사회적 현상이 급증함에 따라 성문법의 비중도 늘어가고 있다.

(2) 성문법

법적 체계를 문자와 문장으로 표현한 것으로 우리나라, 일본 그리고 독일, 프랑스 등 대부분의 유럽 대륙 국가들은 법전을 가지고 있는 성문법(written code of law)을 채택하고 있다. 성문법은 세 가지의 법전인 상법(commercial law), 민법(civil law), 형법(criminal law)으로 분류하는 것이 일반적이다. 그러나 성문법이 변화하는 사회적 현상을 모두 규제하기 어렵기 때문에 관습법이 보완적 기능을 한다.

2) 다른 법률체제 상법들 간의 차이점

(1) 상사분규

관습법 하에서 상사분규는 민사문제 또는 상사문제의 성격을 띤 분규에 적용되는 법에 의해 처리될 수 있다. 그 이유는 관습법이 분규만 취급할 뿐 상사분규를 특별히 인정하지 않기 때문이다. 그렇지만 성문법에서는 비즈니스 활동에 적용하기 위하여 제정한 별도의 법전인 상법이 있으며, 또한 상법은 비즈니스와 관련된 분규가 발생할 때에는 기타 법전에 우선한다.

---

10) 반병길, 국제경영, 박영사, 2000, pp.263~271 참고

(2) 지적재산권

두 법률체제 간의 극단적 차이는 지적재산권과 관련된 법에서 찾아볼 수 있다. 관습법 국가에서 지적재산권은 사용에 의해서 확정된다. 즉 누가 먼저 사용했느냐에 따라서 소유권자가 결정된다. 그러나 성문법 국가에서는 누가 먼저 등록했느냐에 따라서 소유권자가 결정된다.

(3) 계약·합의의 효력

성문법 국가에 따라서는 문서화된 계약·합의 등을 공증하거나 등록을 하지 않고서는 효력이 없고 법 집행도 할 수 없다. 그러나 관습법 국가에서는 문서로든 구두로든 계약·합의 등을 하였다는 증거만 있으면 계약·합의 등을 강제 집행할 수 있다.

(4) 불가항력

미국의 관습법에서는 불가항력(Act of God: 계약당사자들이 예상하지 못하였던 태풍, 지진, 홍수 등에서 비롯되는 재난)에 의한 불상사를 제외하고, 계약 당사자는 어떠한 성격의 것이든 계약의 불이행에 대한 법적 책임을 지게 되어 있다.

그러나 성문법에서는 자연에 의해 발생한 불상사만 포함하는 것이 아니라, 노동자의 파업 및 폭동을 포함한 예상하지 못한 인간의 행동 등으로 인하여 계약을 이행할 수 없는 경우들을 불가항력에 포함시킬 수 있다. 하지만 성문법 국가별 법률에 따라서는, 국제계약 당사자 간의 계약조항에 노동자의 파업·폭동 등을 불가항력으로 명시하지 않으면 불가항력에 포함되지 않을 수 있다.

파업이 불가항력 사유인가

일본의 자동차 제조기업인 니폰모터사에 자동차 부품을 수출하기로 한 계약 중 일부를 노동자들의 임금 인상 파업으로 인하여 불가피하게 적기에 이행할 수 없게 되자, 다급해진 공급업체인 하청회사의 신 사장은 일본 니폰모터사의 5층 회의실에서 문제 해결을 위한 회의를 하고 있습니다.

- 신사장: "지금 파업 중인 노동자들과 임금협상을 위하여 최선을 다하고 있습니다. 조만

간에 협상이 타결될 전망입니다. 그러니까 그 동안의 정을 생각해서라도 두 달간 만 일부 품목에 대한 납기를 연장해 주시기 바랍니다."

- 나모라 부장: "물론 저도 신사장의 입장을 충분히 이해하고, 저도 신사장을 정말로 돕고 싶습니다. 하지만 아시다시피 납기가 지연될 그 품목들이 자동차에 있어 대단히 중요한 핵심 부품이어서 그 부품이 올 때까지 저희는 완성차를 전혀 조립할 수가 없게 됩니다. 따라서 저희는 빨리 다른 공급선을 물색하여야 하며, 귀사에 납기지연과 관련한 손해배상의 청구를 하지 않을 수가 없습니다. 신상, 유감입니다."

- 신사장: "하지만 전에 FAX로도 얘기를 했지만 노사분규는 귀사와 체결한 부품공급계약서 제15조에 정한 불가항력 조항인

[Neither party hereto shall be responsible to the other party for non-performance(either in whole or in part) or delay in performance of any of its obligations under the Agreement, due to war, war-like operations, act of God; epidemics, floods, earthquakes, typhoon and other causes beyond the control of the parties. In case of any such event the time for performance hereunder shall be suspended during the continuance of the event.]에서 [other causes beyond the control of the parties]에 해당한다고 볼 수 있지 않습니까?"

- 나모라 부장: "아닙니다. 신상, 전 전혀 그렇게 생각하지 않습니다. 그게 왜 beyond control입니까? 신사장이 평소에 노동자들에게 잘해주면 그런 일이 왜 생깁니까? 그러니깐 그건 신사장의 control하에 있는 거지요."

그렇습니다. 파업을 포함한 노사분규가 불가항력 사유에 해당되느냐의 여부에 대해서는 아직도 세계적으로 논란이 많은 legal issue중 하나입니다. 그러므로 파업을 불가항력 사유에 포함시키기 위해서 아래와 같이 반드시 계약서 불가항력 규정에 노사분규를 언급하여야 합니다.

즉 ... typhoon, **strike, sabotage, lockout or other labor disputes** and other causes ...

[사례로 배우는 법률여행, 대우법제실, 1997, pp.15-16]

4. 국제계약관련 분규발생과 법적 관할권

국제 비즈니스 계약과 관련된 국제상법과 이를 취급하는 국제상사재판소가 실제로는 존재하지 않는다. 따라서 국적이 서로 다른 거래당사자간에 국제상사분규가 발생했을 때 어느 나라의 법적 관할권 하에 있는 법률을 적용할 것인가에 관한 문제가 생긴다.

국제비즈니스 활동을 수반하는 분규는 항상 일어나므로, 분규당사자들에게는 어느 국가의 법률적 체제 하에서 분규를 해결할 것인가 하는 것은 중요한 문제이다. 개인 또는 기업 간의 분규당사자들은 국제적인 법률분쟁에 대한 법적 관할권을 다음과 같은 기준에 따라 결정하게 된다.[11)]

(1) 계약서에 명시된 법적 관할권 조항 내 지정국가

이것은 법적 관할권을 결정하는 가장 확실하면서도 마찰의 소지가 적은 방법이다. 법적 관할권은 계약당사자간의 합의에 의해 본국, 상대국, 또는 제 3국 등으로 정할 수 있다.

(2) 계약이 체결된 국가

법적 관할권 조항이 명시되어 있지 않거나, 또는 그러한 조항이 효력을 상실한 경우에는 법적 관할권의 적용을 계약이 체결된 장소에 근거하여 결정되는 경우도 있다. 이때는 일반적으로 계약이 체결된 장소의 국가 법률을 적용한다.

(3) 계약조항을 실제로 이행한 국가

법적 관할권이 명시되어 있음에도 불구하고 계약사항이 제대로 이행되지 않은 경우라든지, 계약행위 자체가 양국의 실정법을 벗어난 경우에는 실제 계약사항이 어느 장소에서 이행되었는가에 따라 법적 관할권이 적용되기도 한다.

이상에서 법적 관할권을 결정하는 일반적 기준을 제시하였는데, (1)의 경우가 가장 일반적인 형태이다. 그러므로 한국기업의 입장에서는 계약장소나, 분쟁 또는 논쟁 발생 시의 재판장소를 대한민국으로 한다는 법적 관할권에 관한 조항을 계약서에 다음과 같이 포함시킬 수도 있

---

11) Philip R. Capoeira, *International Marketing*, 7th ed. Irwin, 1990, pp.185-187.

을 것이다.

"The parties hereby agree that the agreement is made in the Republic of Korea and that any dispute or controversy concerning this agreement shall be governed by the law of the Republic of Korea."

5. 국제계약서 작성과 언어선택

오늘날 글로벌 경영활동을 활발히 수행하는 기업들은 수출입계약, 국제계약형태의 다양한 계약, 국제합작투자계약, 국제 전략적 제휴계약 등과 관련하여 계약당사자 간에 국제계약서를 작성하게 된다. 일반적으로 국제계약서는 두 가지 이상의 언어로 작성하는 경우가 많다. 주로 영어와 현지국 언어 또는 당사자국 언어로 작성하게 되는데, 두 가지 이상의 언어로 작성하는 경우에 다른 언어로 번역할 때 오역의 문제가 발생하기도 하고, 언어의 함축된 의미 때문에 계약서의 내용을 해석하는 데 있어서도 상당한 차이가 생길 수 있다.

따라서 어떤 언어로 작성된 계약서가 우선적으로 적용될 것인가를 계약서의 내용에 명확하게 적어 놓는 것이 나중에 발생하게 될지도 모르는 법적 분쟁을 예방할 수 있는 좋은 방법이다. 오늘날 대부분의 국제계약에 있어서 국제비즈니스 언어인 영어로 된 계약서를 우선시 하고 있다.

예를 들면 다음 문구는 국제합작투자계약서 내의 주주총회 관련 조항이다. 이 조항에서 현지국 언어와 영어로 기록된 회의록 내용 간에 상충된 부분이 있으면 영어로 기록된 회의록 내용이 우선시 된다는 내용이 명시되어 있다.

"All general meetings of shareholders shall be conducted in both English and the language of (Foreign country) and all minutes of the general meeting of shareholders shall be prepared in both English and the language of (Foreign country). In the event of any conflict between the English and (Foreign country) language versions of the minutes, the English language version shall prevail."

국제계약서 사례-1

왜 사람들은 물은 가려 마시면서 계약서 문구는 가려 쓰지 않을까

일본의 스그므니社로부터 원자재를 수입하는 어느 기업의 강복창 과장은 다음 달부터 원자재 가격을 20% 인상한다는 스그므니사 FAX를 접수한 후 화들짝 놀라 일본으로 전화를 건다.

· 강복창 과장: 무지막지상 이런 법이 어디 있습니까? 우리와 한마디 상의도 없이 일방적으로 가격을 20%나 올리면 우리는 장사 어떻게 합니까?

· 무지막지: 오우~ 강상! 우리의 가격인상에는 하자가 없으므니다. 왜? 우리는 정당하니까! 우리는 당신들과 가격인상에 대해 충분히 협의하여 당신들과의 계약서 제3조에 근거해서 가격을 인상했으므니다.

· 강복창 과장: 누구하고? 그리고 설사 누구와 협의했다고 해도 쌍방 협의 없이 일방적으로 인상하는 것이 어디 있습니까?

· 무지막지: 어애매 대리와 협의했으므니다.

· 강복창 과장: 어대리! 자네 무지막지한테 원자재가격 올려도 좋다고 했어?

· 어애매 대리: 아뇨, 일주일 전에 무지막지가 전화로 가격인상을 요구하기에 긍정적인 방향으로 검토해 보자고만 했죠.

· 강복창 과장: 자네가 계약서 작성했지. 계약서 가져 와봐.

계약서를 꼼꼼히 살펴보던 강복창 과장은 가격조정에 관한 조항에 다음과 같은 문구를 보는 순간 입에 거품을 물고 까무러친다.

(계약서 문구: Seller may increase the price of the Product upon consultation with Buyer.)

상기 사례에서 Seller와 Buyer간의 분쟁이 왜 발생했을까요? 그것은 계약서상의 애매한 문구가 원인입니다. 어애매 대리는 Seller와 Buyer의 합의하에 가격이 조정되는 것을 의도하고 계약서를 작성했으나 애매한 계약서 문구(upon consultation with Buyer)를 사용하여 분쟁의 씨앗을 남긴 것입니다.

즉 Seller의 입장에서는 상기 문구는 Seller와 Buyer간에 단순한 협의만 있으면 가격을 인상할 수 있다고 해석이 가능합니다. 그럼 상기 문구를 어떻게 고치면 분쟁의 소지를 제거할까요. 간단합니다. 다음과 같이 수정하면 됩니다.

Seller may increase the price of the Product upon Buyer's prior written consent. 또는 Seller may increase the price of Product upon written agreement of the parties.

[사례로 배우는 법률여행, 대우법제실, 1997, pp.90-91]

국제계약서 사례-2

해외 비즈니스 계약 때 이러면 낭패

국내 기업의 해외 비즈니스가 확대되면서 해외기업과의 계약이 늘고 있지만 꼼꼼히 계약서를 검토하지 않아 낭패를 보는 일이 점차 증가하고 있다.

■ 60일 이전에 사전 통보땐 계약해지 조항 넣은 줄도 모르고

중소 수입업체인 K사는 요즘 죽을 맛이다. 국내 독점 총판권을 부여했던 미국의 M사가 돌연 총판권 해지통보를 한 것. 당초 K사는 5년간 독점 총판권을 확보해 커다란 걱정 없이 총판사업에 매달렸었다. 지난 3년 동안 중소기업으로는 버거운 상당액의 자금을 마케팅활동과 서비스 개선에 투입했을 정도였다. 이 회사 한 임원은 "부랴부랴 계약서를 검토해보니 독점 계약기간 5년 이내라도 당사자가 60일 이전에 사전 통보만 하면 계약을 해지할 수 있다는 조항이 들어 있었다"며 "(시장을 키워놓았는데) 계약서를 제대로 검토하지 못해 '죽 쒀서 개 준 꼴'이 됐다"고 토로했다.

■ 서명본 사인 후에도 일부 내용 몰래 고치기도

섬유업체 A사는 중국업체를 너무 믿었다가 피해를 입었다. 이 회사는 중국 측과 최종 합의가 이뤄져 워드파일로 상대방에게 계약서 최종본을 보냈고 서명본이 돌아와 사인한 후 계약을 체결했다. 하지만 실제 거래 도중에 문제가 발생해 분쟁이 일어나자 사정이 달라졌다. 알고 보니 중국 측이 계약내용 일부를 몰래 수정해 계약서를 체결한 것. "계약서가 최종 합의 내용과 많이 달랐지만 이미 속수무책이었다"는 이 회사는 결과적으로 수억 원에 달하는 손해를 고스란히 떠안아야 했다.

■ 무협 집계, 2005년 무역 분쟁 손실액 15兆

무역협회가 지난해 연간 30만 달러 이상 해외거래 실적이 있는 업체 1,002곳을 대상으로 지난 2005년 해외업체와의 거래과정에서 분쟁이 발생한 경우가 전체 거래액의 2.9%로 집계됐다. 2005년 무역액 약 522조원 가운데 15조원에 달하는 거래에서 문제가 발생한 셈이다.

이처럼 분쟁이 늘어나고 있지만 계약서를 작성할 때 대한상사중재원의 중재조항을 계약서에 작성한 기업은 전체의 23.3%에 그쳤다. 상사중재제도의 경우 별도의 비용이 들지 않는데다 재판보다 처리기간이 짧아 거래업체에 유리한데도 교육 및 홍보 부족으로 제대로 활용하는 업체가 4곳 가운데 1곳도 되지 않는 셈이다.

조선족 출신으로 중국 산둥성 최대 로펌인 덕형법무법인의 파트너인 서창영 변호사는"중국에 진출한 한국 기업인들이 계약 체결 시 실수로 피해를 입는 경우가 많다"고 말했다. 그는 ▲기본계약서와 개별계약서의 관계조항 불분명, ▲기본 원칙 무시, ▲책임조건 미지정, ▲위약금 액수를 정하지 않은 손해배상책임 약정 등의 실수를 저지르는 경우가 대표적이라고 지적했다.

■ 납기지연 면책조항 삽입 실수로 보상도 못 받아

실제로 B사의 경우 중국업체와 임가공계약을 체결하면서 납기지연 시에 위약조항과 함께 납기를 지키지 못하더라도 면책한다는 조항을 한꺼번에 넣는 실수를 저질렀다. 이 회사는 제때 납기를 받지 못해도 납품업체의 면책권리가 인정돼 제품은 오지 않고 피해보상을 받지 못해 발을 동동 구르는 일도 겪었다.

법무법인 지성의 노충욱 변호사(미국 변호사)는"국내업체들이 의사소통상의 오해, 계약의 성급한 체결 등으로 여러 어려움을 겪고 있다"고 설명했다. 그는"분쟁이 발생한 기업의 경우 계약 협상 과정에서 사전에 좀 더 세심하게 조율했다면 충분히 피해갈 수 있었던 문제들이 대부분이었다"며"계약조건의 핵심 이슈들을 발견하고 이에 대비해 대책을 마련해야 한다"고 조언했다.

[서울경제 2007. 05. 11]

국제계약서 사례-3

계약서 쉼표 하나에 2백만 달러 날릴 판

계약서 문장 속의 쉼표 하나 때문에 큰 손실을 보게 된 통신회사가 '최후의 수단'을 강구하고 나섰다. 캐나다의 케이블전화 서비스업체인 로저스 커뮤니케이션은 전신주 사용계약서의 문구해석 차이로 인해 213만 달러의 예기치 않은 손해를 보게 됐다고 16일 일간 글로브 앤 메일이 보도했다.

분쟁의 발단은 로저스가 지난 2002년 뉴 브룬스윅 주 전신주 사용권 위탁업체인 알리안트와 맺은 계약. 로저스는 당시 전신주 9만1천개의 케이블 선을 5년간 사용한 뒤 다음 5년간 계약이 자동 연장되는 것으로 이해했다. 그러나 알리안트는 5년 기간이 끝나는 2007년 말 계약을 종료할 것이며 새 계약 때는 3배가량 오른 사용료를 적용하겠다고 통지했다.

알리안트가 이렇게 '배짱 좋게' 나온 것은 계약서 문구를 자신들에게 유리하게 재해석한 때문이었다. 숨겨진 해석이 나온 문장은 "(양사간의 계약은) 합의된 날로부터 5년간, 그리고 그 이후 5년간, 계약종료 1년 전까지 서면통지가 없는 한 유효하다"는 부분이다.

여기서 두 번째 쉼표가 없다면 계약은 2차 5년 계약기간이 끝나기 1년 전까지 서면통지로 해지할 수 있으며 그것이 없는 한 2차 5년이 끝날 때까지 계약은 유효한 것으로 볼 수 있다. 즉 1차 5년 계약은 서면통지로 해지할 수 없는 것이 된다. 그런데 쉼표로 문장이 끊어짐에 따라 서면통지로 인한 계약해지의 조건이 2차 5년 계약만이 아닌 1차 5년 계약에도 적용될 수 있다는 해석이 가능하다는 것이다. 14쪽 분량의 계약서는 미리 작성된 문안으로 전기사업자와 통신사업자 사이에 통용돼온 양식이었다.

새 계약 시 사용료 인상으로 213말 달러의 추가 부담을 지게 된 로저스는 언어학자, 소속 변호사를 동원해 문장해석과 법적 대응책을 다각도로 검토했다. 그러나 유권해석기관인 캐나다방송통신위원회(CRTC)는 최근 "쉼표의 법칙에 근거해서 본다면 1차 5년 기간이 끝난 뒤 계약을 종료할 수 있다"며 알리안트의 손을 들어줬다. 이 분쟁은 법조계에서 '텔레-코마(tele-comma)'란 별칭까지 얻어가며 유명한 연구 사례가 됐다. 캐나다와 미국의 몇몇 로스쿨(법과대학원)에선 법조문 작성 시 유의해야 할 사례로까지 연구되고 있다.

상황이 여의치 않게 되자 로저스는 영어 원문 대신 같은 내용의 프랑스어 계약서를 찾아내 전세 역전에 나섰다. 양사는 영어와 프랑스어 계약서에 각각 서명했다. 프랑스어판 계약서는 표현과 문장부호가 영어와 약간 달라 원래 계약 의도대로 해석할 수 있다고 로저스 변호사들은 주장했다. 켄 잉글하트 로저스 부회장은 "캐나다는 공식적으로 영어-프랑스어 2중 언어 국가이므로 프랑스어판도 영어판과 동등한 효력을 가져야 한다"고 말했다. 그러나 계약서는 영어로 먼저 작성된 뒤 프랑스어로 번역된 것이어서 법적 효력의 우선순위를 둘러싼 또 다른 논란이 예상된다.

[연합뉴스 2006.10.17.]

(참고) 위 계약서의 주요 관련 내용에 관한 영어 원본은 다음과 같다.

This agreement shall be effective from the date it is made and shall continue in force for a period of five (5) years from the date it is made, and thereafter for successive five (5) year term, unless and until terminated by one year prior notice in writing by either party.

6. 글로벌 경영활동과 분쟁해결수단

글로벌 경영활동을 수행하는 과정에서 경영자들은 수출계약, 국제라이선싱과 국제프랜차이징, 턴키계약 등의 국제계약, 국제합작투자계약, 국제 전략적 제휴계약 등 국제상사계약을 체결할 때에 계약서에 첫째, 반드시 계약당사자들의 책임을 명시하고, 둘째, 계약에 따른 책임을 만족스럽게 이행하도록 촉구할 수 있는 법적 청구권을 명시해야 한다. 그런 조항을 계약서에 명시했음에도 불구하고 계약당사자 간에 분쟁이 발생하는 경우, 직접교섭에서부터 소송에 이르기까지 여러 가지 해결방법이 있다.

1) 직접교섭

분쟁당사자들이 서로 협의나 협상 등 직접적인 교섭을 통해 분쟁을 해결하는 방법이다.

2) 조정

분쟁당사자간에 제 3자인 분쟁조정인을 선임하고, 분쟁조정인이 양당사자들의 주장을 절충하는 조정안을 제시하여 서로가 합의함으로써 분쟁을 해결하는 방법이다. 그러나 분쟁당사자가 조정안을 수용하지 않아도 법적 구속력은 없다.

3) 중재

분쟁당사자들이 법원이 아닌 제 3자인 중재인단에게 분쟁해결을 위임하고, 중재판정에 복종함으로서 분쟁을 최종적으로 해결하는 방법이다. 중재는 분쟁해결을 위한 결정이 신속하고, 소요경비도 적으며, 비공개적으로 진행되기 때문에 분쟁당사자인 기업들의 대고객관계에서의 기업이미지 손상을 최소화할 수 있다. 중재의 판정결과는 법원의 확정판결과 동일한 효력을 가진다. 중재는 소송의 단점을 극복할 수 있기 때문에 오늘날 대부분의 국제상사분규는 중재에 의해 해결되고 있다.

세계적인 중재기관으로는 파리에 본부를 둔 국제상업회의소(ICC: International Chamber of Commerce)의 국제중재법원, 런던국제중재법원(LCIA: London Court of International Arbitration), 미국중재협회(AAA: American Arbitration Association), 그리고 아시아에서는 싱가포르국제중재센터(SIAC)와 홍콩국제중재센터(HKIAC)가 있고, 한국에는 대한상사중재원(KCAB)이 있다.

한국기업들의 입장에서는 국제상사계약에 대한상사중재원(KCAB)을 중재기관으로 지정하는 아래와 같은 중재조항을 만드는 것이 유리할 것이다.

"All disputes, controversies or claims which may arise between the parties out of, relating to this Agreement, or with respect to the breach hereof, shall be finally settled by arbitration in accordance with Rules of the Korean Commercial Arbitration Board."

중재사례-1

기업분쟁 해결사 KCAB 국제중재센터…'비대면 K중재' 세계가 주목

국내 유일의 법정 상설 중재기관, 올 들어 국제중재사건 9% 늘어

코로나로 한국의 화상중재 각광

수년 전 한 중동 국가에서 대규모 건설사업을 수주한 국내 A건설사. 이 회사는 다른 국내 업체들에 하도급을 주면서 계약 불이행 시 런던상사중재원(LCIA)에서 분쟁 해결을 한다는 조항을 붙였다가 낭패를 봤다. 발주처(중동 국가)와 계약할 당시 넣었던 조항을 아무 생각 없이 그대로 사용한 게 화근이었다. 국내업체끼리 런던에서 중재 절차를 거치느라 시간과 비용이 적지 않게 들었다. 번역작업과 현지 로펌비용 등이 만만치 않았다.

베트남에 법인을 세운 기업가 B씨는 현지기업들과 계약하면서 분쟁조정 항목에 '준거법(한국법), 중재기관(대한상사중재원), 중재지(서울)'를 명확히 정했다. 코로나19로 현지 업체가 대금을 제대로 지급하지 못하자 베트남 현지 법원이 아니라 국내에서 분쟁조정 절차를 밟고 있다.

소송보다 효율적인 '중재'의 세계

투자자-국가 간 소송(ISD)뿐 아니라 기업 간 무역·투자 등의 계약에서 분쟁이 발생하면 특정 국가 법원에서 소송하는 것 외에 선택할 수 있는 대체분쟁해결제도(ADR) 중 대표적인 것이 중재다.

대법원까지 올라가는 3심제 소송과 달리 중재는 단 한 번의 판정으로 분쟁을 해결할 수 있

어 상대적으로 시간과 비용을 줄일 수 있는 게 최대 장점이다. 당사자가 중재판정부(단독중재인 혹은 3인의 중재판정부) 선임에 참여할 수 있고 중재절차가 소송과 달리 공개되지 않아 기업의 부담이 작다.

적지 않은 국내기업은 그간 분쟁발생 가능성과 분쟁해결의 중요성을 간과해온 측면이 있다. 대한상사중재원 국제중재센터의 권희환 국제협력팀장은 "법원의 판결과 동일한 법률적 효력이 발생하는 동시에 뉴욕협약에 의해 외국법원에서도 중재 결과에 대한 강제 집행 등이 보장된다"며 "더 충실하고 유연하게 당사자의 진술과 참여가 보장되는 중재를 통해 기업 간 분쟁을 해결하려는 수요가 점차 늘고 있다"고 소개했다.

2020년, K중재 도약의 해

1966년 국내 중재법 제정과 함께 설립된 대한상공회의소 부설 국제상사중재위원회는 현재 대한상사중재원(KCAB)의 전신이다. 1980년 사단법인 대한상사중재원으로 확대 개편됐고 이후 중재법 개정, 국내 및 국제 중재규칙의 분리, 중재산업 진흥에 관한 법률 제정(2016년) 등을 거치며 국내 유일한 상설 법정중재기관으로 성장했다. 2018년 4월에는 국제분쟁에 더 전문성을 띤 KCAB 국제중재센터도 설립됐다. 여기에 2013년 설립돼 해외 중재 관계자들에게 중재 심리장소를 제공하던 공익법인인 서울국제중재센터가 합쳐졌다.

지난해 KCAB에 접수된 중재 사건은 1966년 설립 이후 사상 최대인 443건이었다. 이 중 70건이 최소한 한 당사자가 외국 당사자인 국제중재 케이스다. 2018년에 비해 국제중재 사건은 12.9% 증가했다. 지난해 중재사건 규모는 아시아 대표적 중재기관인 싱가포르국제중재센터(SIAC) 다음으로 많은 것이다. 한때 아시아의 중재 허브로 불리던 홍콩국제중재센터(HKIAC)보다도 사건이 많았다. 지난해 청구금액(분쟁금액)은 8억7500만 달러(약 1조원)로 증가했다.

신종 코로나바이러스 감염증(코로나19) 확산으로 올해 전체 중재 접수 건수(10월 16일 기준)는 약 13% 줄었지만 국제중재사건은 동기 대비 9% 늘어났다는 점이다. 임수현 KCAB 국제중재센터 사무총장(변호사)은 "한국은 대륙법 체계를 갖추고 있으면서도 영미법에 능통한 법률가가 많고 지정학적 위치, 중립적 판결 성향, 국가 인지도 등에서 좋은 평가를 받으면서 국제중재 시장에서 빠르게 성장하고 있다"고 강조했다. 임 총장은 "지난해 KCAB 접수 건수뿐만 아니라 분쟁금액이 1000억 원이 넘는 대형 사건도 2018년에 비해 200% 증가했다"고 말했다.

코로나19, 언택트 버추얼 심리

코로나19가 세계를 덮치면서 이동이 자유롭지 않자 국제 중재시장도 새로운 도전과 기회를 맞고 있다. 분쟁 당사자와 중재인(판결을 내리는 판정부), 법률대리인 등이 런던 파리 싱가포르에 모여 하루 8시간 이상, 며칠에서 길게는 1~2주씩 머리를 맞대고 심리를 하던 관행에 변화가 불가피해져서다. 안정적인 인터넷 인프라와 회협단 장비, 정보기술이 뒷받침된 한국의 화상 중재 및 심리가 각광받고 있다.

지난 6월 한국 기업이 베트남 기업을 상대로 제기한 부당이득금 반환청구 분쟁에선 일본인 단독중재인(도쿄)과 한국 기업 대리인(서울 삼성동 무역센터 KCAB 국제중재센터), 베트남 기업 대리인(호찌민)이 화상으로 회의 및 심리를 진행했다. 해외 유수 중재기관도 서울의 시설을 이용해 화상심리를 열겠다고 도움을 요청하는 상황이다.

국제중재인으로 활발히 활동하고 있는 신희택 대한상사중재원 국제중재센터 의장은 "가능할까 싶던 화상중재와 심리가 이동시간 등을 줄여 효율성을 높여주는 동시에 당사자의 표정과 진술을 보고 듣는 데 전혀 부족함이 없어 놀랐다"며 "한국은 IT강국이란 국제적인 명성을 바탕으로 화상심리에 대한 해외의 요청 및 수요가 점차 커지고 있어 새로운 기회를 맞았다"고 강조했다.

[한국경제 2020.10.21.]

중재사례-2

만만찮은 인도네시아 투자…"분쟁 땐 소송보다 중재가 훨씬 유리"

한국 기업들이 세계 4위의 인구 대국 인도네시아(2억6000만 명)를 '포스트 차이나'로 치켜세우며 시장 공략에 박차를 가하고 있다. 현대자동차가 현지 합작법인을 설립해 상용차 시장에 뛰어들었고, 롯데케미칼은 투자 규모가 4조원에 달하는 석유화학단지를 건설 중이다.

하지만 투자가 잇따르면서 분쟁도 늘어나 국내 기업의 법률 리스크가 '발등의 불'이 됐다. 법무부와 대한상사중재원이 지난 18일 인도네시아 수도 자카르타에서 연 법률지원 설명회에서는 현지 법률체제 대응 방안이 집중적으로 소개됐다.

외국기업이 인도네시아에 회사를 세우려면 납입 자본금으로 100억 루피아(약 7억4500만원) 이상을 투자해야 한다. 현지 로펌 PAK의 김민수 변호사는 "과거엔 명시적 규정에 불과했지만 요즘 정부가 엄격하게 단속하고 있다"고 전했다. 외국인 투자 규제에도 변화가 예상된다. 인도네시아 코참 수석부회장인 이강현 삼성전자 전무는 "갑자기 생기는 규제가 많아져 대응이 어려워지고 있다"며 "외국인 투자허용비율(현재 지분율 67~100%)도 바뀔 조짐"이라고 말했다.

국내기업들은 노무와 계약 부문에서 각별히 주의해야 한다. 인도네시아에서는 노무 담당 임원에 한국인을 앉히거나 현지에 거주하지 않은 한국인을 임원으로 임명하는 게 모두 불법이다. 공장 근로자를 계약직으로만 뽑는 것도 허용되지 않는다.

인도네시아 법원은 친필 서명이 들어간 계약서 원본만 증거로 인정해준다는 점도 유의해야 할 부분이다. 기업끼리 이메일 등으로 주고받은 합의는 무효가 될 수 있다. 한국에서 체결한 인도네시아 기업 주식매매 계약 등도 종이로 된 계약서가 없으면 재판에서 불이익을 받을 가능성이 있다. 차지훈 법무법인 화우 변호사는 "인도네시아 법원은 한국 법원의 판결을 인정하지 않는다."며 "현지에서 강제 집행이 가능하도록 하기 위해서는 소송 대신 중재를 택해야 한다."고 설명했다.

이호원 대한상사중재원장(사법연수원 7기)은 "동남아시아 국가들의 법원은 자국 우대 성향이 강하고 절차가 복잡하다"며 "이럴 때는 국제 중재가 해법이 될 수 있다"고 조언했다. 판사 역할을 하는 중재인을 직접 선정할 수 있는데 비용이 상대적으로 저렴하고 일반적으로 1년 안에 현지 법원 판결과 동일한 효과를 낼 수 있다는 점에서다. 오현석 대한상사중재원 기획관리본부장도 "동남아 국가에선 기업 간 소송에서 1심 선고만 10년 이상 걸린 사례도 많다"며 "법조계가 투명하지 못해 외국 투자회사들이 소송보다 중재를 선호하는 편"이라고 말했다.

법무부는 이날 행사에서 해외 진출 중소기업을 위한 정부의 무료 법률자문단 운영 성과를 소개했다. 법률자문단의 연간 자문 건수는 2012년 21건에서 2015년 231건, 올 들어 이달까지

300건을 넘는 등 급증하는 추세다.

[한국경제 2018.10.23]

4) 소송

국제상사분규를 해결하는 가장 공식적이고 집행력이 있는 법적인 수단은 소송이다. 양 당사자 간의 분쟁을 관할법원의 재판을 통해서 해결하는 방법이다. 따라서 분쟁당사자들은 계약서에 명시된 조항에 의거하여 판결을 내리게 될 관할법원을 정한다.

그러나 글로벌 경영자들은 국제상사분규를 소송보다는 가급적이면 직접교섭이나 조정, 중재로 해결하는 것이 바람직하다. 그 이유는 첫째, 소송은 시간과 비용이 많이 소요되며, 둘째, 소송이 진행 중인 기업은 지나친 노출로 대고객이미지 악화 및 현지국내에 좋지 못한 이미지를 형성할 가능성이 높다. 셋째, 소송은 양 당사자가 원격지에 위치하고 있어 법정에서 승소했더라도 손해배상을 받기가 쉽지 않고, 막대한 비용이 들었다면 실속 없는 승리가 될 수 있다. 넷째, 외국법정에서 재판을 할 경우, 민족주의적 입장에서 자국민에게 유리한 판결의 위험성이 높아 판결에 차별대우를 받을 가능성도 있다. 더구나 국제법 및 국제사건처리에 익숙하지 못한 나라의 법원이 담당할 경우 잘못된 판정의 위험도 상당히 크다.

우리나라는 서울 민사지방법원에 국제상사 전담재판부가 설치되어 운영되고 있다. 늘어나는 국제간 소송에 효과적으로 대처하기 위하여 설치된 국제상사전담 재판부는 국제상거래에서 발생하는 수출입, 국제계약, 해외직접투자, 국제 해상운송과 보험, 증권, 특허 등에 관련된 분쟁을 처리하고 있다.

소송 예방방법

계약서 잘 쓰면 기업 수호천사, 못쓰면 국제 호구
"누군가의 이해관계나 이익을 대변하지 않는 계약서 조항은 없다"

국제 무역거래에서 계약 체결과 계약서 작성은 필수다. 계약서는 특정한 상황이 발생할 경우 대처 방향 등을 사전에 합의하는 것인 만큼, 구체적이고 실현가능한 내용으로 작성해야한다. 특히 국제분쟁 발생 시 소송비용은 큰 부담으로 작용할 수 있어, 계약서 검토단계부터 전문가와의 상의가 필수라는 조언이 뒤따른다.

강두웅 국제변호사는 한국무역협회가 28일 주최한 '중소기업의 특허전략 수립 및 분쟁대응 지원 설명회'에서 '분쟁을 예방하는 무역계약 전략 및 수출입계약서 작성' 강의를 통해 "국제 무역거래에서 계약은 철저한 이해관계로 이뤄진다. 계약서를 잘 쓰면 기업의 수호천사가 되지만, 잘못 쓰면 글로벌 호구로 전락하는 길이 되기도 한다."며 주의를 당부했다.

무역계약서는 'contract', 'agreement' 등의 제목으로 작성된다. 법적 구속력을 가질 뿐만 아니라 향후 분쟁발생 시 증거자료가 될 수 있고, 계약실행 매뉴얼 혹은 분쟁해결의 가이드라인이 되기도 한다. 강 변호사는 양 당사자 간 주고받은 문서에 법적으로 구속력이 있는 내용을 담았다면, 문서의 제목과 상관없이 계약서가 될 수 있다고 말했다.

정확한 계약서 작성, 가장 확실하고 저렴한 분쟁 예방법

국제소송에 휩싸일 경우 많게는 억대 소송비용이 들어갈 수 있다. 이 같은 분쟁을 막을 수 있는 가장 확실한 방법은 계약서를 제대로 작성하는 것이다. 강 변호사는 한국인들은 계약서를 중요하게 생각하지 않고, 상대방이 제시한 계약서를 제대로 검토하지도 않는 경우가 많다고 했다. 계약서에 독소조항이 포함되지는 않았는지, 자신의 기업에 유리하게 계약할 수 있는 방법이 무엇인지 등을 반드시 전문가의 조언에 따라 확인할 필요가 있다는 조언을 덧붙였다.

계약서 검토 과정에서 단순히 한국어로 번역만 하는 것이 아니라, 계약서에 담긴 법적 구속사항 등을 검토하는 일이 무엇보다 중요하다.

◇ 계약당사자의 의도파악

계약서의 내용이 당사자가 의도하는 바대로 일치돼야하기 때문에, 해당 사업 또는 거래내용과 계약의 배경이 되는 상황을 충분히 이해해야한다.

◇ 장래 발생 가능한 문제점 검토

장래 발생할 수도 있는 법적인 문제점을 충분히 검토해 분쟁예방에 유용한 계약서를 작성해야한다.

◇ 관련 문서내용 반영 여부 확인

계약서의 검토에 앞서 당사자 간에 서로 교환했던 Letter of Intent(의향서)나 각서 등이 있을 경우, 이러한 기존 문서의 내용이 빠짐없이 반영되었는지 확인해야한다,

◇ 계약서 초안 작성 시 확인사항

▲ 계약내용이 합법적이고 법적 구속력을 가지고 있는가 ▲ 계약기간 및 계약갱신 절차는 유효한가 ▲ 계약해지 사유 및 절차와 해지 후의 권리는 적절한가 ▲ 준거법과 분쟁처리 절차에 관한 조항은 적절한가 등이다.

◇ 계약서 작성이 마무리 됐다면

▲ 계약의 이행에 관련된 세금 및 기타 비용의 부담관계는 명확한가 ▲ 계약서의 내용이 논리적이고 일관성이 있는가 ▲ 사용하고 있는 용어가 통일성을 가지고 있는가 ▲ 문장은 간결하고 명료하며 쉽게 작성됐는가 ▲ 계약서의 내용이 해당국가의 법규에 위배되지는 않는가 등을 재확인하고, 계약에 관한 구체적인 분쟁해결 방안 명시 여부를 확인해야 한다.

상대방 '흑심' 파악하고 자사에 유리한 내용 넣는 게 핵심

계약서는 특정한 상황이 발생할 경우 대처 방향을 사전에 합의하는 것이기 때문에, 계약서의 내용은 구체적이고 자세할수록 좋다. '자세한 내용은 추후 협의' 등과 같은 내용의 계약서는 절대 금물이다. 계약서가 구체적인 실행 매뉴얼이 되는 만큼 구체적으로 내용을 기술하고, 각 조항 간 충돌이 없도록 살펴야하며 실현가능한 조항을 담는 것이 중요하다.

강 변호사는 계약서 검토의 핵심은 상대방의 흑심을 파악하고 자신에게 유리한 내용이 들어가도록 하는 것이라고 말했다. 특히 부대조항이 있는 경우 간과하고 넘어가는 경우가 많은

데, 강 변호사에 따르면 실제로 한 무역거래 계약서에는 '제가 지금까지 한 말은 거짓말일 수도 있음을 유의하시고, 계약체결하시기 바랍니다'라는 부대조항이 들어간 경우도 있었다고 했다. 강두웅 국제변호사는 "계약서의 어떠한 조항도 누군가의 이해관계나 이익을 대변하지 않는 것은 없다"며, 신중한 계약 체결 및 계약서 작성을 강조했다.

[중기이코노미 2019.08.29.]

소송

서울반도체, 美 오닉스 엔터프라이즈에 '와이캅' 특허 침해 소송

서울반도체는 패키징이 필요 없는 '와이캅(WICOP)' 특허기술을 보호하고자 미국 뉴저지 소재 자동차 부품 유통사인 오닉스 엔터프라이즈를 상대로 미국 뉴저지 연방 법원에 특허침해 소송을 제기했다고 19일 밝혔다.

서울반도체는 소장을 통해 '카아이디'에서 판매하는 차량용 LED 제품들이 서울반도체 및 서울바이오시스가 공동 개발한 와이캅 기술 관련 총 12개의 특허기술을 침해했다고 명시했다.

와이캅 특허기술은 리드프레임, 골드와이어 또는 기판 등의 부품을 장착하지 않고 일반 인쇄회로기판(PCB) 조립라인에서 패키지 공정없이 LED 칩(Chip)을 납, 주석 등만을 이용해 일반 전자부품과 같이 기판에 실장하도록 설계된 세계 최초 선도 기술이다. 와이캅은 열전도율이 우수하고 경박단소한 렌즈 구성에 용이해 차량용 주간 주행등(DRL)과 헤드램프에 빠른 속도로 확대 적용되고 있다. 차량용 조명뿐만 아니라 고휘도 TV 및 휴대폰용 LCD 백라이트, 스마트폰 카메라용 플래시, 고출력 일반 조명 등에 폭넓게 적용되고 있다.

지난해 미국텍사스법원은 와이캅 기술을 도용한 필립스 TV제품에 대해 영구판매금지명령을 내린 바 있으며, 같은 해 6월 미국 내 또 다른 필립스 TV유통사인 더 팩토리 디포를 상대로 미국 캘리포니아 중부지방법원에 특허침해 소송을 제기한 바 있다.

서울반도체 특허팀 관계자는 "회사의 와이캅 특허기술을 도용해 일반 반도체에서 사용하는 명칭인 칩스케일패키지(CSP)로 위장하는 부도덕한 기업들에게 경고의 메시지를 보내기 위해 자동차 헤드램프 관련 소송을 제기하게 됐다"며 "어려운 중소, 중견 기업이 글로벌 기업들과 공정한 경쟁을 통해 성장하기 위해서는 지적재산권을 존중하는 문화가 정착돼야 할 것"이라고 말했다.

오닉스 엔터프라이즈는 미국 최대 온라인 자동차 부품 판매점인 '카아이디(CARiD)'를 운영하는 회사로 전조등, 미등, 안개등 등 차량용 조명에 탑재되는 다양한 LED 부품을 판매하고 있다.

[파이낸셜뉴스 2020년 05월 19일]

참고문헌

강태구, 국제경영, 박영사, 2012.
반병길, 국제경영, 박영사, 2000.

Bartlett, Christopher A., Sumantra Ghoshal and Paul W. Beamish, *Transnational Management: Text, Cases & Readings in Cross-Border Management*, 5ed., McGraw-Hill, 2007.

Cateora, Philip R., *International Marketing*, 7th ed., Irwin, 1990.

Czinkota, Michael R., Ilkka A. Ronkainen and Michael H. Moffett, *Fundamentals of International Business*, 1st/Asia-Pacific ed., John Wiley & Sons, 2009.

Daniels, John D., Lee H. Radebaugh and Daniel P. Sullivan, *International Business: Environments and Operations*, 11th ed., Prentice Hall, 2005.

Hill, Charles W. L., *International Business: Competing in Global Marketplace*, 7ed., McGraw-Hill, 2008.

Root, F. R., *Entry Strategies for International Markets*, Lexington Books, 1987.

Rummel, R. J. and D. A. Heenan, "How Multinationals Analyse Political Risk," *Harvard Business Review*, Jan/Feb. 1978.

Wild, John J., Kenneth L. Wild and Jerry C. Y. Han, *International Business*, 3ed., Prentice-Hall, 2005.

GLOBAL BUSINESS

제3부

기업의 해외시장 진출전략

기업의 해외시장 진출전략은 수출, 국제계약형태, 해외직접투자의 세 유형으로 크게 나눌 수 있다. 수출은 가장 단순한 형태의 해외시장 진출방식이며, 국제계약은 여러 형태의 계약에 의한 진출방식이고, 해외직접투자는 투자기업이 경영에 직접 참여할 목적으로 자본, 기술, 상표 등의 경영자원을 해외자회사에 이전시키는 방식이라 할 수 있다.

기업의 해외시장 진출전략을 다음과 같이 정리해 볼 수 있다.

기업의 해외시장 진출전략

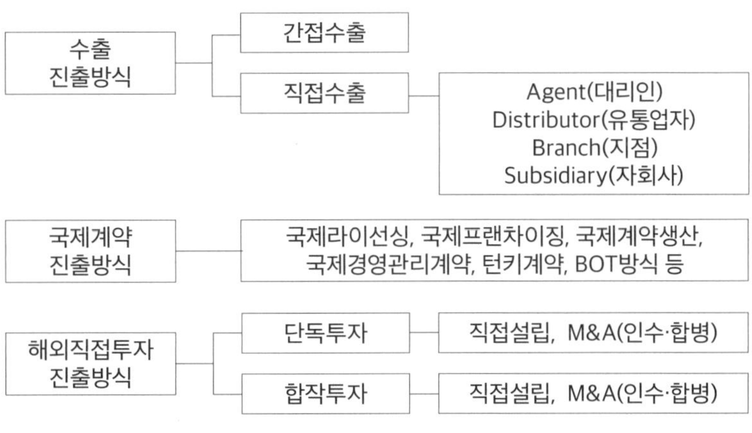

제6장

수출

기업의 해외시장 진출전략 중에서 수출은 가장 기본적인 방법이다. 수출은 일반적으로 국제화 초기단계에 있는 기업이 해외직접투자를 통하여 해외사업 활동영역을 넓히기 이전 단계에서의 글로벌 경영활동이지만, 많은 해외사업경험을 축적한 후에도 해외시장 진입전략으로 여전히 많이 사용된다. 수출의 의의와 동기, 수출방식, 수출대금을 지불하는 방식, 수출입거래에서 상대기업의 신용을 조사하는 방법에 대하여 살펴본다.

6.1 수출의 개념 및 동기

1. 수출의 개념

수출 (exporting)은 기업이 자기 나라에서 생산된 제품을 외국에 판매하는 가장 기본적인 글로벌 경영활동이며, 경영위험을 크게 부담하지 않으면서 국제사업 활동을 수행하고자 하는 경우에 주로 활용되는 방식이다. 해외시장에 처음 진출하는 기업은 상대적으로 적은 자원투입으로 판매이익을 추구하면서 해외시장에 대한 경험을 축적할 기회를 가지게 된다.

수출을 통해 기업은 해외시장에 대한 지식을 습득함과 동시에 자사의 경쟁 능력을 시험해 볼 수 있는 기회를 갖게 된다. 즉 해외시장에 대한 학습경험으로서의 수출은 보다 더 높은 수준의 글로벌 경영활동을 전개하기 위한 사전 준비단계의 역할을 하게 되는 것이다.

이러한 수출전략은 해외직접투자전략과 함께 기업의 기본전략으로 활용이 가능하다. 예를 들면, 완제품에 대한 수입 장벽이 높은 국가의 경우에는 해외직접투자로 생산시설을 구축한 뒤에, 모기업에서 그 국가의 해외자회사로 원자재, 부품 등을 수출하고, 그 해외자회사에서 완제품을 생산하여 판매함으로서 완제품 수출보다 오히려 수출 총액이 늘어날 수도 있다.

2. 수출의 주요 동기

1) 과잉 생산제품 처분

국내시장이 포화상태가 되어 과잉 생산된 제품을 처분하고 유휴 생산시설을 활용하고자 수출을 하게 된다.

2) 대량생산을 통한 규모의 경제

국내시장이 협소하여 내수만을 위한 생산규모로는 규모의 경제가 발생할 수 없기 때문에 수출을 통해 해외시장으로 진출하게 된다. 특히 고정투자의 비중이 높은 산업인 전자, 철강, 석유, 화학업종 등의 경우에 대량생산으로 간접비의 흡수를 통한 원가절감효과를 기대할 수 있다.

3) 이익창출 기회

국내 판매보다 수출을 통해 더 많은 이익이 가능하거나, 경쟁조건 등의 측면에서 해외시장이 국내시장 보다 유리한 경우에 수출을 통해 이익을 창출할 기회를 가진다.

4) 경영위험 분산

기업들은 리스크를 크게 부담하지 않으면서 새로운 시장으로 진입하는 하나의 수단으로 수출을 한다. 수출을 하면서 판매시장을 다변화 하게 되면 국내시장이 불황이 되는 경우에 초래될 수 있는 경영위험을 분산시킬 수 있다.

5) 시장잠재력 시험수단

특정 해외시장국으로 본격적인 수출을 하기 전이나, 해외직접투자를 하기 전에 먼저 소규모 수출을 통해 자사 제품에 대한 시장잠재력을 시험하는 수단으로 활용된다.

6) 기업 내 무역의 수단

오늘날 대부분의 다국적기업들이 원자재조달, 부품생산 및 조달, 완제품 조립 등을 세계 각국에 분산하여 수행하고 있다. 따라서 본사와 해외자회사간, 해외자회사와 해외자회사간에 원자재나 부품, 제품 등의 수출을 통한 기업 내 무역이 활발하게 이루어지고 있다. 즉 해외직접투자의 증가로 기업 내 무역이 전 세계 무역량의 상당한 부분을 차지하고 있다.

기업 내 무역

수송기계·전기제품 직수출, 대미 기업 내 수출비중 높아

수송기계·전기제품 직수출로 대미기업 내 수출비중 높아졌지만 최근 5년간 국내기업의 美 현지법인간 수출비중은 직접투자 증가세 둔화로 하락했다. 최근 5년간 미국에 진출한 국내기업들과 미국 현지법인(본사와 자회사)간 수출비중이 4.4%p 감소한 것으로 나타났다. 세계경제가 글로벌화 되면서 다국적기업 간 무역은 물론, 모기업과 현지법인 간 기업 내 무역 규모가 확대되고 있는데 이와는 엇박자를 내고 있는 것.

한국무역협회 국제무역연구원이 발간한 '2013년 미국의 기업 내 무역현황 및 시사점' 보고서에 따르면 미국의 한국 전체 수입 중 '기업 간 거래' 비중은 59.5%로 집계됐다. 미국의 기업 내 수입액 국가 순위로는 6위다. 이는 미국의 전체 수입 중 해외거래처와 지분관계가 있는 기업들의 거래비중 평균치 50.1%를 웃도는 수치다. 하지만 한국만 따로 떼어놓고 보면 2009년 63.9%(5위), 2010년 61.1%(5위), 2011년 60.2%(5위), 2012년 58.5%(6위)로 꾸준히 감소했다. 특히 독일과 아일랜드, 캐나다 등 주요국들의 대미(對美) 기업 내 수출비중이 상승한 것과는 상반된다.

한국의 대미 기업 내 수출비중이 감소한 것은 미국에 대한 직접투자 증가세가 둔화됐기 때문으로 분석된다. 직접투자 금액은 2000~2008년 연평균 증가율 15.4%에서 2009~2013년 2.1%로 크게 하락했다. 이에 반해 일본, 캐나다 등은 같은 기간 7.4%p, 11.7%p의 증가율을 보였다.

이와 관련 무협은 2009년부터 대미 신규투자는 둔화되고 기존투자는 현지화가 진행됐다고 밝혔다. 무협 관계자는 "물류비용 절감, 마케팅 및 연구·개발(R&D) 효과 제고 등을 위해 우리나라 현지법인의 미국 내 현지구매가 증가했다"며 "이에 따라 본국 의존도가 전반적으로 낮아지는 추세를 보였다"고 설명했다.

그러나 수송기계, 컴퓨터, 전기제품 등은 제품특성상 현지판매법인에 직수출되고 현지에서 딜러망을 통해 유통돼 2013년 한국의 대미 기업 내 수출비중이 각 74.2%, 69.1%로 높게 나타났다. 무협은 현지 시장확보와 선진국 기술협력 채널구축, 경쟁국 해외진출에 대한 대응을 위해서는 해외직접투자와 기업 내 무역의 동반확대가 필요하다고 조언한다.

강내영 무협 연구원은 "한국기업에 대한 외국자본 유치, 외국기업에 대한 자본 참여 확대, 주요국 다국적 기업들과의 업무제휴를 통한 공급망 연계 등 장기적으로 수출 기반을 조성하기 위한 글로벌 경영전략이 요구된다"고 말했다.

[산업일보 2015.03.12.]

6.2 수출 방식

수출 방식은 기업이 수출과 관련된 업무에 직접 관여하는가의 여부에 따라 간접수출과 직접수출로 구분할 수 있다.

1. 간접수출 (indirect exporting)

기업이 수출에 직접 참여하지 않고 종합무역상사, 수출대행업자(흔히 오퍼상이라고 함), 한국방문 외국인 바이어 등을 통하여 제품을 해외에 판매하는 방법이다. 기업들은 해외시장 진출의 초기에는 간접수출방식으로 수출을 하다가 점차 해외사업의 운영에 자신감을 갖게 되면 직접수출방식으로 전환하는 것이 일반적 경향이다.

간접수출에서는 수출대행기업의 해외 판매망을 이용할 수 있고, 수출시장에서 쉽게 철수할 수 있다는 장점이 있다. 그러나 모든 해외 판매활동을 수출대행기업이 대신하기 때문에 제조업체가 해외 판매에 대한 자체 노하우를 축적할 수 없다. 또한 수출대행기업이 해외시장개척, 제품기획, 제품판매 등을 담당하게 되므로 제조업체는 자신의 제품이 해외에서 어떻게 팔리는지도 알 수가 없고, 자사제품의 브랜드를 알릴 기회도 없다는 단점을 갖고 있다. 1970년대 초까지 우리나라 기업들은 간접수출에 많이 의존하였지만, 현재는 해외시장경험이 부족하거나 직접수출의 여건이 충족되어 있지 않은 일부 중소기업들이 주로 이용하고 있다.

종합상사를 통한 간접수출 사례

포스코인터내셔널, 중소기업 손잡고 독일 車부품시장 개척

포스코인터내셔널이 그룹 경영이념인 '기업시민'을 실천하며 협력사와 동반성장에 속도를 내고 있다. 포스코인터내셔널은 국내 자동차부품 강소기업 에스앤에스와 독일 폭스바겐에 자동차부품 공급에 나선다고 19일 밝혔다.

에스앤에스는 변속기에 들어가는 단조 가공품과 전기차에 사용되는 베어링 부품을 전문적으로 생산하는 국내 강소부품기업이다. 에스엔에스는 완성차 제조사들로부터 기술력을 인정받고 있었으나 수주 과정에서 고객사 정보, 파이낸싱 및 현지화 등 제조사들의 요청 사항 수행에 현실적 어려움을 겪고 있었다. 현재 제너럴모터스(GM)와 피아트크라이슬러(FCA) 등 세계 완성차 제조사로 수출하는 물량의 대부분을 포스코인터내셔널을 통해 판매하고 있다.

이번에 판매하는 부품은 인덱싱 휠로 플러그인 하이브리드 차량(PHEV)의 변속기 부품이다. 폭스바겐 '골프 GTE'와 아우디 'A3 E-트론'에 사용될 예정이며 판매물량은 연간 13만개 수준이다.

포스코인터내셔널은 지난해 폭스바겐과의 부품 공급계약 체결 이후 에스앤에스와 함께 약 1년에 걸쳐 고객사가 요구하는 사양에 맞는 부품을 공동 개발했다. 포스코인터내셔널은 해외 네트워크를 통해 고객사의 수요 및 프로세스에 대한 정보를 제공하고, 완성차 제조사의 현지 후처리 공정구축을 위해 독일 현지 부지를 임대해 공정이 진행될 수 있도록 협업했다.

포스코인터내셔널은 국내 강소기업과의 동반 진출, 협력 사례를 계속해서 만들어가고 있다. 미국 미시간 주 폰티악에 보유한 물류기지 일부를 지원해 에스앤에스 엠텍의 후처리 공정 및 청정도 검사실도 구축하게 했다. 폰티악 부지 내에 다른 부품사인 동진모타공업의 시험동도 구축토록 했다.

포스코인터내셔널 관계자는 "국내 강소 부품사와 종합상사가 단순히 생산과 판매의 협력을 넘어 현지에서 바이어의 요구를 함께 대응하고 판매망을 강화하며 동반성장하는 기업시민 이념을 실현하고 있다"면서 "앞으로도 회사만의 강점을 살려 국내 강소기업들의 해외진출을 적극 지원하고 상생하는 역할을 수행할 계획"이라고 말했다.

[국민일보 2020.02.19.]

2. 직접수출 (direct exporting)

제조업체가 수출관련 업무를 직접 수행하는 형태이다. 직접수출은 크게 두 가지 경로에 의해서 이루어진다.

첫 번째는 현지 판매대리인(agent)이나 현지 유통업자(distributor)를 활용하는 방법이다. 현지 판매대리인이란 특정 현지국 시장에서 현지 고객으로부터 주문을 받아서 수출업체의 제품을 이들에게 판매되도록 연결해 주는 독립적인 중개상이다. 현지 판매대리인은 근본적으로 세일즈맨에 불과하며 이들은 판매에 대한 일정액의 수수료를 받는다. 반면에 현지 유통업자는 수출업체로부터 제품을 실제로 구입해서 일정 마진을 더한 가격으로 현지 중간상인이나 최종 소비자에게 직접 판매를 한다.

두 번째는 제조업체가 해외 판매지점(branch)이나 판매법인(subsidiary)을 설립하여 운영하는 방법이다. 제조기업이 현지 유통업자나 판매대리인에게 의존하지 않고 현지국에 판매지점이나 판매법인을 직접 설립하여 독자적인 판매 및 마케팅 전담조직을 운영하는 것이다.

직접수출은 직접 거래를 통해 신속·정확한 시장정보를 수집할 수 있고, 현지 마케팅계획(가격, 유통, 제품, 촉진)의 수립을 통해 장기적인 시장개척 및 구축의 기회를 확보할 수 있다는 장점이 있다. 반면에 직접수출을 위해서는 수출업무관리(수출절차, 선적서류, 수출결제 등)에 필요한 수출전문가의 육성, 해외 판매지점이나 판매자회사의 설립 및 운영 등에 따른 많은 비용이 수반된다.

직접수출-현지유통업자 활용사례

풀무원, 김치업체 최초로 미국 월마트 입점

풀무원이 글로벌 유통사 미국 월마트와 손잡고 미국 내 5000개 매장에서 김치판매를 시작한다. 입점 매장은 월마트 3900개 매장과 퍼블릭스 1100개 매장이다. 국내 김치제조사의 월마트 입점은 이번이 처음이다. 미국 교민시장이 아닌 미국 현지인들을 겨냥한 김치 판매는 이례적인 일로, 높은 진입 장벽을 뛰어넘은 것으로 평가된다.

풀무원은 월마트에 입점하기 위해 2년 간 공을 들였다. 월마트의 입점 심사는 까다롭기로 유명하다. 월마트는 사전 심사에서 ▲미국 전 지역 커버 가능한 유통망 ▲한국에서 만든 본토 김치라는 점 ▲미국인에게 민감한 김치 냄새 해결 ▲32년째 김치박물관을 운영한 전통과 진정성 등을 높게 평가한 것으로 전해졌다.

풀무원은 김치의 미국 전역 유통을 위해 물류망부터 확보했다. 1991년 미국에 진출해 교민시장을 대상으로 두부를 제조 판매하면서 물류 유통망을 구축했다. 풀무원은 2016년 미국 두부 1위 브랜드 나소야를 인수, 미국 전 지역을 커버하며 연간 4000억 이상의 매출을 올렸다.

미국 내 김치 섭취 확산도 이번 미국 진출의 발판이 됐다. 특히 미국에서는 '한국산' 김치에 대한 선호도가 높은데, 풀무원의 김치는 미국이 아닌 한국서 제조한다는데 월마트는 높은 점수를 줬다고 풀무원 측은 전했다.

풀무원은 전북 익산에 글로벌김치공장을 지난 5월 준공하고 이곳에서 수출용 김치를 제조하고 있다. 현지에서 재배되는 배추와 무로는 제대로 된 김치 맛을 낼 수 없다고 판단했기 때문이다. 풀무원은 우장춘 박사가 개량한 품종을 사용하고 전통 발효 방식으로 김치를 만든다.

글로벌김치공장은 풀무원 김치 수출의 전초기지로 IoT(사물인터넷) 등 최첨단 기술을 도입한 '스마트팩토리'다. 재료 입고부터 포장, 배송까지 모든 과정을 자동화했다. 전 제조과정에

IoT 센서와 IP카메라를 설치해 온도, 습도, 염도 및 제조 현장을 실시간으로 모니터링해 균일한 맛의 김치를 생산할 수 있다.

풀무원은 미국인들이 김치를 즐기지만 냄새에는 거부감을 갖고 있다는 점 역시 풀무원이 국내 제조공장을 택한 이유다. 풀무원은 국내에서 김치를 만들어 미국까지 배송 유통하는 과정에서 온도를 추적관리해 과발효를 예방했다. 또 젓갈을 빼 냄새걱정도 없앴다.

익산 글로벌김치공장에서 제조한 김치는 약 30일 후에 미국 길로이 풀무원USA 김치물류창고에 도착한다. 익산에서 길로이까지 거리는 지도상으로 9257㎞다. 풀무원은 제조에서 배송, 유통까지 전 과정에 '김장독쿨링시스템'을 적용해 김치유산균이 살아있는 아삭하고 신선한 김치를 미국 소비자에게 공급한다.

미국에 수출하는 풀무원 김치는 '나소야' 브랜드를 달고 판매한다. 품목은 썰은 김치 매운 맛, 썰은 김치 순한 맛, 깍두기 순한 맛, 백김치 등 총 4종이다. 이준화 풀무원식품 카테고리 매니저는 "지난 2013년 미국 건강전문지 헬스(Health)가 김치를 세계 5대 건강식품으로 선정한 후 김치가 미국인의 주목을 끌기 시작했다"며 "이후 미국인들은 김치를 프로바이오틱스 유산균과 같은 건강식품으로 여기고 있다"고 전했다.

이어 "BTS 등 한류 열풍은 미국 밀레니얼 세대까지 한식에 대한 허들을 낮춰주고 있다"면서 "미국 내 비건식품 시장 성장도 김치 판매의 호재로 작용하고 있는 만큼 미국 시장 확대에 더욱 박차를 가할 것"이라고 덧붙였다.

[뉴시스 2019.06.27.]

직접수출-해외판매법인 설립운영 사례

세아베스틸, 인도 판매법인 설립…"현대·기아차 수요 대응"

특수강 제조업체인 세아베스틸이 인도에 판매법인을 설립, 세계 3위 자동차 판매시장인 인도 시장을 공략한다. 특히 현대·기아자동차 등 국내 완성차 기업이 인도에 진출한 상태라 이들의 수요를 겨냥해 시장 선점에 나선다. 25일 업계에 따르면 세아베스틸은 기존 인도 영업소에 더해 판매법인 설립을 추진한다. 법인명은 '세아 글로벌 인디아(SeAH Global India)'로 잠정 결정했다.

세아베스틸은 인도법인 설립 후 세아베스틸, 세아창원특수강 등 주력 계열사들의 주력 제품을 판매할 예정이다. 품목은 특수강, 합금강, STS 제품 등이다. 세아베스틸이 인도에 판매법인을 설립하는 건 현대제철의 특수강 시장진입으로 낮아진 국내 점유율을 해외시장에서 만회한다는 전략에서다. 특수강은 자동차, 건설/산업기계, 에너지 부분의 주요 소재로 사용되는 철강재다. 실제 현대제철의 시장진입으로 세아베스틸 매출 대비 35%에 달했던 자동차용 특수강 매출은 작년 20% 초반으로 떨어졌다.

그동안 세아베스틸은 내수시장에서 벗어나 해외시장을 새로운 거점을 기반으로 전략적으로 수출 확대정책을 펼쳐왔다. 수출비중은 2013년 13.7%에서 2019년 22%로 10%p 가까이 확대 됐다. 올해는 25% 수준까지 끌어올린다는 목표다.

특히 세아베스틸은 국내 자동차용 특수강 분야의 독점적 공급자로서 현대기아차 등과 발을 맞춰온 경쟁력을 바탕으로 현대·기아차의 인도시장 수요 겨냥에 나선다는 계획이다. 또한 인도에는 현대·기아차를 비롯한 완성차 공장들이 몰려 있어 제품 수요는 충분하다.

인도 자동차 시장 전망도 밝다. 현재 인도 정부는 국내 제조업 육성을 위해 특히 수입산 자동차에 대해서는 높은 세율을 부과하는 고관세 정책을 이어오고 있다. 수많은 완성차업체들이 인도에 직접 공장을 설립한 이유다. 인도의 자동차 보급률은 인구 1000명 당 35대 수준으로 125대에 달하는 중국에 비하면 턱없이 모자란 규모로 미래 먹거리가 풍부한 시장으로 꼽힌다.

세아베스틸은 인도법인이 호실적을 거두게 되면 생산법인 설립까지 염두하고 있다. 해외 판매망을 확대한 뒤 시장기반을 마련, 생산공장 준공에 나선다는 전략이다. 철강업계 관계자는 "인도는 세계 3위 자동차 판매시장으로 세아베스틸, 세아창원특수강 생산제품의 큰 수요처를 확보할 수 있다"라고 밝혔다.

[THE GURU 2020.03.25]

6.3 수출대금 결제방식

수입업자가 수출업자에게 수출대금을 결재하는 방식은 여러 가지가 있는데, 그 중에서 가장 많이 사용되는 추심 결제방식과 신용장 결제방식을 설명하면 다음과 같다.

1. 추심(collection) 결제방식

신용장 없이 수출업자가 수입업자를 지급인으로 하여 환어음을 발행하고 이를 은행을 통해서 추심(collection)하는 대금결제 방식으로써 다음과 같은 두 가지 유형이 있다.

1) 지급인도조건(D/P : Document against Payment)

수출업자가 물품을 선적한 후, 선적서류와 함께 수입업자를 지급인으로 하여 발행한 일람출급(at sight) 환어음을 첨부하여 자신의 거래은행(추심의뢰은행)을 통해 수입업자의 거래은행(추심은행)에 추심을 의뢰한다. 추심의뢰를 받은 수입업자의 거래은행(추심은행)은 환어음 지급인인 수입업자로부터 수출대금을 받고 나서 선적서류를 수입업자에게 인도해 준다. 받은 수출대금을 수출업자의 거래은행(추심의뢰은행)에 송부하여 수출업자에게 지급하는 결제방식이다.

2) 인수인도조건(D/A : Document against Acceptance)

수출업자가 물품을 선적한 후, 선적서류와 함께 수입업자를 지급인으로 하여 발행한 기한

부(usance) 환어음을 첨부하여 자신의 거래은행(추심의뢰은행)을 통해 수입업자의 거래은행(추심은행)에 추심을 의뢰한다. 추심의뢰를 받은 수입업자의 거래은행(추심은행)은 환어음 지급인인 수입업자로부터 일정기간이 지난 특정일(만기일)에 수출대금의 지급을 약속하는 인수(acceptance)를 하면 선적서류를 수입업자에게 인도해 준다. 만기일에 수입업자가 거래은행(추심은행)에 수출대금을 지급하면 이 거래은행(추심은행)은 받은 수출대금을 수출업자의 거래은행(추심의뢰은행)에 송부하여 수출업자에게 지급하는 결제방식이다.

2. 신용장(L/C) 결제방식

신용장(L/C: letter of credit)은 수입업자(신용장 개설의뢰인)의 거래은행(신용장 개설은행)이 수출업자(수익자)에게 신용장에 명기된 조건과 일치하는 선적서류를 제시하면 수출대금을 반드시 지급하겠다는 편지이다. D/P, D/A 방식에서는 수출업자가 수입업자를 지급인으로 하여 환어음을 발행하고 은행은 대금지급을 약속하는 것이 아니라 추심절차만 대행해 주는 역할을 하지만, 신용장(L/C) 방식은 수출업자가 수입업자의 거래은행(신용장개설은행)을 지급인으로 환어음을 발행하여 대금을 회수한다.

신용장 결제방식은 수입업자의 신용도에 관계없이 신용장 개설은행이 수출대금지급을 약속하므로 수출업자에게는 가장 확실한 대금회수 방식이다. 추심과정을 거치는 D/P, D/A 방식과 달리, 신용장(L/C) 방식은 선적 후 선적서류를 수출업자의 소재지 은행(negotiation bank)에 제시하면 바로 수출대금을 회수할 수 있다. 필수 선적서류로는 ①선하증권 ②보험증권 ③상업송장을 들 수 있으며, 보충서류로는 ① 포장명세서 ②영사송장 ③원산지증명 ④통관용 송장 ⑤검사증명서 ⑥중량증명서 등이 있다.

6.4 외국기업 신용조사 방법

수출입 거래를 하는 우리나라 기업들은 외국기업과 거래를 하면서 “혹시 그 기업이 물건만 받고 돈을 안주면 어떻게 하나?”라는 불안감을 가질 수 있다. 무역은 문화나 관습, 언어가 서로 다른 나라와의 거래이기 때문에 아무리 조심해도 반드시 문제가 발생하게 된다. 무역거래를 시작하기 전에 외국기업을 직접 방문하기도 쉽지 않다.

외국기업의 신용조사는 은행이 대금지급을 약속하지 않는 D/P(지급인도조건), D/A(인수인도조건) 방식의 거래 시에는 가장 기본적이고 필수적인 절차이다. 왜냐하면 L/C방식과 달리 D/P, D/A방식은 수입업자가 대금지급이나 인수를 거절하면 추심이 불가능하기 때문이다. 그러므로 외국과 수출입 거래를 하는 우리나라 기업들은 외국 거래기업의 신용조사와 관련하여 신용조사 사항과 신용조사 의뢰방법을 숙지하여야 한다.

1. 신용조사 사항

거래상대방의 신용조사 사항으로는 기본적으로 다음의 3C를 들 수 있다.

첫째, 상도덕(character)이다. 외국기업의 성실성, 평판, 영업태도 등 계약이행과 관련된 상도덕을 파악하는 것은 신용조회에 있어서 가장 중요시되어야 하는 사항이다.

둘째, 대금지불능력(capital)이다. 외국기업의 재무상태, 즉 수권자본과 납입자본, 자기자본과 타인자본, 유동자산과 비유동자산, 부채비율, 당기순이익 등을 파악하여 거래기업의 지불능력을 조사하여야 한다.

셋째, 상거래능력(capacity)을 조사한다. 외국기업의 연혁, 연간매출액, 시장점유율, 기업형태(개인회사, 주식회사, 주식공개여부 등), 영업권 등 영업능력에 관한 내용을 조사하여야 한다.

2. 신용조사 의뢰방법

수출입 거래관련 외국기업의 신용도를 조사하기 위해서는 다음과 같은 다양한 방법을 활용할 수 있다.

첫째, 외국기업의 주거래 은행에 해당기업의 재무상황과 과거 신용기록 등에 대해 신용조사를 의뢰하는 거래은행을 통한 조사(bank reference)가 있다.

둘째, 동업자를 통한 조사(trade reference)로써 해당 외국기업과 거래경험이 있는 기업을 통해 신용을 조사하는 방법이다.

셋째, 국내신용조사 전문기관의 신용조사 서비스를 이용하는 방법이다. 아래 기관별로 신용조사 서비스의 질과 이용료에서 차이는 나지만, 어느 정도 신뢰할 만한 정보를 얻을 수 있는 조사방법이다.

① 한국무역보험공사(www.ksure.or.kr) 국외기업 신용조사 서비스

② NICE D&B(www.nicednb.com) 해외기업정보 서비스

③ 대한무역투자진흥공사(www.kotra.or.kr) 해외시장조사 서비스

④ 한국기업데이터 케이리포트(www.kreport.co.kr)

KOTRA 활용 사례

[KOTRA 수출노하우] 中기업 계약, '독'은 디테일에 숨었다

한중수교가 사반세기가 넘고 중국이 우리나라의 최대 무역상대국이 됐지만 아직도 중국 기업과의 거래에서 낭패를 보는 기업들이 많다. 특히 수출 초보 기업일수록 중국 기업과 계약서를 체결하는 과정에서 법률규정을 잘못 이해하거나 한글과 중국어에 대한 이해부족으로 자신에 불리한 독소조항을 무심코 넘어갔다가 피해를 보는 기업들이 적지 않다.

중국에서는 중국 법률을 적용해야 하기 때문에 전문적인 번역이 필요하다. 한 회사의 경우 중국 현지사원에 계약서 번역을 시켰다가 중국어 내용만으로는 이해할 수 없는 부분이 태반이었다. 계약서상에는 법률전문용어와 회사의 제품, 디자인, 특허, 기술과 관련된 전문용어가 많은데 아무리 현지직원이라도 해도 이를 모두 제대로 변역할 수 없다. 전문용어에 대해서는 전문인이 아닌 경우 많은 차이가 생길 수 있어 전문가의 조언이 필요하다.

유아의류 생산업체인 A사는 전문기관의 도움을 받아 중국 수출에 물꼬를 튼 경우다. 이 회사는 자체 디자인 상품을 국내에서 생산하고 있으며, 순면, 무형광 제품을 만들어 국내 대형마트와 자사 온라인 쇼핑몰 판매로 인지도를 쌓아왔다. 하지만 내수 시장의 저성장 현상이 지속되자 해외 진출의 필요성을 느끼게 됐다.

KOTRA를 통해 중국 바이어 발굴에 노력을 기울였던 이 회사는 중국 상하이 소재의 온라인업체로부터 샘플오더와 함께 현지 판매에 대한 위임장과 정기 공급 계약서를 받았다. 수출경험이 없던 이 회사의 요청으로 KOTRA가 계약서를 검토한 결과 중국 바이어가 보낸 판매수권서에는 중국 내 판매를 바이어가 독점한다는 것으로 해석될 여지가 있었다. 또한 계약서상에 상표권 문제와 포장 시의 여러 항목(포장 방식 및 포장 후 여러 종류의 사진을 촬영하여 바이어의 사전 결재를 받아야 함)에도 문제 발생 여지가 많음을 알게 됐다. 이대로 계약하면 A사는 상표권 분쟁과 금전적 손해가 발생할 가능성이 높았다.

A사는 독점권 문제 발생 가능성을 없애기 위해 중국업체에 문구 수정이나 비독점이라는 내용을 문서화해달라고 요청했다. 계약서상에 명시된 불리하고 모호한 조항은 완화, 수정을 제안했다. 수출초보기업이라는 점에서 수출 초보 기업수출 사전신고, 한국에서의 라벨 부착 여부, 결재 조건상 선급금 이외의 후불 결재액은 수출 전 한국무역보험공사의 보험을 들었다. A사는 계약서 수정에 성공하고 수출에도 성공했다.

중국 내 판매망을 확대하기 위해서는 중국에서 상표권 등록이 필요했다. A사는 KOTRA 상하이 무역관 특허데스크(IP-Desk)를 통해 상표권 등록 절차를 진행하고 있다. 이로써 향후 중국 수출에 필요한 기반을 마련했다. A사의 중국진출은 KOTRA를 통해 해외 바이어를 발굴하고, 수출경험 부족으로 간과할 수 있는 계약서의 독소조항 등을 전문적인 상담으로 극복한 좋은 사례라 할 수 있다.

성공적인 수출을 위해서는 계약체결 전 해당 지역전문가의 도움을 받아 해외 각 지역의 특수한 환경과 거래조건, 분쟁해결 조건을 꼼꼼히 살펴보고 혹시 발생할 수 있는 갈등 소지를 줄여나가는 노력이 필요하다.

[아시아 경제 2017.06.22.]

참고문헌

기무라 마사하루, 권영구 편역, 그림으로 쉽게 배우는 무역실무, 중앙경제평론사, 2008.
전용욱, 김주헌, 윤동진, 국제경영, 문영사, 2008.

Bartlett, Christopher A., Sumantra Ghoshal and Paul W. Beamish, *Transnational Management: Text, Cases & Readings in Cross-Border Management*, 5ed., McGraw-Hill, 2007.

Deresky, Helen, *International Management: Managing Across Borders and Cultures*, 6ed., Prentice Hall, 2008

Hennart, Jean-Francois, "Some Empirical Dimensions of Countertrade," *Journal of International Business Studies,* 21(2), 1990, pp.243~270.

Root, Franklin, *International Trade and Investment,* South-Western Publishing Co., 1984.

Root, Franklin, *Entry Strategies for International Markets,* Lexington Books, 1994.

Rugman, Alan M. and Richard M. Hodgetts, *International Business,* 3ed., Financial Times Prentice Hall, 2003

제7장

국제계약형태의 해외시장 진출전략

국제계약형태로 해외시장에 진출하는 방법에는 일반적으로 국제라이선싱, 국제프랜차이징, 국제계약생산, 국제경영관리계약, 턴키계약, BOT 등이 있는데, 이들의 각 진출방법에 대하여 살펴본다. 국제계약형태의 진출방법은 제품을 본사국에서 목표시장국으로 직접 판매하지 않는다는 점에서 수출과 다르고, 지분참여를 하지 않고 기술, 무형자산 등만을 제공한다는 점에서 해외직접투자와도 구별된다.

7.1 국제라이선싱 (International licensing)

1. 국제라이선싱의 의의

국제라이선싱이란 어떤 한 나라의 공여기업(licensor)이 외국의 수혜기업(licensee)에게 특허권, 저작권, 상표권, 노하우(know-how) 등의 경제적 가치가 있는 무형자산을 일정 조건하에서 일정기간 동안 사용할 수 있는 권한을 부여하고, 그 대가로 로열티(royalty)나 수수료(fee)를 받는 계약을 말한다. 즉 무형자산을 파는 것이 아니라 돈을 받고 일정 기간 빌려주는 것이다.

국제라이선싱 계약의 가장 큰 의의는 공여기업(licensor)이 직접적인 자본투자 없이 기술이나 지식을 제공하고 수혜기업(licensee)으로부터 그 대가를 받는 것이라 할 수 있다. 수혜기업

(licensee)의 입장에서는 선진기술도입을 통해 제품을 생산, 판매하게 되므로 자체 기술개발의 대안으로 사용되기도 한다.

또한 국제라이선싱 계약은 해외시장에 진출한 해외자회사와 모기업간에도 이루어진다. 다국적기업들은 단독투자나 합작투자로 설립한 해외자회사에 기술, 특허권, 제품생산 공정 등의 지적재산권을 제공하게 되므로, 이에 따른 법적 권리의 확보수단으로 해외자회사와 국제라이선싱 계약을 체결한다. 즉 해외자회사에 대한 특허기술이나 상표권에 대한 법적 권리를 확보함으로써 현지정부의 외환규제가 있더라도 모기업은 해외자회사로부터 로열티나 수수료의 형태로 합법적으로 송금을 받을 수 있게 된다.

2. 국제라이선싱의 주요 형태

1) 특허권(patent rights)

특허권은 새로운 공업적 발명을 한 자가 그 발명품 또는 발명원리에 의해 제조된 제품을 일정기간 동안 독점적으로 제작하여 사용하거나 판매할 수 있는 권리를 지칭한다. 특허권은 제품의 생산 전반에 관한 것이 아니라 제조과정의 일부에 관계되는 경우가 대부분이다.

2) 저작권(copyrights)

저작권은 저작자가 자신의 저작물에 대하여 가지고 있는 일체의 인격적, 재산적 권리를 의미한다. 이러한 저작권은 저작자가 그 저작물에 대해 가지고 있는 정신적 창작물을 보호하는 권리로서, 특허와 마찬가지로 법에 의하여 보호된다.

3) 상표권(trade mark rights)

상품을 표시하는 문자(letters), 도형(design), 기호(sign), 색채(color) 등의 조합으로 구성된 상표를 등록함으로써 독점적으로 사용할 수 있는 권리, 즉 상표권을 확보하게 된다. 이러한 상표권을 원하는 기업에게는 국제라이선싱 계약을 통해 한시적으로 이전된다.

4) 기술지원계약 (technical assistance agreement)

공여기업(licensor)이 지도(instruction) 또는 실연(demonstration)을 통하여 수혜기업(licensee)에게 제공하는 기술적·운영적 지원이다. 예를 들면 광물탐사작업과 채굴, 특수산업시설에 대한 설비계획이나 건설 지원 등이다. 이러한 지도나 실연은 양도된 특허의 사용과 관련해서 주로 이전된다.

5) 노하우 (know-how)

노하우는 공여기업(licensor)이 제공할 수 있는 제조기술이나 기타 소유권 및 숙련성과 관계된다. 노하우는 특허를 받을 수 없는 성격의 지식이다. 예를 들면 노하우는 재고품 조사 시스템이 어떻게 확립되어야 하는지, 소비자 금융기능이 어떠한 방법으로 수행되어야 하는지 또는 마케팅조사를 어떻게 효율적으로 실시할 수 있는지를 알려주는 것 등이다.

3. 국제라이선싱의 동기

국제라이선싱 계약의 가장 중요한 동기는 지적재산권 또는 경영노하우를 공여하는 기업인 라이선서(licensor)와 이를 제공받고 로열티나 수수료를 지불하는 수혜기업인 라이선시(licensee)의 입장으로 나누어 볼 수 있다.

■ 공여기업(licensor)의 동기

① 기술, 지식 등을 수출함으로써 추가이익 확보

② 무역장벽이나 해외직접투자에 대한 규제를 우회하는 수단

③ 공여기업(licensor)의 특허권이나 등록상표 등의 도용 방지

④ 수혜기업(licensee)에게 라이선싱 계약과 관련된 원·부자재의 추가적 수출

⑤ 수혜기업(licensee)의 기술, 상업정보와 시장정보 등의 획득 용이

⑥ 경쟁자의 기술개발로 비교우위요인이 점차 없어질 가능성을 보일 때, 진부한 기술은 이전하고, 신기술을 개발하려는 목적

■ 수혜기업(licensee)의 동기

① 기술의 복잡성, 높은 연구개발비 등에 따른 기술이용 목적

② 공여기업(licensor)이 보유하고 있는 명성에 편승한 마케팅 효과 획득

③ 고액을 지불하지 않고 기술 또는 지식을 전수받으려는 목적

④ 기술요원의 공여기업(licensor) 파견에 의한 기술훈련 목적

4. 국제라이선싱의 장·단점

해외진출 수단으로서 국제라이선싱의 장점은 다음과 같다.

첫째, 어떤 제품에 대한 시장국의 수입장벽이 있을 경우에 직접 수출하는 대신에 기술 등의 무형자산을 빌려 줌으로써 수입규제를 회피할 수 있다.

둘째, 현지국 정부는 라이선싱을 외국으로부터의 기술습득 기회로 생각하는 경우가 많기 때문에 해외직접투자에 비해 정치적 리스크에 대한 노출이 적다.

셋째, 제품의 가격에 비해 부피나 중량이 커서 운송비가 상대적으로 많이 드는 제품의 경우에 수출보다는 라이선싱이 더 바람직한 방법이다. 예를 들면 국내에서 판매되는 버드와이저는 미국에서 수입한 것이 아니고, OB맥주가 라이선싱 계약을 맺어 국내에서 생산한 것이다.

넷째, 현지국 소비자들의 외국 유명브랜드에 대한 선호도가 높을 경우에도 사용되는 데, 기술 및 브랜드 사용을 허가받은 수혜기업(licensee)의 입장에서는 낮은 위험과 비용으로 현지국 시장에 쉽게 침투할 수 있다는 장점이 있다. 우리나라에서 판매되고 있는 외국 유명브랜드가 붙어 있는 넥타이, 손수건, 와이셔츠, 지갑, 혁대 등의 제품에서 국제라이선싱의 예를 쉽게 찾을 수 있다.

한편 국제 라이선싱을 통한 해외시장진출은 다음과 같은 단점을 지닌다.

첫째, 기술과 노하우 등을 제공받은 수혜기업(licensee)이 미래의 새로운 경쟁자로 등장할 수도 있다. 그러므로 기술제공기업은 이러한 부메랑현상을 막기 위하여 신중히 계약서를 작성하여야 한다. 예를 들면, 제공된 기술로 생산된 제품의 판매를 현지국시장 내로 한정하거나, 국제라이선싱 계약기간의 종료 후에는 해당 기술사용을 금지한다는 등의 조항을 계약에 명시함으로써 어느 정도 위험을 줄일 수 있다.

둘째, 계약기간동안 수혜기업(licensee)의 판매부진으로 성과가 좋지 못하거나, 제품의 질 등이 낮아질 경우에 공여기업(licensor)의 명성, 브랜드 이미지를 추락시킬 위험이 있다. 품질수준을 유지하지 못한다면 공여기업의 명성에 흠이 될 가능성이 있고, 품질에 문제가 없다 하더라도 마케팅 능력의 부족이나 태만 등으로 공여기업이 원하는 만큼의 판매성과를 올리지 못하게 되면 공여기업의 제품 브랜드 이미지를 악화시킬 수 있다.

셋째, 대개의 경우 국제라이선싱 계약동안에는 수혜기업(licensee)이 현지국 시장에서 독점적 판매권을 갖게 되는 경우가 많다. 이런 경우에는 기술제공기업은 계약기간 동안에는 해당 제품의 현지국 시장 진입을 고려할 수 없다.

5. 국제라이선싱 계약의 주요 내용

국제라이선싱 계약은 기본적으로 계약 당사자, 대상 기술, 공여기업(licensor)의 의무, 수혜기업(licensee)의 의무 등을 기술하는데 계약서에 포함되는 주요 내용을 정리하면 다음과 같다.

1) 계약 당사자

① 계약당사자에 대한 명확한 기술 (회사명, 본사주소 등)

당사자 표시 란에서는 계약서의 규정에 따라 구체적인 권리와 의무가 적용될 계약당사자의 구체적 이름(회사명), 본사의 주소 등을 정확히 기술한다. 개인이 라이선싱 계약의 당사자가 될 경우는 개인의 주민등록번호, 여권번호 등을 기술하면 된다.

② whereas clause

일반적으로 whereas로 시작되기 때문에 whereas clause라 부른다. 계약의 목적, 계약당사자 각각의 역할 등 주된 계약내용의 개요를 적는다.

2) 대상 기술

① 라이선싱 대상이 되는 산업재산권(특허권, 상표권, 노하우 등)의 정의 및 설명

② 제공되는 산업재산권(특허권, 상표권, 노하우 등)의 이전 방법

③ 원자재, 장비, 부품 등의 공급 방법

3) 사용 조건

① 대상 기술의 사용 영역

② 제조 및 판매가 허용되는 국가 또는 지역 범위

공여기업은 수혜기업에게 판매지역권을 구체적으로 명시하여야 한다. 예를 들면 수혜기업이 제 3국으로의 수출을 할 수 없다는 조항을 삽입한다.

③ 제조 및 판매의 독점권 허용여부 및 범위

일반적으로 공여기업은 장래에 현지국에서 자신이 직접 특허, 상표 등을 사용할 수 있도록, 또는 제3자와 다시 라이선싱 계약을 가질 수 있도록 하기 위해, 가능한 한 비독점적 라이선싱 계약을 원한다. 반면에 수혜기업은 자국에서 공여기업 또는 제3자의 동일한 특허나 상표의 사용 권한을 금지시킬 수 있는 독점적 라이선싱 계약의 체결을 원한다.

④ 제3자에 대한 서브라이선싱(sub-licensing) 허용여부 및 방법

⑤ 기업비밀 보호조항

⑥ 경쟁제품 및 경쟁기술 사용의 배제

⑦ 제품표준 및 품질수준의 유지

제품표준 및 품질수준 유지를 위해 생산을 감독하고 심사하기 위한 공여기업의 기술진 파견, 특정의 원자재, 중간재, 장비 등의 사용에 관한 사항도 규정해 놓을 필요가 있다.

⑧ 이행의무 (로열티 하한선, 매출액, 광고 및 판촉비 지출 등)

공여기업은 수혜기업에 대하여 최저 판매량과 아울러 광고 등에 지출되는 마케팅비용의 최저한도를 규정해 둘 필요가 있다. 그러나 수혜기업의 마케팅노력을 촉진시키는 가장 좋은 방법은 로열티 지불액의 최저한도를 정해 놓는 것이다.

⑨ 신제품 및 신기술에 대한 수혜기업(licensee)의 권리

⑩ 보고 의무

4) 보상 관련

① 지급 통화

② 현지 세금납부 의무

③ 로열티 지급 방법

선급금(initial payment), 그리고 경상로열티(running royalty)중에서 비율로열티(percent royalty)와 종량로열티(per unit royalty)중에 선택 등의 지급방법을 구체적으로 정한다.

④ 기술 지원료

⑤ 판매 및 구매

⑥ 수혜기업으로부터 기술이나 제품개선사항 역이전 (technology feedback) 조항

수혜기업이 개량기술을 개발하거나 제품개선사항을 공여기업에게 역이전하는 조항을 두게 되면 공여기업은 로열티 수입 외에 새로운 기술습득과 연구개발 결과를 활용할 수 있게 된다.

5) 기타 조항

① 준거법

준거법도 국제라이선싱 계약당사자 모두가 자신이 속한 국가의 법을 기준으로 할 것을 주장할 것이므로 협상이 쉽지 않다. 합의가 이루어지지 않으면 제3국의 법을 준거법으로

정해야 한다.

② 계약기간 및 계약 갱신

③ 계약의 취소 및 종료

④ 분쟁해결 절차

양 당사자 간에 분쟁이 발생할 경우 자체적으로 해결이 잘 안 되는 경우, 중재나 소송을 통해 해결해야 한다. 중재가 분쟁처리방법으로 가장 선호되고 있으므로 중재에 의하여 분쟁을 해결한다는 내용을 계약서에 명시하는 것이 일반적이다.

⑤ 계약에 대한 정부의 승인 의무

국제라이선싱 영문계약서 예문

TECHNICAL LICENSING AGREEMENT

TECHNICAL LICENSING AGREEMENT made by and between 〔the licensor company〕, a corporation organized existing under the laws of the Republic of Korea, having an office at 〔Address of LICENSOR〕(hereinafter referred to as "LICENSOR") and 〔the licensee company〕, a corporation organized and existing under the laws of the〔Nation of the licensee company〕, having an office at 〔Address of LICENSEE〕 (hereinafter referred to as "LICENSEE").

WITNESSETH:

WHEREAS, LICENSOR now manufactures and sells, in the Republic of Korea and elsewhere, a proprietary line of [Products] and LICENSOR owns certain trademarks, patent rights, and technological information including know-how, skill and experience in relation to such Products as hereinafter defined; and

WHEREAS, LICENSEE desires to obtain from LICENSOR the right to use such trademarks, patent rights, and technological information to manufacture, use, and sell the Products; and also desires to obtain technical assistance from LICENSOR in the use of such patent right and technological information, and LICENSOR is willing to grant such rights and to provide such technical assistance to LICENSEE all as hereinafter more fully provided.

NOW THEREFORE, in consideration of the covenants herein contained, the parties agree as follows;

Article 1. Definitions

For the purpose of this Agreement :

1. "Products" means the following LICENSOR products :[Description of Products〕

2. "Territory" means (the Nation of the licensee company〕

3. "Trademarks" means those trademarks specifically identified in Schedule (B) attached hereto which is made of a part of this Agreement and such other trademarks as may be inserted in Schedule (B) by mutual agreement from time to time during the life of this Agreement.

4. "Patent Rights" means all patents and patent applications for inventions, designs processes, models, or anything patentable, for any country in the world, or made at any time prior to the expiration or termination of this Agreement, and which can be used in the manufacture, use, or sale of the Products.

5. "Proprietary Information" means the inventions, specifications, production data; engineering drawings, specialized know-how, skill and other secret and confidential technical information which are owned or controlled by LICENSOR and can be used in the manufacture, use, or sale of the Products.

6. "Effective Date" means the date on which (i) this Agreement is executed by LICENSOR and LICENSEE, or (ii) this Agreement is approved by 〔the Government of the Republic of Korea〕as contemplated in Article 19.

Article 2. Technology License

1. For the duration of this Agreement, and upon the terms and conditions more specifically set forth herein, LICENSOR hereby grants to LICENSEE a license with the exclusive right to use the Patent Rights, Proprietary Information, and Trademarks to manufacture, use, and sell the Products in the Territory.

2. LICENSEE may sublicense others to use the Proprietary Informations,

Trademarks, and Patent Rights to manufacture, use, or sell the Products with prior written consent of LICENSOR, which consent shall not be unreasonably withheld. All sublicensees of LICENSEE hold their rights contingent on LICENSEE's rights under this Agreement. Any loss by LICENSEE of its rights under this Agreement due to termination for breach, or due to any other reason, automatically causes a loss of the same rights by all of LICENSEE's sublicensees.

....

....

국제라이선싱-1

토종캐릭터 '뿌까' 남미 진출

토종캐릭터 '뿌까'가 워너브라더스와 손잡고 남미에 패션 아이콘으로 진출한다. 한국문화콘텐츠진흥원은 24일 '뿌까' 개발사인 (주)부즈가 워너브라더스와 브라질, 멕시코 등 남미지역 에이전시 계약을 체결했다고 밝혔다. 워너브라더스는 3년간 홍보, 마케팅, 판매관리 등의 업무를 맡는다. 부즈는 이번 에이전트 체결 계약금으로 26억 원을 받았으며, 향후 3년간 상품 판매 시 발생하는 수익의 일정 부분을 로열티로 받게 된다. 뿌까는 이미 브라질에서 10대 캐릭터에 선정될 만큼 청소년들 사이에서 선풍적인 인기를 끌고 있다.

뿌까는 글로벌 경제 위기 속에서도 지난해 해외 로열티로 수익만 160억 원을 벌어들였으며 이미 170여 개국에 진출하며 글로벌 캐릭터로 인정받고 있다. 뿌까는 유럽에서는 디즈니가 에이전트를 맡고 있다. 지난해 6월부터 이탈리아 의류업체 베네통(Benetton)과의 라이선싱 계약을 통해 세계 1796개의 매장에 뿌까의 캐릭터가 붙은 상품을 판매하고 있다. 국내에서도 4월께 판매될 예정이다. 미국 인기 의류 브랜드 피프스 선(Fifth Sun)과 마이티 파인(Mighty

Fine)과도 차례로 캐릭터 라이선싱 계약을 맺고 고급 패션 브랜드로서 그 입지를 다지고 있다.

워너브라더스 브라질의 마르코스 사장은 "뿌까는 브라질여성 타겟 캐릭터 1위 브랜드로 이번 라이선시 계약으로 남미 시장에서 지속적으로 사랑받는 캐릭터로 재탄생할 것"이라며 "앞으로 정기 패션쇼와 같은 다양한 프로모션을 통해 뿌까가 십대들의 아이콘이 될 수 있도록 활발한 마케팅 전략을 펼칠 계획"이라고 설명했다.

문화콘텐츠진흥원 김진규 산업진흥본부장은 "뿌까, 뽀로로 등 진흥원이 지원한 프로젝트가 어려운 경제상황에서 외화벌이에 앞장서고 있어 자랑스럽다"며 "제2의 뿌까, 뽀로로가 탄생할 수 있도록 올해도 킬러콘텐츠 제작 지원을 아끼지 않을 것"이라고 말했다.

[매일경제 2009.03.24]

국제라이선싱-2

"한국 자체가 브랜드 된다."… 세계로 뻗는 '캐릭터 라이선싱'

넷마블의 '방탄소년단 매니저 게임', 디즈니의 '마블 시네마틱 유니버스' 영화, 카카오프렌즈의 다양한 굿즈. 지적재산권(IP)을 활용한 캐릭터 라이선싱 산업이 주목받고 있다. 한국콘텐츠진흥원이 최근 발간한 '2018 캐릭터 산업백서'에 따르면 세계 캐릭터 라이선싱 산업 규모는 지난해 2716억 달러(320조806억 원)를 기록했다. 국내 라이선싱을 포함한 캐릭터 산업(캐릭터 제작·유통·라이선싱)은 11조9223억 원으로 전년 대비 7.7% 증가했다.

■ 국내 캐릭터 산업 11조 매출

"나는 러시아사람인데 매일 아침 '핑크퐁'을 듣습니다." 콘텐츠 산업에서 캐릭터 라이선싱의 중요성이 커지는 가운데 '라이선싱 콘 2019'가 지난 17~19일 삼성동 코엑스에서 열렸다. 연사로 내한한 라이선싱 비즈니스 컨설팅업체 키즈글로벌의 이반 콜레치아 상무는 유튜브 기반으로 급성장한 '핑크퐁'을 언급하며 "러시아의 '마샤와 곰'처럼 한국 콘텐츠도 세계로 뻗어나가고 있다. 특히 7~14세 여아들에게 '카카오프렌즈'와 '라바'가 인기"라고 말했다.

국내 캐릭터 라이선싱 산업은 성장세를 보이며 수출액도 크게 늘었다. 2013년 4억4622만 달러에서 2017년 6억6385만 달러로 연평균 10.4% 증가했다. 아직은 완제품 수출이 44.9%(2017년 기준)로 가장 높지만, 그 뒤를 잇는 캐릭터 라이선싱(36.2%) 비중이 만만치 않다. '카카오프렌즈'는 국내 캐릭터 호감도 순위 1위(2018년 기준)다. '카카오프렌즈'(28.1%)는 '뽀롱뽀롱 뽀로로'(10.4%), '짱구는 못 말려'(3.1%) '마블'(2.4%)을 압도적 차로 앞섰다. 덕분에 국산 캐릭터 호감도는 2017년 50.1%에서 69.4%로 치솟았다. 한국콘텐츠진흥원측은 "밀레니얼 세대들이 적극적으로 모바일 메신저 캐릭터 상품을 수용하면서, 캐릭터산업의 유아아동시장 제한성을 극복했다"고 평가했다.

세계적으로도 키덜트 소비자가 확대되는 추세다. 찰스 M. 리오토 전 국제라이선싱협회장은 "라이선싱 산업은 장기간 성장할 것"이라고 내다봤다. 미국 샌드힐 컨설팅그룹의 엘리사 힐 파트너도 "세계화로 인해 기회가 늘고 있다"고 부연했다. 국제라이선싱협회는 세계 캐릭터 라이선싱 산업 규모가 2017~2022년 평균 3.8%의 성장률을 보일 것으로 전망했다. 2017년 기준 분야별 규모를 살펴보면, 가장 큰 시장을 형성하고 있는 '캐릭터·엔터테인먼트' 부문이 세계 시장의 44.7%를 차지한다. '기업·브랜드' '패션' 부문 성장세는 2016년에 비해 둔화됐지만 '스포츠' 부문은 높은 성장 폭을 보였다.

리오토 전 국제라이선싱협회장은 "최근 스포츠, 특히 e스포츠 분야가 급부상 중"이라고 짚었다. 국가별 캐릭터 라이선싱 산업 규모를 살펴보면 한국은 15위(2017년 기준)다. 1위는 미국(1496억 달러)으로, 세계시장의 절반이 넘는 55.1%를 점유했다. 2위는 영국(140억 달러)이다. 리오토 전 국제라이선싱협회장은 "한국 라이선스 시장은 2018년 기준 18억 달러로 전년대비 6.4% 성장했다"며 한국의 선전을 기대했다.

■ 한류 효과도…"한국 자체가 브랜드"

한류의 강세는 캐릭터 라이선싱 산업에도 청신호다. 제프리 다젯 NBC 유니버설 부사장은 "한국 자체가 브랜드가 되고 있는 추세"라고 평가했다. 다젯은 한국 콘텐츠의 아시아 진출 성공 여부를 묻는 질문에 "쉽다고 단정할 수 없으나 아시아태평양 전역에서 한국 콘텐츠가 점점 인기를 끌고 있는 것은 사실"이라고 답했다. 그는 "NBC 유니버설 저팬에서 한국 TV 드라마

수입 비중이 늘고 있다"며 "K팝, 한국 드라마와 애니메이션 등 한국 문화의 소프트파워가 부각되면서 한국 자체가 브랜드가 되고 있다"고 부연했다. 그는 또 "동남아시아에는 젊은 소비자가 많다. 특히 말레이시아에서는 어린이 콘텐츠에 대한 니즈가 높다. 아시아는 지금 소비자와 창의적, 감성적으로 연결된 지적재산권 관련 제품을 만들어낼 아주 좋은 시기"라고 설명했다.

한국 캐릭터 라이선싱 산업의 국가별 수출 비중을 살펴보면, 북미(26.4%), 유럽(22%), 중국(19.9%), 동남아(13%) 순이다. 아직 북미의 비중이 가장 높지만 동남아 수출액은 2017년 8626만 달러로 2015년 대비 16.1%나 증가했다. 엘리사 힐 파트너는 "라이선싱 산업에서 좋은 성과를 내려면 무엇보다 차별화가 중요하다"며 "또 온라인, 오프라인, 모바일을 아우르는 옴니채널 전략은 필수"라고 조언했다.

이반 콜레치아 키즈글로벌 상무도 "아이들은 더 이상 한 브랜드에 충성하지 않는다. 인지도를 높이고 호감도를 유지하려면 온·오프라인 등 다양한 플랫폼을 통해 영화, 뮤지컬, 테마파크 등 다양한 장르로 그 브랜드를 노출해야한다."고 조언했다. 제프리 다젯 NBC 유니버설 부사장은 "다양한 형태의 협업은 콘텐츠의 새로운 가능성을 열어줄 것"이라고 말했다.

[파이낸셜 뉴스 2019.07.22.]

국제라이선싱-3

LG전자, GE어플라이언스와 냉장고 특허 라이선싱 체결

LG전자는 최근 GE어플라이언스와 프리미엄 냉장고인 얼음정수기냉장고의 핵심특허 라이선싱을 체결했다고 27일 밝혔다. 이에 따라 GE어플라이언스는 LG전자 특허를 사용한 얼음정수기냉장고를 생산해 판매할 수 있다.

GE어플라이언스는 중국 하이얼이 미국 GE(General Electric)의 가전부문을 인수해 미국에 설립한 법인이다. LG전자와 GE어플라이언스는 해당 특허의 라이선스 계약을 위해 지속적으로 협상을 진행해왔으며, LG전자가 GE어플라이언스를 상대로 특허침해금지소송을 제기하기 직전 협상이 타결됐다.

이번 계약은 LG전자가 프리미엄 얼음정수기냉장고에 채택한 독자 기술인 도어(door) 제빙과 관련한 특허 포트폴리오에 대한 것으로, LG전자는 도어 제빙 기술과 관련해 글로벌 기준 등록특허 400여 건을 보유하고 있다. 도어 제빙은 냉동실 냉기를 끌어와 냉장고 도어 안쪽에서 얼음을 만드는 LG전자만의 기술이다.

다른 얼음정수기냉장고는 냉장고 내부 공간의 상당 부분을 차지하는 제빙장치를 별도로 탑재해야 해 냉장고의 내부 공간을 효율적으로 활용하기 어렵다. 도어 제빙 기술은 냉장고 안쪽의 공간 활용성을 높여 LG전자 얼음정수기냉장고가 미국 시장에서 프리미엄 제품으로 인정받는 데 크게 기여했다.

전생규 LG전자 특허센터장(부사장)은 "글로벌 프리미엄 가전시장을 선도하고 있는 LG전자의 지적재산권을 적극 보호하고 이를 부당하게 침해하거나 무단으로 사용하는 경우는 엄정하게 대처할 것"이라고 말했다.

[매일경제 2019.06.27.]

7.2 국제프랜차이징 (International franchising)

1. 국제프랜차이징의 의의

국제프랜차이징은 상표나 상호의 사용권을 갖고 있는 사업본사(franchisor)가 해외에 있는 다른 개인이나 기업인 가맹점(franchisee)에게 자신들의 프랜차이징 사용권을 허락하고 원료, 제조 및 관리시스템까지 일괄 제공하여 양자가 직·간접적으로 다 같이 포괄적으로 경영에 참가하는 방식을 말한다. 사업본사(franchisor)는 가맹점(franchisee)으로부터 가맹계약금, 수수료, 운영로열티 등을 받게 된다.

국제프랜차이징과 국제라이선싱은 둘 다 지분이 수반되지 않는 순수한 국제계약형태이므로, 비교적 작은 위험과 비용으로 국제사업을 수행한다는 점에서 비슷하다. 그러나 국제라이선싱과는 달리, 국제프랜차이징은 사업본사측이 해외가맹점으로 특정 기술이나 상품, 그리고 사업전반의 운영시스템을 계속 이전하면서 가맹점에 대해 끊임없는 지원과 통제를 한다.

국제라이선싱이 주로 제조업과 관련된 상표권이나 특허권 등을 대상으로 하는 반면, 국제프랜차이징은 맥도날드(McDonald's), 버거킹(Burger King), 피자헛(Pizza Hut), 켄터키 프라이드치킨 (Kentucky Fried Chicken) 등의 Fast Food업체나 홀리데이 인(Holiday Inn), 힐튼(Hilton), 쉐라톤(Sheraton) 등의 호텔사업, 에이비스(Avis)나 허츠(Hertz) 등의 자동차 렌트업, 그리고 주유소 등의 서비스 산업에서 많이 이용되고 있다.

최근 우리나라 프랜차이징 기업들도 외국으로 많이 진출하고 있는데, 주로 치킨, 베이커리, 한식, 커피, 디저트 등에서 국제프랜차이징 사업이 활발히 전개되고 있다. 예를 들면, BBQ치킨은 2003년 중국을 시작으로 해외진출에 나섰는데, 처음에는 상하이와 칭다오에 해외직접투자형태로 진출한 뒤 프랜차이징 가맹점을 확대하였다. 외국에 잘 알려지지 않고 브랜드 인지도가 낮은 상태에서 프랜차이징 파트너를 찾기가 어려웠기 때문이다.

최근 우리 기업들의 마스터 프랜차이징(master franchising)방식도 많이 늘어나고 있다. 마스터 프랜차이징 방식은 본사가 현지 파트너에게 사업노하우와 해당국가 가맹사업 운영권을 넘겨주고 로열티를 받는 형태이다. 현지 파트너가 가맹점 모집을 맡게 되므로 본사의 해외시장 개척 부담이 줄어들게 된다. 예를 들면 BBQ치킨이 마스터 프랜차이징 방식으로 일본에 진출하면서 일본 REX사로부터 100만 달러 마스터 프랜차이징 수수료를 받고, BBQ가맹점이 하나씩 늘어날 때 마다 초기 로열티(initial royalty)로 5000달러를 추가로 받고, 또한 각 가맹점 총매출의 3.5%를 경상로열티(running royalty)를 받기로 계약하였다.

2. 국제프랜차이징의 장·단점

국제프랜차이징을 통한 해외시장 진출방식은 사업본사의 입장에서 해외직접투자와 비교해 볼 때 다음과 같은 장점이 있다.

첫째, 기업이 해외직접투자를 통해 외국시장에 진입하는 것보다 적은 자본과 비용으로 비교적 쉽고 신속하게 진입할 수 있다는 점이다. 예를 들어, 한국에 진입하려는 외국의 호텔사업자가 많은 자본을 투자하여 국내에 호텔을 직접 설립하여 운영하는 것보다 프랜차이징 계약으로 진입하는 것이 자본이나 비용 면에서 훨씬 유리하다.

둘째, 프랜차이징은 표준화된 마케팅을 함으로써 광고비용을 줄일 수 있다는 점이다. 예를 들어 TV를 통해 맥도날드의 광고를 하게 되면 전국의 맥도날드 가맹점을 동시에 광고하게 되므로 규모의 경제를 실현하게 되는 것이다.

셋째, 해외시장진입 규제가 까다롭거나 해외직접투자에 의한 사업위험이 높은 국가에 진출할 때, 마스터 프랜차이징(master franchising) 계약을 체결하면 시장진입과 그 시장 내 확산이 용이하다.

한편 국제프랜차이징 사업본사의 입장에서 볼 때 프랜차이징은 다음과 같은 한계점을 지닌다.

첫째, 해외직접투자와는 달리 해외가맹점에 대한 완전한 통제가 어렵기 때문에 어떤 해외가맹점에 문제가 생기면 사업본사나 다른 해외가맹점의 브랜드 이미지 에 손상을 주고, 매출액 감소에도 영향을 줄 가능성이 있다는 점이다.

둘째, 라이선싱과 마찬가지로 해외가맹점은 어느 정도 사업경험을 축적하게 되면 스스로 독립하려는 경향이 있기 때문에 사업본사의 미래 잠재적 경쟁자가 될 수 있는 위험이 존재한다.

3. 국제프랜차이징 사업본사의 해외가맹점 관리

국제프랜차이징 사업본사는 해외가맹점들의 영업에 대해 어느 정도 강력한 통제를 할 수 있다는 점에서 국제라이선싱과는 구별되는데, 국제프랜차이징 계약에는 해외가맹점들이 준수해야 될 영업지침(operating manual)이 명시된다. 따라서 해외가맹점들이 계약된 규정이나 실적을 준수하지 못할 경우에는 사업본사가 해당 국제프랜차이징 계약을 종료할 수 있도록 체결하는 것이 일반적이다. 사업본사는 해외가맹점이 제품의 품질이나 서비스 기준을 잘 지키는지를 항상 감시, 감독해야 한다.

또한 국제프랜차이징 시스템을 잘 관리하기 위해서는 사업본사가 해외가맹점의 영업활동을 지속적으로 지원해야 한다. 사업본사는 끊임없는 제품의 개발, 구매원가절감, 판매촉진과 광고활동, 사업노하우 등을 개발하여 해외가맹점을 지원할 필요가 있다. 또 다른 지원내용으로는 교육훈련, 기술지원, 회계, 거래 및 일반적 영업관리 지원 등을 들 수 있는데, 이는 해외가맹점의 영업성과를 일정수준으로 유지시키는 데 필수적인 것들이다. 때로는 현지국의 정치적, 경제적, 사회·문화적 환경에 맞게 사업본부측은 프랜차이징 패키지를 수정·보완해야 한다. 예를 들어 켄터키 프라이드치킨의 경우 미국산 식용유는 독일보건당국이 사용 금지시키고 있는 성분을 내포하고 있어 미국으로부터 수입하여 사용할 수가 없었으며, 결국 이러한 제약은 음식맛을 변화시키는 결과를 초래하였다.

한편 국제프랜차이징 계약을 통해 외국시장에 진출한 후에 일정기간을 거쳐 합작 또는 단독투자 형태로 전환하기도 한다. 상대적으로 낮은 진출 위험을 지닌 진출방식이기 때문에 해외시장에 처음 진출할 때 사용되지만, 현지시장에서의 경험이 축적되면 합작이나 단독투자로 전환할 수 있는 것이다.

국제프랜차이징-1

국내보다 해외 지점 더 많은 프랜차이즈 어디?

외식 프랜차이즈업체의 해외진출이 수익성 위주로 재편되고 있는 가운데 국내보다 해외에서 더 활발하게 지점을 내며 해외사업이 자리 잡은 곳들이 눈에 띈다. 미국, 필리핀 등 해외지점이 325개나 되는 본촌치킨, 169개의 피자투어 등이 대표적이다.

2일 농림축산식품부와 한국농수산식품유통공사가 발간한 2019 외식기업 해외진출 실태조사에 따르면 지난 2019년 해외진출 외식업체 숫자는 160업체로 전년 166업체 대비 소폭 감소했다. 지점수도 4721개에서 4319개로 400여개 가량 감소했다. 외식업체의 해외지점은 2017년까지 계속 증가하며 6001개를 기록한 후 2018년부터 감소세로 돌아섰다.

치킨커플, 롯데리아, 레드망고 등이 미국, 중국 등에서 매장 수를 대폭 줄인 영향으로 분석된다. 치킨커플의 경우 해외매장 393곳을 한꺼번에 철수했고 롯데리아, 레드망고 등도 70여개의 지점을 줄였다. 지역별로는 중국내 매장 수는 2017년 2942개에서 1919개로 크게 줄었고 미국 지점도 1279개에서 546개로 감소했다. 베트남, 필리핀은 각각 330개, 313개 지점이 있어 2017년 대비 소폭 늘었다.

개별 브랜드로는 파리바게뜨가 해외 지점이 416개로 가장 많았고 뚜레쥬르가 344개로 뒤를 이었다. 국내 지점이 한 곳도 없는 본촌치킨은 해외 매장이 325곳이나 됐다. 국내 매장이 2곳(2018년 가맹사업거래 사이트 기준) 뿐인 레드망고는 해외 매장이 171개, 국내 매장 64개의 피자투어는 169개의 해외 매장을 갖고 있다.

본촌치킨은 미국에 80여개 매장을 운영하며 자리 잡았는데 지난해 미국 경제전문지 포브스에 "KFC의 경쟁상대로 부상하고 있다"고 보도하며 화제가 되기도 했다. 본촌치킨은 2006년 미국 뉴저지에 첫 매장을 연 이후 맨해튼, 매사추세츠, 버지니아 등으로 확장했다.

피자투어는 지난 2000년대 초반 국내 중국 유학생들이 중국으로 돌아가 프랜차이즈 사업을 하면서 해외진출을 시작해 중국에 83개 매장, 태국과 일본에 각각 31개 매장과 22개 매장을 운영 중이다.

이들은 경쟁이 치열한 국내보다 시장규모가 큰 해외시장에 눈을 돌린 경우가 많다. 김한성 피자투어 대표는 "국내 경쟁이 치열하고 유행도 빠르게 진행돼 부침이 큰 반면 해외는 한국보다 시장성이 좋고 최근 한류 영향으로 접근성도 나아지고 있다"며 "향후에도 순차적으로 지점을 넓혀 나갈 것"이라고 말했다.

[머니투데이 2020.03.02.]

국제프랜차이징-2

외식 프랜차이즈 해외진출 성공 전략 : 해외 진출 방법의 결정

국내 외식 프랜차이즈가 해외에 진출하는 방법에는 여러 가지가 있다.

첫 번째는 국제적인 정통 프랜차이즈 해외진출방식인 마스터 프랜차이징(Master franchising). 파트너를 찾아 해외 사업권 자체를 해외 현지 기업에 넘기는 방식이다. 여기에는 수십만 불에서 백만 불을 넘어서는 초기 가맹 계약금과 계약기간동안 매출액의 1~3% 정도의 지속적인 로열티 수입(국내도입 해외 외식프랜차이즈의 경우, 한해 로열티 지불액만 수억에서 수십억 원에 이르고 있다)이 기본적으로 보장된다. 또한 가맹점이나 지사 등이 생길 때에도 옵션에 따라 추가 부가수입이 가능하다.

이는 계약 초기에 기술 전수, 서비스 등의 기본 노하우 전수에만 전념하게 되면 현지 파트너가 중간부터는 알아서 해가는 것이므로 수월한 진출 방식임엔 틀림없다. 하지만 현실적으로 한국 외식 브랜드를 비싼 이니셜피(가맹비), 로열티를 내고 가져가겠다는 해외 기업은 그리 많지 않다. 한국의 유망 아이템(브랜드)을 마스터 방식으로 현지 기업에 팔아내기란 쉽지 않음에도 불구하고 최근 비비큐와 놀부가 각각 마스터 프랜차이징 방식으로 많은 수입을 약속받고 일본에 진출한 바 있다.

저자가 운영하는 체인정보사에서 2008년 6월 말 현재 지난 30년간 국내에 들어온 해외 브랜드의 사업유지 여부를 조사한 결과, 약 47%가 도산, 사업 중지, 재인수, 재도입된 것으로 나타났다. 실패요인은 주로 경제력, 운영능력 부족, 업종 적용어려움, 시기 부적절 등으로 나타났다. 이에 마스터 진출 방식에 있어서 시기와 업종, 현지 파트너를 누구로 하느냐는 성공 실패의 핵심 사안이 되고 있다. 시장조사 결과, 비전을 갖고 이왕 진출을 감행하게 되는 것이라면, 경제력 있고 운영 능력이 좋은 현지 파트너를 찾아 마스터 계약을 하고, 또 이들을 찾기 위한 노력을 게을리 해서는 안 된다. 마스터 프랜차이지(master franchisee)를 찾는 방법은 현지 박람회에 참가하는 방법, 미국 워싱턴에서 열리는 국제프랜차이즈박람회(매년 4~5월 1회)에 참가하여 세계 각국의 마스터 프랜차이지(master franchisee)를 동시에 찾는 방법, 현지 KOTRA 무역관에 의뢰해 현지 기업을 찾는 방법, 기타 지인을 통한 현지 유망 기업을 찾아가는 방법, 그리고 현지 언론에 의도적 홍보를 유도하여 찾아가는 방법 등이 있다.

두 번째 진출방식은 가장 흔한 현지가맹점(franchisee) 계약 진출 방식이다.
마스터 프랜차이지가 쉽게 찾아지지 않는 반면, 주로 해외 현지에 있는 교민들이 국내 외식 체인본부에 가맹점 개설을 의뢰해 오는 경우가 많다. 대다수의 사업본부는 최소한의 비행기 값도 나오지 않는 가맹비를 받고 노하우를 현지에 전수해 주기가 여간 부담스럽지가 않다. 사후관리도 어려워 그냥 기술만 주고 마는 결과를 의식하여 포기하는 경우가 많다. 그러므로 이들에겐 당분간 해외 진출의 기회는 없는 것이다. 그러나 조그마한 수입에도 눈이 어두워 쉽게 덜컥 계약을 하고 마는 일부 본부들도 많다. 이에 형식적으로만 지원하여 관리가 되지 않아 현지에선 이름만 국내와 같고, 상품은 형편없는 짝퉁 개인점포로 철저히 외면당하는 경우가 빈번히 발생하고 있다.

그렇다면 어떻게 대응해야 하는 것인가. 마스터 의뢰도 전혀 없고. 직접 진출 계획도 없는데, 능력 있는 가맹점파트너가 현지 가맹점 개설을 의논해 온다면, 사안에 따라 현지 가맹점 개설 방법을 잘 고민해 봐야 한다. 이 방법 외에 적은 투자로 해외에 가맹사업의 낚시 줄을 직접 드리우기는 어려울 것이다. 오히려 최소 경비라도 받아가면서 현지 협력자도 얻고, 또 이 가맹점이 잘 운영되도록 집중 지원된다면, 이 성업가맹점을 보고 또 다른 현지 교민, 현지인들이 가맹점을 내달라고 오게 된다. 현지 가맹점 하나 잘 내면 시범직영점 하나를 멋지게 개설하는 효과를 얻게 된다.

세 번째는 직접 직영점 방식으로 진출을 시도하는 방법이다. 돈이 많이 들고 시행착오는 뻔한 일이다. 그렇지만 내 맘대로 해 볼 수 있고, 직원들은 시키는 대로 따를 것이므로 기본 시장조사와 설계만 잘 되어 있다면 바람직한 전통적인 일등 진출 방법이라 할 수 있겠다. 제대로 정착되어지면 직영점 수입과 추후 가맹사업에서 오는 모든 수익을 국내에서처럼 거두어 나갈 수 있다. 참고로 최근 중국에 진출한 파리바게뜨의 경우 상하이, 베이징에 직영점 30개를 운영하고 있다. 많은 현지인들이 가맹점을 원하지만 아직 가맹점은 모집하지 않고 있다.

다음은 국내에 들어온 미스터도넛 회사 공지사항이다.

"미스터도넛에 관심 가져주셔서 감사드립니다. 최근 많은 분들이 미스터도넛 가맹 사업에 관심 가져 주셔서 이렇게 관련 내용을 공지하여 드립니다. 2008년 하반기부터 가맹사업을 추진하려했지만 종합적으로 검토하여 판단한 결과, 한국 내 상품의 품질기술 향상과 브랜드 이미지 상승을 이뤄낸 후 내년부터 가맹사업을 추진하기로 하였습니다. 죄송합니다. 이후 다시 변동사항이 있으면 바로 공지토록 하겠습니다."

직영체인 정착 후 가맹사업에는 속도조절이 필요로 하다는 항목이 되겠다. 직접 진출에는 시작과 함께 현지 법인설립 및 운영에 따른 각종 부담과 현지인력 고용, 주재원 파견, 직영점 개설에 따른 상권 이해 및 점포 개설 관련 법규 이해, 실제 허가 취득에 따른 각종 문화 언어 극복, 사전 현지 메뉴개발, 물류라인 개설 등등 산적한 문제가 많이 있다. 그러므로 이에 대하여 사전에 충분한 고려를 해두어야 한다. 최근 국내 외식 프랜차이즈 본부가 직접 현지에 직영 가맹점을 내고, 1호 시범점을 개설하며 현지 상황을 살피는 경우가 많아졌다.

네 번째는 합작투자방식이다. 비비큐의 중국 초기 진출 때도 응용된 것이지만 최근 일본에서 국내에 들어오는 많은 브랜드들이 이 합작방식을 택하고 있다. 브랜드 사용권 부여, 상품개발 지원, 경우에 따라 자본투자도 주요 역할을 담당하고, 현지 파트너에겐 마케팅, 실무 실행 등을 맡기는 방법으로 최근 더욱 활성화되고 있는 방법이다. 코오롱의 스위트밀, 균일가 전문점 다이소, 중고 생활용품 하드오프, 미국계에서는 피자헛, 던킨도너츠, 스타벅스 등이 국내 상륙 시 활용했던 방법이다. 그렇지만 합작 파트너 상호간 역할 분담이 제대로 이루어지지 않을 경우, 불협화음이 끊이지 않으므로 역시 파트너 선정과 역할 분담에 대하여 사전에 명확한 설정을 해 두어야한다.

[머니투데이 2008.09.11]

국제프랜차이징-3

맥도날드의 '독특한' 사업방식

전 세계 121개국에 2만 9천여 개의 매장을 운영하고 있는 햄버거의 '대명사' 맥도날드(McDonald's)는 가히 프랜차이즈의 효시라고 할 수 있다. 레이 크락(Ray Kroc)이라는 한 세일즈맨은 1954년 미국 캘리포니아 주 샌버나다노에서 '독특한 방식'으로 햄버거 가게를 운영하던 맥도날드 형제와 만나게 되었고, 사업성을 직감한 크락은 당시 돈으로 950달러라는 헐값에 맥도날드에 관한 모든 권리를 매입했다. (참고로 현재 맥도날드의 전 세계 매출은 400억 달러가 넘으며, 브랜드가치는 약 300억 달러, 그리고 보유 부동산의 유가증권 환산가치도 40억 달러를 넘는다.)

그렇다면 맥도날드 형제는 어떤 '독특한 방식'으로 영업을 하고 있었던 것일까? 그 특징을 요약하면 크게 세 가지로 정리할 수 있다. 첫째, 맛의 균질화, 둘째, 메뉴의 브랜드화, 그리고 마지막으로 패스트서빙 시스템이다. 맛의 균질화는 조리 방법 및 공정의 메뉴얼화를 통해 이루어지고 있었으며, 각 메뉴에 대해 동일한 브랜딩과 포장을 실시함으로써 브랜드의 시각화를 이루고 있었다. 그리고 대량주문을 동시에 수용할 수 있는 독특한 아이디어를 통해 주문 후 1분 내에 조리가 완성될 수 있는 시스템을 갖추고 있었다. 또한 햄버거, 프렌치프라이, 파이, 밀크셰이크, 콜라, 소다수 등으로 메뉴를 단순화함으로써 주문처리 및 조리과정에 있어서의 효율성을 극대화하였다.

크락이 특히 감탄해 마지않았던 것은 5개의 감자튀김 조리통과 콜라 및 밀크셰이크 5잔을 동시에 처리할 수 있는 특수기계였다. 또한 햄버거 제조 과정에 자동차회사에서나 쓰일 법한

컨베이어벨트 시스템을 이용하고 있다는 사실에 경악할 수밖에 없었다. 크락은 맥도날드 형제를 설득하여 향후 개설될 모든 점포에 대해 1%의 로열티를 주겠다고 약속하면서 사업권을 인수하였다. 그러나 일리노이 주 드플레인의 1호 체인점을 시작으로 미국 내 각지에 체인점들이 속속 들어서게 되자 사업규모에 놀란 맥도날드 형제가 사업권을 또 다른 사람에게 넘겨버렸으며, 이 같은 상황전개에 위기의식을 느낀 크락은 지인들의 도움과 은행 담보대출로 270만 불이라는 당시로서는 막대한 돈을 마련하여 사업권 일체를 맥도날드 형제로부터 정식으로 인수했다.

그런데 중요한 것은 크락이 맥도날드 햄버거 점을 단순히 여러 곳에 '복제'하는 데에 그치지 않았다는 점이다. 그의 위대성은 크게 두 가지로 요약될 수 있다. 첫째는 보다 철저한 메뉴얼화와 고객관리 데이터의 치밀한 분석을 통해 "누가 사업을 하더라도 성공할 수밖에 없는 비즈니스 시스템"을 구축하였다는 점이다. 세계 어느 지역을 막론하고 맥도날드 체인점의 성공률이 총 점포의 90%를 넘는다는 것은 이미 세계적으로 정평이 나있는 사실이다. 둘째는 프랜차이즈 비즈니스를 부동산업과 접목시킴으로써 획기적인 사업 도약을 이루었다는 점이다.

맥도날드의 고객감동 서비스는 그 끝을 헤아리기 어렵다. 예를 들면 보통 사람이 입을 벌렸을 때에 평균 50㎜이며, 햄버거가 44㎜일 때에 가장 큰 행복감을 느끼고 이를 위해 빵의 두께는 아래위로 17㎜씩, 그리고 고기와 야채 등 내용물은 10㎜로 한다는 것이다. 또한 주문 카운터의 높이는 사람이 가장 주저하지 않고 지갑을 꺼낼 수 있는 72㎝로 한다는 것 등이 대표적인 사례에 해당한다.

우리는 무심코 지나치고 있지만 종업원들이 던지는 멘트, 감자튀김 기계가 놓인 위치, 완성품 라인 중 빅맥이 놓이는 위치 등이 모두 치밀한 데이터 분석 끝에 결정되어 전 세계적으로 동일하게 적용되고 있다는 것에 우리는 각별한 관심을 가져야 한다. 이렇게 치밀하게 메뉴얼화와 데이터베이스화를 이루다보니 세계 어느 곳에서 '빅맥'을 구입하더라도 맛이 똑같을 수밖에 없다. 특히, 햄버거 대학(Hamburger University)이라는 것을 설립하여 이와 같은 메뉴얼화와 데이터베이스화가 각 점포 업무에 종사하는 모두에게 체득화될 수 있도록 하였다.

더욱 중요한 것은 맥도날드의 메뉴얼화와 데이터베이스화가 날이 갈수록 더욱 진화되어 간다는 것이다. 즉, 점포수가 늘어날수록 더욱 더 신뢰성과 보편성을 갖는 고객데이타를 얻을 수 있으며, 지리적·문화적·인종적·종교적 특성에 따른 시행착오에 대해 철저하게 분석함으로써 "개선과 혁신은 지속되는 가운데 실수는 반복되지 않는" 완성도 높은 사업 시스템을 구축하고 발전시켜나가고 있다는 점이다. 냉전체제가 절정에 달해있던 시기에 소련을 비롯한 동유럽 국가에 진출할 수 있었던 데에는 이 같은 사업 시스템에 대한 강한 자신감이 도사리고 있다고 해도 과언이 아니다.

프랜차이즈 사업을 부동산업과 접목시킨 부분은 그야말로 '경이로움' 그 자체라고 할 수 있다. 맥도날드는 점포를 확장하는 데에 있어서 철저하게 부동산 사업의 이점을 활용하였다. 우선, 상업적으로 개발이 덜 된 땅값이 싼 지역 중 전망이 좋은 지역을 매입하여 그곳에 점포를 오픈하여 프랜차이즈 사업주에게서 임대료 조로 매출의 일정 비율을 받는 방식을 채택해왔다. 그렇게 함으로써 사업주에게는 초기 창업자금의 부담을 덜어주는 반면, 상권이 개발됨으로써 얻게 될 자산이익은 고스란히 본사에 귀속시키는 일석이조의 효과를 거두고 있다. 맥도날드가 들어선 곳에는 항상 피자헛과 KFC가 들어선다는 이야기가 미국 내에서는 너무나 잘 알려진 사실이다.

결국 맥도날드의 성공 비결을 파고 들어가 보면 철저하게 '정보'와 '네트워크'라는 두 가지 단어로 귀결될 수 있다. 즉, 각 점포가 취득하는 정보와 경험을 모두 결집시켜 치밀하게 분석하고, 그렇게 분석된 데이터를 시스템에 반영하여 다시 각 점포로 되돌려주는 그야말로 '정보'와 '네트워크'가 유기적으로 결합된 사업 메카니즘을 만들었다는 것이다. 이것은 각지에 흩어져 있는 점포를 마치 거미줄과 같은 네트워크로 촘촘하게 엮을 때에 비로소 가능할 수 있는 것이다. 따라서 크락의 진정한 위대함은 '정보'와 '네트워크'가 가져다 줄 '富의 힘'을 꿰뚫어 보았다는 데에 있다.

이 같은 맥도날드의 성공은 오늘날 우리에게 많은 시사점을 주고 있다. 과연 우리는 하루에도 무수히 스치고 지나가는 정보의 '위대함'에 대해 어느 정도 인식하고 있는가? 뿐만 아니라 스스로를 성공으로 인도할 수 있는 네트워크를 구축하고 발전시키는 데에 얼마만큼의 시간과 관심과 열정을 쏟고 있는가? 그저 '햄버거 가게 중 가장 빠르고 맛있는 집'으로 만족할 수 밖에 없었던 맥도날드에게 거대 비즈니스로 갈 수 밖에 없는 생명력을 불어넣은 것은 바로 '정보'와 '네트워크'다. 크락이 50년 전에 발견한 '진리'를 혹 우리는 아직까지도 보지 못하고 있는 것은 아닐까?

[업코리아 2006.10.25]

7.3 국제계약생산 (International contract manufacturing)

브랜드, 마케팅, 기술개발력 등의 측면에서 우위를 가진 글로벌 일류기업과 생산기술이나 비용 면에서 강점을 가진 외국 제조기업간에 주로 이루어지는 생산계약 형태이다. 이 방법은 하청생산방식 또는 주문자 상표부착생산(OEM: original equipment manufacturing) 방식이라고도 한다. 예를 들면 Nike나 Reebok과 같은 기업이 개발도상국의 하청생산업자에게 일정한 품질과 가격에 제품을 납품하도록 체결하는 계약이다. 대개의 경우 원하는 명세에 따른 제품을 얻기 위해 주문기업은 하청업자에게 생산기술과 품질관리 기술을 공여하는데, 물론 이러한 기술이전은 별도의 공식적인 국제라이선싱계약을 통해서 이루어질 수도 있다.

하청생산을 주문하는 기업의 입장에서 하청생산계약의 장점은 자신이 직접 공장을 운영하지 않으면서도 신속하게 시장진입을 할 수 있고, 시장 환경이 불리해질 때는 신속히 철수할 수 있다는 점이다. 그러나 적합한 하청생산업자를 발굴하기가 쉽지 않고, 유망한 하청생산업자가 있더라도 일정 수준의 생산량과 품질 수준을 유지할 수 있도록 하기 위해서는 상당한 기술지원과 경영지도가 뒷받침 되어야 한다.

하청생산업자의 입장에서는 선진국의 보호무역장벽을 회피할 수 있고, 세계일류기업으로부터 기술이전을 받는다는 점에서 장점이 있다. 그러나 얼굴 없는 기업으로서 자체 고유브랜드를 키울 수 없고, 제품개발이나 마케팅, 유통 등의 능력을 스스로 개발하지 못한다. 또한 생산단가 인하의 압력에 취약하고, 주문기업이 공급선을 다른 기업으로 변경하게 되면 엄청난 경영위험에 직면할 수 있는 단점이 있다.

최근 OEM에서 한 걸음 더 나아가 제조업자 개발생산(ODM: original development manufacturing)방식도 많이 이루어지고 있다. OEM은 제조업자가 원천기술 없이 주문기업이 제공하는 설계도에 따라 단순히 제품을 만들어 주문자상표를 붙여 공급하는 하청생산이다. 반면에, ODM은 제조업자가 보유하고 있는 기술력과 제품개발능력을 바탕으로 제품을 자체적으로 개발한 다음에 주문자상표를 붙여서 공급하는 방식으로, 개발 로열티 등을 받기 때문에 OEM보다 이익률이 높은 고부가가치의 생산방식이다. 우리나라 중소기업들의 기술력과 개발능력이 향상되면서 최근에는 ODM 계약이 많이 늘어나고 있다.

국제계약생산 : OEM사례

NIKE의 해외하청생산

먼저 Nike의 역사를 살펴보면, 1957년 미국 오레곤 주립대학에서 만난 육상선수 필 나이트(Phil Knight)와 코치 빌 바우어만(Bill Bowerman)에서부터 시작 되었다. 육상선수의 기록 향상을 위한 고성능 신발의 중요성을 깨달은 이들은 의기투합하여 1964년, 500달러씩 투자하여 Blue Ribbon Sports를 설립하였다. 나이트는 육상선수들에게 꼭 맞는 높은 품질의 운동화 제공을 컨셉으로 잡았으며 상대적으로 싼 해외에서 수입한다면 가격 경쟁력을 가질 수 있다고 믿었다. 설립 당시 일본의 유명한 고급운동화 제작회사인 "오니쓰카 타이거"로부터 자신들을 무역회사로 소개하여 타이거 슈즈 200켤레를 수입하면서 사업은 시작 되었다.

두 사람은 마땅한 가게도 없이 타이거 슈즈를 수입해서 차고에 쌓아놓고 이리저리 다니면서 팔았는데 언제까지 이렇게 떠돌아다닐 수만은 없다고 생각하여, 자신들의 경험을 살려 정말 육상 선수들에게 필요한 러닝화를 만들어 보기로 결심하였다. 어느 날 와플을 굽는 틀에서 아이디어를 얻어 그 틀에 고무 화합물을 넣고 밑창을 구운 다음에 그것을 잘라 신발 밑바닥으로 만들어 팔게 되었다. 그렇게 탄생한 나이키 러닝화는 육상선수들의 기록향상뿐만 아니라 마찰력과 쿠션효과도 좋아 발의 피로감까지 줄여주어 많은 호응을 받았다.

Nike의 어원은 승리의 여신 니케(NIKE)에서 유래되었는데, '니케'의 영어 발음이 '나이키'가 되었다. '스우시(swoosh)'라고 부르는 독특한 로고는 당시 포틀랜드 주립대의 학생인 캐롤린 데이비슨(Caroline Davison)이 여신 니케의 날개와 승리를 표현하는 "V"를 부드럽게 뉘어 놓은 것을 형상화 한 것인데, 로고에 지불된 돈은 단지 35달러였다.

Nike가 현재 소재하는 오리건 주 포틀랜드 교외의 미국본사는 연구개발과 제품디자인, 그리고 마케팅 전략만을 담당하고 있고, 실제로 나이키가 직접 투자하여 제품을 생산하는 공장은 전 세계의 어느 곳에도 가지고 있지 않다. 나이키는 생산시설을 짓는데 돈을 사용하지 않는 대신에 신제품개발과 디자인, 광고에 엄청난 자금을 쏟아 붓고 있다. 나이키가 유일하게 소유하고 있는 생산공장은 미국에 있는 에어백 생산공장 단 한 곳뿐이다.

신발, 모사, 스포츠의류 등의 나이키 제품들은 해외협력회사들과의 하청계약에 의해 이루어진다. 나이키가 필요로 하는 생산량을 해외협력회사와 하청생산계약을 통하여 미리 주문할 수 있는 것은 각국의 나이키 판매소매점으로부터 선주문(Future order) 방식을 도입하였기 때문이다. 나이키의 재고조정시스템인 선주문방식은 소매점들이 판매예상량의 80%정도를 시즌개시하기 6-8개월 전에 미리 주문하도록 하는 방식이다. 이렇게 함으로써 나이키는 예상생산량을 어느 정도 추정하여 생산계획을 짜서 해외협력업체에 생산량을 주문할 수 있고, 또한 이와 함께 불필요한 재고비용을 줄일 수 있게 된다. 나이키는 선주문방식을 활용함으로써 제때에 나이키제품을 공급할 수 있고, 또한 미리 선주문한 소매점에 10%의 가격할인혜택을 준다.

또한 Nike는 전 세계에 분산되어 있는 해외협력회사의 생산시스템을 효과적으로 관리하기 위해 정보기술을 활용하여 Nike 본사에서 만든 제품디자인을 인공위성통신으로 해외 하청업체 생산공장의 시스템으로 직접 전송함으로써 신속하고 정확하게 제품을 생산하고 있다. 본사와 해외 협력회사 계약공장은 전산으로 연결되어 마치 한 회사처럼 유기적으로 운영되고 있다. 또한 나이키 본사에서 파견된 직원이 해외협력회사의 생산공장에 상주하면서 제품의 디자인과 품질 등을 관리·감독하고 있다.

전략적 파트너와의 장기적인 계약관계 구축도 성공적인 생산네트워크 관리에서 빼놓을 수 없는 요소다. 나이키의 전략적 파트너는 대부분 10년 이상의 거래관계를 유지해오고 있다. 나이키의 여러 협력회사(하청업체) 중에 전략적 파트너는 이른바 최고의 협력업체라는 의미를 갖고 있으며 극소수 업체에만 이런 칭호가 주어진다. 전략적 파트너는 풍부하고 값싼 노동력이라는 생산기지로서의 이점뿐만 아니라 미래 판매시장으로서의 성장가능성도 함께 고려해 선정된다. 이와 같이 나이키는 국제계약생산을 통해 생산과 판매, 그리고 글로벌화와 현지화라는 어려운 과제를 해결하고 있다.

[www.nike.com / Nike Culture, Goldman & Papson, Sage]

국제계약생산 : ODM사례

ODM 맥주브랜드 '블루걸' 홍콩서 1위 질주

오비맥주는 홍콩·일본·이라크 등지에 1억 달러 이상 맥주를 수출하는 국내 맥주 수출 1위 기업이다. 지난 2012년 국내 주류업계 최초로 수출 1억 달러를 달성한 오비맥주는 현지인의 입맛에 맞는 맥주를 개발하며 시장을 넓혀나가고 있다.

오비맥주는 전 세계 30여 개국에 30여종의 다양한 맥주 제품을 '제조업자개발생산(ODM)' 방식으로 수출하고 있다. ODM은 제조업체가 독자적인 기술력과 노하우를 바탕으로 현지인의 기호에 맞는 제품을 직접 개발해 해외현지 유통업체에 공급하는 형태다. 주문자의 요구에 의해 제품을 만드는 주문자상표부착생산(OEM) 방식보다 한 차원 높은 기술력을 필요로 한다.

오비맥주가 ODM 방식으로 수출하는 대표적인 맥주 브랜드는 몽골의 프리미엄 맥주 '카스(Cass)'와 홍콩 시장점유율 1위인 '블루걸(Blue Girl)', 일본의 '구구또(Gugutto)' 등이다.

오비맥주의 카스는 1998년 몽골 시장에 진출했다. 몽골은 동절기에 영하 30~40도까지 내려가는 기후적 약점을 가지고 있지만 추운 날씨에도 차가운 맥주를 즐기는 소비자들을 보면서 몽골 맥주 시장에 잠재력이 있다고 판단했다. 예견은 적중했다. 오비맥주의 카스는 수년째 몽골 프리미엄 맥주 시장에서 1위를 차지하고 있다. 카스가 몽골인의 입맛을 사로잡은 비결은 오비맥주가 자체 개발한 보온 운송법에 있다. 이 덕분에 몽골의 추운 환경 속에서도 맥주가 얼지 않고 운송돼 맥주의 톡 쏘는 맛과 부드러운 목 넘김이 유지될 수 있었던 것이다.

오비맥주가 홍콩인들의 입맛에 맞춰 제조한 블루걸은 세계 맥주브랜드들의 각축장인 홍콩시장에서 2007년부터 점유율 1위를 기록하고 있다. 블루걸은 홍콩과 중국에서 유통을 전문으로 하는 '젭센'이 보유한 브랜드로 오비맥주 광주공장에서 제조하고 있다. 오비맥주 관계자는 "몽골 등 아시아시장 판로개척 성공사례를 발판으로 국가별 차별화된 마케팅 전략을 통해 수출 시장 공략을 강화하고 국산 맥주 세계화에 앞장서겠다."고 말했다.

[서울경제 2018.10.30.]

7.4 국제경영관리계약(International management contract)

국제경영관리계약이란 현지기업체와 계약에 의해 일정기간 동안 일상적인 경영활동을 관리하면서 경영관리 노하우를 이전하고 그 대가를 지급받는 방식이다. 자본투자를 하지 않고 외국기업체의 경영관리를 책임 맡아서 경영시스템이나 경영관리 노하우를 이전하고 경영수수료(management fee)를 받는다.

국제경영관리계약은 국제합작투자나 턴키프로젝트 등의 진입방식과 연계하여 사용되기도 한다. 예를 들어 현지국에서 일정비율 이상의 지분취득이 허용되지 않는 경우, 합작투자로 설립된 기업의 경영권을 이양받기 위한 수단으로도 활용된다. 또한 턴키계약을 통해 공장 설비를 발주자에게 넘겨준 이후에도 발주자 측에서 관리할 수 있는 능력을 갖출 때까지 일정기간 동안 그 사업체를 위탁경영하는 경우에도 이용된다.

한편 호텔 등의 세계적 서비스망을 가진 전문적인 기업들이 경영관리를 위탁받아서 현지기업체를 운영하기도 한다. 예를 들면 메리어트 인터내셔널이나 힐튼 월드와이드 등 세계적인 호텔 체인을 가진 기업들이 현지기업체와의 계약에 의해 일정기간 동안 위탁경영을 하면서 경영관리 노하우를 이전하고 수수료를 받는 국제경영관리계약을 맺기도 한다. 그러나 이들 기업은 일상적인 관리에 대한 결정권한만 있는 것이 일반적이며, 주요 경영정책의 변경과 같은 의사결정에 대한 권한은 없는 경우가 대부분이다.

국제경영관리계약-위탁경영

호텔신라, 위탁경영 방식 해외진출 확대

호텔신라가 국제적 경쟁력을 갖춘 차별화된 호텔운영 역량과 브랜드 파워를 바탕으로 해외 호텔 투자사들의 운영 요청을 수용해 위탁경영 방식으로 해외진출을 확대한다. 위탁경영 방식은 건물을 소유하고 있는 회사가 호텔경영 노하우가 있는 업체에 호텔 운영을 맡기는 것으로 일반적으로 세계적인 호텔 체인에서 주력해온 계약 방식이다.

신라호텔이 위탁경영 방식으로 해외 진출을 확대하는 이유는 대규모 투자에 따른 사업 리스크를 최소화하면서 브랜드와 운영력 등 호텔 경영노하우라는 무형자산을 해외로 수출해 안정적인 수익성을 확보할 수 있다는 장점이 있기 때문이다.

신라호텔이 세계 각지의 호텔에 위탁경영 방식으로 진출할 수 있게 된 것은 글로벌 호텔산업 투자사들로부터 △지난 40년간 국내 최고의 호텔을 운영해 온 운영역량 △해외에서도 럭셔리 호텔사업자로 평가받는 브랜드력 △신라스테이 출범 3년 만에 흑자로 전환한 성과 △지난 2006년 국내 호텔업계 최초로 중국 쑤저우의 '진지레이크 신라호텔'에 대한 위탁경영 경험 등 오랜 준비와 노하우를 인정받은 결과로 풀이된다.

신라호텔은 이르면 올해 말 베트남 다낭에 사업 초기부터 운영까지 신라 브랜드로는 처음으로 해외에 진출하고, 이후 동남아시아, 미국, 중국 등 해외 10여 곳에 진출해 글로벌 호텔로 도약할 계획이다. 특히 2021년에는 세계적 글로벌 기업이 진출해 있는 미국 실리콘밸리 새너제이(산호세)에 200여개 객실 규모로 프리미엄 비즈니스호텔을 오픈할 예정이다.

호텔신라는 면세점사업의 적극적인 해외 진출 덕분에 지난해 해외 매출이 전체 매출에서 차지하는 비중이 20%를 넘어선 데 이어 이번 호텔사업이 해외로 적극 진출하면서 글로벌 기업으로 더욱 탄력을 받을 수 있게 됐다.

신라호텔은 올해 베트남 다낭에 진출하면서 '신라 모노그램(Shilla Monogram)'이라는 새로운 호텔 브랜드를 선보인다. '신라 모노그램'은 '신라호텔(더 신라, The Shilla)'의 대표적인 서비스와 현지의 상징적 특성이 조화롭게 어우러진 호텔이라는 의미로 신라호텔의 품격과 가치에 라이프스타일 콘셉트를 접목한 새로운 고급 호텔로서 세심하고 편안한 서비스를 제공할 계획이다.

이로써 신라호텔은 최고의 품격과 가치를 경험하게 하는 럭셔리 브랜드 '더 신라(The Shilla)'와 고급 브랜드인 '신라 모노그램(Shilla Monogram)', 합리적 가치의 프리미엄 비즈니스호텔 '신라스테이(Shilla Stay)'로 3대 호텔 브랜드 체계를 구축하게 됐다.

[내일신문 2019.01.15.]

7.5 턴키계약 (Turnkey project)

턴키계약 또는 턴키 프로젝트는 흔히 플랜트 수출(plant export)이라고도 한다. 이 방식은 사업자가 공장이나 주요 산업시설 등의 프로젝트를 발주 받아서 설계, 시공 및 감리까지 일괄 수주하여 공장시설의 모든 설비가 가동되는 상태에서 발주자에게 공장열쇠를 넘겨주는 운용설비 건설계약이다. 즉 열쇠(key)를 돌리면(turn) 모든 설비가 가동될 수 있는 상태로 발주자에게 인도되는 계약방식을 의미한다. 발전소, 정유소, 화학공장, 고속도로, 항만, 고속철도 등의 건설과 관련하여 엔지니어링, 기자재 구매, 시공, 설치 등 공사 전 과정을 거쳐 설비가 완전히 가동되는 상태에서 발주자에게 인도하는 일괄도급식 계약의 형태이다.

예를 들면, 1970년에 착공된 우리나라 고리의 원자력발전소 1호기는 미국의 웨스팅하우스(westinghouse electric)가 주 도급업체가 되어 턴키계약 방식으로 1978년에 완성하였다. 우리나라는 핵기술 및 연관기술의 낙후성 때문에 라이선싱이나, 주요 기계설비의 수입만으로는 원자력발전소를 자체적으로 완성하는 것은 도저히 불가능하였기 때문에 이와 같이 턴키방식으로 원자력발전소를 건설할 수 있었다. 이러한 턴키계약을 통하여 웨스팅하우스로부터 연관기술을 이전받아 원자력발전소 11, 12호는 국내기업이 주 도급업체가 되어서 완성하게 되었다.

2009년 12월에 한국전력 컨소시엄은 아랍에미리트(UAE) 원자력 공사와 UAE 원전건설의 턴키계약을 체결하여, 처음으로 원전 플랜트 수출의 길을 열었다. 이는 국내 플랜트 수출 역사상 최대 규모의 프로젝트이고, 한국에 원전기술을 가르쳐 준 미국 웨스팅하우스가 하청업체로 함께 참여하게 되었다.

한편 턴키 플러스(turnkey plus)방식은 턴키계약에서 한 걸음 더 나아가 프로젝트의 발주자가 독자적으로 사업을 영위할 수 있도록 사업자가 경영관리나 근로자훈련 등의 서비스를 추가로 제공하는 계약이다.

턴키계약의 수요자는 주로 각국의 정부인데, 대규모 사업인 경우가 많으며 협상과정도 복잡하다. 상당한 자본과 시간의 투입을 필요로 하기 때문에 사업자는 주로 컨소시엄을 형성하여 사업위험을 분산시킨다. 한편 계약서의 작성도 매우 중요한 데, 턴키계약의 주요 내용인 대금지불과 파이낸싱 조건, 계약당사자 측의 의무와 책임, 불가항력의 범위, 계약위반에 따른 분쟁해결방법 등을 계약서에 자세히 명시해 놓아야 한다.

턴키계약-1

대한전선, 호주에서 1385억원 규모 초대형 수주 따내

호주 지중 케이블 최고 전압인 330kV급 전력망 구축 턴키 프로젝트

대한전선이 호주에서 초대형 턴키 프로젝트 수주에 성공하며, 시장 내의 입지를 굳혔다. 대한전선은 19일 공시를 통해 호주 뉴사우스웨일스 주 (NSW : 시드니가 속한 호주 남동부 주) 전력청인 트랜스그리드(TransGrid)와 전력망 구축 프로젝트를 계약했다고 밝혔다. 계약 금액이 한화 약 1385억 원에 달하는 대규모 프로젝트다.

이 프로젝트는 호주 시드니 도심과 주변 지역의 전력 수요 증가에 대비해 신규 전력망을 구축하는 것으로, 대한전선은 330kV급 케이블 및 접속재 공급뿐만 아니라 전력망 설계, 포설, 접속 및 시험까지 책임지는 풀 턴키(Full Turn-key) 방식으로 프로젝트를 수행한다.

330kV는 호주의 지중 케이블 중 가장 높은 전압으로, 다른 전압에 비해 시장 진입이 쉽지 않은 품목이다. 대한전선은 호주에서 성공적으로 수행한 턴키 프로젝트 실적과 기술 기반의 영업 활동을 통해 최종 낙찰자로 선정됐다.

실제로 대한전선은 2004년 33kV 케이블을 호주에 납품하며 오세아니아 전력 시장의 첫 문을 연 이후, 호주 132kV, 275kV 및 뉴질랜드 220kV 전력망 등 굵직한 턴키 프로젝트들을 성공적으로 수행하며 높은 신뢰를 받아왔다.

대한전선 관계자는 "이번 프로젝트는 시드니 지역의 안정적인 전력 공급을 위해, 시드니 최대 송전 전력청인 트랜스그리드가 수년간 준비해온 중요 프로젝트"라고 밝히며, "유수의 글로벌 기업과의 경쟁에서 당사가 수주하게 되어 큰 의미"라고 말했다. 아울러 그는 "호주는 가파른 인구 증가세로 인해 국가 주도의 대규모 인프라 확장이 추진되고 있어, 지속적인 시장 확대가 기대된다."며 "턴키 수행 능력과 차별화된 수주 전략으로 시장 환경에 민첩하게 대응하여 호주 시장에서의 경쟁력을 더욱 공고히 할 것"이라고 덧붙였다.

[뉴시스 2019.12.19.]

턴키계약-2

수자원공사 솔로몬제도에서 수력발전 턴키 계약 체결

환경부와 한국수자원공사는 솔로몬제도 수도인 호니아라에서 티나 강 수력발전사업을 총괄하는 일괄도급식 (턴키) 계약을 체결한다고 29일 밝혔다. 솔로몬제도는 남태평양 파푸아뉴기니 동쪽에 위치한 인구 61만 명의 작은 나라다. 전체 인구의 10% 정도만 전기를 사용할 정도로 전력 사정이 열악하다.

환경부와 수자원공사에 따르면 현지시간 30일 현대엔지니어링과 THL이 호니아라에서 턴키계약을 체결한다. THL은 수자원공사가 티나 수력발전사업을 위해 설립한 현지법인이다. 환경부는 "이번 계약 체결로 현대엔지니어링은 앞으로 4년 6개월간 수력발전소 건설을 담당하며, 수자원공사는 완공 이후 THL을 통해 30년간 댐 및 발전시설 등을 운영하게 된다."고 설명했다.

티나 강 수력발전사업은 솔로몬제도의 열악한 전력 인프라를 확충하는 사업이다. 솔로몬제도는 경유를 전량 수입해 발전기를 돌리고 있어 발전 단가가 높다. 전력망도 제대로 갖춰지지 않아 솔로몬제도 전체 인구의 10% 정도만 전기의 혜택을 받고 있다.

티나 강 수력발전사업은 호니아라 남동쪽 20㎞ 인근에 높이 71.5m의 발전용 댐과 15MW 규모의 수력발전소를 건설하는 민·관 협력사업이다. 총사업비로 2억1100만 달러(2500억 원 규모)가 소요된다.

한국수출입은행과 세계은행, 녹색기후기금(GCF) 등 금융기관 6곳은 솔로몬제도 정부에 자금지원을 하며, 국제금융공사(IFC)와 국제투자보증기구(MIGA)는 각각 솔로몬제도 정부 측 자문사와 자본금 투자보증기관 역할을 수행한다.

수자원공사는 지난 27일 호주 시드니에서 솔로몬제도 정부로부터 전체 사업비의 95% 규모인 약 2억 달러를 조달하는 금융계약을 체결해 올해 말로 예정된 공사 착수를 위한 사전 준비를 끝냈다.

이학수 수자원공사 사장은 “티나 강 수력발전사업에는 1200억 원 규모의 국산 기자재와 인력이 투입돼 국내 일자리 창출과 투자 활성화에도 기여할 것”이라고 말했다.

[국민일보 2019.09.29.]

7.6 BOT 방식

BOT란 build, operate, transfer의 약자로서 주요 산업시설이나 설비를 건설(build)한 후, 일정기간(보통 20~30년)동안 직접 운영(operate)함으로써 투자비와 이익을 회수하고 나서, 산업시설이나 설비를 현지국 발주자에게 이양(transfer)하는 방식, 즉 발주자에게 기부채납하는 형태의 사업방식이다.

BOT방식은 턴키 프로젝트와 마찬가지로 주요 산업시설의 건설이나 운영설비 분야의 건설 등에서 활용되어 왔다. 예를 들면, 개발도상국의 기본통신사업 분야에 진출할 때 선진국 통신사업자들에 의해 사용되기도 하였다. 선진국 통신사업자들은 통신설비의 건설을 위한 자금조달, 전반적인 기획과 타당성 조사, 이에 수반되는 각종 건설, 토목, 엔지니어링, 경영활동 등을 포괄적으로 담당하여 통신망을 구축한 다음, 직접 통신사업을 영위하면서 일정 계약기간 동안 운영수익을 거둔 후에 현지국 정부에 이양하였다.

BOT 방식은 실제 운영기간 중에 수요증가나 영업성과 향상에 따른 이익증대의 기회가 주어진다는 장점이 있는 반면에, 이러한 이익이 보장된 것이 아니라는 단점을 가지고 있다. 또한 투자회수 기간이 길기 때문에 정치적 위험도 존재한다.

<표 7-1>은 BOT방식과 턴키방식의 차이점을 보여주고 있다. 턴키계약이 자금조달을 발주자가 하고, 소유권도 발주자에게 있으며, 발주자의 대금지급이 사업자의 수입원이 된다. 반면에 BOT방식은 사업자가 자금조달을 하고, 소유권은 정해진 시간 뒤에 사업자로부터 발주자에게 이양되며, 투자회수는 설비의 운영수익으로부터 이루어진다는 차이점이 있다.

〈표 7-1〉 BOT방식과 턴키방식의 차이점

계약형태	자금조달[12)]	소유권	운영 및 관리	투자회수
턴키방식	발주자	발주자	발주자	발주자의 대금지급
BOT방식	사업자	사업자→발주자	사업자→발주자	운영수익

BOT방식-1

SK건설 英실버타운 터널, '올해의 유럽 교통 프로젝트' 선정

SK건설은 영국에서 진행하는 '실버타운 터널 프로젝트'가 글로벌 금융 전문지 PFI(Project Finance International)의 '올해의 유럽 교통 프로젝트'에 선정됐다고 7일 밝혔다.

실버타운 터널 프로젝트는 SK건설이 국내 건설사 최초로 서유럽에서 추진하는 민관 협력 사업이다. 영국 런던 템스강 하부를 관통해 실버타운과 그리니치를 연결하는 편도 2차선 도로터널 2개를 건설한다. 준공 후 25년간 운영한 뒤 런던시로 이관하는 BOT(Build Operate Transfer) 방식이다.

앞선 지난해 11월 SK건설은 스페인 신트라와 호주 맥쿼리, 영국 애버딘, 네덜란드 밤 등과 컨소시엄을 구성해 총투자비 약 10억 파운드(약 1조5000억 원)를 프로젝트 파이낸싱(PF) 방식으로 조달했다. 한국수출입은행과 한국무역보험공사, KDB산업은행, 하나은행, 우리은행과 독일 KfW, 영국 Aviva 등 국내외 금융기관 14곳이 대주단으로 참여했다.

SK건설은 지난해에도 터키에서 진행하는 '차나칼레 프로젝트'가 PFI의 '올해의 터키 프로

12) 턴키계약에서 자금조달은 발주자 자체자금으로 하는 경우도 있지만, 최근에는 사업자(주로 컨소시엄)가 건설하려는 프로젝트의 미래 수익성을 담보로 금융기관들로 구성된 대주단(syndicate)으로부터 자금을 조달하는 프로젝트 파이낸싱(PF:project financing)을 많이 이용한다. BOT방식도 사업자가 주로 프로젝트 파이낸싱을 이용해 자금을 조달한다.

젝트'로 선정됐다. 이 사업은 터키 다르다넬스 해협을 횡단하는 세계 최장 현수교를 건설하는 사업이다. 국내외 총 10개국, 25개의 금융기관이 대주단으로 참여해 지난해 3월 사업비 중 23억 유로(약 3조원)를 PF로 조달했다. 안재현 SK건설 사장은 "유럽에서 2년 연속 글로벌 금융상을 수상하게 돼 영광"이라며 "글로벌 디벨로퍼로서 전 세계 다양한 지역에서 사업 기회를 모색하겠다"고 했다.

[조선비즈, 2020.02.07.]

BOT방식-2

시노펙스, 인니 수방市에 25년간 수돗물 공급

시노펙스가 인도네시아 수방시의 수돗물공급사업자가 됐다. 25년 간 막여과 정수장 건설과 운영을 맡는데 향후 주변 지역의 추가 정수장 건설도 예상된다. 시노펙스는 인니 수방시의 '찌아씀-블라나깐' 지역의 정수장 건설, 운영 및 개보수 사업에 대한 본 계약을 체결했다고 14일 밝혔다. 25년 간 수방시의 수돗물 공급 사업자로서 건설과 운영을 맡는다. 회사는 수방시 주민들의 수도요금을 받아 수익을 낸다.

시노펙스가 건설하게 될 막여과 정수장은 노후화된 찌아씀 정수장에 대한 개선과 신규 설비의 증설을 통해, 찌아씀 및 인접한 블라나깐 지역의 10만여 가구를 대상으로 수돗물을 공급하게 된다. 특히, 지난 9월 LG화학으로부터 인수한 MF(Micro-Filtration)멤브레인을 적용하는 첫 번째 현장이 될 것이며, 초당 100리터 이상의 물을 공급할 수 있다.

BOT (Build-Operate-Transfer: 시공 운영 후 이전) 방식으로 진행되는 정수장은 25년의 계약기간이 종료되면 소유권은 수방 시로 이전된다. 하지만 소유권 이전 이후에도 지속적으로 발생되는 멤브레인 및 필터 등의 소모품 매출은 계속 이어진다.

시노펙스는 이번에 건설하게 될 인도네시아 지역 1호 정수장인 찌아슴-블라나깐 정수장 건설 외에도 수방시 내의 다른 정수장들을 대상으로 이미 우선협상대상자의 유리한 위치를 점하고 있기 때문에 추가적인 정수장 건설 공급도 전망되고 있다. 거기에 수방시 외 반둥바랏주, 중부자와주 등의 지역에서도 적극적인 관심을 보이고 있다.

한구웅 시노펙스 인도네시아 현지법인 대표는 "인도네시아 현지의 여러 상황과 해외 여러 기업들과의 경쟁 등 쉽지 않은 여건 속에서도 우수한 제품과 기술력을 바탕으로 한 노력의 성과"라며 "이를 계기로 추가적인 정수장 및 생수 등 시노펙스의 제품 및 기술 경쟁력이 실현되는 다양한 사업으로 접목시켜 나갈 것"이라고 밝혔다.

[서울경제 2019.11.14.

참고문헌

반병길, 국제경영, 박영사, 2000.
전용욱, 김주헌, 윤동진, 국제경영, 문영사, 2008.

Bartlett, Christopher A., Sumantra Ghoshal and Paul W. Beamish, *Transnational Management: Text, Cases & Readings in Cross-Border Management*, 5ed., McGraw-Hill, 2007

Czinkota, Michael R., Ilkka A. Ronkainen and Michael H. Moffett, *Fundamentals of International Business*, 1st/Asia-Pacific ed., John Wiley & Sons, 2009.

Daniels, John D., Lee H. Radebaugh and Daniel P. Sullivan, *International Business: Environments and Operations*, 11th ed., Prentice Hall, 2005.

Deresky, Helen, *International Management: Managing Across Borders and Cultures*, 6ed., Prentice Hall, 2008

Goldman, R. and S. Papson, *Nike Culture: The Sign of the Swoosh*. London, Sage, 1998.

Griffin, Ricky W. and Michael W. Pustay, *International Business: A Managerial Perspective*, 4ed., Pearson Higher Education, 2003.

Hill, Charles W. L., *International Business: Competing in Global Marketplace*, 7ed., McGraw-Hill, 2008.

Luthans, Fred and Jonathan Doh, *International Management: Culture, Strategy, and Behavior*, 7ed., McGraw-Hill, 2008.

Root, Franklin, *Entry Strategies for International Markets*, Lexington Books, 1994.

Rugman, Alan M. and Richard M. Hodgetts, *International Business*, 3ed., Financial Times Prentice Hall, 2003

Wild, John J., Kenneth L. Wild and Jerry C. Y. Han, *International Business*, 3ed., Prentice-Hall, 2005

제8장

해외직접투자

앞장에서 살펴본 수출이나 국제계약형태와 비교해 볼 때, 해외직접투자는 해외사업에 대한 경영권 참여와 강한 통제력을 행사할 수 있다. 이 장에서는 해외직접투자의 개념, 우리나라의 해외직접투자 동향, 그리고 해외직접투자를 하는 동기가 무엇인지를 살펴본다. 또한 해외직접투자의 소유권별 형태와 진입방식별 형태, 그리고 해외직접투자의 일반적 성공요인을 알아본다.

8.1 해외직접투자의 개념

1. 해외직접투자의 의의

해외직접투자(FDI: Foreign Direct Investment)는 현지투자국에 자본, 기술, 경영, 인력 등을 투입하여 현지국에서 직접 제품을 생산하여 현지국 시장에 판매하거나, 본사국이나 제3국으로 수출하는 해외시장 진출전략 중의 하나이다.[13]

해외직접투자의 개념을 구체적으로 이해하기 위하여 해외간접투자(Foreign Indirect Investment)의 개념과 비교해 보자. 자본이동이 국제적으로 이루어진다는 점에서 양자는 같

---

13) 우리나라에서는 외국기업의 한국으로의 해외직접투자를 외국인직접투자라고 부른다.

지만, 해외간접투자의 경우에 투자자가 외국의 주식이나 채권 등에 투자하여 자본이득(capital gain)이나 배당 또는 이자소득을 목적으로 한 투자이므로 국제포트폴리오투자(international portfolio investment)라고도 한다. 반면에, 해외직접투자는 투자자가 직접 해외자회사 경영에 참여하여 경영권을 행사할 목적으로 투자한다는 점에서 해외간접투자와 구별되는 개념이다. 즉 해외직접투자는 투자기업이 경영에 직접 참여할 목적으로 자본, 경영노하우, 생산기술, 인력, 상표 등의 경영자원을 포괄적으로 현지자회사에 이전시키는 글로벌 경영활동이라 할 수 있다.

소유권별 형태를 보면, 100%지분의 단독투자와 공동소유의 합작투자(joint venture investment)가 있다. 그리고 진입방법별 형태는 공장이나 기업을 직접 건설하는 직접설립(greenfield investment)과 매입하는 인수·합병(M&A)이 있다.

해외직접투자는 피투자국에 자본, 기술, 마케팅 노하우 및 경영 노하우 등을 일괄적으로 이전시켜 줄 뿐 아니라, 현지국에서 생산하면서 고용을 확대하고 수출기회를 증진시키거나 수입대체효과도 가져옴으로써 피투자국의 경제에 긍정적인 효과를 미치고 있다. 따라서 오늘날 각국 정부는 외국기업에 의한 해외직접투자를 유치하고자 상당한 노력을 하고 있으며, 이를 위하여 세제감면, 금융지원 등의 많은 투자유인을 제공하고 있다.

낮은 법인세 사례

낮은 법인세 매력에…헝가리 최대 투자국이 된 한국

올해 헝가리에 대한 외국인 직접투자 규모에서 한국이 독일을 제치고 1위에 오를 것으로 알려져 화제가 되고 있다. 10일 한국은행에 따르면 최근 헝가리 부다페스트에서 열린 한·헝가리 수교 30주년 행사에서 죄르지 머톨치(Gyorgy Matolcsy) 헝가리 중앙은행 총재는 "올해 한국이 외국인 직접투자 1위에 오를 것"이라고 밝혔다. 국내 인사 중에서는 이주열 한은 총재와 최규식 주 헝가리 대사 등이 행사에 참석했다.

기존의 대(對)헝가리 외국인 직접투자 1위는 인근 국가인 독일이었다. 헝가리에서 가장 규모가 큰 산업인 자동차와 관련해 독일 기업 투자가 많았기 때문이다. 독일의 자동차 회사인 아우디와 메르세데스 벤츠가 현지 공장을 운영 중이며, BMW도 공장을 짓고 있다.

하지만 올해 들어 한국 대기업들이 전기차용 배터리 공장을 헝가리에 짓기로 하면서 상황이 달라졌다. 올해 초 삼성SDI와 SK이노베이션이 이사회를 열고 각각 5600억 원, 9452억 원을 헝가리에 투자하겠다고 밝힌 바 있다. 삼성SDI는 기존 전기차 배터리 공장설비 증설을 위한 것이었고, SK이노베이션은 헝가리에 두 번째 전기차용 배터리 공장을 짓기 위한 목적이었다.

이처럼 삼성SDI, SK이노베이션 같은 국내 대기업들이 헝가리 투자에 적극 나서는 가장 큰 이유는 낮은 법인세율 때문이다. 세금정책 연구기관 택스 파운데이션(Tax Foundation)의 2018 국가분석 자료에 따르면 헝가리는 현재 유럽에서 가장 낮은 수준인 9%의 고정 법인세율을 운영하고 있다. 한은 관계자는 "최근 국내 기업이 헝가리 투자에 적극 나서면서, 한국에 보내는 러브콜이 더 강해지고 있는 상황"이라며 "외국인 직접투자 유치를 위해 파격적으로 법인세율을 내리고, 투자 매칭에까지 나선 것으로 알고 있다"고 귀띔했다.

한국수출입은행에 따르면 2017년 1300만 달러에 불과했던 헝가리 직접투자 규모는 지난해 3억9300만 달러로 급증했고, 올해는 지난 6월말 기준 이미 작년 수준에 육박하는 3억6100만 달러를 기록한 상황이다. 신규법인수도 2017년 8개에서 작년 19개, 그리고 올해는 상반기에만 20개에 달했다. 그러면서 2년 전 해외직접투자 규모 60위에 불과했던 순위도 작년에 22위로 껑충 뛴데 이어 올해는 16위까지 오른 상황이다.

입지조건도 좋다. 헝가리는 오스트리아·크로아티아·루마니아·슬로바키아·우크라이나·슬로베니아·세르비아몬테네그로 등 유럽 7개국과 국경을 접하고 있다. 특히 내륙 고속도로 인프라스트럭처가 우수하며, 수도 부다페스트에서 2시간 거리에 다른 유럽 국가로의 이동도 가능하다.

한편 최근 열린 한·헝가리 수교 30주년 행사에서도 헝가리 내 달라진 한국의 위상을 실감할 수 있었다는 후문이다. 한 행사 참석자는 "헝가리 중앙은행 총재가 책임자 10여 명을 데리고 컨퍼런스에 참석해 이주열 총재에게 질문을 쏟아 부었다"며 "헝가리가 한국처럼 국가 성장을 도모하는 데 필요한 정책과 중앙은행의 역할 등을 쉴 새 없이 물었다"고 말했다.

[매일경제. 2019.12.10.]

2. 해외직접투자의 장·단점

수출이나 국제계약형태의 진출방식과 비교하여 볼 때, 해외직접투자는 다음과 같은 장점을 갖고 있다.

첫째, 수출이나 국제라이선싱과는 달리 해외직접투자는 제품생산, 기술이전, 마케팅 활동 등에 대한 높은 통제가 가능하다. 따라서 해외직접투자는 기업에게 현지국에서 자신의 경쟁우위(competitive advantage)를 최대한 활용할 수 있는 기회를 제공한다.

둘째, 해외직접투자는 수출시 요구되는 운송비와 통관비용 등을 절감할 수 있고, 현지국의 저렴한 노동력이나 원자재 등의 사용으로 생산비용을 절감하거나, 각종 수입 장벽을 회피할 수 있는 등 여러 이점을 제공한다.

셋째, 해외직접투자는 마케팅 측면에서도 여러 이점을 제공한다. 예를 들면 현지생산을 통하여 기업은 현지소비자의 기호에 맞게 제품을 수정할 수 있는 기회를 높일 수 있고, 현지중간상 또는 최종소비자들에게 더욱 신속히 제품을 인도해 줄 수 있으며, 더 높은 수준의 판매 후 서비스를 제공할 수 있다.

넷째, 해외직접투자는 현지화를 통해 현지기업 이미지(local company image)를 현지소비자들에게 심어줄 수 있다는 점이다.

수출이나 국제계약형태의 진출방식과 비교하여 볼 때, 해외직접투자의 단점은 다음과 같다.

첫째, 수출이나 국제계약형태 등의 다른 진입방식들 보다 상대적으로 많은 자본투자와 그에 따른 높은 사업위험에 노출된다는 점이다.

둘째, 자본회수 기간이 길고, 사업 실패 시에 철수비용이 높다는 점이다.

3. 글로벌 경영과 해외직접투자의 관계

기업이 문화적, 경제적, 정치적, 법률적 환경이 다른 여러 국가로 진출하여 범세계적 관점에서 사업 활동을 전개하는 행위가 글로벌 경영이다. 예를 들면 어떤 한국기업이 한국을 본사국으로 하여 2개국 이상의 국경을 넘어서 수출입, 국제계약, 해외직접투자의 세 가지 형태 중에서 어느 한 형태 이상의 국제적인 사업 활동을 수행하는 것을 글로벌 경영이라 할 수 있다.

그러나 이 세 가지 형태 중에서 해외직접투자를 통한 비즈니스 거래행위가 글로벌 경영을 수행하는데 가장 복잡한 형태의 성격을 띠게 된다. 왜냐하면 해외직접투자는 현지자회사에 대한 경영권 참여를 주된 목적으로 하고 있기 때문에 해외직접투자를 하게 되는 투자대상국의 정치, 경제, 사회, 문화, 법률적 환경에 대한 이해와 더불어 현지자회사의 생산, 재무·회계, 마케팅, 인사, 노무 등의 기능적 관리를 동시에 수행해야 하기 때문이다.

그러므로 기업은 해외직접투자를 통해 여러 국가에 해외자회사를 설립하여 경영할 수 있고, 본사와 해외자회사들 간의 조정 및 통제를 하면서 글로벌 관점에서 경영계획을 수립하고 추진하는 모든 사업 활동, 즉 글로벌 경영활동을 전개하게 되는 것이다. 따라서 글로벌 경영의 핵심적 출발점은 바로 해외직접투자에서 비롯된다고 해도 과언이 아니다.

8.2 우리나라의 해외직접투자 동향[14)]

1. 우리나라의 해외직접투자 전체 동향

우리나라 대기업, 중소기업, 개인 등의 해외직접투자는 투자금액에서 매년 크게 증가해 오고 있다. <표 8-1>에서 우리나라 해외직접투자 전체 동향을 살펴보면, 해외직접투자금액은 2015년 303.7억 달러에서 불과 4년이 지난 2019년에는 는 618.5억 달러를 기록하면서 2배가 넘게 증가하였다. 그리고 전년대비 증감률을 보면 매년 큰 폭으로 해외직접투자가 증가하는 것을 알 수 있다.

〈표 8-1〉 우리나라 해외직접투자 전체 동향

(단위: 억 달러)

	2015	2016	2017	2018	2019
투자금액	303.7	397.9	447.2	511.0	618.5
전년대비 증감률	6.2%	31.0%	12.4%	14.3%	21.0%

2. 세계 지역별 해외직접투자 동향

우리나라의 세계 지역별 해외직접투자는 <표 8-2>에서 볼 수 있듯이, 아시아 지역이 가장 많은 해외직접투자를 하는 지역이며, 그 다음으로 북미, 유럽, 중남미, 대양주, 중동, 아프리카 순으로 해외직접투자가 많이 이루어지고 있다. 우리나라가 속해 있는 아시아지역 투자에 이어서 북미, 유럽, 그리고 중남미 지역으로의 투자가 꾸준히 증가하면서 투자지역도 지속적으로 다변화되어 가고 있음을 보여주고 있다. 2015년부터 2019년 사이에 아시아, 북미, 유럽, 중남미, 아프리카에서 매년 크게 증가하고 있으며, 특히 유럽과 아프리카에서 투자금액이 상당히 증가하고 있는 추세이다. 반면에 대양주에서는 2015년 대비 2019년까지의 우리나라 해외직접투자

14) 기획재정부와 한국수출입은행의 해외직접투자 통계자료를 참고하였음.

금액은 정체되어 있고, 중동에서의 해외직접투자는 다소 감소하는 추세를 보이고 있다.

〈표 8-2〉 우리나라 세계 지역별 해외직접투자 동향

(단위: 억 달러)

	2015	2016	2017	2018	2019
투자금액	**303.7**	**397.9**	**447.2**	**511.0**	**618.5**
아시아	107.4	111.5	133.6	175.2	199.8
북미	76.2	149.8	155.2	116.8	159.3
유럽	35.0	45.4	71.6	118.0	135.6
중남미	55.5	62.2	68.3	83.1	102.6
대양주[15]	12.5	16.3	9.5	6.7	9.9
중동	15.6	11.1	6.6	9.6	5.9
아프리카	1.5	1.7	2.3	1.6	5.4

3. 주요 업종별 해외직접투자 동향

우리나라 기업의 해외직접투자를 주도해온 업종은 제조업이지만, 2000년대에 들어서면서 전체 해외직접투자에서 제조업이 차지하는 비중은 점차 감소하는 추세를 보여 왔다. <표 8-3>에서 보듯이, 2015년에 전체 해외직접투자에서 제조업의 비중은 26.5%, 금융보험업의 비중은 23%였다. 그러나 2019년에는 제조업이 전체 해외직접투자에서 29.6%를 차지하며 소폭 증가하는데 그쳤지만, 금융보험업의 비중은 40.5%로 대폭 증가하는 추세를 보이고 있다. 금융보험업 중 특히 금융업 내에서 우리나라 기관투자가들의 미국을 중심으로 한 해외펀드투자가 대폭 증가하고 있기 때문이다.

광업은 우리나라 기업들의 해외자원 개발투자에 힘입어 2000년대 초반에는 상당히 증가하다가 최근에는 다시 그 비중이 줄어들고 있다. 2015년에 광업은 전체 해외직접투자에서 11.5%를 차지했지만, 2019년에는 4.1%로 광업의 비중이 대폭 감소하고 있다. 부동산투자 및 임

15) 오세아니아를 말하며, 호주, 뉴질랜드 등 남태평양 섬들을 포함한다.

대업은 큰 변동 없이 전체 해외직접투자액의 10% 이상을 꾸준히 차지하고 있지만, 2019년에 전년대비 33.3% 증가한 것은 미국과 프랑스에 대한 부동산 투자가 큰 폭으로 증가한 때문이다. 도소매업은 2016년과 2017년에 크게 증가하다가 2018년, 2019년 계속 감소하고 있는데, 상품중개업과 자동차부품 판매업의 투자가 감소하는데 기인한다.

〈표 8-3〉 우리나라 주요 업종별 해외직접투자 동향

(단위: 억 달러)

	2015	2016	2017	2018	2019
투자금액	303.7	397.9	447.2	511.0	618.5
제조업	80.5	87.4	88.6	161.2	183.5
금융보험업	69.7	88.9	131.8	172.3	250.4
부동산업	43.2	61.8	37.7	52.0	69.3
광업	35.1	29.1	13.8	21.1	25.1
도소매업	22.9	58.4	95.9	24.9	20.3
기 타	52.3	72.3	79.4	79.5	69.9

4. 진입방식별 해외직접투자 동향

해외직접투자를 통하여 진출하는 국가에서 법인(자회사)을 직접 설립하는 신규설립방식(greenfield investment)과 해외의 기존법인 지분을 인수하는 국제 M&A방식이 있는데, 우리나라 기업들은 전통적으로 신규설립방식을 대체로 선호해 왔다. 그러나 <표 8-4>에서 보듯이, 국제 M&A방식도 꾸준히 증가해 오고 있다. 전체 해외직접투자에서 국제 M&A비중이 2015년 28%에서 2017년도에는 48%를 차지할 정도로 그 비중이 크게 증가하면서 국제 M&A도 우리나라 기업의 주요 해외진출방식으로 자리를 잡아가고 있다는 것을 보여주고 있다.

〈표 8-4〉 우리나라 진입방식별 해외직접투자 동향

(단위: 억 달러)

	2015	2016	2017	2018	2019
투자금액	**303.7**	**397.9**	**447.2**	**511.0**	**618.5**
신규설립	213.6	236.2	230.4	359.3	422.7
국제 M&A	85.1	158.5	214.2	149.9	193.6

5. 투자지분별 해외직접투자 동향

<표 8-5>에 나타나듯이 단독투자는 2015년 57.4%, 2016년 56.8%, 2017년 68.1%, 2018년 63.9%, 2019년 64.1%로 계속 높은 비중을 차지하고 있다. 이것은 우리나라 기업이 합작투자보다는 단독투자(100% 지분)를 더욱 선호하는 경향이 강하다는 것을 보여주고 있다. 우리나라 기업은 해외자회사에 대한 완전한 경영통제권을 행사하면서 모기업의 경영방침이 해외자회사에게 신속히 전달되는 스피드 경영을 선호하는데 그 이유가 있다

합작투자 방식은 다수지분, 동등지분, 소수지분의 형태가 있다. 우리나라는 합작투자의 경우 51%이상의 다수지분을 소유하는 비중이 가장 높고, 그 다음이 소수지분이며, 가장 낮은 비중을 차지하는 것이 동등지분 합작투자이다. 다수지분의 경우 우리나라 기업이 합작법인의 경영통제권을 확보할 수 있기 때문에 기업의 의도대로 신속한 의사결정이 가능하다. 단독투자와 다수지분의 투자금액을 합쳤을 경우 그 비중은 2015년 84.9%, 2016년 85%, 2017년 84.8%, 2018년 83.7%, 2019년 82%로 모두 80%가 넘는 것을 알 수 있다. 이것은 우리나라 기업이 해외직접투자를 할 경우에 해외자회사에 대하여 경영통제권을 확보하는 것을 매우 중요시하고 있다는 것을 보여 주는 지표이다.

반면에 우리나라 기업이 합작투자를 할 경우 동등투자가 거의 2%대 또는 그 이하일 정도로 전체 투자지분별 해외직접투자 중에서 가장 낮은 비중을 차지하고 있다. 동등지분 합작투자의 경우에는 우리 기업들이 합작파트너와 경영통제권을 동등하게 공유하게 되므로, 합작파트너 간에 경영관련 문제에 의견충돌이 생기면 신속한 의사결정을 내리기 힘든 경우가 많이 발생하게 된다는 점에서 우리나라 기업이 가장 회피하는 합작투자방식이다.

〈표 8-5〉 우리나라 투자지분별 해외직접투자 동향

(단위: 억 달러)

	2015	2016	2017	2018	2019
10%미만	9.7	5.1	4.9	9.0	5.5
10%이상-50%미만	29.3	46.5	56.8	70.1	97.2
50%	7.2	8.3	6.2	3.9	8.7
50%초과-100%미만	83.4	112.2	74.9	101.2	110.7
100%	174.2	225.9	304.5	326.7	396.3
투자금액	303.7	397.9	447.2	511.0	618.5

6. 기업규모별 해외직접투자 동향 (투자금액과 신규법인 수)

<표 8-6>은 우리나라 대기업, 중소기업, 개인 등의 투자금액과 설립한 신규법인 수에 관한 해외직접투자 동향을 보여주고 있다.

먼저 투자금액에서 볼 때, 대기업은 전체 해외직접투자금액 대비 2015년 80.5%, 2016년 81.2%, 2017년 80.9%, 2018년 76.1%, 2019년 73.1%를 나타내면서 압도적으로 높은 비중을 차지하고 있다. 그런데 여기서 주의 깊게 봐야 할 점은 전체 해외직접투자금액 중 중소기업이 차지하는 투자비중도 2015년 15.9%, 2016년 16.9%, 2017년 17.2%, 2018년 20.2% 2019년 24.6%로 매년 지속적으로 높은 비율로 증가한다는 것을 발견할 수 있다. 이것은 우리나라에서 최저임금의 상승 등 중소기업을 둘러싼 경영환경이 날로 악화되면서 해외직접투자를 통해 돌파구를 찾으려는 중소기업들의 힘겨운 생존전략으로 이해할 수 있을 것이다. 개인도 투자금액이 매년 증가하는데, 해외창업 등을 통해 어려운 국내 경영환경에서 벗어나기 위한 시도의 일환으로 보인다.

신규법인 설립건수에 있어서는 중소기업이 전체 설립건수 중에 2015년 51.5%에서 2019년 52%까지 매년 50%이상을 차지할 정도로 대기업보다 높은 비중을 나타내고 있다. 이것은 신규법인 설립건당 투자금액에서는 중소기업이 대기업보다 적은 규모의 투자를 하고 있지만, 해외직접투자 전체 건수 측면에서 볼 때 우리나라 중소기업이 얼마나 많은 해외직접투자를 실행하고 있는 지를 명확히 보여주고 있다. 개인도 대기업에 비해 투자규모는 매우 소규모지만, 신규법인 설립건수 면에서는 대기업보다 절대적으로 더 많다는 것은 개인들도 매우 활발하게 해외직접투자 활동에 뛰어들고 있다는 것을 의미한다. 다시 말해, 해외직접투자는 대기업뿐만 아니라 중소기업과 개인들도 적극적으로 실행해야 될 중요한 경영전략이라는 점을 통계자료가 잘 보여주고 있는 것이다.

〈표 8-6〉 우리나라 기업규모별 해외직접투자 동향 (투자금액, 신규법인 수)

(단위: 억 달러, 건수)

		2015	2016	2017	2018	2019
대기업	투자금액	244.6	322.9	361.8	388.7	452.3
	신규법인 수	511	613	553	640	690
중소기업	투자금액	48.2	67.3	76.9	103.1	152.4
	신규법인 수	1,656	1,683	1,834	1,856	2,057
개인	투자금액	3.4	4.2	6.0	8.7	7.1
	신규법인 수	956	962	956	959	1076
기타[16)	투자금액	7.6	3.5	2.5	10.5	6.7
	신규법인 수	94	87	93	93	130
합계	**투자금액**	**303.7**	**397.9**	**447.2**	**511.0**	**618.5**
	신규법인 수	**3217**	**3345**	**3436**	**3548**	**3953**

중소기업의 해외직접투자 사례

중소기업의 비명··· "고집스레 한국서 버틴 친구 다 망했다"

42인치 텔레비전 화면 안에선 원단을 박음질하는 봉제 기계가 쉴 틈 없이 돌아갔다. 형광등을 환하게 밝힌 공장엔 100명이 넘는 직원이 기계 앞에서 작업에 열중했다.

---

16) 개인기업, 비영리단체 등이 포함됨

지난 4일 독산역 인근 사무실에서 만난 의류기업 김대희(58·가명) 대표는 "베트남 호찌민 공장 실시간 영상"이라고 소개했다. 그러면서 "공장이 제대로 돌아가고 있는지 수시로 확인할 수 있다"고 덧붙였다.(※김 대표의 요청에 따라 이름은 가명 처리했다.)

김 대표가 베트남 공장 문을 연 건 2016년 하반기 무렵이다. 최저임금이 오르기 시작한 2017년부터 전북에 있던 국내 공장 규모를 줄이기 시작해 지난달 아예 문을 닫았다. 지난해 초엔 직원 감원을 본격화했다. 10년 넘게 함께 일한 직원을 내보내는 건 쉬운 일이 아니었다. 김 대표는 "최저임금을 올려도 너무 올렸다. 누군들 해외에서 기업하고 싶은 사람이 있겠냐"라며 "버틸 수 있을 만큼 버티다 등 떠밀려 나간 것"이라고 말했다. 국내 공장 규모를 점차 줄이면서 본사 인력 40여 명을 남기고 200명 정도를 내보냈다. 대신 베트남 공장에서 430여 명을 채용했다.

기업이 한국을 떠나고 있다. 특히 중소기업의 '탈 한국'은 가속도가 붙었다. 지난해 중소기업 해외직접투자는 100억1500만 달러(약 11조8700억 원)로 통계 작성 이후 처음으로 10조원을 돌파했다.

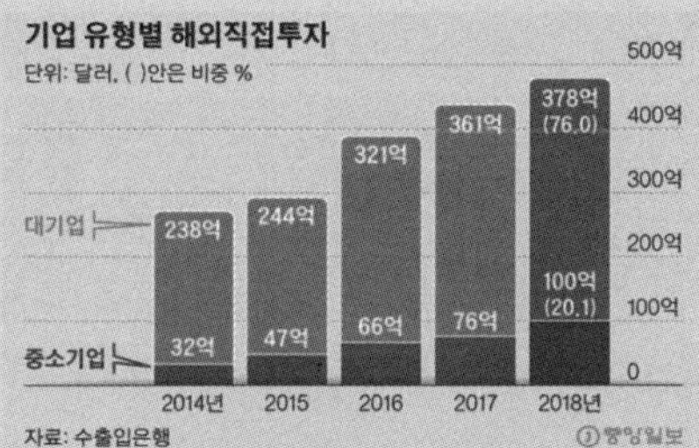

한국을 떠나는 중소기업이 최근 많이 늘어난 데는 지난 2년간 29.1% 급등한 최저임금 탓이 크다. 김 대표는 "베트남에서 항공편으로 상품을 들여와도 국내에서 만든 것과 비교해 마진 차이가 크지 않다"며 "직원들도 이런 어려운 사정을 다 알기에 떠나면서도 섭섭한 기색을 보이지 않았다. 그 모습이 더 짠했다"고 말했다.

그는 퇴사한 직원 걱정도 쏟아냈다. 김 대표는 "(가공) 기술이 있는 직원 중엔 다른 일자리를 찾아간 분도 있지만, 기술이 없는 직원 중에선 가사도우미로 일하는 분도 있다"고 미안해했다. 베트남 공장을 연 후 그의 삶도 변했다. 한 달에 2박3일 정도는 베트남 공장 출장이 잡혀 있다. 그는 "솔직히 외국에 투자하고 싶은 생각은 하나도 없었다"며 "중국에 투자해 기계 부품 하나도 못 들고 팬티 바람에 쫓겨 나온 사장들도 주변에 많다"고 했다.

김 대표는 해외로 나간 이유 중 하나로 반기업 정서도 꼽았다. 그는 "기업 없으면 먹고살 수 있나요. 기업도 일자리 만드는 중요한 사회 일원인데 세금 나오는 곳으로만 보는 시선이 안타깝다"며 "흑자를 내면 정부에서 다 세금으로 가져가는데 뭐 하러 열심이냐는 조롱도 듣는다"고 했다. 그러면서 "주변에 60대 중소기업 대표 10명 중 5명은 최저임금이 오르면서 회사 문을 아예 닫았다"고 전했다.

"고집스럽게 한국에서 버틴 친구들은 거의 다 망했어요."

경북 영천에서 화학섬유 공장을 운영하다 2013년 베트남 하노이 북부 국가공업단지로 공장을 옮긴 박상욱(가명·63) 대표는 이렇게 말했다. 그는 임금 압박을 견디다 못해 일찌감치 해외로 나갔다. 그가 공장 이전을 결심한 가장 큰 이유 역시 인건비 부담이다. 베트남 근로자에게 지급해야 하는 최저임금을 월급으로 환산하면 20만2000원 수준이다. 박 대표는 "베트남 현지공장 직원 250명에게 지급하는 월급 총액 4만 달러로는 한국에선 20~30명만 고용할 수 있다"고 말했다.

박 대표처럼 공장을 해외로 옮기거나 현지법인을 사들이는 기업의 해외직접투자는 지난 5년 연속 증가하며 매년 최고치를 경신하고 있다. 한국수출입은행에 따르면 지난해 국내 기업의 해외직접투자 금액은 478억6100만 달러(56조7600억 원)로 나타났다. 이는 관련 통계가 작성된 1980년 이후 최고치다. 눈여겨볼 건 중소기업 해외직접투자다. 중소기업 해외직접투자 증가세는 뚜렷하다. 중소기업 해외직접투자는 4년 사이 3배 넘게 증가했다(2014년 32억6500만 달러→2018년 100억1500만 달러).

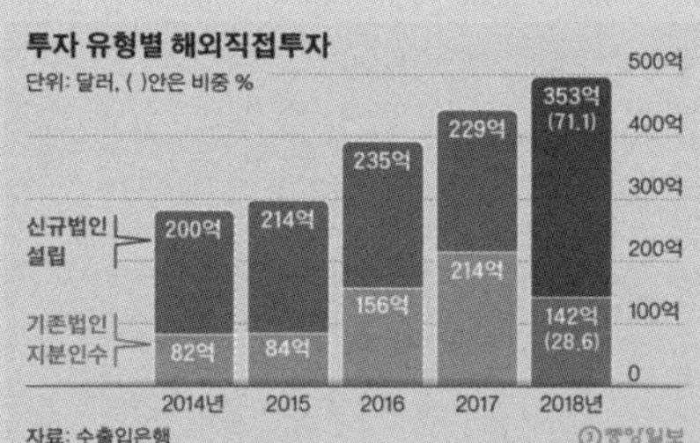

업계는 최저임금 인상을 해외직접투자 증가의 주요 원인으로 꼽는다. 중소기업 중앙회가 30인 미만 중소기업과 소상공인 303개사를 대상으로 지난 8월 실시한 설문조사에선 최근 2년간 최저임금 인상으로 부담이 심화했다는 응답이 전체의 60.1%를 차지했다. 10곳 중 6곳이 최저임금 인상에 따른 후폭풍을 경험하고 있다는 얘기다. 뿌리 깊은 반기업 정서도 '탈 한국'

을 부추기는 요인이다. 취재 과정에서 만난 염색 관련 중소기업 대표는 "공장 부지를 알아보러 캄보디아 투자청 직원과 상담을 한 적이 있는데 하나라도 더 유치해야 한다는 의지 같은 게 읽혔다"며 "한국과 분위기가 아주 달랐다"고 말했다.

중소기업의 탈 한국 가속화 여파의 유탄을 맞은 건 바로 국내 설비투자다. 산업은행 KDB미래전략연구소에 따르면 중소기업 설비투자 금액은 29조원(2016년) → 21조원(2017년) → 20조원(2018년)으로 감소세다. 2017년의 경우 중소기업 설비투자가 전년 대비 8조원 가까이 줄었다. 역대 최대 최저임금 인상(1060원)이 결정된 해다. 정석완 KDB미래전략연구소 선임연구원은 "올해 중소기업의 설비투자는 15조9000억 원 수준에 그칠 것"이라며 "자금 조달력이 낮은 중소기업이 설비투자를 줄이면서도 해외투자를 급속도로 늘린다는 건 그만큼 떠나가는 기업이 많다는 의미"라고 말했다.

이두원 연세대 경제학과 교수는 "국내 투자 환경이 나빠지면서 기업이 도피하듯 해외로 나가는 게 문제"라며 "새로운 산업에만 투자가 쏠리고 국내 (중소) 제조업 투자는 줄고 해외투자가 늘어나는 투자 양극화가 이어질 경우 국내 고용의 질과 양을 모두 악화시킬 수 있다"고 지적했다.

1993년 설립한 화장품 중소기업 A사는 올해 초 국내 대신 해외 설비 투자 증설을 결정했다. 미백 화장품으로 동남아 시장 공략에 나선 이 회사는 해외 매출 비중이 전체의 70%를 차지하지만 그동안 국내 공장에서 생산한 화장품을 수출했다. 하지만 동남아시아 화장품 수요가 늘자 5억 원을 투자해 미얀마 공장설립에 나설 계획이다. 이 회사 관계자는 "세안제와 바디워시 같은 제품은 국내에서 생산해 해외로 가지고 나가면 현지 화장품 기업과 비교해 가격경쟁력에서 밀릴 수밖에 없다"며 "이미 최저임금이 오른 상황에서 주 52시간제까지 적용될 경우 국내 공장을 증설해선 발전 가능성이 없다고 봤다"고 말했다.

일각에선 통계가 현실을 제대로 반영하지 못한다는 지적도 나온다. 중소기업의 해외직접투자가 실제 투자로 이어지는지 분명하지 않다는 것이다. 지난 8월 관세청에 적발된 해외부동산 편법 취득자 146명 중에는 말레이시아 현지에 설립한 위장회사 명의로 현지 부동산을 취득한 중견기업 대표도 있었다. 해외 직접투자가 재산 빼돌리기로 쓰인 것이다.

[중앙일보 2019.10.16]

8.3 해외직접투자의 동기

어느 나라의 기업이던지 해외직접투자의 동기에는 공통점도 많지만, 각 기업별로 다양한 동기를 가지는 것은 기업이 추구하는 경영전략이나 투자사업의 성격이 상당히 다양하기 때문이다.

해외직접투자의 동기를 전략적 동기와 재무적 동기로 크게 구분하고, 투자동기에 입각해서 이해하기 쉽도록 편의적으로 여러 동기들로 나누어 설명하지만 각각의 동기는 상호 배타적인 것이 아니다. 왜냐하면 특정기업이 해외직접투자를 할 때 어떤 한 유형에 일차적 동기를 가지면서도, 다른 유형들에는 이차적, 삼차적 동기를 함께 가지는 등 여러 복합적인 동기를 동시에 가질 수 있기 때문이다.

1. 전략적 동기

해외직접투자의 전략적 동기에 관한 지금까지의 연구결과를 종합해 볼 때, 기업의 해외진출 동기는 매우 다양하며 특정기업이나 산업별로 서로 다른 양상을 보이고 있다. 이 책에서는 전략적 동기를 시장추구형, 생산요소추구형, 자원추구형, 수출추구형, 지식추구형, 고객 추종형 및 경쟁업체 추종형, 글로벌 네트워크구축 동기의 일곱 가지로 분류하였다.

1) 시장추구형 동기

새로운 시장개척이나 시장확대를 위하여 현지국에 진출하여 현지소비자를 대상으로 판매할 목적으로 직접투자 하는 것으로 투자대상국의 시장규모 및 성장속도가 가장 중요한 요인으로 작용한다. 새로운 시장을 확보함으로써 기업의 성장과 수익성을 도모하려는 가장 일반적인 동기이다. 현지소비자의 수요를 충족시키면서 소비자의 반응과 경쟁기업의 반응도 신속히 파악하여 제품에 반영할 수 있으므로 현지 시장점유율 확대에도 유리하다.

특히 기술상의 비교우위를 가지고 있고, 규모의 경제를 활용할 수 있는 기업규모가 큰 다국적기업들이 현지국 및 인근 국가들을 겨냥한 시장추구형 투자를 하는 경우가 많다. 이러한 시장추구형 직접투자는 일반적으로 진출하는 투자대상국이나 인접한 지역의 시장규모가 크거나, 잠재적 성장 가능성이 높은 경우에 시행하게 된다. 예를 들어 다국적기업들이 미국, EU, 중국, 인도, 일본 등 시장의 규모와 성장가능성이 큰 지역에 진출하는 것을 들 수 있다. 최근 유럽이나 일본의 자동차 회사들이 중국이나 인도에 직접투자하거나, 현대·기아자동차가 중국, 인도, EU, 미국, 브라질 등에 현지 생산공장을 설립하여 현지시장을 겨냥하는 판매전략도 여기에 해당된다.

또한 모기업에서 투자대상국으로 수출을 통해 제품을 공급할 경우에 많은 운송비용이 소요되거나, 투자대상국의 무역장벽이 높아서 수출전략만으로는 더 이상 현지국의 보호 장벽을 극복할 수 없는 경우에도 시장추구형 직접투자를 하게 된다.

시장추구형 사례

인도 공략 속도 높이는 국내 간판 기업들

성장 주춤한 중국의 대안으로 눈 돌려

국내 대표 수출 기업들이 최근 인도시장 공략을 가속화하고 있다. 미국과의 무역분쟁 장기화 등으로 과거 대비 경제성장이 둔화한 중국, 최근 외교관계가 악화했으며 자국 기업 제품 선호도가 높은 일본 등 녹록하지 않은 수출 환경에서 새 활로로 주목 중이다. 특히 기존 핵심 수출처였던 중국의 매력도가 떨어진 상황에서 이를 대체할 대규모 신흥시장으로 인도가 적격이라는 분석이 기저에 깔렸다. 10월 2일 전자 업계에 따르면 삼성전자는 9월 말을 끝으로 중국 후이저우에 있던 스마트폰 공장 문을 완전히 닫았다. 삼성전자 관계자는 "글로벌 스마트폰 물량 재배치를 위한 조치"라고 밝혔다.

공식 언급은 없었지만 중국에서 스마트폰을 직접 생산하는 경우 과거처럼 인건비 절감 등의 큰 이점이 사라진 데다, 인도 등의 다른 신흥시장 집중 공략 필요성이 커져 이 같은 결정을 내린 것으로 관련 업계는 보고 있다. 앞서 삼성전자는 지난해 12월에도 중국 톈진의 스마트폰 공장 문을 닫았다. 시장조사 업체 스트래티지애널리틱스(SA)에 따르면 올해 삼성전자의 중국 시장점유율은 1분기 1.1%에서 2분기 0.7%로 한층 떨어졌다. 중국 화웨이와 샤오미, 오포와 비보 같은 업체들의 물량 공세에 고전 중이다. 지난해 삼성전자 스마트폰의 글로벌 출하량이 6년 만에 3억대 밑으로 떨어진 것도 그 결과 중 하나라는 분석이 나왔다.

중국 스마트폰 공장 철수 후 인도로 재배치

이와 달리 인도 시장에서는 최근 선전하고 있다. 2017년 4분기에 저가 모델로 무장한 샤오미에 점유율 1위 자리를 뺏긴 이후 격차를 줄이는 데 성공했다. SA에 따르면 올 2분기 삼성전자의 인도 점유율은 26.3%로 샤오미(28.7%)를 2.4%포인트 차이로 바짝 추격했다. 전년 동기인 지난해 2분기 두 기업의 점유율 격차는 5.6%포인트(샤오미 28.8%, 삼성전자 23.2%), 전분기인 올 1분기엔 7.4%포인트(샤오미 30.1%, 삼성전자 22.7%)였다. 이는 삼성전자가 인도 공략 가속화에 힘쓰면서 전략 다변화를 꾀한 것과 관련이 깊다. 예컨대 삼성전자는 올해 중저가 스마트폰 라인업을 '갤럭시A'와 '갤럭시M'으로 재편했다. 그러면서 저가와 가성비(가격 대비 성능)로 승부하는 갤럭시M 시리즈 모델인 갤럭시M10과 M20, M30을 인도에서 가장 먼저 발표하는 등 공을 들였다.

가격 역시 인도 시장 최대 경쟁상대인 샤오미의 주력 수출품 '레드미'와 비슷한 수준으로 맞췄다. 인구 약 13억의 거대 시장 인도는 십 수 년 전의 중국을 연상케 하는 급속한 경제 발전 속에 스마트폰 수요가 수년간 급증했다. 그중에서도 저가 제품 수요가 많다. 온라인 판매 채널 강화도 주효했다. 삼성전자는 온라인 쇼핑에 친숙한 현지 밀레니얼 세대(1980년대 초반~2000년대 초반 출생 세대)를 겨냥, 갤럭시M 시리즈를 온라인 채널 전용으로 판매하고 나섰다. 후발주자 샤오미가 인도에서 빠르게 세를 넓힐 수 있었던 것도 온라인 판매에 주력해서였던 반면, 삼성전자는 샤오미보다 이런 대응에 미흡했기에 밀렸다는 분석이 나온 바 있다.

인도 시장에 공을 들이는 삼성전자의 행보는 다른 곳곳에서도 잘 엿보인다. 지난해 인도 뉴델리 인근 지역인 노이다에서 세계 최대 규모 스마트폰 공장을 설립, 베트남 하노이 공장과 함께 2대 거점 중 하나로 삼았다. 중국에서 기존에 생산하던 물량 대다수가 인도와 베트남 공장으로 재배치되면서 각각 현지시장 공략에도 힘을 실어줄 전망이다. 노이다 공장을 통해 인도 내 스마트폰 월간 생산 능력을 기존 500만대에서 1000만대까지 끌어올렸다. 연간 1억2000만대 수준이다. 저가 수요 공략에 집중하되 일부 프리미엄 수요 공략에도 힘쓰고 있다. 화면을 접었다 펼 수 있는 폴더블(foldable) 스마트폰 '갤럭시폴드'를 10월 1일(현지시간) 인도에서 출시했다. SA는 최근 보고서에서 "삼성전자가 포트폴리오를 재편한 '인도 퍼스트' 전략으로 인도 점유율을 회복 중"이라며 "이 추세라면 연내 1위 자리 탈환 가능성이 있다"고 분석했다.

자동차 업계에선 현대자동차그룹이 인도 공략 가속화에 한창이다. 선봉장은 기아자동차다. 기아차는 소형 스포츠유틸리티차량(SUV) '셀토스'를 지난 8월 인도 아난타푸르 공장에서 본격 양산에 나서면서 현지에서 정식 출시했다. 넓은 국토 대비 비포장도로가 많고, 동승할 가족 구성원이 많지만 값비싼 대형차보다는 저렴한 소형차를 선호하는 현지 사정상 잘 팔릴 만한 소형 SUV를 전면에 내세웠다. 2005년 인도에 진출했던 삼성전자와 달리 인도 진출 자체가 처음인 기아차는 올해를 목표로 지난 13개월간 인도 시장 데이터를 분석, 소비자의 선호도가 높은 디자인과 편의사양을 셀토스에 적용하기도 했다.

기아차 관계자는 출시 당시 "인도 전역 160개 도시에서 판매·서비스망 265곳을 갖추는 등 시장 연착륙을 위한 거점 확보에 집중할 계획"이라고 밝힌 바 있다. 지금까지는 성공적인 분위기다. 판매 첫 달인 8월 6236대가 팔려 인도 SUV 부문 판매량 5위에 올랐던 셀토스는 이후 9월 25일까지 약 4만 건의 판매 계약을 기록했다. 35일간을 기준으로 인도 자동차 시장 역대 최대치다. 소비자들이 출고까지 평균 2개월을 기다려야 할 만큼 인기를 모으는 가운데 기아차는 셀토스 생산량을 늘려대기 기간을 단축하기로 했다. 이를 위해 아난타푸르 공장을 2교대로 전환해 월 생산량을 1만대로 끌어올리는 데 나섰다. 셀토스를 인도에서 연간 6만대 판매한다는 목표이며 내년부터는 공장에서 셀토스 외의 신규 차종도 양산할 계획이다. 이를 통해 3년 안에 연간 생산 능력 30만대 규모로 공장을 풀가동하면서 인도 시장 5대 완성차 메이커로 올라선다는 목표다. 현대차그룹은 현대차도 인도 첸나이에 공장 2곳(연산 65만대)을 가동 중이며 연말까지 75만대 규모로 증설이 진행되고 있다.

인도 성장률 올해 6.3%, 내년 7.0% 전망

이 밖에 조선 업계에선 현대중공업이, 철강 업계에선 포스코가 인도 공략에 박차를 가하고 있다. 본업인 조선 외에도 사업 다각화에 힘쓰고 있는 현대중공업은 자체 개발한 비상발전기 '힘센엔진'으로 지난 7월 인도 원자력발전 시장에 첫 진출했다. 인도의 민영 발전기업인 파워리카와 4900만 달러(약 570억원) 규모의 힘센엔진 공급 계약을 했다. 포스코는 인도 비사카파트남 소재 업체 RINL과 특수강 생산을 위한 합작법인 설립을 재추진 중이다. 세계철강협회에 따르면 인도는 지난해 기준 세계 2위 철강 생산국으로 과잉 공급 우려가 잇따르는 중국과 달리 성장 잠재력 면에서 호평 받고 있다. 두 기업은 장기 불황의 깊은 늪에 빠진 업종에 속한 탓에 인도 진출이 새로운 활력소로 중요해졌다.

경쟁국 기업들도 인도의 성장성을 크게 보고 호시탐탐 기회를 엿보고 있다. 보안성 논란에 휩싸이고도 5세대(5G) 이동통신사업 확장에 여념이 없는 중국 화웨이가 대표적이다. 후허우쿤(켄 후) 화웨이 순환 회장은 최근 공식석상에서 "인도는 인구가 많고 발전 가능성이 큰, 화웨이가 중요하게 보는 시장 중 하나"라면서 "현지 5G 사업 확장에 주목하고 있으며 인도 이동통신사가 얼마나 많은 수파수를 확보하느냐가 5G 시장 성공의 관건이 될 것"으로 관측했다. 미국 신용평가사 스탠더드 앤드푸어스(S&P)는 인도의 올해와 내년 경제성장률을 각각 6.3%와 7.0%로 전망했다. 중국(6.2%, 5.8%) 전망치보다 높은 수치다.

[이코노미스트 2019.10.12.]

2) 생산요소추구형 동기

해외에 존재하는 저렴하거나 풍부한 생산요소들을 효과적으로 활용하여 생산효율을 높이려는 목적으로 생산요소추구형 해외직접투자를 한다. 생산요소들의 국제적 이동이라는 측면에서 보면, 자본은 국경을 넘는 이동성이 비교적 높은 편이지만, 노동력은 각 국가별 법률적 제한이 많기 때문에 국경초월 이동성이 낮으며, 토지는 국경초월 이동성이 전혀 없다.

따라서 기업들은 국경초월 이동성이 낮은 노동력이나 이동성이 전혀 없는 토지와 같은 생산요소들이 저렴하고 풍부한 국가에 직접투자 하여 제품을 생산하고자하는 동기를 가지게 된다. 특히 임금이 저렴하고 노동력이 풍부한 나라를 찾아서 직접 투자하는 것을 노동력지향형 투자라고 한다. 과거 1970년대에 미국이나 일본기업들이 우리나라에 진출한 것은 저렴한 노동력의 활용에 목적이 있었다. 그러나 이들 기업들은 1980년대 후반이후 우리나라 원화가치 및 임금의 급격한 상승으로 더 이상 경쟁력을 유지할 수 없어 섬유, 신발, 완구 등과 같은 노동집약적인 산업에서 모두 철수하여 중국, 인도네시아 등 아시아 국가나 중남미 개도국으로 대거 이동하였다.

지금 우리나라 기업들도 임금, 금리, 지가, 물류비용 등 생산요소비용의 높은 상승으로 기업의 경영여건이 악화됨에 따라 해외로 공장을 많이 이전하고 있다. 초기에는 중국의 저렴한 임금을 활용하는 목적의 직접투자가 많았지만, 중국의 최저임금이 큰 폭으로 상승하면서 중국투자비중은 점차 줄어들고 있다. 최근에는 우리나라 기업들이 저임금을 활용목적으로 베트남을 중심으로 직접투자를 급격히 늘리고 있고, 인도네시아, 인도, 말레이시아, 미얀마 등의 다른 동남아 지역으로 생산시설투자를 확대하고 있는 것도 생산요소추구형 직접투자라고 할 수 있다.

생산요소추구형 사례

中 최저임금 인상에 韓기업들 저임금 찾아 베트남으로

인건비 부담을 줄이기 위해 사업체를 해외로 이전하거나 신설하는 지역이 중국에서 베트남으로 이동하고 있는 것으로 나타났다. 현대경제연구원은 12일 '한국의 해외직접투자 특징과 시사점' 보고서를 통해 "최근 5년간 중국과 5대 아시아 신흥국 투자 가운데 값싼 노동력을 활용하려는 목적의 투자는 베트남에 집중되는 모습"이라고 밝혔다.

글로벌 금융위기 이후 10년간(2009~2018년) 국내 기업들의 저임금 노동을 활용하기 위한 해외직접투자를 분석해보면, 처음 5년간(2009~2013년)은 중국을 중심으로 이뤄졌다. 당시 저임금 활용 목적의 투자 비중은 중국이 56.6%를 차지해 압도적이었다. 그 뒤를 베트남(30.1%), 인도네시아(9.6%), 인도(2.4%) 등이 이었다.

그런데 최근 5년 간(2014~2018년), 이 같은 흐름이 급변했다. 국내 기업들의 저임금 노동 활용목적의 투자는 베트남에 62.6% 집중돼, 중국(19.0%)을 큰 폭 추월했다. 인도네시아(10.1%), 말레이시아(5.1%), 미얀마(2.4%)가 그 뒤를 이었다.

베트남 최저임금이 상승하고는 있지만 주변국과 비교하면 여전히 낮은 수준이다. 특히 중국의 최저임금이 큰 폭 상승하면서 중국에 저임금 활용 목적의 투자를 하기는 어려워졌다는 분석이다. 2009년 당시 베트남 호치민 지역의 월 최저임금은 67.4달러였다. 중국 상하이의 경우 140.5달러 정도였다. 두 국가 간의 월급 차이가 월 73.1달러였다는 얘기다. 그런데 9년 뒤인 2018년에는 베트남이 172.8달러, 중국이 365.6달러를 기록하며, 두 국가 간 월급 차이가 192.8달러로 벌어졌다.

이정원 연구원은 "베트남 최저임금이 상승하고는 있지만 주변국과 비교하면 여전히 낮은 수준인 만큼, 앞으로도 대(對) 베트남 투자가 증가할 것으로 보인다."고 말했다.

[이데일리 2019.05.12.]

3) 자원추구형 동기

석탄, 석유, 알루미늄 등의 광물자원이나 커피, 양모, 원목 등 농·축·임산물을 원료로 사용하는 많은 기업들은 원자재를 개발·도입하기 위하여 자원추구형 해외직접투자를 하고 있다.

자원추구형 직접투자는 원재료를 직접 수입할 경우 운송비가 과다하게 소요되기 때문에 현지국에서 원재료를 일차 가공하여 본국으로 수입한 후, 이를 원료로 상품을 생산하여 국내 판매나 해외로 수출하기 위한 목적의 직접투자이다. 즉 저렴한 원자재를 안정적으로 확보하여 모기업 및 해외자회사들의 제조활동을 지원하고자 자원추구형 직접투자를 한다.

일본이나 우리나라와 같이 부존자원이 빈약한 국가에서는 기업들의 자원추구 목적의 해외직접투자 비중이 높다. '세계의 공장'이 된 중국은 원자재의 부족을 타개하기 위하여 자원추구형 직접투자에 적극 나서고 있다.

대규모 다국적기업들의 자원추구형 투자는 해외자원의 확보뿐만 아니라, 전 세계에 산재하는 해외자회사들의 자원개발-가공-판매활동 등을 위해 범세계적인 수직적 통합(vertical integration)을 하는데 목적을 두고 있는 경우도 많이 있다.

자원추구형 사례

포스코 원료 자급률 50% 육박 비결은?
40여 년간 꾸준히 해외자원 투자

포스코가 지난 40여 년간 꾸준한 해외자원투자에 힘입어 연간 사용하는 원료의 자급률이 50%에 육박하게 된 것으로 나타났다. 가장 중요한 원료인 철광석 자급률은 절반을 넘어섰다. 원료 자급률이란 포스코가 직접 지분투자한 광산으로 부터 가져오는 원료의 비율을 말한다.

6일 포스코에 따르면 올해 기준으로 철광석, 석탄 등 주력 제품을 생산하기 위해 해외에서 사들이는 원료의 46%를 자급화 했다. 지난 1981년 호주 마운트솔리 석탄광산 지분인수를 시작으로 올해까지 총 32건의 원료 개발 투자를 진행했다. 현재 투자회수율은 87% 수준에 달한다. 포스코 관계자는 "철광석 자급률을 59%까지 끌어올렸고, 현재 20% 수준인 석탄 자급률을 높이기 위해 우량자산에 대한 투자기회를 지속적으로 모색 중"이라고 설명했다.

포스코가 해외에서 원료 확보에 나선 이유는 가격 변동에 따른 충격을 최소화 하고 생산 네트워크를 안정적으로 확장하기 위해서다. 철강 제조원가에서 원료가격이 차지하는 비중이 60~70%에 달하기 때문이다.

현재 포스코가 보유하고 있는 해외 원료 사업은 총 23건이다. 지역별로는 호주 7건, 브라질 3건, 캐나다 3건, 미국 2건, 인도네시아1건, 아프리카 4건, 뉴칼레도니아 1건, 인도 1건, 한국 1건이다. 사실상 필요한 원료의 거의 대부분을 해외에서 수급하고 있다. 이중 2010년 초에 투자를 결정한 호주 로이힐 프로젝트에서는 연간 총 사용량의 26%에 해당되는 연간 1500만t의 철광석을 확보했다. 포스코는 로이힐 프로젝트의 지분 12.5%를 보유중이다.

포스코는 그룹의 '신성장 동력'으로 선정한 이차전지 소재 사업에서 시장 주도권을 확보하기 위해 리튬정광 확보에도 나섰다. 리튬정광은 이차전지의 4가지 소재중 하나인 리튬을 추출하기 위한 원료다. 포스코 관계자는 "호주와 남미에서 리튬 원료를 확보함으로써 2021년부터 국·내외에서 5만5000t의 리튬을 생산할 계획"이라고 밝혔다.

[파이낸셜뉴스 2018.12.06.]

4) 수출추구형 동기

수출용 제품을 생산하여 다른 나라로 수출하기 위해 특정국가에 해외직접투자를 하는 경우이다. 즉 투자대상국의 현지시장에 판매하기 위한 목적으로 투자하는 시장추구형 직접투자와는 달리, 수출추구형 직접투자는 현지에서 생산한 제품을 본사국 시장이나 제3국으로 수출하기 위해 특정 국가에 생산시설을 설립하는 투자유형을 말한다.

수출추구형 직접투자 대상국들은 저렴하고 숙련된 노동력을 제공하고, 대규모 수출단지가 잘 조성되어 있거나, EU나 ASEAN과 같은 주요 경제블럭에 속하면서 역내 국가들에 대해 무관세로 수출할 수 있는 여건들이 잘 갖추어진 국가들이라 할 수 있다. 예를 들어 현대차가 체코에, 기아차가 슬로바키아에 자동차 생산공장을 설립한 것은 수출추구형 직접투자라고 할 수 있다. 왜냐하면 체코와 슬로바키아가 EU내에서 상대적으로 인건비가 저렴하면서, EU에 속해 있는 국가이므로 역내 국가들에 대해 무관세로 자동차를 수출할 수 있는 여건이 잘 조성되어 있기 때문이다.

수출추구형 사례

현대차, 인도네시아 공장 투자협약 체결... 연 25만대 규모

현대차가 아세안 지역 최초로 인도네시아에 완성차 생산거점을 구축한다. 자동차 신흥 성장시장인 인도네시아를 아세안시장 진출의 전략적 교두보로 활용한다는 구상이다. 현대자동차는 울산 현대차공장에서 인도네시아 정부와 현지 공장 건설을 위한 투자협약을 체결했다고 26일 밝혔다.

현대차는 지난 2017년 아세안 시장 공략을 위한 전담 조직을 신설, 3년여에 걸친 면밀한 시장 조사를 거쳐 공장 설립을 최종 확정했다. 인도네시아 공장은 수도 자카르타에서 동쪽으로 약 40㎞ 떨어진 브카시 시(市) 델타마스 공단 내에 지어진다. 공장부지는 약 77만6000㎡로, 2030년까지 제품 개발 및 공장 운영비 포함 약 15억5000만 달러(1조8250억 원)를 투입한다.

인도네시아 공장은 올 12월 착공, 2021년 연산 15만대 규모로 가동을 시작할 계획이다. 향후 최대 25만대까지 생산능력을 확대할 예정이다. 아세안 시장에서 인기가 많은 소형 SUV(B세그먼트)와 소형 MPV, 현지 전략형 전기차 등이 생산차종으로 검토된다.

인도네시아는 우리 정부가 추진해온 신 남방 정책의 핵심 국가로, 양국 간 교류 확대 분위기가 현대차의 투자 결정에 긍정적 요인으로 작용했다. 양국 대통령은 10월 양국 간 포괄적경제동반자협정(CEPA)이 실질적으로 타결되었음을 공동 선언했다. 이후 자동차 강판 용도로 쓰이는 철강 제품(냉연, 도금, 열연 등), 자동차부품(변속기, 선루프) 등의 관세가 즉시 철폐됐다.

한-아세안 특별정상회의 참석차 방한한 조코 위도도 인도네시아 대통령은 현대차 울산공장을 직접 찾아 이번 투자협약식에 참석했다. 정의선 수석부회장과 조코 위도도 대통령은 이번 투자협약식에 앞서 두 차례 만남을 가진 바 있다.

현대차의 이번 투자 결정은 저성장 기조에 접어든 글로벌 자동차시장 상황 속에서 아세안 신 시장 개척을 통한 미래 성장 동력을 확보하기 위해서다. 아세안 각 국가별로 5~80%에 달하는 완성차 관세 장벽, 자국 자동차산업을 보호하기 위한 다양한 형태의 비관세 장벽 등에 능동적으로 대응하기 위해서는 현지 거점 구축이 필요하다는 것이 회사 측 판단이다.

인도네시아 공장이 준공될 경우 아세안 지역에 무관세로 자동차를 수출할 수 있을 전망이다. 아세안 자유무역협약(AFTA)에 따라 부품 현지화율이 40% 이상일 경우 역내 완성차 수출 시 무관세 혜택이 주어져서다. 현대차는 인도네시아 공장에서 생산되는 완성차를 필리핀, 태국, 베트남 등 아세안 역내로 수출할 예정이며, 호주, 중동 등으로의 수출도 검토 중이다. 여기에 완성차와는 별도로 연 5만9000대 규모의 반제품조립(CKD) 수출도 검토한다.

인도네시아는 아세안 최대 자동차시장으로 손꼽힌다. 지난해 신차 판매대수는 약 115만대로, 연 5% 수준의 안정적인 경제 성장, 2억7000만 명에 달하는 인구(세계 4위), 평균 연령 29세의 젊은 인구 구조 등 성장 잠재력이 매우 크다는 평가를 받는다. 인도네시아를 포함한 태국, 말레이시아, 필리핀, 베트남, 싱가포르 등 아세안 주요국 자동차시장 역시 지난 2017년 약 316만대 수준에서 2026년 약 449만대에 이를 것이란 전망이 나온다.

정의선 수석부회장은 "현대자동차의 현지 공장 설립은 인도네시아 정부의 적극적인 협조와 지원을 바탕으로 이뤄낸 성과다"라며 "인도네시아 정부의 친환경차 정책에 적극 부응하고, 아세안 지역 발전에 지속 기여하겠다"고 강조했다.

[IT 조선 2019.11.26.]

5) 지식추구형 동기

외국의 첨단기술이나 정보 등을 습득하기 위해 해외직접투자를 하는 경우이다. 우리나라 기업들이 기술수준이 높은 미국이나 유럽계 기업들을 국제 M&A하거나, 또는 미국, 유럽, 일본 등의 국가 내에 첨단 분야 연구소가 밀집한 지역에 연구개발(R&D)관련 연구소를 설립하는 것은 지식추구형 동기의 직접투자이다. 특히 연구소 설립은 R&D관련 해외직접투자라고도 할 수 있는데, 현지의 유능한 기술자와 과학자들을 고용하여 연구·개발에 매진하게 함으로써 선진기술을 획득하려는 목적에서 비롯된 것이다.

대한민국의 유능한 기술자와 과학자만이 우리 기업의 인적 자원이 아니고, 전 세계의 우수한 어떤 국적의 인적 자원도 우리 기업의 인적 자원으로 활용할 수 있는 수단이 바로 지식추구형 직접투자이다.

지식추구형 사례

국내 제약사, 세계 최대 바이오클러스터 보스턴에 잇단 둥지

유한양행, LG화학 등 국내 주요 바이오제약사들이 미국 보스턴에 둥지를 틀고 있다. 세계 최대 바이오 클러스터(바이오산업 집적지)로 꼽히는 보스턴을 오픈이노베이션의 거점으로 삼는다는 취지다. 13일 제약업계에 따르면 유한양행은 지난달 미국 보스턴에 현지 법인을 설립한 것으로 확인됐다. 지난해 3월 샌디에이고에 '유한USA'를 설립한 후 두 번째 미국 법인이다.

유한양행은 샌디에이고와 보스턴에 각각 설립한 현지 법인을 통해 외부에서 신약 후보물질과 원천기술을 발굴하는 등의 오픈이노베이션에 나설 예정이다. 연구개발(R&D) 파이프라인을 다각화하는 한편 성공 가능성이 높은 후보물질이나 투자할 만한 회사를 적극적으로 찾는다는 전략이다. LG화학도 이달 초 미국 보스턴에 연구법인인 '글로벌 이노베이션 센터'를 열었다. LG화학은 다국적 제약사 R&D센터, 바이오벤처, 의료기관 등이 모여 있는 보스턴에 신약 연구 기지를 구축하고 오픈이노베이션을 적극적으로 추진한다는 계획이다.

올해는 이곳에서 자체 개발 신약 과제인 통풍 치료제와 염증성 질환 치료제의 글로벌 임상을 수행할 예정이다. 삼양바이오팜 역시 지난해 하반기 미국 보스턴에 '삼양바이오팜USA'를 설립한 바 있다. 삼양바이오팜은 미국 법인 설립을 계기로 다국적 제약사, 연구소 등과의 네트워크를 구축하고 외부 신약 후보물질과 기술을 발굴하는 데 주력하고 있다.

국내 바이오제약 기업들이 앞 다퉈 보스턴에 '거점'을 설립하는 이유는 보스턴이 말 그대로 세계 최대 규모의 바이오 클러스터이기 때문이다. 보스턴에는 하버드대학, 매사추세츠공과대(MIT), 보스턴대 등 다수의 교육기관과 250여개의 바이오 제약기업, 20여개의 대형 병원이 몰려 있다.

2016년 기준 보스턴 바이오 클러스터는 미국 국립보건원 펀딩만 5억1천900만 달러, 벤처캐피탈 투자는 20억 달러를 받은 것으로 집계됐다. 연구소와 대학 등에서 쏟아져 나오는 연구를 임상으로 연결하는 등 상업화를 위한 시스템이 잘 갖춰져 있는 것으로 유명하다.

실제 유한양행은 보스턴에 거점을 둔 제노스코로부터 폐암 신약 후보물질 '레이저티닙'을 도입했고, 해당 후보물질은 얀센 바이오테크에 1조4천억 원 규모로 기술수출하면서 오픈이노베이션의 성과를 맛본 바 있다.

유한양행 관계자는 "바이오벤처와 연구기관, 대학 등이 몰려 있는 세계 최대 규모의 바이오 클러스터 보스턴은 정보 수집과 외부와의 원활한 협력을 기대하기 위한 최적의 장소"라며 "오픈이노베이션을 통한 R&D 역량 강화 및 파이프라인 확대를 이뤄낼 수 있을 것"이라고 기대했다.

[한국경제 2019.01.13.]

6) 고객 추종형 및 경쟁업체 추종형 동기

자동차나 가전제품 등의 최종제품업체들이 어떤 특정국가에 해외직접투자를 하여 생산활동을 하게 되면 이들에게 부품을 계속 공급하기 위해서 국내 부품협력업체들도 최종제품업체를 따라서 나가는 해외직접투자가 일어난다. 예를 들어 현대자동차가 미국 앨라배마에 생산공장을 설립함에 따라 국내 부품협력기업들이 부품을 계속 공급하기 위해 현대자동차를 따라 미국 현지에 직접투자를 하게 되었는데, 이를 고객 추종형 직접투자라 할 수 있다.

한편 Knickerbocker (1973)는 '선도자 추종이론'에서, 어떤 과점적 산업 내에서 한 기업이 해외직접투자를 하게 되면 기존의 경쟁적 시장균형에 중대한 영향을 미치게 되므로, 다른 경쟁기업도 이와 유사한 해외직접투자를 함으로써 경쟁력을 유지하려고 한다는 것이다. 즉 과점적 산업 내 소수의 기업들이 경쟁하는 상황에서 한 기업이 해외진출을 하면 다른 경쟁기업들도 비슷한 시기에 경쟁적으로 해외직접투자를 행하는 데, 이를 경쟁업체 추종형 직접투자라고 한다.

예를 들어 우리나라 전자산업 내에서도 경쟁업체 추종형 직접투자가 자주 나타난다. 과거 삼성전자가 영국에 전자복합단지를 세운다고 공표한 후 얼마 지나지 않아 LG전자가 영국투자를 공표했듯이 한국의 과점적인 산업에서는 한 기업의 행동에 다른 기업들이 즉각적으로 대응하고 있다. 한국기업의 해외직접투자 패턴에는 상대방의 전략을 모방하려는 성향이 강하게 나타나는데, 그 이유는 한국의 여러 산업들이 과점적인 구조를 갖고 있고, 특히 대기업들이 치열한 대응과 맞대응을 펼치고 있기 때문이다.

고객추종형 사례

대기업·중기 동반 해외진출 는다

대기업과 중소기업 간 '상생'이 제3세대 모델로 급속히 진화하고 있다. 대·중기 상생은 그동안 하청업체 자금지원 확대(1세대), 기술 공조체제 구축(2세대)에서 이제는 글로벌시장 공동진출(3세대)로 확대되면서 세계무대에서 한국 중소기업의 위상이 크게 높아지고 있다.

특히 대기업들이 원가경영 실현을 위해 글로벌소싱을 확대하는 과정에서 중소 하청업체의 '일감'이 급감했으나 최근 대·중기 해외 동반진출 확대로 '글로벌소싱 부작용'이 크게 줄어들고 있다.

20일 업계와 대·중소기업협력재단 등에 따르면 국내 30대 그룹의 상생협력 유형의 경우 지난 2005년에는 하청업체 자금지원 및 기술 공조체제 구축 비율이 무려 97.5%에 달하는 반면, 해외 동반진출은 2.5%에 불과했다. 그러나 2006년에는 자금지원 및 기술공조가 90.2%인 반면, 해외 동반진출은 9.8%로 늘었고 올(2007년) 들어선 해외 동반진출 비율의 경우 16.3%로 전년 대비 2배 가까이 증가했다. 특히 30대 그룹의 중소 하청업체와 동반진출 지원 비용이 연평균 1조원에 달할 정도로 규모가 급증하고 있다.

이에 따라 30대 그룹은 국내 중소기업과 해외에 동반진출하면서 글로벌소싱 비율을 줄이는 한편, 우리 중소기업에 '일감'을 제공하는 등 세계무대에서 '글로벌 상생'을 확대하고 있다. 지난 2005년만 해도 30대 그룹의 글로벌소싱을 통한 해외 부품조달 규모는 연 10조원을 넘어섰으나 올 들어 국내 중소기업과 해외에 동반진출하면서 글로벌소싱 규모는 예전보다 6~7% 정도 줄어들었다. 이로 인한 '과실'은 중소기업과 나눠 먹게 됐다.

삼성, 현대차, LG, SK 등 주요 그룹과 해외에 동반진출한 중소기업은 미국, 유럽 등에서 현지 부품생산에 나서면서 대기업의 원가 경쟁력을 높여주고 있다. 실례로 동유럽의 슬로바키아에는 삼성전자, LG전자, 기아차가 300여 중소 하청업체와 동반 진출해 있으며, 미국 앨라배마에도 현대차, 현대모비스 등의 100여 중소 하청업체가 진출했다.

[파이낸셜뉴스 2007.11.20]

경쟁업체추종형 사례

韓 배터리 3사, 합작사 등 中 공략에만 5兆…SKC '지원사격'도 눈길

중국 전기차 배터리 시장을 놓고 국내업체들이 공략 속도를 올리고 있다. LG화학과 삼성 SDI, SK이노베이션 등 국내 주요 배터리 업체들은 중국에만 약 5조원에 이르는 설비투자를 단행하며 '몸집 불리기'에 나선 가운데, 특히 중국 현지 자동차 업체들과 손을 잡고 현지에 합작법인을 설립하며 중국 정부의 외국기업에 대한 차별 정책을 파고드는 전략을 펼치고 있다.

◇ SK 이어 LG도 中에 합작사 설립…'글로컬라이제이션' 구사

LG화학은 지난 12일 중국 저장성 닝보 시에 위치한 지리 자동차 연구원에서 펑칭펑 지리 자동차 부총재, 김종현 LG화학 전지사업본부장 사장 등이 참석한 가운데 합작법인 계약을 체결했다고 13일 밝혔다. 합작법인은 2022년 상업생산을 목표로 2021년 말까지 전기차 배터리 10GWh 규모의 생산 능력을 갖출 계획이다.

생산 배터리는 지리자동차와 자회사에서 중국에 출시하는 전기차에 공급된다. 남는 물량은 다른 중국 내 자동차 업체들에 판매도 가능하다. 지리자동차는 폭스바겐과 GM에 이어 중국 자동차 시장점유율 3위 업체를 차지하고 있다. 로컬 브랜드로는 1위다. 지난해에만 150만대 판매량을 기록했으며, 2020년부터는 판매량의 90%를 전기차로 전환한다는 계획. LG화학 입장에서는 안정적 수요처를 확보한 동시에, 중국 내 입지도 높이는 효과를 누릴 수 있을 전망이다. 특히 중국은 그간 전기차 배터리와 관련 자국 기업과 외국기업 간 비공식적으로 차별적인 보조금 정책을 펼쳐왔던 터, 이 같은 합작법인 설립은 가장 효과적인 중국 진출전략으로 꼽힌다. 일단 중국 정부는 2021년 이후 보조금 정책을 종료한다고 밝혔지만, 이후 해외 기업들에 대해 어떤 형태로든 차별적 정책을 이어갈 가능성은 높다.

이에 국내 다른 주요 전기차 배터리 업체인 SK이노베이션 역시 중국 내 합작법인 설립 카드를 꺼낸 상황이다. SK이노베이션은 지난해 8월 중국 베이징자동차, 베이징전공과 합작해 장쑤성 창저우시 내 전기차 배터리 셀 공장을 건설하고 있으며 추가 공장 설립도 검토 중이다. 창저우 공장은 7.5GWh 규모로, 2020년 상업생산을 목표로 올해 하반기 공사를 마무리 지을 예정이다. 김종현 사장은 "전 세계 배터리 업체들이 중국 시장 진출을 위해 다양한 합작법인을 추진하고 있는 가운데 로컬 1위 완성차 업체인 지리 자동차를 파트너로 확보하면서 중국 시장 공략에 유리한 고지를 선점하게 됐다"며 "합작법인을 통해 중국 시장을 적극 공략해 나가고, 세계 최대 시장인 중국 전기차 산업 발전에 기여할 수 있도록 하겠다"고 설명했다.

◇ 수주 확대 맞춰 '몸집 불리기'…합작사 설립 포함 中에만 5兆

두 업체와 삼성SDI까지 더해 국내 배터리 업체들의 최근 중국 투자 규모는 이미 5조원을 넘어섰다. 일반적으로 전기차 배터리 공장 투자는 '선(先) 수주, 후(後) 증설' 원칙으로 진행된다는 점을 고려하면, 그만큼 중국 전기차 시장 성장세가 매우 가파르다는 것을 의미한다. 이미 중국은 전 세계 전기차 시장의 50% 차지한다. 미래에셋대우 리서치센터는 중국 전기차 판매량은 2020년 150만대에서 2023년 350만대, 2025년 580만대 수준으로 빠르게 성장할 것으로 전망하기도 했다.

LG화학은 지난해 말부터 2023년까지 2조1000억 원을 단계적으로 투자해 중국 남경 빈강 경제개발구에 전기차 배터리 제2공장을 건설 중에 있으며, 연초에는 6000억 원을 들여 남경 신강 경제개발구에 위치한 전기차 배터리 제1공장 증설에 돌입하기도 했다. 이번 중국 합작법인을 위해서는 1034억 원을 출자해 지분 50%를 확보한다. SK이노베이션은 앞선 합작 창저우 공장 설립에 8200억 원을 투자했으며, 추가 공장 설립을 위해 5800억 원의 투자계획을 검토 중인 상황이다. 이외에도 삼성SDI는 중국 시안에 제2공장 설립을 검토 중으로 1조원 규모에 이를 것으로 알려졌다.

SK의 경우 이날 SKC가 전기차 배터리 소재 관련 대규모 투자를 결정해 이목을 끌기도 했다. SKC는 1조2000억 원을 투입해 전기차 배터리 핵심소재 동박 제조 글로벌 메이저 업체인 케이씨에프테크놀로지스(KCFT) 지분 100%를 인수키로 했다. 전지용 동박은 전기차 배터리 등 2차전지 음극에 쓰이는 핵심 소재로, 향후 SKC와 SK이노베이션 간 시너지 효과를 기대할 수 있게 됐다. 이와 함께 SK아이이테크놀로지는 리튬이온전지 분리막(LiBS)을 생산하고 있기도 하다.

[이데일리 2019.06.13]

7) 글로벌 네트워크 구축동기

범세계적으로 모기업과 해외자회사간, 그리고 해외자회사와 해외자회사간의 유기적 협력관계를 구축하기 위한 글로벌 경영전략의 일환으로써 글로벌 네트워크를 구축하고 있다. 종래의 단순한 시장 확보나 생산비 절감목적을 넘어서 기업전체 차원에서 글로벌 경영의 효율성을 극대화하면서, 글로벌 경쟁력을 강화하기 위한 글로벌 네트워크 구축동기의 해외직접투자가 계속 늘어나고 있다.

지금의 글로벌 환경 하에서는 범세계적 관점에서 연구개발-생산-마케팅의 고리를 연결하는 일괄체제를 구축하여 얼마나 빨리 전 세계의 경영자원을 효율적으로 활용할 수 있느냐가 기업의 생존과 경쟁우위 확보의 중요한 요인이 된다. 즉 글로벌 R&D센터구축, 생산거점의 글로벌화, 그리고 마케팅 현지화, 판매거점 확보 및 글로벌 브랜드 육성 등의 마케팅 글로벌화를 동시에 추구하면서 이들을 함께 묶어 글로벌 네트워크를 구축하는 글로벌 경영전략이 기업의 글로벌 경쟁력를 강화시키는 핵심 키워드가 되고 있다.

이러한 현상은 앞으로 더욱 가속화될 것으로 예상되며, 우리나라 기업들도 최근 대기업을 중심으로 글로벌 네트워크를 구축하기 위한 목적의 해외직접투자를 계속 진행하고 있다.

글로벌 네트워크 구축사례

[Again, 글로벌경영] 전 세계 200여개국에 생산·판매·연구 네트워크 구축

현대자동차그룹은 전 세계 자동차 기업 중 가장 빠르게 성장해왔다. 주력회사인 현대·기아차의 판매대수는 2000년 244만 대에서 지난해 788만 대를 판매했다. 누적판매도 1억 대를 돌파한 현대·기아차는 글로벌 완성차 업체 중 5위 업체의 자리도 수년째 굳건히 지키고 있다.

현대·기아차의 글로벌 거점은 10개국 35개의 생산공장과 6개국 13개 거점의 연구개발(R&D)센터, 26개국 40개의 판매법인 등 전 세계 200여 개국에 생산-판매-연구개발 네트워크를 구축하고 있다. 해외 지역에 동반 진출한 협력사도 600여 개에 이른다.

현대·기아차는 무역장벽을 극복하고, 현지 맞춤형 차량을 생산하기 위해 2002년부터 본격적으로 글로벌 생산거점 확보에 나섰다. 지난해 멕시코 공장을 완공해 미국, 유럽 등 선진시장과 중국, 인도, 러시아, 브라질, 멕시코 등 신흥시장을 모두 아우르는 글로벌 생산 포트폴리오도 완성했다.

현대차는 미국 37만 대, 중국 151만대(상용차 포함), 체코 33만 대, 인도 65만 대, 터키 20만 대, 러시아 20만 대, 브라질 18만 대의 생산능력을 갖추고 있다. 30만 대 규모의 중국 충칭 공장을 포함하면 총 374만 대의 해외 현지 생산능력을 갖추는 셈이다. 기아차도 미국 34만 대, 중국 89만 대, 슬로바키아 33만 대, 멕시코 40만 대 등 총 196만 대의 현지 생산 능력을 보유했다. 현대·기아차 측은 "글로벌 생산기지를 구축하면서 특정 지역에서만 강세를 보이는 경쟁사와 달리 국지적 충격에도 흔들림 없는 체질을 갖추게 됐다"고 설명했다.

현대차는 2015년 11월 프리미엄 브랜드인 제네시스를 공식 출범시켜 기존의 양적 성장에서 질적 성장하는 단계로 들어갔다. 최근 급성장하는 고급차 시장에 대한 대응력을 높여 추가 도약을 위한 발판을 마련하자는 취지다. 세계적인 디자이너인 루크 동커볼케와 브랜드마케팅 전문가인 맨프레드 피츠제럴드를 영입하는 등 제네시스 브랜드와 제품 강화를 위한 외부 인사영입과 조직개편도 활발하게 진행했다.

정몽구 현대차그룹 회장은 2016년 신년사에서 "제네시스 브랜드를 세계 시장에 조기 안착시키고 브랜드 차별화를 위한 전사적 노력을 통해 대한민국을 대표하는 명차로 육성할 계획"이라고 밝히기도 했다.

현대차그룹은 2014년 9월 한국전력공사의 서울 강남구 삼성동 땅을 인수하면서 향후 그룹의 통합 신사옥이 될 글로벌비즈니스센터의 첫 단추를 끼웠다. 현대차그룹은 글로벌 5위 완성차 업체의 위상에 걸맞게 전 세계에 흩어져 있는 사업장과 그룹 계열사를 통합 관리할 수 있는 컨트롤 타워를 확보할 계획이다.

[동아일보 2017.11.30.]

2. 재무적 동기

기업은 해외직접투자를 통해 자산구성을 전 세계적으로 다각화(diversification)함으로써 경영위험을 분산시킬 수 있다. 즉 각 국가별 경기변동은 다양한 경제사정으로 인해 항상 동일한 방향으로 움직이는 것은 아니기 때문에 기업들은 해외직접투자를 통해 생산법인이나 판매법인 등을 여러 국가에 다양하게 분산시켜 다각화함으로써 한 국가의 경제변화에만 민감하게 영향을 받지 않게 된다. 해외직접투자에 의한 다각화 전략을 통해 기업들은 경영위험을 분산시킴으로써 안정적인 현금흐름을 확보할 수 있게 된다.

또한 변동환율체제로 이행한 이후에 세계 각국의 통화가치의 급격한 변동으로 인하여 기업들은 커다란 환위험에 직면하고 있다. 어느 한 국가 내에서 생산된 제품은 그 국가통화의 급격한 평가절상이 있게 되면 가격이 비싸지면서 제품의 가격경쟁력이 급격히 낮아지게 되어 기업은 경제적 환위험[17]에 직면하게 된다. 이는 곧 기업의 현금흐름에 영향을 미쳐서 기업가치의 하락을 가져올 수 있다. 따라서 해외직접투자를 통해 여러 국가에 다양한 생산법인이나 판매법인을 설립하여 기업의 자산을 전 세계적으로 다각화시키게 되면, 한 국가통화의 평가절하를 다른 국가통화의 평가절상으로 상쇄할 수 있기 때문에 어느 정도 환위험 관리가 가능하게 된다. 예를 들면 본사국 중심으로 수출위주의 국제화전략을 추구하였던 일본기업들은 1980년대 후반부터 엔화가치의 급상승으로 가격경쟁력이 하락하면서 수출에 큰 어려움을 겪었다. 그 이후 일본기업들은 적극적으로 해외직접투자를 통해 생산기지를 전 세계로 다각화하면서 환위험을 분산하는 전략을 추구하고 있다.

재무적 동기 사례

기업의 해외직접투자가 늘어난다!

국내 투자여건이 안 좋아지면서 기업들의 해외직접투자도 갈수록 늘고 있는 상황이다. 재

17) 환위험은 회계적, 거래적, 경제적 환위험으로 크게 나눌 수 있는데, 경제적 환위험이란 환율변동이 기업의 경쟁력에 영향을 끼치면서 현금흐름을 변화시키고 궁극적으로 기업의 가치에 영향을 줄 수 있는 위험을 의미한다.

경부 자료에 따르면 지난해 국내기업과 개인의 해외직접투자규모가 3904건, 79억4000만 달러에 달해 사상 최고치를 나타냈다. 2001년 63억 5000만 달러에서 2003년 58억 1000만 달러까지 하락한 후 지난해 다시 큰 폭의 증가세로 돌아선 것. 우선 환율 변화에 따른 기업들의 투자여건이 변화되면서 해외직접투자여부가 결정될 가능성이 크다.

원화가 강세를 보이면서 외국에서 물건을 들여오는 기업들은 수입비용을 낮출 수 있고, 달러표시 외화부채가 많은 기업들은 외환환산이익도 얻을 수 있는 등 기업별 희비가 엇갈리고 있다. 결국 국내 수출기업들엔 별로 반갑지 않은 소식이다. 수출비중이 높은 전자업계를 비롯해 자동차, 조선 업체 등이 대응책 마련에 고심하고 있다. 특히 조선업체는 매출이 달러기준이라 원화강세가 곧 수입 감소로 이어진다. 반대로 항공, 철강, 건설업 등은 원자재 수입의존도가 높아 원화강세를 반기는 분위기다.

전우종 SK증권 리서치센터장은 "환율 급락 폭이 커지면 자동차나 전자 업종 등 수출 중심 기업들이 다양한 조건을 고려해 해외직접투자에 나서게 된다."면서 "대기업과 중소기업 모두 경영위험 분산과 환위험관리를 위해 생산기지 해외이전을 지속적으로 추진해야 할 것이다. 특히 중소기업들의 해외직접투자 필요성이 크다"고 지적한다.

지난해 해외직접투자액을 기업규모로 봤을 때 대기업이 42억5000만 달러로 53.5%를 차지해 2003년보다 무려 50.7% 급증했다. 이에 반해 중소기업은 37.7% 증가하는 데 그쳐 대기업 해외직접투자 집중현상이 여실히 나타났다. 황문연 재경부 국제경제과장도 "해외직접투자가 늘어난 데는 선진국 경기가 다소 호전됐고 중국이 투자시장으로 급부상한 것을 원인으로 들 수 있다"고 말했다.

[매경이코노미 2005.03.15]

지금까지 기업의 해외직접투자 동기를 몇 가지 유형으로 구분하여 설명하였는데, 이러한 투자동기들이 결코 상호 배타적이지 않다. 예를 들어, 일본 자동차회사들의 미국 직접투자는 무역장벽을 회피하면서 거대한 북미시장을 공략하고, 아울러 일본과 북미 및 유럽을 잇는 글로벌 네트워크를 구축하고자 하는 목적 하에 이루어지고 있음은 주지의 사실이다. 우리나라의 전자산업, 자동차산업, 화학 산업 등의 기업들도 첨단기술 습득, 현지시장 개척, 무역장벽 회피, 위험분산 등의 다양한 목적을 동시에 추구하면서 북미, 유럽지역, 아시아 등에 해외직접투자를 통한 전략거점을 구축하고 있다.

8.4 해외직접투자의 형태

1. 소유권별 형태

기업이 해외직접투자를 통해 투자대상국에 진입할 때에 결정해야 될 중요한 문제 중의 하나가 해외자회사의 소유권(ownership)에 관한 것이다. 해외자회사의 소유권을 100% 소유하는 단독투자를 택할 것인가, 아니면 다른 파트너와 소유권을 공유하는 합작투자를 택할 것인가를 결정해야 한다. 기업이 해외에 진출할 때 선택하게 되는 소유권 형태는 기업이 추구하는 경영전략에 따라서 달라질 수 있고, 또한 투자대상국의 정부가 외국기업의 자국 진입 시에 소유권 형태에 대하여 어떠한 정책을 가지고 있는가에 따라 크게 영향을 받게 된다.

〈표 8-7〉 해외직접투자의 형태

소유권별 형태	진입방식별 형태
단독투자 (100% 완전소유권)	직접설립(greenfield investment) 국제 M&A(brownfield investment)
국제합작투자 (다수지분, 동등지분, 소수지분)	직접설립(greenfield investment) 국제 M&A(brownfield investment)

<표 8-7>은 해외직접투자의 소유권별 형태와 진입방식별 형태를 보여주고 있다. 먼저 소유권별 형태를 보면, 해외직접투자는 크게 단독투자와 국제합작투자로 구분된다. 즉 해외직접투자를 하는 주체의 수가 몇이냐에 따라서 단독투자와 국제합작투자로 분류할 수 있다. 여기서 "해외직접투자를 하는 주체"란 해외에 설립하는 투자법인의 소유권과 경영권을 갖는 기업, 개

인 또는 정부기관 등을 말한다. 해외직접투자 주체의 수가 단 하나인 경우에는 단독투자이고, 둘 또는 그 이상일 경우에는 국제합작투자에 해당된다. 그리고 국제합작투자의 경우에는 소유 지분에 따라 다수지분, 동등지분, 소수지분의 형태가 있다.

1) 단독투자 (wholly owned investment or sole investment)

단독투자는 모기업이 해외자회사를 단독으로 소유하는 형태이다. 단독투자는 진입방식별 형태에 따라 직접설립과 국제 M&A로 나눌 수 있다. 여기서 직접설립이란 현지국에 직접 공장이나 건물 등을 신규설립 하는 것이고, 국제 M&A는 현지국의 기존기업 지분을 매입하여 단독으로 소유하는 것이다.

해외자회사에 대한 소유권 형태는 모기업이 추구하는 경영전략이나 현지국 정부의 정책에 따라서 달라질 수 있다. 선진국에서는 대부분 단독투자에 대한 특별한 규제를 취하지 않지만, 개도국에 따라서는 현지국 정부가 원칙적으로 단독투자를 금지하는 경우도 있다. 그러나 최근에 들어서는 많은 개도국들이 외국자본을 적극 수용하는 개방적인 정책을 추진하면서 100% 단독투자도 많이 허용하는 추세이다.

단독투자 사례

중국, 독일에 '구애'…바스프 100억弗 단독투자 허용

중국이 이례적으로 독일 화학 회사 바스프(BASF)가 단독 지분으로 중국에 대규모 공장을 지을 수 있도록 허용했다. 전문가들은 중국 정부가 미국의 일방주의적인 무역 정책에 맞서 독일 정부와 유대를 강화함으로써 돌파구 찾기에 나선 것이라는 분석을 내놓고 있다고 홍콩 사우스차이나 모닝포스트(SCMP)가 11일 보도했다.

리커창(李克强) 중국 총리와 앙겔라 메르켈 독일 총리는 지난 9일(현지시간) 베를린에서 회담하고 22건의 양국 간 투자 협약을 체결했다. 이 중 가장 규모가 큰 것은 바스프사의 광둥성 잔장(湛江)시 화학 공장 설립에 관한 협약이다. 바스프는 100억 달러(11조2천억원)를 들여 2030년까지 연간 100만t 규모의 에틸렌을 생산할 수 있는 공장을 지을 예정이다. 이번 프로젝트는 중국 내 최대 규모의 외국 투자가 될 전망이다. 향후 바스프는 신규 법인 지분의 100%

를 보유하게 된다.

전문가들은 이 같은 대형 외자 유치 프로그램을 진행하면서 중국 정부가 합작 방식이 아닌 단독투자를 허용했다는 점에 특히 주목하고 있다. 중국 정부는 그간 주요 기간산업 분야에서 외국 투자를 유치할 때 자국 기업과의 합작 투자를 하도록 요구했다는 점에서 이번 단독투자 허용은 매우 이례적이라는 평가다.

특히 국영기업들이 독과점 체제를 구축한 화학 분야에서는 대규모 외자 단독투자 허용 사례를 찾기가 어렵다. 이를 두고 미국과 치열한 무역전쟁을 벌이는 중국이 시장 개방 의지를 천명하는 한편, 미국의 일방주의적인 무역 정책에 고전하는 독일과 공동전선을 구축하기 위한 다목적 포석이 깔린 것이라는 분석이 나온다.

국제 로펌 데커트의 파트너인 타오징저우(陶景洲) 변호사는 "리 총리와 메르켈 총리가 함께 화학 공장 프로젝트를 발표함으로써 강한 협력의 메시지를 발신했다"며 "미국과 무역 전쟁이라는 맥락 속에서 중국은 세계에 시장 개방의 의지를 보여줘야 하는데 메르켈 총리야말로 트럼프 대통령의 일방주의에 맞서 균형을 추구할 핵심 인물"이라고 지적했다.

또 이번에 바스프에 100% 지분 투자를 허용한 것은 중국이 그간 외국 투자자들에게 '강요'해온 합작 형태가 기술 유출의 창구로 활용됐다는 미국 측의 비판 논리에 대응한 측면도 있어 보인다.

[연합뉴스, 2018.07.11]

2) 국제합작투자(International Joint Venture)

(1) 국제합작투자의 개념

국제합작투자는 2개국 이상의 기업, 개인 또는 정부기관이 특정기업을 설립하여 공동으로 경영에 참여하는 해외사업의 한 형태이다. 즉 사업에 소요되는 투자금액을 합작파트너가 공동출자하여 현지자회사의 경영에 대한 공동소유권을 갖게 된다. 국제합작투자에서 가장 중요한 특성은 공유(sharing)라는 단어이다. 여기서 공유의 대상이 되는 것은 자본, 특허권, 상표권, 경영노하우 등과 같은 자본과 자산의 공유뿐만 아니라 현지자회사의 경영관리와 그에 따른 손익 및 경영위험 등도 합작파트너들이 함께 공유해야 한다. 따라서 합작투자는 단독투자에 비해 현지자회사에 대한 통제보다는 오히려 현지파트너의 도움이 필요한 경우에 이용되는 전략이라고 할 수 있다.

국제합작투자에는 파트너 유형별로 여러 가지 형태가 있다. 외국기업이 투자대상국의 현지기업과 합작하는 것이 가장 전형적인 형태이다. 그렇지만 외국기업이 현지정부나 정부기관 또는 지자체와 합작하는 경우도 있으며, 두 개의 다른 국적을 가진 기업들이 제3의 국가에서 합작하는 경우도 있고, 국적이 같은 두 개 이상의 기업이 외국에 동반 진출하여 현지기업과 합작하는 경우도 있다.

현지기업과 합작사례

LG화학 - GM '전기차 배터리' 합작법인… 2조7000억 투자

LG화학이 세계 3대 전기차 시장인 미국을 공략하기 위해 미국 1위 자동차 업체인 제너럴 모터스(GM)와 손잡고 전기차 배터리 셀 합작법인을 만든다. LG화학은 5일(현지시간) 미국 미시간 주 GM 글로벌테크센터에서 신학철 부회장이 메리 바라 GM 회장과 합작법인 계약을 체결했다고 6일 밝혔다.

합작법인 지분은 50대 50이다. 양사가 각각 1조 원을 출자하고 단계적으로 총 2조7000억 원을 투자해 30기가와트시(GWh) 이상 생산 능력을 확보할 계획이다. 이는 국내 배터리 업체와 해외 완성차 업체 간 합작 중에서는 최대 규모다.

공장 부지는 오하이오 주 로즈타운 지역에 마련됐으며, 내년 중순 착공된다. 양산된 배터리 셀은 GM의 차세대 전기차에 공급된다. 바라 회장은 "GM의 완성차 제조 기술과 LG화학의 선도적인 배터리 기술이 결합하면 전기차 시대로의 전환이 가속화될 것"이라고 말했다. 신 부회장은 "GM과의 합작법인 설립은 단순한 협력을 넘어 친환경차 시대로의 변혁을 이끌 위대한 여정의 시작"이라며 "LG화학의 글로벌 리더 지위가 강화될 것"이라고 강조했다.

LG화학은 GM이 지난 2009년 출시한 세계 첫 양산형 전기차인 쉐보레 '볼트'의 배터리 단독 공급업체로 선정된 후 쉐보레 '스파크' 등에 배터리를 공급해 왔다. 미국 전기차 시장은 중국·유럽과 함께 세계 3대 전기차 시장으로 꼽힌다. 시장조사기관인 미래에셋대우 리서치센터에 따르면 미국 전기차 시장은 올해 52만 대에서 2021년 91만 대, 2023년 132만 대 등 연평균 약 26%의 성장률을 보일 것으로 예측됐다.

LG화학은 지난 2012년부터 미시간 주 홀랜드 공장을 가동한 이후 지속적인 증설로 현재 약 5Gush의 생산 능력을 갖추고 있다. 이번 오하이오 주 합작법인 설립으로 미국에는 두 곳의 생산기지를 확보하게 된다.

[문화일보 2019.12.06.]

현지정부와 합작사례

하나마이크론, 브라질 정부와 종합반도체 회사 설립 추진

반도체 패키징업체 하나마이크론은 브라질정부와 현지에 대규모 종합반도체 회사설립을 추진하기로 했다고 28일 밝혔다. 현재 브라질은 인구·국토 면적 면에서 세계 5위 대국이고 남미 정치 경제의 중심역할을 수행하고 있다. 최근 2014 월드컵과 2016 올림픽을 유치하면서 세계 경제의 관심지역으로 급부상하고 있다. 또 IT(정보기술) 제품에 대한 수요와 잠재력이 풍부하나, 반도체 산업에 대해서는 아직 초기 단계로 정부차원의 지원전략을 하나마이크론과 오랜 기간 협의와 조정을 거쳐 본격적인 진행절차에 착수한 것으로 알려졌다.

특히 브라질은 반도체 등이 많이 활용되는 휴대전화와 게임 컴퓨터, 자동차시장이 급속도로 팽창하고 있다. 지난 2008년 기준 휴대전화 1억3000만대, 노트북 1500만대, 메모리 모듈 2억 개의 시장이 형성돼 있으며 그 성장속도는 더욱 빨라질 것으로 예상된다. 하지만 높은 관세 장벽과 세금 제도로 해외기업들의 진출이 힘들었다. 하나마이크론은 브라질정부와 오랜 기간 동안 협의를 거쳐 전략적 파트너십을 구축했다.

하나마이크론의 한 관계자는 "브라질 정부가 각종 세제혜택과 인프라 지원 등을 약속하고 있으며 하나마이크론 또한 현지에 반도체 기술이전과 현물투자를 협의 중"이라며 "브라질 현지에 하나마이크론의 TFT(태스크포스팀) 요원들은 이미 각종 사안들을 검토하는 작업에 착수했다"고 말했다. 이어 "조만간 현지법인 설립 계약을 추진할 것으로 예상된다"며 "큰 틀의 기본적인 합의는 마무리 단계이고 정부에 부지·등을 요청해 승인절차를 기다리고 있는 상태"라고 덧붙였다.

[한국경제신문 2009.10.28]

국적 다른 기업들의 제3국 합작사례

포드-마쓰다, 태국에 소형승용차 공장 건설

미국의 포드와 일본의 마쓰다 자동차회사가 동남아시아 지역 판매확대를 위해 태국에 두 번째 소형 승용차 조립공장을 추가로 건설하기로 했다. 포드와 마쓰다는 양사가 합작해 태국에 설립한 자동차 회사인 'Auto Alliance Thailand(AAT)'에 5억 달러를 공동 투자해서 현재 가동 중인 픽업트럭 생산공장 부지에 소형 승용차 생산공장을 추가로 지을 예정으로 연산능력은 10만 대이며, 2009년부터 생산을 개시한다. 조립라인은 마쓰다의 생산 방식을 채택할 것이며,

새로 건설될 승용차 조립 공장에서는 마쓰다사가 소형 자동차인 '마쓰다 2'를 생산하기로 확정했으며 포드사는 아직 생산 모델이 결정되지 않았으나 피에스타를 생산할 예정인 것으로 알려졌다. 이 조립공장은 연간 최소 10만대의 차량을 생산해 이중 80%를 동남아와 호주, 뉴질랜드, 남아프리카 등지에 수출할 계획이다. 픽업트럭을 생산해온 AAT는 작년에 12만3천여 대, 올해는 9월말 현재 8만5천여 대의 차량을 동남아 등지에 수출해왔다.

[연합뉴스 2007.10.10]

국적 같은 기업들의 현지기업과 합작사례

포스코, 세아제강, US스틸 합작, 美 피츠버그 강관공장 준공

포스코가 2일(현지시간) 미국 캘리포니아 주 피츠버그에 연산 27만t 규모 고급 강관공장을 준공했다. 포스코와 미국 최대 철강회사인 US스틸, 강관 제조 경험이 풍부한 세아제강이 합작해 설립한 USP(United Spiral Pipe)가 현지에서 정준양 포스코 회장, 존 서머 US스틸 회장, 이운형 세아제강 회장, 낸시 패런트 피츠버그 시장 등이 참석한 가운데 준공식을 했다.

USP는 미국석유협회 공인 에너지 수송용 고급 API(American Petroleum Institute) 강관을 본격적으로 생산하게 된다. 이날 준공한 USP 공장은 최대 두께 25.4㎜ 강판을 소재로 24~64인치 대구경 강관을 생산할 수 있는 최신 설비를 갖췄다. 북미 지역은 전 세계 에너지 수송용 강관 수요 가운데 20% 이상을 점유하고 있는 거대 시장으로 지름 24인치 이상인 대구경 API 강관을 연간 200만t 이상 사용하고 있어 시장 확대가 기대된다. API 강관 생산에 필요한 소재인 열연강판은 포스코와 US스틸이 절반씩 공급할 계획이다.

USP 지분은 포스코와 US스틸이 각각 35%, 세아제강이 30%를 보유하고 있다. 이에 따라 최고 수준 열연강판을 제조하는 포스코, 강관 제조 경험이 풍부한 세아제강, 미국 내 현지 판매망과 지리적 이점을 보유하고 있는 US스틸이 시너지를 발휘할 것으로 기대하고 있다.

[매일경제 2009.11.03]

(2) 국제합작투자 계약 시의 유의사항

국제합작투자에서 우리나라 기업들이 특별히 유의해야 할 점은 합작투자 시에 양측 파트너 간의 권리 및 의무에 관한 내용을 정확히 합작투자계약서에 명시해야 된다는 점이다. 즉 합작투자 시에 합작투자관련 계약서류들을 세밀히 검토하고, 한국측과 현지국측 파트너간의 역할분담 내용을 구체적으로 나열하여 이에 따른 권한 및 책임관계를 정확히 명문화함으로써 정상조업 후에 발생할 수 있는 여러 문제들을 미연에 방지할 수 있도록 해야 한다.

그리고 합작투자계약서를 반드시 영어로 작성하고, 영어로 작성한 내용과 현지국 언어로 번역한 내용간의 해석에 모호한 점이 있을 경우에는 영어로 작성한 계약서의 내용을 우선적으로 받아들인다고 하는 점을 사전에 정하여 놓는 것이 바람직하다. 다음은 실제 영문 합작투자계약서의 예이다.

"This Agreement is written in the English language and executed in two (2) counterparts, each of which shall be deemed an original. The English language text of this Agreement shall prevail over any translation hereof."

합작투자계약서 피해사례

외국과 합작사 '이중고'…내수 부진에 '수출지역제한 협약'에도 묶이고

기업들이 내수부진 만회를 위해 수출 드라이브를 걸고 나선 가운데 외국과의 합작투자 기업들이 합작 당시 맺은 '수출지역제한'이란 독소조항 때문에 해외 판로를 개척하지 못해 애로를 겪고 있다.

최근 중국 남부지방에 제품을 수출하려던 린나이코리아는 합작사인 일본 린나이측의 반대로 난관에 부딪쳤다. 일본 린나이는 지난 1974년 공동법인을 설립할 당시 맺은 '해외판매 시 린나이의 글로벌 마케팅 전략에 따른다'는 내용의 합의문을 이유로 린나이 코리아의 중국 진출에 제동을 걸고 나섰다. 린나이 코리아 관계자는 "중국 남부지방에 제품을 수출하려면 상하이에 진출해 있는 린나이법인을 통해서만 가능하게끔 돼 있어 사실상 판로확대에 한계가 있다"며 "합의문은 일본이 이미 진출한 시장에 대해서는 수출을 금지하는 독소조항 성격이 강하다"고 말했다. 이에 따라 지난 30여 년간 우호적인 협력관계를 유지해 온 양사 사이에 최근 들어 미묘한 갈등의 불씨가 지펴지기 시작했다. 이 회사는 당초 올해 매출 3400억 원을 목표로 잡았으나 내수부진이 이어지자 3000억 원으로 매출을 낮춰 잡았다.

덴소풍성의 경우에도 제휴선인 일본 덴소와의 '해외 네트워크 충돌금지 협약'에 발목이 잡혀 있어 독자적인 수출시장 개척이 어려운 상태다. 덴소풍성은 지난 2000년 일본 덴소와 풍성전기가 각각 59대 41의 지분율로 합작한 자동차 전장류 부품 제조회사로 덴소의 글로벌 마케팅 전략에 따라 움직이는 사실상의 일본회사이다. 덴소풍성 관계자는 "현대기아차에 대한 납품비중이 너무 높아 수익원 다각화 차원에서 장기적으로 해외시장을 개척할 필요성이 제기되고 있지만 덴소 측과의 계약 때문에 해외시장 개척이 불가능한 상태다"고 말했다.

내수 의존도가 절대적인 르노삼성 자동차 또한 수출에 목이 마르지만 합작선인 닛산의 수출제한조치에 묶여 있어 고민이 많다. 제롬스톨 르노삼성차 사장은 최악의 내수경기가 계속되자 "오는 2010년 내수와 수출비중을 대등하게 가져가겠다."는 수출 드라이브 정책을 발표했으나, 닛산의 수출제한 조치가 완전히 풀리지 않은 상황에서는 다소 현실성이 떨어지는 목표라는 게 업계의 중론이다.

전문가들은 이 같은 한계를 극복하기 위해서는 합작 파트너와 협상을 통해 회사의 상황을 전달하고 불합리한 조항을 삭제하는 적극적인 노력이 필요하다고 지적하고 있다. 석유화학업계의 한 관계자는 "삼성석유화학의 경우 수출제한 조항을 놓고 합작선인 Amoco와 한·미간 통상 분쟁으로 비화할 뻔한 극단적인 상황까지도 맞았었다."며 "그러나 '20년 전 계약사항을 고집하는 게 불합리하다'며 3년에 걸쳐 끈질기게 시정조치를 요구한 끝에 불합리한 합작조건을 개선할 수 있었다"고 강조했다.

[파이낸셜뉴스 2004.07.06]

2. 진입방식별 형태

앞 서 <표 8-7>에서 본 것처럼, 해외직접투자를 추진할 때 단독투자 또는 합작투자의 소유권 형태를 결정해야 할 뿐만 아니라, 현지국에 진입할 때 새로이 기업을 직접 설립할 것인가 아니면 현지국의 기존기업을 인수할 것인가를 결정해야 한다. 즉 단독투자나 합작투자를 할 때에는 신규설립 또는 국제 M&A 중에 하나를 선택하여 진입하게 된다.

일반적으로 해외직접투자는 현지국에 기업을 직접 설립하는 것으로 주로 인식되어 왔지만, 최근에는 현지국에 소재하는 기존기업에 대한 국제 M&A도 상당히 증가하고 있다. 기업이 신규 설립할 것인지, 국제 M&A를 할 것인지에 관한 선택은 기업의 능력, 경영전략, 현지국 정부의 정책, 인수대상기업의 존재 유무, 인수가격 등을 고려하여 결정하게 된다.

1) 직접설립(greenfield investment or new establishment)

직접설립은 새로운 현지자회사(법인)를 직접 신규설립 하는 방식을 말한다. 기업 자신이 직접 해외직접투자의 규모나 생산시설을 통제할 수 있기 때문에 투자금액의 결정에 융통성이 있다. 또한 직접 현지인들을 심사하여 채용하므로 현지자회사 전반에 대한 통제가 쉽다. 그러나 이러한 신규설립 방식은 공장을 지어서 제품을 생산하고 현지에서 사업기반을 구축하기까지 상당한 시간과 비용이 소요된다.

직접설립

한국타이어, 오스트리아 법인 설립…유럽 공략 강화

오스트리아·스위스에서 시장 확대 목표

한국타이어앤테크놀로지(이하 한국타이어)는 오스트리아 비엔나 슈베하트에 신규 법인을 설립해 유럽 시장에서의 입지를 확장한다고 9일 밝혔다. 한국타이어는 새로운 법인 설립으로 오스트리아와 스위스 시장에 직접 서비스를 제공할 수 있게 됐다. 중요성이 지속적으로 높아지고 있는 양 국가에서 시장 확대를 목표로 적극적인 활동을 전개할 예정이다.

이미 독일과 영국, 프랑스, 헝가리, 스페인, 스웨덴, 러시아, 우크라이나, 터키 등 유럽 전역에 비즈니스 네트워크를 보유하고 있는 한국타이어는 새로운 법인 설립으로 유럽 시장에서 전략적 확장을 추진할 수 있는 기반을 더욱 공고히 하게 됐다.

유럽을 비롯한 세계 시장에서의 활약을 통해 한국타이어는 세계 타이어 시장에서 매출액 기준 6위를 차지하고 있으며, 총 매출의 85% 이상을 국외에서 달성하고 있다. 전 세계 8개의 생산시설 (한국, 중국, 미국, 인도네시아, 헝가리), 5개의 R&D 센터 (한국, 중국, 미국, 독일, 일본)를 통해 180여 개국에 타이어를 판매하며 수출 증대를 통한 국가 경제의 성장에 일조하고 있다고 회사 측은 강조했다. 한국타이어 관계자는 "생산, 마케팅, 사회공헌 등 다양한 세계 비즈니스 활동을 통해 국가브랜드 가치 제고에도 기여하고 있다"고 덧붙였다.

[이데일리 2020.1.9.]

2) 국제 인수·합병(mergers & acquisitions or brownfield investment)

인수·합병(M&A)은 학문적 용어라기보다는 실무적 차원에서 정립된 용어인데, 특정기업이 다른 기업의 경영권을 인수할 목적으로 소유지분을 획득하는 것을 의미한다. 사실 인수(acquisitions)는 다른 기업의 주식이나 자산 등을 매입하여 경영권을 장악하는 것을 말하며, 합병(mergers)은 독립된 기업들이 인적·물적 결합을 통하여 동일한 관리체제하에서 경영활동을 수행하는 기업결합의 한 형태를 가리킨다. 그러나 현실적으로는 양자를 엄밀히 구분하여 사용하지 않고 이를 통칭하여 인수·합병(M&A)이라고 한다.

국제 M&A란 한마디로 요약하자면, "돈으로 시간을 사는 전략"이라고 표현할 수 있다. 기업이 투자대상국에 있는 기업을 인수함으로써 그 기업이 가지고 있는 경영자원을 일시에 획득하여 신속하게 진출하는 적극적인 해외시장 진입방식인데. 여기서도 지분을 100% 인수하는 단독투자와 일부 지분만 인수하는 합작투자로 구분된다. 보다 구체적인 내용은 제9장 국제 M&A 전략에서 자세히 설명한다.

국제M&A를 통한 단독투자 사례

디랙서, 호주 '칼짐(Calgym) 그룹' 100% 인수…해외사업 박차

혁신적인 운동장비를 지속 선보이고 있는 국내 피트니스 장비 1위 기업 '디랙스(Drax)'가 호주 피트니스 장비 개발·유통사 '칼짐 그룹(Calgym Group Holdings Pty Ltd)'의 지분 100% 인수계약을 체결했다고 8일 밝혔다.

디랙스의 칼짐 그룹 인수는 국내 피트니스 기업이 해외기업을 인수한 첫 사례다. 또한 이번 인수를 통해 국내 1위를 넘어 글로벌 탑 5를 목표로 해외 사업을 확대에 박차를 가할 예정이다. 칼짐 그룹의 특허 기술 및 근력 기구 라인업을 인수함으로써 제품 포트폴리오를 다양화하고, 아시아·태평양 지역 2번째로 큰 규모의 호주 시장을 직접 공략하는 등 수출 확대 전략을 본격 추진하여 글로벌 경쟁력을 빠르게 확보할 계획이다.

디랙스 유선경 CEO는 "건강에 대한 관심이 높아짐에 따라 전 세계적으로 운동기구의 품질 상향평준화가 빠르게 이루어지고 있어 지금이야말로 해외 사업을 더욱 강화하기 위한 적기라고 판단해 이번 인수를 진행하게 되었다"며 "앞으로도 디랙스는 본질에 충실한 혁신 기술과 IT 기술을 융합한 개인 맞춤형 운동 플랫폼을 제공하기 위해 연구 개발과 투자를 지속해 피트니스 업계의 트렌드를 선도할 것"이라고 덧붙였다.

디랙스는 '자연 속에서 운동하는 것처럼 자유롭고 편안한 운동기구를 만들자'는 모토 아래 2001년 '주식회사 두비원'이라는 이름으로 설립된 국내 피트니스 장비 1위 기업이다. 세계 최초로 속도가 자동 조절되는 트레드밀 '레돈(Redon)', 실내에서 등산운동 효과를 내는 '마이 마운틴(My Mountain)' 등 특허기술에 기반한 혁신적인 운동 장비를 지속 선보이고 있다.

2016년 '주식회사 디랙스'로 상호 명을 변경하고 연구 개발부터 제품 생산까지 운동 기구 제조에 필요한 전 공정 시스템을 갖춘 현재의 안양 공장을 오픈했다. 뛰어난 기술력을 인정받으면서 사업규모도 확장 중이다. 국내에서는 2013년 중소벤처기업부로부터 '기술혁신형 중소기업(INNO-BIZ)' 인증을 획득했으며, 2017년에는 조달청이 지정한 '조달우수제품'으로 선정된 바 있다. 해외에는 2002년 '마이마운틴' 일본수출을 시작으로 현재는 전 세계 43개국에 운동 기구를 수출하며 미국, 중국, 독일, 영국 등에 파트너 사를 보유하고 있다.

한편, 디랙스가 인수한 '칼짐 그룹'은 1976년 설립된 호주 소재의 피트니스 장비 개발 및 유통사이자 '시너지 피트니스(Synergy Fitness)'의 모회사다. 근력 운동기구 라인업을 다수 보유하고 있는 시너지 피트니스는 '상체용 핀 로드 머신(핀을 꽂아 중량을 조절하는 방식의 운동기구)'을 최초 개발했다. 이후 넓은 범위의 운동강도 조절 기능을 제공하는 특허기술을 탑재한 '시너지 에어 파워업', 저산소 훈련 시뮬레이션 시스템의 상업화 등 독자적인 기술력을 토대로 운동 기구 라인업을 지속 확장해왔다.

[한국경제TV 2020.05.08]

국제M&A를 통한 합작투자 사례

일진전기, 합작투자로 베트남 전력시장 진출

일진전기는 베트남 중전기업체인 하나카와 합작 생산법인 '하나카-일진'을 설립하고 최근 베트남 정부로부터 투자 승인을 받았다고 11일 밝혔다. 합작법인은 하노이 인근 박닌성에 위치했으며 투자 규모는 2500만 달러다. 일진전기가 하나카의 현지공장을 인수해 합자, 운영하는 형태다. 일진전기는 이 법인의 지분 51%(일진전기가 100% 지분투자한 홍콩법인의 지분 11% 포함)를 보유해 최대주주로 경영권을 행사하게 된다.

하나카-일진은 연간 600억 원 규모의 생산 능력을 갖고 있으며 설립 초기에 중저압 케이블 및 알루미늄피복 강선 위주로 생산하고, 이후 초고압 케이블 등으로 영역을 확대할 계획이다. 내년에는 매출 400억 원을 예상하고 있으며 2012년에는 1400억 원까지 늘리는 등 연평균 30%의 성장을 목표로 세웠다. 베트남의 전력 시장은 발전설비 및 전력생산, 송변전설비 확충 등으로 매년 10%대 성장이 예상된다고 회사는 설명했다.

최진용 일진전기 사장은 "베트남 현지법인을 동남아 시장의 수출 전진기지로 활용할 예정"이라며" 향후 해외시장 진출을 확대해 2010년 매출액 대비 수출 비중을 40%까지 높일 계획"이라고 강조했다.

[한국경제 2007.10.12]

8.5 해외직접투자의 일반적 성공요인

모든 해외직접투자가 성공하는 것은 아니다. 현지국의 문화적 장벽, 정치적 장벽, 경쟁 장벽 등으로 인한 외국비용(cost of foreignness)으로 당초 예상한 경영성과를 달성하지 못하거나, 누적된 적자로 철수하는 경우도 상당히 많다.

따라서 성공적인 해외직접투자를 위해서 우리나라 기업들은 해외직접투자를 하기 전에 철저한 사업타당성 조사, 투자대상국의 사업환경 분석, 그리고 진출한 후의 현지화 등에 많은 노력을 기울여야 한다.[18]

1. 투자 준비

·투자목적의 명확한 설정 (판로개척, 기술개발 등)
·진출사업에 대한 철저한 사업타당성 분석
·목표시장 접근 계획, 자금조달 계획 등 기업 전체적 사업계획 수립
·단계적이고 체계적인 투자계획 수립
·관계사와의 동반진출을 통한 시너지 효과창출

2. 투자처

1) 투자대상국 위험의 철저한 분석

·생산, 판매상황 뿐만 아니라 투자대상국의 외환상황, 정국불안, 급격한 환율변동 등 투자대상국 위험을 고려한 투자계획 수립
·기업성장에 필요한 투자대상국의 기술력 등 종합적인 투자대상국 선정절차

18) 해외직접투자 성공요인은 재정경제부 해외직접투자 인포넷의 내용을 참고하였음.

2) 합작투자자에 대한 철저한 분석 및 원활한 관계설정

·합작투자자와 명확한 권한·의무관계 설정, 서류화 등 제반 사전조치 실시 후 투자

·합작투자자의 기술력, 영업능력, 추가투자능력, 경영방식, 신용상태 등의 철저한 사전분석

·합작투자자의 도산, 비협조, 책임회피 등에 대한 사전 대비

·합작투자자와 합리적인 역할분담 설정

3. 영업

1) 현지화 노력

·현지법인 독립채산적 경영체제 구축

·현지법인 고유의 기술력, 판로 개발

·현지 주민 및 종업원의 종교, 전통 등 관습적인 요소 존중

·현지 인력에 대한 해외연수 실시 등 유인책 마련

·현지 종업원 및 주민과의 밀착화 노력

2) 지속적인 시장수요 예측

·진출 후 지속적인 시장수요 예측실시로 환경변화에 대비

·사양산업의 경우, 시장규모의 정체 또는 축소여부 파악

·생산제품 및 기술력에 대한 관련 산업 수요 등의 예측 실시

3) 적극적인 생산 및 영업활동

·기술이나 가격경쟁력 있는 제품생산 및 원부자재 현지조달을 통한 원가절감

·OEM방식 및 자체 Brand 생산의 적절한 배합

·Brand Making, 자체 영업망 구축 등으로 안정적 시장수요 창출

·생산제품의 수급변화에 대한 빠른 대응

·현지에 기업협의회 등을 구성하여 우리 기업의 현지법인간 과도한 경쟁 조절

·환차손 등의 영업외손실 및 기업 리스크 증가에 대한 대비

4. 기타

1) 금융기관과의 협조관계 강화 및 회계처리의 투명성

·자금지원 금융기관과의 지속적인 경영상태 진단 실시

·투명한 회계처리로 외부기관 및 모기업의 현지기업에 대한 정확한 진단

·자체 현지금융 조달 능력 구축

2) 현지법인 위주의 경영

·현지법인의 독자 생존능력 증대, 이익중심점으로서의 경영권 부여

·모기업과 독립된 신속한 의사결정 체제 구축

·모기업 경영 상황에 따른 현지법인의 변동성 제거

3) 전문 경영자 파견

·현지사업은 국내사업보다 더 전문적인 경영자가 필요함을 인식하고 해당사업에 능력 있는 전문경영인 파견

·특히 현지의 문화·전통·관습·언어 등에 익숙한 인재 파견

4) 모기업과 유기적 관계 강화

·모기업 판매망 보완 역할 등 모기업과 현지법인간 유기적 관계 구축

·현지법인 습득기술의 모기업과의 연계강화

5) 사업철수 및 매각 시 신속한 결정

·현지법인 부실 심화 시에 추가손실 방지위해 사업철수 및 매각에 대한 신속한 의사결정

·청산시의 애로점 사전 파악

6) 투자국 정부와의 관계 강화

·필요시 정부 실력자의 도움이 필요하므로 관계강화 노력필요

(그러나 지속적인 의존은 금물)

해외직접투자 성공요인 사례-1

농심 중국법인, 누적 매출 20억 달러…20년간 40배 성장

올해로 만 20년을 맞은 농심의 중국사업 누적 매출이 20억 달러를 넘어서면서 20년간 40배의 성장세를 보인 것으로 나타났다. 농심은 중국법인의 올해 상반기 매출이 약 1억3000만 달러를 기록해 연말까지 최대 실적인 2억8000만 달러를 기록할 것으로 예상된다고 16일 밝혔다. 농심 중국법인의 이 같은 매출 예상 실적은 독자사업 첫 해 매출 700만 달러로 시작한 1999년에 비해 40배가량 늘어난 규모다. 중국법인 누적 매출도 올해 상반기를 기점으로 20억 달러를 돌파하면서 농심 해외법인으로써 첫 기록을 세우게 됐다. 다른 산업과 달리 식품은 자국 식문화의 영향을 크게 받는 만큼 식품업체들이 외국에서 쉽게 성공하기 힘든 가운데 한국라면으로 20년 이상 이 같은 성장세를 기록한 것이다.

농심의 첫 중국 진출은 1996년 상하이에 생산공장을 가동하면서 시작됐다. 당시 대만의 한 회사와 합작형태로 진출했지만 장기적이고 주도적인 중국사업을 위해 1998년 지분을 인수하고 1999년부터 독자노선의 길을 걸었다. 동시에 청도공장(1998년), 심양공장(2000년) 등을 잇달아 가동하면서 중국사업에 본격적으로 나섰다.

조인현 농심 중국법인장은 "90년대 말 중국시장은 중국 저가라면이 시장의 대부분을 점유하고 있었고 소비자들 또한 한국식품에 대해 큰 관심이 없어 마트에 제품 입점조차 되지 않는 등 초창기 많은 어려움이 있었다."며 "장기적인 사업을 위해서는 제품과 판매에 대한 확고한 전략이 필요했다"고 당시 상황을 전했다.

세계 최대 시장이라 불리는 중국에서 농심의 성공 비결은 제품과 마케팅의 '투트랙 전략'이다. 제품은 한국의 매운맛을 그대로 가져가는 것을 원칙으로 하고, 광고나 마케팅 등은 철저하게 현지 문화와 트렌드를 우선시한다는 내용이다.

농심은 한국을 대표하는 신라면과 너구리 등을 시장에 내놓으면서 맛과 제품 규격, 디자인, 브랜드까지 그대로 시장에 선보였다. 뜨거운 물을 부어 데워먹는 중국식 라면 대신 한국식인 '끓여먹는 라면 문화'도 그대로 가져갔다. 또 시중 저가 제품과 차별화되는 고급 이미지를 고수한 가운데 개방정책에 따라 중국인들의 소득수준도 함께 올라가면서 소비자들이 늘었다.

농심 관계자는 "중국에서 경험할 수 없는 한국 특유의 얼큰한 맛이 중국인들이 신라면을 찾는 가장 큰 이유"라며 "신라면의 빨간색 포장과 '매울 신(辛)'자 디자인을 두고 중국인들도 종종 자국 제품이라고 여길 만큼 신라면은 중국시장에 성공적으로 안착했다"고 설명했다.

농심은 또 중국법인의 성장 배경에 '신라면배 바둑대회(농심 신라면배 세계바둑최강전)'를 꼽았다. 1999년 창설 이후 20주년을 맞은 지금까지 중국 인기스포츠인 바둑을 통해 신라면을 각인시켰다는 게 농심 측 설명이다. 중국 현지 정서와 문화를 접목한 대표적인 마케팅 활동으로 중국 진출 당시 바둑에 대한 열기가 높기로 유명한 중국인들의 이목을 집중시켜 농심의 인지도와 신라면 브랜드를 동시에 부각시키겠다는 전략으로 대회를 열었다. 기업의 제품명을 대회 타이틀로 내세운 것도 세계기전 중 신라면배가 처음이었다.

농심은 이 대회에서 대국장 인테리어를 비롯해 팜플렛, 제품전시, 기념품, 시식행사 등 농심과 신라면을 알리는 전략을 지금까지 펴고 있다. 매년 중국에서 치러지는 결승대회는 중국 CCTV, 상해TV, 인민일보 등 다수의 중국 언론사에서 보도할 정도로 관심이 커 마케팅 효과도 상당하다는 게 농심 측 설명이다.

올해 대회는 지난 15일 중국 베이징에서 막을 올린 가운데 이세돌, 박정환 등 국가대표 기사들이 출전해 중국, 일본 기사들과 베이징, 부산, 상하이를 거치며 승부를 벌인다. 조인현 중국법인장은 "언론보도와 입소문 등의 광고효과는 특약점과 대형마트 입점 등 유통망 확대를 가져왔고 이는 곧 매출 증가로 이어졌다"며 "신라면배가 사업의 난관을 헤쳐 나가는 견인차 역할을 했다"고 말했다.

[뉴시스 2018.10.16.]

해외직접투자 성공요인 사례-2

베트남 현지화 전략 성공...전체 생산량 60% 육박

글로벌 패션 기업 한세실업은 2001년 베트남에 처음 진출한 이후 호찌민 지역에 총 3개의 생산법인을 운영하고 있다. 2014년엔 베트남 염색공장도 인수했다. 원단 연구 개발부터 생산까지 연계할 수 있는 능력을 갖추게 됐다.

한세베트남법인은 설립 초부터 기업 비전을 현지 직원들과 공유한다는 경영 전략을 세웠다. 현지 주민과의 융합을 가장 중요시하는 기업 문화를 만들어가고 있다. 베트남 내에서 '가장 일하고 싶은 가족 친화 기업(Great Work Place)'으로 손꼽히며 베트남에 진출한 한국 기업의 모범 사례로 인정받고 있다.

한세실업이 베트남에서 자리 잡을 수 있었던 비결은 동종 업계 대비 높은 급여 수준뿐 아니라 직원 친화적 경영 및 철저한 현지화 전략 때문이다. 지난해부터 한세실업은 베트남 현지 직원들을 위해 영어와 한국어 교육을 실시하고 있다. 한국과 베트남 양국의 문화 이해도를 높이기 위해서다.

매년 11월 호찌민에서 열리는 '한세체육대회'는 한국과 베트남 직원, 직원들의 가족들까지 총 4만여 명이 참여하는 지역축제로 자리 잡았다. 한세실업은 한세체육대회 개최를 통해 노사 화합을 자연스럽게 이끌어 내고 있다. 10년 전부터는 해외법인에 근무하는 현지 우수 직원들에게 서울 본사에서 근무할 수 있는 기회를 부여하는 '해외 순환 근무제'를 도입했다. 한세실업은 현지인 직원의 비율을 높여 현지화에도 힘썼다. 한세베트남법인 직원 1000명당 한국 직원은 공장장과 생산기획 담당 직원 등 한두 명에 불과할 정도다.

한세실업은 2004년부터 베트남 협력사 간담회를 열고 있다. 글로벌 동향을 공유하고 동반 성장 시스템을 구축할 수 있는 소통의 장을 마련하고 있다. 한세실업은 협력 업체에 100% 현금 결제를 실행해왔으며, 앞으로도 이 같은 상생경영을 지켜갈 방침이다.

문양원 한세베트남 총괄법인장은 "20여 년 동안 베트남 직원들에게 가족 같은 분위기를 만들어 주기 위해 업무에 필요한 교육을 비롯해 편안한 근무환경 조성 등에 심혈을 기울여 왔다"고 말했다. 한세실업은 베트남에서만 1만6000여 명의 한국인 및 베트남인 직원들이 근무하고 있다. 협력업체까지 더하면 2만여 명의 직원이 연간 2억 장 이상의 옷을 만들어 전 세계로 수출하고 있다.

한세실업은 전 세계 8개국에 20개 해외법인을 운영하고 있다. 이 중 한세베트남법인은 한세실업 전체 생산량의 60%를 소화하고 있는 핵심 생산기지다. 한세베트남법인의 생산량은 베트남이 미국으로 수출하는 전체 의류의 7%에 달한다. 베트남에 진출한 한국 섬유 업체 중 최대 규모다.

전 세계인이 입는 옷을 만드는 한세실업은 국내보다 해외에서 더 유명한 글로벌 의류 수출 전문 기업이다. 한세실업의 사명엔 '한국과 세계를 잇는다'는 뜻이 담겨 있다. 1982년 11월 창립한 한세실업은 의류 수출 전문 기업으로 자리매김했다. 현재 세계 유명 의류 브랜드들의 전략적 파트너로서 글로벌 패션 트렌드를 선도하고 있다.

[동아일보 2020.04.01.]

참고문헌

Bartlett, Christopher A., Sumantra Ghoshal and Paul W. Beamish, *Transnational Management: Text, Cases & Readings in Cross-Border Management*, 5ed., McGraw-Hill, 2007

Czinkota, Michael R., Ilkka A. Ronkainen and Michael H. Moffett, *Fundamentals of International Business*, 1st/Asia-Pacific ed., John Wiley & Sons, 2009.

Daniels, John D., Lee H. Radebaugh and Daniel P. Sullivan, *International Business: Environments and Operations*, 11th ed., Prentice Hall, 2005.

Deresky, Helen, *International Management: Managing Across Borders and Cultures*, 6ed., Prentice Hall, 2008

Fatehi, Kamal, *Internationla Management: A Cross-Cultural and Functional Perspective*, Prentice-Hall, 1996.

Geringer, Michael, "Partner Selection Criteria for Developed Country Joint Ventures," *Business Quarterly*, Summer, 1988.

Griffin, Ricky W. and Michael W. Pustay, *International Business: A Managerial Perspective*, 4ed., Pearson Higher Education, 2003.

Hill, Charles W. L., *International Business: Competing in Global Marketplace*, 7ed., McGraw-Hill, 2008.

Knickerbocker, F. T., *Oligopolistic Reaction and Multinational Enterprise*, Cambridge, MA: Harvard University Press, 1973.

Luthans, Fred and Jonathan Doh, *International Management: Culture, Strategy, and Behavior*, 7ed., McGraw-Hill, 2008.

Root, Franklin, *Entry Strategies for International Markets*, Lexington Books, 1994.

Rugman, Alan M. and Richard M. Hodgetts, *International Business*, 3ed., Financial Times Prentice Hall, 2003

GLOBAL BUSINESS

제4부

글로벌 경영전략

급변하는 글로벌 경영환경에 직면하고 있는 우리나라 기업들이 범세계적인 경쟁에 적극적으로 대처해 나가기 위해 필요한 글로벌 경영전략에 대하여 살펴보고자 한다. 그 중 치열한 글로벌 경쟁에서 생존하기 위한 전략이면서, 우리 기업의 성장전략이라고 할 수 있는 대표적인 글로벌 경영전략으로 국제 M&A전략과 국제 전략적 제휴를 선정하여 이에 대하여 자세히 알아본다.

제9장

국제 M&A 전략

우리나라 기업들이 오늘날 빠른 속도로 변화하는 글로벌 경영환경에 적극 대처하면서 경쟁력 있는 기업으로 성장하기 위해서는 국제 M&A는 아주 매력적인 전략적 대안이 될 수 있다. 국제 M&A의 개념과 배경, 동기, 국제 M&A 유형별 분류를 살펴보고, 국제 M&A의 추진절차와 국제 M&A 이후 통합방법도 알아본다. 또한 우리나라 기업의 국제 M&A 현황을 설명하고, 향후 우리나라 기업의 성공적 국제 M&A를 위한 추진방향도 제시한다.

9.1 국제 M&A의 개념 및 배경

국제 M&A는 해외직접투자의 진입방식별 형태 중의 한 방법이다. 국제 M&A의 목적은 피인수기업의 경영에 대한 직접적인 참여이며, 일반적으로 투자비율이 10% 이상에 달하는 경우가 이에 해당된다. 국제 M&A는 외국기업이 현지기업의 경영권을 매수하는 인수(Acquisition)와 서로 다른 국가의 두 기업이 하나의 기업으로 합쳐지는 합병(Merger)을 합친 개념이다. 그러나 실제로는 인수와 합병을 굳이 구분하지 않고 이 두 개념을 하나로 아울러 M&A(Merger & Acquisition)라고 통칭하고 있다.

오늘날 해외시장 진출에 있어서 많은 기업들이 현지기업을 인수·합병하는 국경 간 M&A를 활발히 추진하고 있다. 이와 같이 국제 M&A가 활발해진 배경에는 첫째, 해외직접투자의 비중이 급속히 커짐에 따라 과거에 한 국가 내에 국한되었던 M&A가 점차 국경을 초월한 형태로 발전하고 있기 때문이고, 둘째, 민영화, 개방화의 물결 속에서 각국 정부가 주요 국영기업의 민영화를 추진하는 과정에서 국제 M&A를 통한 외국인직접투자를 적극적으로 유치하고 있으며, 셋째, 미국, 영국 등을 중심으로 국제금융시장의 발전이 가속화되면서 M&A 자금조달시장의 발달로 인하여 국제 M&A의 붐을 형성하였기 때문이다.

한편 정보·통신, 에너지, 금융 등과 같이 국가의 기간산업에 속하는 기업의 국제 M&A에 대해서는 각국의 정부가 통제하는 경우도 있기 때문에 국제 M&A전략에는 정치적 고려가 반영되기도 한다.

IT기업의 M&A사례

"지금은 사냥의 시간"… IT공룡들, 新기술기업 삼킨다

구글·페이스북·애플·MS 등 코로나 위기를 미래사업 기회로

자금난 스타트업 M&A 싹쓸이… 막대한 현금 보유, 투자금도 몰려

삼성전자, 현금 110조원 넘지만 올 들어 기업 인수는 1월에 1건뿐

미국 반도체 제조사 인텔은 지난 7일(현지 시각) 이스라엘 텔아비브에 본사를 둔 모빌리티 스타트업 무빗을 인수했다. 9억 달러(약 1조1000억 원)짜리 거래이었다. 인텔은 2017년 자율주행차 센서기술 회사 모빌아이와 AI(인공지능) 업체 하바나를 20억 달러에 인수한 데 이어, 이번 M&A를 통해 진정한 모빌리티 기업으로 거듭나겠다고 했다. 같은 날 그래픽 처리 장치 기업인 엔비디아도 데이터센터 네트워킹 최적화 업체인 큐물러스 네트웍스 인수를 결정했다.

코로나 바이러스 사태가 전 세계 경제를 마비시키고 있지만, 미국의 테크 공룡들은 그동안 쌓아온 막대한 현금을 무기로 공격적인 M&A(인수·합병)에 나서고 있다. '위기가 곧 기회'라는 해묵은 격언을 실천하며 '미래 먹거리'를 확보해가는 것이다.

◇ M&A로 모빌리티·AI 등 첨단 기술 확보

미국의 5대 IT 업체인 'GAFAM (구글·아마존·페이스북·애플·마이크로소프트)'이 올 들어 지금까지 실행했거나 추진 중인 M&A·대규모 투자는 11건이다. 구글과 애플이 실시한 크고 작은 M&A는 각각 4건씩이다. 코로나 사태로 전 세계 인수·합병 시장이 급격히 쪼그라든 것

과 반대 상황이다.

IT 업계에서는 코로나로 클라우드 서비스와 AI·AR(증강현실)·VR(가상현실) 분야 기술이 더욱 주목을 받으며 이 분야에서 성장 동력을 얻기 위해 테크 공룡들이 'M&A 페달'을 세게 밟고 있다고 본다.

구글은 지난 1월 코딩을 못해도 앱을 만들 수 있는 프로그램 개발사 앱시트와 데이터 관리 업체 포인티를 인수했다. 2월에는 빅데이터 분석 업체 루커 인수를 위해 26억 달러(약 3조 2000억 원)를 썼다.

애플은 올 1월 AI 소프트웨어 업체 엑스노.ai를 인수했고, 지난 3~4월 유료 날씨앱 회사, 음성 인식 회사, 실감형 콘텐츠 제작 회사 등 스타트업 3곳을 사들였다. 애플이 한 달 사이 기업 3곳을 인수한 것은 2017년 12월 이후 처음이다.

페이스북은 지난 4월 57억 달러(약 7조원)를 들여 인도 최대 4G(4세대 이동통신) 통신 사업자인 지오의 지분 9.99%를 사들였다. 세계 2위 규모의 인구를 가진 인도 전자상거래 시장 공략을 강화하겠다는 포석이다. 페이스북은 지난 1월엔 VR·AR 사업을 강화하기 위해 위치 확인 기술을 보유한 스케이프테크놀로지의 지분 75%를 인수하기도 했다.

마이크로소프트도 클라우드 사업을 강화하기 위해 지난 3월 미국 매사추세츠 주에 있는 모바일 네트워크 기술 업체 어펌드 네트웍스를 인수했다.

◇ 코로나 이후 덩치 더 커져

사실 올 1분기 전 세계 M&A 거래 규모는 5637억 달러로 1년 전보다 39% 쪼그라들었다. 코로나 바이러스 탓이다. IT 공룡의 적극적인 M&A는 전체 시장 분위기와는 동떨어져 있는 셈이다.

이들의 무기는 그동안 쌓은 막대한 현금이다. 애플과 페이스북은 작년 말 기준으로 각각 300조원, 68조원 정도의 현금성 자산을 보유한 것으로 알려졌다. 여기에 코로나 사태에도 자금이 몰리며 IT 기업의 몸집이 커진 것도 투자 확대의 원동력이 되고 있다.

일본 니혼게이자이 신문에 따르면, 지난 4월 1일 4조3601억 달러였던 'GAFAM'의 시가총액은 5월 11일 현재 5조5568억 달러로 27.4% 뛰었다. 이는 일본 도쿄 증권 1부 상장 기업(2169개) 전체 시가총액을 합친 것보다 많다.

업계에서는 앞으로도 이 기업들의 M&A가 더 활발해질 것으로 본다. 코로나로 자금난에 처한 스타트업이 시장에 매물로 나오고, 테크 공룡의 먹잇감이 될 확률이 높기 때문이다. 이승우 유진투자증권 연구원은 최근 보고서에서 "코로나로 인한 위기는 누군가에겐 위험이겠지만, 또 다른 누군가에게는 기회가 될 것"이라고 했다.

◇ 국내 IT 기업은 몸 사려

미국 IT 기업들이 M&A에 적극적으로 뛰어들며 미래 성장 동력 확보에 나서고 있지만, 국내 IT 업체들은 소극적이다. 올해 국내 IT 업계에서 눈에 띄는 M&A는 SK하이닉스가 참여한 사모투자합작회사가 매그나칩반도체 파운드리 사업부를 5300억 원에 인수한 것 정도밖에 없다.

특히 삼성전자는 보유 현금이 110조원을 넘지만, 올해 별다른 M&A를 추진하지 않고 있다. 올 1월 미국 통신망 설계·최적화 기업 텔레월드 솔루션즈를 인수한 것이 전부다. 2016년 삼성전자가 9조원을 들여 하만을 인수하고, 같은 해 1000억 원이 넘는 M&A 6건을 성사시킨 것과 대조된다. 삼성전자는 기회가 있다면 M&A를 적극적으로 추진하겠다고 말하지만 실행한 것은 거의 없는 셈이다.

김창경 한양대 과학기술정책학과 교수는 "미국 테크 기업들은 코로나 사태 이후 달라질 라이프 스타일에 맞춰 신사업이 쏟아질 것을 내다보고, 기술이 뛰어나지만 저평가된 기업들을 싹쓸이하고 있다"며 "삼성전자 등 한국 기업이 지금 같은 기회를 놓치면 미래 테크 경쟁에서 도태될 수 있을 것"이라고 말했다.

[조선일보 2020.05.13]

9.2 국제 M&A의 동기

기업들이 국제 M&A를 하는 동기는 하나의 동기만 가지고 있는 것이 아니라 복합적인 동기나 목적을 함께 가질 수 있지만, 이해하기 쉽도록 주된 동기를 중심으로 다음과 같이 구분하여 설명한다.

1. 신속한 시장진입

현대경영은 스피드 경영이 중요하다. 앞에서 IT기업들의 M&A 사례에서 알 수 있듯이, 기술개발의 속도가 빨라지면서 제품의 수명도 단축되고 있기 때문에 결국 시장을 누가 빨리 선점하는 가에 따라 기업의 성패가 좌우되므로 시간이 그만큼 중요하게 된다. 이 때 신규투자나 자체적인 기술개발로 시장에 참여하는 데에는 많은 시간이 소요된다. 그러나 국제 M&A를 활용하여 기술이나 정보, 유통망, 전문 인력 등을 보유한 외국기업을 인수한다면 신규투자에 의한 시장참여보다 훨씬 시간이 단축될 수 있을 것이다.

국제 M&A의 형태로 해외시장에 진출할 경우, 외국기업은 피인수기업이 갖고 있는 기술, 특허, 생산설비, 전문 인력 등을 일순간에 획득할 수 있으므로 시간단축에 따른 신속한 시장진입이 가능하게 되는 것이다.

또한 새로운 기업이 기존 시장에 진입하게 되면 기존 기업들에 의한 진입장벽이 존재하는 경우가 많이 있지만, 국제 M&A에 의한 시장진입은 기존 기업들 중에 한 기업을 인수하므로 기존의 참여기업들과의 마찰을 줄일 수 있는 효과를 가져 오기도 한다.

신속한 시장진입 사례

SK실트론, 듀폰 웨이퍼 사업부 인수… "전기차 시장 공략"

고성장시장 조기진입 노린다… "연내 인수 절차 마무리"

SK그룹 반도체 웨이퍼 제조사 SK실트론이 미국 듀폰(DuPont)의 실리콘 카바이드(SiC)

웨이퍼 사업부를 인수한다. SiC 웨이퍼는 전기차에 사용되는 전력 반도체용 웨이퍼로 주목받고 있어 이번 인수로 SK그룹의 전기차 사업 포트폴리오 강화 의지를 엿볼 수 있다는 게 업계의 평가다.

SK실트론은 10일 이사회를 열고 SiC 웨이퍼 사업부를 4억5천만 달러(약 5천300억 원)에 인수하기로 결의했다고 밝혔다. SiC 웨이퍼는 실리카(SiO2)와 카본(C)을 높은 온도로 가열해 제조하는 인공 화합물 실리콘 카바이드를 소재로 한 제품으로 일반 실리콘 웨이퍼보다 높은 전압과 온도를 견디는 것이 특징이다.

이러한 SiC 웨이퍼를 기반으로 만들어지는 전기자동차, 통신용 전력 반도체의 글로벌 시장 규모는 올해 13억 달러(약 1조5천억 원)에서 2025년 52억 달러(약 6조2천억 원)로 성장할 전망이라고 회사는 설명했다. 이에 업계에서는 SK그룹이 SK이노베이션의 전기차 배터리, SKC의 동박 사업과 함께 고성장이 예상되는 전기차 분야의 사업 포트폴리오를 강화하고 있는 것이란 평가가 나온다.

SK실트론에 따르면 듀폰의 SiC 웨이퍼 사업부는 독자 생산설비 설계 및 운영 노하우 등을 바탕으로 미국, 유럽 등 대형 전력 반도체 제조사를 대상으로 제품을 공급하고 있다. 특히 자체 기술을 보유한 업체는 듀폰을 포함한 소수 기업에 불과해 공급량이 많지 않고 제품 단가가 높다.

SK실트론 관계자는 "이번 인수는 빠른 시장 진입을 위한 것으로 향후 미국 현지 연구개발(R&D) 및 생산시설 강화를 통해 경쟁력을 높여나갈 예정"이라고 설명했다. SK실트론과 듀폰은 국내외 인허가 승인을 거쳐 올해 안에 인수 절차를 마무리할 계획이다.

[한국경제 2019.09.10.]

2. 경영자원 획득

국제 M&A의 가장 큰 이점 중의 하나는 기술, 유통망, 브랜드 등의 경영자원을 비교적 쉽게 획득할 수 있다는 점이다. 삼성전자는 일본 오디오 전문회사인 LUX사를 인수하여 오디오 기술뿐만 아니라 세계적 브랜드인 '럭스만'상표를 활용하였다. 중소기업체인 서통도 미국의 American Tape과 Devon Tape을 인수하여 특수접착테이프 제조기술을 획득하고 또한 미국에서의 안정적인 판매시장을 확보하였다. 이러한 국제 M&A는 외국 기업이 보유하고 있는 기술력과 브랜드, 유통망 등의 경영자원을 쉽게 확보하기 위함이었다. 한편 미국의 건전지업체인 Duracell이 우리나라에서 (주)서통의 '썬파워' 브랜드와 유통망인 서통상사를 인수한 것도 같은 맥락에서 설명할 수 있다.

기술획득 사례

한화시스템, 英안테나 사업 인수…"우주 인터넷 기술 확보"

한화시스템이 위성통신 안테나 사업을 인수해 '우주 인터넷' 실현에 본격적으로 뛰어든다. 한화 시스템은 영국 위성통신 안테나 기술 벤처기업 페이저 솔루션의 사업자산 일체를 인수했다고 8일 밝혔다.

한화 시스템 관계자는 "인공위성통신 안테나 사업 부문에 진출, 저궤도 위성 안테나 원천 기술을 확보하고 항공우주 시스템 역량을 강화해 나기 위한 것"이라고 밝혔다. 저궤도 인공위성 통신은 지구 상공을 떠도는 인공위성을 통해 5세대 이동통신(5G) 수준의 인터넷 서비스를 제공하는 기술이다.

이번에 인수한 페이저 솔루션의 전자식 빔 조향 안테나 (Electronically Steerable Antenna, ESA)는 이러한 '우주 인터넷'을 실현하는 핵심장비다. 항공기, 선박, 기차 등에 안테나를 장착하면 인터넷 접속이 어려운 해상, 오지, 상공 등에서의 안정적 통신이 가능해진다. 특히 항공기 안에서의 동영상 서비스, 자율주행차의 텔레매틱스(차량용 무선 인터넷 서비스)와도 접목할 수 있어 위성통신 안테나 관련 시장 규모는 2026년 50조원에 달할 것이라는 게

회사의 설명이다.

한화시스템은 작년부터 안테나 사업 투자를 검토해 오다 페이저 솔루션이 경영난을 겪으며 파산 절차를 밟게 되자 적극적으로 인수에 나선 것으로 알려졌다. 김연철 한화시스템 대표이사는 "비록 코로나 여파로 어려운 시기를 맞고 있지만, 성장 가능성이 큰 미래 전략 시장이라는 판단에 전격 투자를 결정했다"고 밝혔다. 회사는 기존 첨단통신, 센서, 정보통신기술(ICT) 역량을 더욱 확장해 기업가치와 경쟁력을 키우겠다는 계획이다.

[매일경제 2020.06.08.]

유통망획득 사례

CJ 비비고, 美슈완스 통해 월마트 뚫었다

작년 인수 후 시너지 본격화

美 3만 곳 마트·슈퍼 납품 목표

CJ제일제당이 한식 브랜드 '비비고' 제품을 월마트 등 미국 주요 대형마트에서 판매한다. 지난해 CJ가 인수한 미국 냉동식품업체 슈완스의 유통망을 활용해 입점에 성공했다. CJ제일제당은 미국 전역에 걸쳐 식료품 공급 유통망을 확보하고 있는 슈완스를 통해 비비고 제품 판로를 확대했다고 22일 밝혔다.

올해 초까지 미국 내에서 비비고 제품을 살 수 있는 곳은 코스트코와 일부 소매점뿐이었다. CJ제일제당은 이달 초부터 미국 1·2위 대형마트인 월마트와 크로커에서 비비고 제품을 판매하기 시작했다. 3000여 곳이었던 비비고 판매 매장 수도 두 배 이상 늘었다. CJ제일제당은 유통망을 점차 확대해 앞으로 미국 3만여 곳 대형마트, 슈퍼마켓 등에서 비비고 제품을 판매하겠다는 목표다.

CJ는 2018년 슈완스 인수 계획을 발표했다. 당시 1조5000억 원이라는 높은 인수 금액 때문에 그룹 내부에서 반대 목소리가 컸지만 이재현 CJ그룹 회장이 강력한 의지로 밀어붙였다.

슈완스 인수 효과는 올 들어 서서히 나타나고 있다. 지난 2분기 미국 슈완스 매출은 7228억 원으로 CJ제일제당 식품사업 해외 매출의 68%를 차지했다. CJ제일제당 관계자는 "입점이 까다롭기로 소문난 월마트에서 비비고 제품을 판매하게 된 것은 슈완스 유통망 덕분"이라고 말했다.

CJ제일제당은 슈완스와 협업해 내년까지 냉동만두, 피자, 햇반 판매에 집중할 계획이다. 2022년부터는 상온 보관이 가능한 가정간편식(HMR) 제품으로 확대할 예정이다.

[한국경제 2020.10.23.]

브랜드 인수 사례

LG생활건강, 이번엔 '피지오겔' 인수

뷰티업계에서 '인수합병의 귀재'로 불리는 차석용 LG생활건강 대표가 또 다시 승부수를 띄웠다. 이번엔 성장세가 두드러지는 '더마화장품'으로, 한국에서도 인기가 높은 '피지오겔'이 바로 그 대상이다.

LG생활건강은 유럽 더마화장품 브랜드인 피지오겔의 아시아와 북미 사업권을 글로벌 제약사 글락소스미스클라인(GSK)으로부터 1900억 원에 인수하는 계약을 체결했다고 20일 밝혔다. 피지오겔은 독일에서 시작된 더마화장품·퍼스널케어 브랜드로, 국내 헬스앤드뷰티 스토어 등에서 베스트셀러 제품으로 자리 잡았다.

더마화장품은 전 세계적으로 급성장하는 카테고리로 일명 '약국 화장품' 등으로 불린다. 이번 인수는 LG생활건강이 더마화장품 강화 행보로 읽히면서 이목을 끈다. LG생활건강은 지난 2014년 'CNP(차앤박화장품)'를 인수하면서 연매출 1000억 원을 넘는 핵심 브랜드로 키우고 있다. 2017년엔 '도미나 크림'으로 유명한 태극제약을 인수해 업계의 눈길을 끌었다. 이번에는 글로벌 브랜드인 피지오겔까지 인수하면서 성장의 또 다른 엔진을 달았다.

LG생활건강은 피지오겔 인수 후 더마화장품과 퍼스널케어 부문을 더욱 강화한다는 방침이다. 피지오겔 글로벌 매출은 2018년 기준 약 1100억 원 수준으로 이중 아시아 시장이 전체 60% 이상을 차지한다. 국가별로는 한국 발생 매출이 약 30%대로 가장 높고, 아시아 국가 중에서는 홍콩, 태국 등에서 매출이 높다. 향후 미국, 일본, 중국 등 피지오겔 미진출 시장에서 현지 법인을 활용하여 사업을 확장해 나갈 계획이다.

북미 시장은 사업관계를 갖고 있는 세포라·얼타 등의 유통망과 자체 유통망인 에이본(AVON) 등을, 일본은 주력 채널인 직접 판매·홈쇼핑 등을 활용할 예정이다. 중국에서는 광저우 공장을 활용해 제품을 생산해 왓슨스와 같은 채널을 통해 판매할 계획이다.

현재 유럽과 태국에서 생산 중인 피지오겔은 향후 한국, 중국, 일본, 미국 등 LG생활건강의 한국, 일본, 미국 공장 등에서 생산할 계획이다. 피지오겔은 독일 피부과학 전문기업 스티펠이 2000년에 출시한 브랜드로, 2009년 GSK가 스티펠을 인수하면서 GSK의 브랜드가 됐다. 주요 제품군은 크림, 로션 등으로 피부 진정라인, 보습라인, 병의원 전용라인 등을 포함하고 있다.

[매일경제 2020.02.20.]

3. 시너지 효과

시너지 효과는 영업상의 시너지 효과(operating synergy effect)와 재무상의 시너지 효과(financial synergy effect)로 구분할 수 있다. 영업상의 시너지효과란 수평결합이나 수직결합을 통하여 규모의 경제나 범위의 경제가 발생하면서 비용감소 및 이익증가를 얻게 되는 효과를 말한다. 예를 들면, 뛰어난 연구개발능력을 보유하고 있지만 판매조직이 약한 기업이 동종산업 내 훌륭한 판매인력과 판매조직을 가진 회사와 결합(수평결합)하여 매출액과 이익을 증대시키거나, 원료 공급회사와 제품생산 회사가 결합하여 생산단계를 효율적으로 결합(수직결합)함으로써 비용을 절감하게 되는 영업상의 시너지효과를 실현할 수 있다.

재무상의 시너지효과는 잉여현금유입이 큰 기업과 작은 기업이 결합할 경우 외부자금의 조달비용을 낮출 수 있고, 기업결합에 따른 회사의 자산증가와 자금상태 호전으로 차입능력이 증가될 수 있다. 또한 기업결합에 의해 자금조달규모가 커지므로 조달 시에 규모의 경제를 통해 자본조달비용도 감소시킬 수 있다.

영업상의 시너지 효과 사례

CJ대한통운, 미 물류기업 DSC 인수…북미사업 확대 본격화

CJ대한통운이 미국 물류기업 DSC로지스틱스를 인수한다고 8일 밝혔다. 이를 통해 미국 주요 물류시장에 진입, 시너지를 창출하고 첨단 물류사업 역량을 높여 미국지역에서 선두권 물류사업자로 올라선다는 전략이다.

DSC는 식품, 소비재(CPG) 산업에 특화된 물류기업으로, 1960년 미국 일리노이 주에서 창립됐다. 임직원 수는 3420명, 지난해 매출액은 5784억 원이다. 미국 전역에서 50개 이상의 물류센터를 운영하고 있고 보관면적 기준 210만㎡로 축구장 300개와 맞먹는 넓이다.

DSC는 포춘 500대 기업에 선정된 대형 다국적 식품 및 소비재 제조업체, 제약 유통업체들에게 보관, 하역, 배송 등의 서비스와 장거리 수송 서비스를 제공하고 있다. 자체적인 물류컨설팅 역량과 IT개발 능력도 갖추고 있으며, 주요 고객들 중 10년 이상 장기 고객이 절반 이상을 차지할 정도로 안정적인 서비스와 높은 신뢰도를 자랑한다. 미국제빵협회(AIB)와 미국표준연구원(ASI)의 식품물류센터 인증, 국제약사협회(NABP)의 의약품 및 의료기기 도매유통 안전 센터(VAWD) 인가 등을 통해 차별화된 물류 역량도 공인받았다.

CJ대한통운은 DSC 인수를 계기로 미국 주요 물류시장 확대를 본격화한다는 계획이다. 미국 물류시장에서는 대형 다국적 물류기업들이 치열한 경쟁을 벌이고 있으나, DSC의 강점인 물류센터 운영 및 수송(W&D) 분야에서는 시장 지배력이 큰 사업자가 많지 않은 상황이다.

CJ대한통운은 DSC의 지역적, 산업적 강점과 CJ대한통운의 W&D 운영, 컨설팅 역량, 글로벌 수준의 첨단 물류 솔루션을 결합해 사업 역량을 강화하면 W&D 분야에서 선도 업체들과 어깨를 나란히 할 수 있다는 생각이다.

기존 사업과의 시너지 창출도 기대된다

CJ대한통운은 미국, 캐나다, 멕시코, 브라질 등 북남미 4개국에 총 30개의 물류 거점과 15개의 물류센터를 운영하고 있다. 북남미 지역을 비롯한 자체 글로벌 네트워크를 활용해 DSC 기존 고객들의 서비스 범위를 해외로 확대, 국경 간 운송이나 인접 국가로의 복합운송 서비스 등 신규 서비스를 개발할 수 있을 전망이다.

박근태 CJ대한통운 사장은 "중국, 동남아시아에 이어 글로벌 물류의 중심인 미국 시장확대를 본격화하게 됐다"며 "DSC와의 역량 결합을 통한 시너지 창출과 첨단 기술역량 전이 등을 통해 미국 주요 물류시장에서 W&D 분야에 강점을 가진 선두권 종합물류기업으로 도약하겠다"고 말했다.

CJ대한통운은 2013년부터 글로벌 5위 물류기업을 목표로 중국, 동남아시아, 인도, 중앙아시아 등 전 세계를 대상으로 물류기업의 인수합병(M&A) 등을 추진해왔다. 최근에는 유럽과 중국 간 철도와 트럭을 이용한 국제복합운송 서비스 '유라시아 브릿지 서비스'(EABS)를 출시하고, 중국 동북 3성 지역 최대 도시인 선양에 축구장 14개 규모의 대형 물류센터를 개장하기도 했다.

[한국무역신문 2018.06.08]

9.3 국제 M&A의 유형

국제 M&A의 유형은 거래형태, 결합형태, 거래의사, 지급방법 등에 따라 <표 9-1>과 같이 분류하여 설명할 수 있다.

〈표 9-1〉 국제 M&A 유형별 분류

분류기준	종 류
거래형태	합병(merger), 인수(acquisition)
결합형태	수평적 M&A, 수직적 M&A, 다각적 M&A
거래의사	우호적 M&A, 적대적 M&A
지급방법	현금, 주식

1. 거래형태에 따른 분류

가장 기본적으로 M&A 거래를 구분하는 기준은 거래형태에 따른 것이다. 거래형태에 따르면 크게 기업합병과 기업인수로 분류할 수 있다.

1) 기업합병

기업합병은 둘 또는 그 이상의 회사가 하나로 통합되는 것을 말한다. 합병 당사자 기업들은 완전히 소멸되고 제 3의 새로운 기업이 설립되면 신설합병(consolidation)이라고 하고, 기존기업들이 어느 한 기업으로 흡수되어 한 개의 기업만 남게 되면 흡수합병(merger)이라고 한다. 합병되는 기업은 청산절차 없이 해산되며, 해산되는 회사의 재산과 자원은 새로 신설되거나 존속하는 회사에 포괄적으로 승계된다.

그러나 신설합병의 경우는 당초 기업이 가지고 있던 영업권이나 특허권 등의 경영자원이 신설기업에 승계되지 않고 설립절차도 복잡하기 때문에 잘 이용되지 않으며, 기업합병은 대부분의 경우 흡수합병(merger)의 형태를 취한다.

2) 기업인수

기업인수는 협상이나 또는 강압적 수단에 의하여 다른 기업의 일부나 전부를 매수한 후 피인수기업을 존속시키면서 주주권이나 경영권을 행사하는 것이다. 기업인수(acquisition)는 자산인수와 주식인수로 구분된다.

(1) 자산인수(acquisition of assets)

피인수기업의 자산만 매입하거나, 자산과 영업권(goodwill)을 같이 매입하는 것을 말한다. 그런데 특정자산이나 사업부문의 일부만을 매입하는 경우도 이에 포함된다.

자산인수 사례

동원, 美 참치브랜드 '스타키스트' 3억6300만弗에 인수

식품업계 최대 규모의 인수합병이 이뤄졌다. 동원그룹이 세계 최대 참치브랜드 '스타키스트'를 인수한 것. 이에 따라 동원은 참치를 통한 세계적 식품그룹으로 성장이 가능해졌다.

인수방식은 동원그룹이 미국 델몬트의 수산사업부문을 전체 인수하는 '자산인수방식'으로 인수금액은 3억6천3백만 달러 규모다. 스타키스트의 경영은 동원그룹이 미국에 신규법인을 설립 운영하게 되며, 향후 일정기간 영업 관련 서비스계약을 통해 델몬트와 포괄적인 업무제휴를 맺을 예정이다. 이번 계약으로 동원그룹은 미국, 캐나다, 멕시코 등 중남미 지역의 스타키스트 생산공장과 브랜드 권리, 영업권 등 일체를 인수하게 됐다.

스타키스트는 지난 해 매출 5억5천7백만 달러, 미국 참치시장 점유율 37%의 미국 최고의 참치브랜드로서 미국 델몬트의 수산사업부문이다. 이번 인수는 그 동안 내수 및 수출에 주력하던 국내식품업계가 해외기업 인수합병(M&A)에 나서고 있는 가운데 체결된 최대 규모 해외기업 인수·합병으로 국내 식품기업이 세계적인 식품기업이 되는 첫 번째 사례다.

동원그룹 박인구 부회장은 "참치사업과 관계되는 계열사 간의 시너지 효과가 매우 클 것으로 예상된다"며 "이번 인수는 동원그룹의 글로벌화를 뜻하는 것으로서 동원그룹은 자타가 공인하는 세계 최고의 참치기업이 됨은 물론이고 국내 식품업계로서는 보기 드문 명실상부한 글로벌 기업이 되었다"고 밝혔다.

동원그룹의 참치비지니스에 대한 노하우를 스타키스트에 접목하여 우선적으로 미국 내에서의 스타키스트 시장점유율을 더욱 높이고 참치시장 성장세가 세계적으로 가장 높은 남미 및 유럽 참치시장에도 진출하여 사업구조를 더욱 세계화할 계획이며, 스타키스트의 세계적인 브랜드력을 바탕으로 참치 이외에 각종 수산식품을 개발하여 시장에 내놓을 계획이다.

[프라임경제 2008.06.30]

(2) 주식인수(acquisition of stocks)

기업인수의 가장 전형적인 방법으로 널리 이용되고 있는 것이 주식인수인데, 피인수기업의 주식을 인수하여 경영권을 획득하는 것이다. 이러한 주식인수는 이미 발행된 주식(구주)을 인수하는 방법과 새로 발행되는 주식(신주)을 인수하는 방법의 두 가지가 있다.

첫째, 이미 발행된 주식인수는 인수대상기업의 대주주로부터 인수받는 방법, 주식시장에서 주식을 집중적으로 사 모으는 방법, 그리고 일정한 조건으로 매도청약을 권유하는 주식공개매수(TOB: take-over bid 또는 tender offer)가 있다. 주식시장에서 주식을 집중적으로 사 모으는 경우에는 주가급등을 방지하기 위하여 은밀하게 조금씩 사 모아야 하지만, 주식공개매수의 경우에는 주주들로부터 공개적으로 한꺼번에 많은 주식을 살 수 있다는 점에서 차이가 있다.

주식공개매수는 인수하려는 측이 인수대상 기업의 불특정 다수 주주들에게 소유하고 있는 주식을 일정한 가격으로 일정기간 내에 매입하겠다는 의사를 신문에 공고하고, 그 조건에 응하는 주주들로부터 증권시장 밖에서 주식을 매입하는 방법이다. 이 경우 인수기업측은 시가에 상당한 프리미엄을 붙인 매입가격을 제시하는 것이 일반적이다.

둘째, 새로 발행되는 주식을 인수하기 위해서는, 피인수기업이 제3자인 인수기업에게 신주인수권을 부여하는 제3자 배정증자의 형태와 피인수기업이 전환사채(CB: convertible bond)나 신주인수권부 사채(BW: bond with warrant) 등을 발행하여 제3자인 인수기업이 취득하도록 하는 형태가 있다.

주식인수는 자산인수와 비교할 때 장·단점이 있다. 우선 장점으로는 발행주식의 50% 이상을 취득하면 지배가 가능하고, 경우에 따라서는 그 이하로도 지배할 수 있어서 투자자금이 적게 소요될 수 있다. 단점은 회사장부에 계상되어 있지 않은 미지급금이나 사채시장에서 빌려다 쓴 빚 등과 같은 부외부채가 존재할 수 있고, 계류 중인 소송사건이나 타사 채무에 대한 지급보증 등과 같이 향후 부채로 확정될 가능성이 있는 우발채무가 발생할 수도 있다는 점이다.

2. 결합형태에 따른 분류

M&A는 인수기업과 피인수기업간의 상호관련성에 따라서 수평적 M&A, 수직적 M&A, 다각적 M&A로 구분할 수 있다.

1) 수평적 M&A

수평적 M&A는 동일한 산업 내에서 동일한 경영활동을 수행하는 기업 간의 결합을 말한다. 이러한 M&A는 생산설비의 효율적 활용, 규모의 경제(economy of scale) 실현에 따른 생산비용 감소, 중복투자 배제 등의 효과를 가져 올 수 있는 장점이 있다. 그러나 수평적 M&A는 시장에서의 경쟁을 제한하는 결과를 초래할 수도 있기 때문에 대부분의 나라에서 독점규제법의 위반여부에 대한 심사를 한다. 수평적M&A는 시장지분의 확대, 판매력 강화, 유명상표의 인수, 기술력의 흡수 등을 목적으로 이루어진다.

수평적 M&A

美보석 브랜드 티파니 품은 루이비통, 19조원에 인수

182년 전통 티파니 인수…중국 20·30세대 밀레니얼층 공략

LVMH가 미국의 보석업체 티파니를 약 19조원에 인수했다. LVMH는 티파니 브랜드 인수로 중국 시장 공략에 본격적으로 나설 것으로 전망된다. 26일 업계에 따르면 프랑스 명품 브랜드 그룹 루이비통모에헤네시(이하·LVMH)가 미국 럭셔리 주얼리 기업 티파니 앤드 컴퍼니(이하·티파니)를 총 162억 달러(약 19조원)에 인수하기로 양측이 합의했다.

LVMH와 티파니는 지난 25일(현지시간) 공동성명서를 내고 인수 총액 162억 달러에 양측이 합의했다고 밝혔다. "LVMH의 티파니 인수는 LVMH의 귀금속 부문의 입지를 강화하고 미국 시장에서의 위상을 제고할 것이다"고 말했다.

앞서 티파니는 LVMH가 초반에 제안한 인수가격인 주당 120달러가 회사의 가치를 현저히 저평가하고 있다며 거절했다. 이에 양측은 재협상을 통해 인수가를 주당 135달러(약 16만 원 상당)로 확정했다. 양측은 내년 중반에 인수거래를 마무리 짓기를 희망한다고 발표했다. 티파니는 이사회가 주주들에게 승인을 권고할 것이라고 덧붙였다. 또한 이번 LVMH가 티파니를 인수한 인수 총액 162달러는 여러 패션·명품 브랜드를 공격적으로 사들이면서 사세를 확장해 온 LVMH의 역대 인수규모 중 최대로 알려졌다.

티파니는 1837년 찰스 루이스 티파니가 뉴욕에서 시작해 세계적인 고급 보석 브랜드로 성장했다. 현재 전 세계 300여 개 매장, 1만 4000명을 고용하고 있다. 티파니는 미국 소설가 트루먼 카포티의 1958년 작 단편소설을 1961년 영화화한 '티파니에서 아침을'로 전 세계에서 유명세를 탔다. 이후 배우 오드리 햅번이 주연한 영화의 무대였던 뉴욕 맨해튼 5번가의 매장은 세계적인 관광지가 됐다.

하지만 티파니는 최근 젊은 소비자들의 트렌드를 제대로 파악하지 못해 고전한다는 평가를 받아왔다. 여기에 미국과 중국의 무역 갈등으로 중국이 미국산 제품에 고율의 관세를 부과하면서 타격을 입은 것에 더해 미국의 외국인 관광이 부진하면서 국내 소비 감소로 고전해왔다.

한편 LVMH는 미국 뉴욕에 본사를 둔 182년 전통의 티파니를 인수하면서 아시아, 특히 중국 시장에서 보석·귀금속 분야의 확장을 노리고 있다. LVMH는 중국의 20대에서 30대 젊은 소비자들이 명품 시장의 확대를 주도하는 시장 흐름에 따라 티파니 브랜드 인수로 중국 시장 공략에 본격적으로 나설 것으로 전망된다.

아울러 LVMH는 보석·손목시계 브랜드 카르티에를 가진 경쟁사 리치몬트 그룹과 비교할 때 보석 시장에서 입지가 약하다는 평가를 받았다. 이번 LVMH의 티파니 인수로 리치몬트 그룹과 본격적이 경쟁을 펼칠 것으로 보인다.

한편 유럽 최고 부호인 베르나르 아르노 회장이 이끄는 LVMH는 루이비통을 비롯해 펜디,

크리스티앙 디올, 지방시, 불가리 등의 고급 패션·명품 브랜드를 거느리고 있다.

[스카이데일리 2019.11.26.]

2) 수직적 M&A

수직적 M&A는 같은 산업에 속하지만 생산공정 단계나 경영활동의 단계가 서로 다른 기업 간의 결합을 말한다. 수직적 M&A는 어떤 기업의 생산과정이나 판매경로 상에서 이전 또는 이후의 단계에 있는 기업을 인수하는 것이다. 이러한 수직적 M&A는 주로 반제품 등의 재료원 확보라든가 일관된 생산 및 판매체제 등을 목적으로 이루어진다. 예를 들어 자동차 완제품 제조업체가 자동차 부품업체나 타이어회사를 인수하거나, 또는 가전회사가 가전판매회사를 인수하는 것이 수직적 M&A이다.

수직적 M&A

타임워너 품은 AT&T…뉴스·영화·드라마까지 장악

AT&T가 미국 법무부 제소와 연방 법원 판결을 거치는 우여곡절 끝에 글로벌 미디어기업 타임워너 인수를 확정했다. 이로써 미국 통신사가 방송 미디어 산업을 지배하는 것이 현실화하면서 이들 산업 간 빅뱅도 가속화할 전망이다.

12일(현지시간) 월스트리트저널(WSJ) 등 현지 언론에 따르면 리처드 리언 워싱턴DC 연방지방법원 판사는 미 법무부가 AT&T의 타임워너 합병을 차단하는 소송을 기각했다. 법무부는 AT&T의 타임워너 합병이 독점과 경쟁 제한 우려가 있다고 봤으나 연방 법원은 행정부 판단을 뒤집었다. 리언 판사는 판결에서 "법무부가 AT&T의 타임워너 인수로 인해 소비자 선택권이 제한받고 TV, 인터넷 서비스 이용료, 콘텐츠 가격이 인상될 것으로 주장했으나 이를 입증하지 못했다"고 밀했다. 리언 판사가 별도 '합병 조건' 등을 제시하지 않아 AT&T가 타임워너와 체결한 854억 달러(약 92조원) 규모 인수·합병(M&A) 합의를 2016년 10월 이후 1년8개월 만에 이행할 수 있게 됐다.

AT&T는 유·무선 통신, 초고속 인터넷, 유료방송 등을 보유한 미국 내 통신 사업자에서 뉴스채널(CNN), 드라마(HBO), 종합편성채널(TBS, TNT), 영화사(워너브러더스, 뉴라인시네마) 등 콘텐츠 자산을 보유한 초대형 미디어그룹으로 변신할 수 있게 됐다. AT&T는 시가총액 2864억 달러(약 308조7392억 원) 규모로 애플, 아마존, 구글, 페이스북에 이어 5위 미디어기업으로 올라선다.

랜들 스티븐슨 AT&T 최고경영자(CEO)는 "예전엔 TV 화면에서 콘텐츠를 소비했지만 이제는 모바일에서 소비한다. AT&T 네트워크를 통해 타임워너의 프리미엄 콘텐츠를 모든 스크린에 제공하겠다"고 말했다. AT&T는 무제한 데이터 요금제에 '왕좌의 게임' 등을 제작하는 HBO 콘텐츠를 번들로 제공하면서 가입자를 유지한다는 전략이다.

이번 판결은 통신방송 미디어뿐만 아니라 전체 산업 흐름에서도 의미가 적지 않다는 평가다. 첫째, 법원이 '수직적 인수·합병(Vertical M&A)'에 대해 조건 없는 승인을 내려 앞으로 M&A를 통한 업종 간 이합집산 시도가 봇물이 터질 것으로 예상된다. 수직적 M&A란 서로 다른 시장(생태계)에 있는 기업 간 결합을 뜻한다. 경쟁 제한 요소가 많아 수직적 M&A는 동일 시장에서 1, 2위 또는 2, 3위 간 M&A(수평적 결합)보다 정부 승인을 받기가 까다롭다고 여겨졌다. WSJ는 "이번 M&A 승인으로 법무부가 반경쟁적이라고 판단할 수 있는 수직적 M&A 시도에 가속이 붙게 됐다"고 평가했다.

이번 판결은 헬스케어 산업에도 영향을 미칠 전망이다. 현재 미국 내 최대 약국 체인 중 하나인 CVS가 보험사 애트나를 660억 달러에 인수하는 계약을 체결했으며, 미국 보험사 시그나도 보험약제관리업체(PBM) 익스프레스 스크립츠를 670억 달러에 인수한다고 발표한 바 있다. 기존에는 서로 다른 시장(보험사, 제약사, 약제 관리사, 약국 체인)으로 분류됐으나 소비자 행동 변화와 데이터 확보 전쟁에 따라 동일 시장으로 재편하는 것이 불가피해졌다.

둘째, 앞으로 유·무선 통신, 초고속 인터넷, 유료방송 매체를 소유한 통신방송 분야가 콘텐츠와 결합된 '미디어' 산업으로 재편되는 것이 가속화할 전망이다. 이는 디지털 광고 시장이 급성장한 여파 때문이다. 광고 시장이 전통 미디어(통신, 방송, 라디오 등)에서 '디지털'로 옮겨

감에 따라 AT&T 등 통신방송 사업자는 '프리미엄 콘텐츠'를 무기로 구글과 페이스북이 독식하고 있는 디지털 광고 시장을 파고든다는 전략을 세우고 있다.

AT&T는 CNN(앤더슨 쿠퍼 360도), HBO(왕좌의 게임, 웨스트월드 등), 워너브러더스(원더우먼, 해리포터 시리즈 등)의 킬러 콘텐츠로 이용자 데이터를 얻고 디지털 광고 시장 점유율을 늘린다는 계획을 세웠다. AT&T 경쟁사 컴캐스트도 빠르게 움직이고 있다. 케이블TV 사업자 컴캐스트는 AT&T의 타임워너 M&A가 성사되면 디즈니가 발표한 21세기폭스 M&A(524억 달러, 주식 교환 방식)를 깨기 위해 금액을 높여(600억 달러) 전액 현금으로 21세기폭스를 인수하겠다는 방안을 제안하겠다고 공언했다. '규제 리스크'가 없어졌기 때문에 컴캐스트가 현재 보유한 NBC유니버설에 21세기폭스 방송 네트워크와 콘텐츠를 결합하면 구글, 페이스북, 넷플릭스에 대항하는 초강력 미디어기업이 될 수 있다.

[매일경제 2018.06.13.]

3) 다각적 M&A

다각적 M&A는 어떤 기업이 자신의 현재사업과는 전혀 무관한 새로운 분야로 사업다변화를 이루기 위해 인수·합병을 하는 경우이다. 제조업 회사가 금융업 회사를 인수하는 경우, 신발회사가 식료품회사를 인수한다든지, 섬유회사가 IT기업을 인수하는 것 등이 좋은 예이다.

다각적 M&A 사례

대림산업, 5억 달러 들여 첫 해외M&A

미 크레이턴사 사업부 인수, 합성수지고무 등 사업 다각화

대림산업이 미국 화학기업을 전격 인수하고 고부가가치 석유화학사업을 강화한다. 회사가 설립된 지 80년 만에 첫 해외 인수·합병(M&A)을 하면서 건설 이외 사업 다각화에 한층 탄력이 붙을 전망이다.

대림산업은 30일 이사회를 열어 미국 석유화학 기업 크레이턴의 카리플렉스 TM 사업부 인수를 의결했다고 31일 밝혔다. 인수금액은 5억3000만 달러(약 6200억 원)다. 이르면 내년 1분기 인수 작업이 마무리되고, 크레이턴의 브라질 공장과 원천기술, 판매인력과 영업권을 확보하게 된다. 대림산업 관계자는 "올해 초부터 기업 M&A 작업을 준비해 왔다"며 "그동안 2대 주주로 해외 기업 지분을 사들인 적은 있지만 경영권까지 인수하는 공식 M&A는 창사 80년 이래 처음"이라고 설명했다.

크레이턴은 미국 휴스턴에 있는 폴리머생산 글로벌 기업이다. 그중에서도 카리플렉스 사업부는 고부가가치 합성고무와 라텍스를 생산한다. 공장은 브라질 리우데자네이루 근처 폴리니아에 있으며 생산시설과 개발센터 등으로 구성돼 있다. 이 화학소재들은 주로 수술용 장갑과 주사용기의 고무마개 등 의료용품에 사용되는데 천연고무로 만들던 수술용 장갑은 알레르기를 발생시킬 위험성 때문에 합성고무로 빠르게 대체되는 추세다.

특히 카리플렉스 사업부가 생산하는 라텍스는 세계 합성고무 수술용 장갑시장 1위 제품이다. 대림산업 관계자는 "합성고무 수술용 장갑 시장은 매년 8%대 높은 성장이 기대된다"며 "의료용 제품은 차별된 기술력이 필요하고 경기에 민감하지 않기 때문에 수익도 안정적으로 창출할 수 있다"고 말했다.

대림산업이 합성수지고무 분야에 나선 이유는 사업 다각화의 일환으로 풀이된다. 이 회사는 실제로 고부가가치 석유화학사업 확대와 석유화학 디벨로퍼로의 도약을 그룹 신성장 동력으로 육성하고 있다. 대림산업이 석유화학사업에 진출한 것은 1979년 호남에틸렌을 인수하면서부터다. 현재 한화케미칼과 1999년 합작해 만든 여천NCC를 비롯해 폴리미래 등 관련 자회사를 보유하고 있다. 대림산업 석유화학사업부는 세계 3개사만 보유하고 있는 국내 유일의 고반응성 폴리부텐(PB) 기술을 갖고 있고, 2015년 국내 최초로 미국 시장에 석유화학 기술을 수출하기 시작했다.

[매일경제, 2019.10.31.]

3. 거래의사에 따른 분류

M&A는 인수기업과 인수대상기업의 합의에 의해 인수가 이루어지는 우호적 M&A(friendly M&A)와 인수대상기업의 반대의사에도 불구하고 강제적으로 기업을 인수하려는 적대적 M&A(hostile M&A)의 두 종류가 있다.

우호적 M&A란 인수기업의 M&A 제의에 인수대상기업의 경영진이 우호적으로 동의하거나 주주들에게 인수할 것을 권유하는 M&A를 말한다. 반면에 적대적 M&A는 인수대상기업 경영진의 동의 없이 강압적 수단으로 주식을 인수하는 것이다. 이 경우 인수대상기업도 적극적인 방어를 할 가능성이 높기 때문에 진행절차도 극비리에 이루어지며, 사전에 철저한 준비가 선행되는 것이 보통이다. 여론의 추이, 성공 가능성, 인수대상기업의 예상되는 방어전략에 대비하면서 신속하게 처리해야 한다. 적대적 M&A를 위해 가장 흔하게 사용되는 방법은 주로 주식공개매수, 위임장 대결[19] (proxy fight) 등이 있다.

적대적 M&A 사례-1

HP, 20兆 자사주 매입 카드…제록스 적대적 M&A 막는다

미국의 PC·프린터 제조업체 휴렛팩커드(HP)가 제록스의 적대적 인수합병(M&A)을 막기 위해 160억 달러(약 19조3950억 원) 규모의 자사주 매입 카드를 꺼내든다. 제록스가 HP 주주들을 직접 공략하겠다며 주식공개매수를 거론한 와중에 HP가 적극적인 방어 의지를 밝힌 것이다.

24일(현지시간) 월스트리트저널(WSJ) 등 주요 외신에 따르면 HP는 오는 2022년까지 160억 달러 상당의 자사주를 매입한다는 계획을 발표했다. 엔리케 로레스 HP 최고경영자(CEO)

---

19) 위임장대결은 인수를 시도하는 측이 인수대상기업의 주식일부를 확보한 후 기존 주주들로부터 의결권을 위임받아 주주총회에서 투표를 통하여 자기들이 지명하는 인물을 이사로 선임하거나 인수관련 안건을 상정하여 통과시키는 방법이다. 기존 경영진도 나름대로 주주들로부터 위임장을 얻어 인수를 시도하는 측과 대결을 하는데, 결과는 위임장을 보다 많이 얻는 측의 승리로 끝나게 된다.

는 "HP의 시가총액 절반 규모의 자사주를 매입하는 건 제록스의 HP 인수를 방어하기 위한 사실상 포이즌 필"이라고 밝혔다. 포이즌 필은 적대적 M&A 시도가 있을 때 인수자 측의 자본 취득을 제한해 경영권을 방어하는 조치다.

로레스 CEO는 제록스의 제안에 대해 "기본적으로 하자가 있는 가치 교환"이라며 "제록스는 합병 시 이익을 과장하고 있다"고 말했다. 그는 그러면서도 "지금과 다른 조건에서 제록스와 거래할 수 있다"며 "누가 누구를 인수하는지가 아니라 가치 창출이 중요하다"고 강조했다. HP는 그동안 제록스의 인수 제안을 줄곧 거절해 왔다. 그러나 이제는 반대로 HP가 주도해 제록스 인수에 나설 수 있다는 의미로 읽힌다.

제록스 기업가치는 HP의 3분의1에 불과하지만, 후지필름과 합작 관계 종료 이후 HP에 눈독을 들여왔다. 제록스는 장외에서 HP 주주들로부터 직접 주식을 매수하는 방식을 거론하겠다고 밝힌 적도 있다. 또 HP의 주식가치를 평소보다 높게 책정해 주당 18.40달러 현금과 제록스 주식 0.149주를 얻는 방식으로 사겠다고 제안했다. HP가 자사주 매입 계획을 발표한 후 HP와 제록스 주가는 각각 5%와 3% 상승했다.

한편 두 회사가 M&A를 두고 기싸움을 벌이는 가운데 피치는 합병에 대한 부정적인 전망을 내놨다. 피치는 "어느 쪽이 다른 한 쪽을 인수하든 신용지표 악화로 이어질 수 있다"고 분석했다.

[이데일리 2020.02.25]

적대적 M&A 사례-2

"적대적 M&A는 도둑질"이라더니…日서 벌어진 '진흙탕 인수전'

DCM-니토리 '시마추 쟁탈전'
인수 직전 더 높은 가격에 가로채

일본 7위 홈센터(생활용품·인테리어 전문 대형마트)업체 시마추를 놓고 벌이는 기업 간 인수합병(M&A) 싸움이 일본 산업계에서 화제다. 급변하는 경영환경 속에 적대적 M&A를 금기시하는 일본 산업계의 암묵적 합의가 깨지고 있다는 분석이다.

홈센터 2위 업체 DCM홀딩스는 앞서 시마추를 인수하기로 합의하고 주식공개매수에 나섰다. 그러나 '일본의 이케아'로 불리는 니토리가 30% 높은 가격을 제시하면서 상황은 급반전됐다. DCM의 공개매수에 동의했던 시마추 경영진이 지난 12일 니토리의 품에 안기기로 입장을 바꾸면서 판세는 사실상 굳어졌다.

하지만 DCM이 포기하지 않고 공개매수 기간을 한 달 연장하면서 시마추 쟁탈전은 일본에서 좀처럼 보기 힘든 M&A 드라마가 됐다. 적대적 M&A를 도둑질 취급하는 일본 재계에서는 경영진끼리 이미 합의한 공개매수에 대항해 M&A 싸움에 나서는 사례가 매우 드물다. 니토리의 시마추 인수는 회사의 이익을 위해서라면, 진흙탕 싸움도 불사하는 일본 경영환경의 변화를 보여주는 상징적 사건이란 평가가 나온다.

일본 경영인들이 싸움꾼으로 바뀐 것은 영업 환경이 급변했기 때문이란 설명이다. 코로나19와 재택근무 정착으로 소비 행태가 크게 변하면서 일본 소매업체들 사이에선 '변하지 않으면 죽는다'는 위기감이 확산되고 있다.

욕실·부엌 용품부터 원예용품, 건축자재까지 파는 홈센터는 코로나19 사태 이후 매출과 영업이익이 가장 많이 늘어난 업종 가운데 하나다. 집에 머무는 시간이 늘어난 소비자들이 집을 꾸미는 데 관심이 높아진 덕분이다. 막대한 이익을 바탕으로 몸집 불리기에 나선 대형 홈센터 업체가 증가하면서 M&A 환경도 무르익고 있다.

일본은 식료품, 생활용품, 가구 등이 발달한 나라다. 소비자들의 기호가 다양해지면서 일본 유통업계에서는 '다른 분야의 전문점을 인수하는' 사례도 늘고 있다. 가구 전문업체인 니토리가 홈센터 시마추를 인수하는 것도 비슷한 맥락이다.

일본 산업의 또 다른 특징은 상당수 기업이 저평가돼 있다는 것이다. 시마추는 지난 8월 말 현재 자기자본비율이 76.5%에 달하는 우량기업이지만, 주가순자산비율(PBR)은 0.5배에 불과하다. DCM이 시마추의 순자산(1,815억 엔)보다 낮은 1,600억 엔(약 1조 6,937억 원)을 인수가로 제시한 배경이다.

지난 20년간 미국 상장사가 7,000개에서 4,000개로 줄어드는 동안 일본 상장사는 3,800개에서 4,000개로 오히려 늘었다. 미국에서 산업 재편이 활발하게 이뤄졌지만, 일본은 산업 구조조정의 '무풍지대'였음을 보여주는 통계다. 스즈키 히데타카 물류 경제연구소 주임연구원은 "일본에서 소비자의 수요가 다양해지면서 업태를 넘나드는 구조조정이 활발해질 것"이라고 내다봤다.

[한국경제 2020.11.17.]

한편 이러한 적대적 M&A의 시도에 대항하는 방법으로는 포이즌 필(poison pill), 백기사(white knight), 황금낙하산(golden parachute), 황금주(golden share) 등이 사용되기도 한다.

포이즌 필(poison pill)은 적대적 M&A 시도가 있을 때 기존주주들에게 시가보다 훨씬 싼 가격으로 자기 회사의 신주를 매입할 수 있는 권리를 부여함으로써 경영권을 방어하는 방법이다.

백기사(white knight)란 적대적 M&A 위협을 받는 기업이 자기 기업을 방어하기 위해 끌어들이는 제3의 우호세력을 의미한다. 백기사는 M&A 위협을 받는 기업의 지분을 일정부분 확보하거나, 때로는 경영권을 인수하여 M&A 공격을 차단하는 역할을 한다. 이 과정에서 경영권 위협을 받는 기업은 백기사에게 지분매입 결정에 필요한 각종 정보와 편의를 제공하게 되는데, 최근에는 기업들 간에 상호 지분교환을 통하여 서로가 상대에 대한 백기사가 되어 적대적 M&A로부터 경영권을 방어하기도 한다.

황금낙하산(golden parachute)이란 공격대상 기업의 대표이사나 임원들이 인수로 인하여 임기 전에 해임 될 경우에 거액의 퇴직금과 함께 거액의 퇴직보상금 또는 퇴직위로금 등을 받을 권리를 사전에 고용계약에 기재하거나 회사 정관에 정해 놓는 방법이다. 경영자의 신분을 보장하고 M&A 비용을 높이는 효과가 있으므로 적대적 M&A를 방어하는 전략으로 활용된다. 그러나 이 방법은 적대적 M&A의 위험이 없는 평상시에도 경영자를 해임하기가 어려우므로 무능한 경영진에게 과도한 혜택을 부여하는 비효율성을 초래할 수 있는 단점이 있다. 한편 경영자가 아닌 일반 직원에게 일시에 많은 퇴직금을 지급하도록 규정하여 인수하는 기업의 매수 의욕을 떨어뜨리는 경우가 있는데, 이를 황금낙하산과 구별하여 주석 낙하산(tin parachute)이라고 한다.

황금주(golden share)는 단 1주 만으로도 주주총회 의결사항에 대해 거부권을 행사할 수 있는 권리를 가진 주식이다. 황금주 제도는 1984년 영국의 통신사업자인 브리티시 텔레콤(British Telecom)을 민영화할 때 영국정부가 처음 채택했던 것으로, 주로 공기업이 민영화된 이후에도 공익성을 계속 유지할 수 있도록 하기 위해 정부에게 발행된다. 즉 민영화된 기업이 공공성을 해칠 경우 언제든지 정부가 개입할 수 있는 여지를 만들어 놓은 것이다. 황금주 제도를 도입하면 정부는 주식을 단 1주 만 보유하더라도 주주총회에서 발언권을 가질 수 있으며 주요 의사결정에서 거부권을 행사할 수 있게 된다. 이러한 황금주 제도는 유럽 국가들이 많이 채택하고 있다. 물론 황금주는 '1주당 1개 의결권'의 원칙을 위반하는 것이지만, 최근 우리나라에서도 자본차익에만 목적을 둔 외국 투기성펀드(칼라일펀드, 뉴브리지캐피탈펀드 등)들의 국내 주요기업에 대한 적대적M&A 시도를 방어하는 차원에서 이러한 차등의결권에 대한 논의가 활발하게 진행되고 있다.

포이즌 필 사례

미 기업들, 코로나 패닉 장에서 헤지펀드의 적대적 M&A 막기 위해 서둘러 포이즌 필 도입

미국 기업들이 코로나19로 인한 패닉 장에서 헤지펀드의 적대적 M&A를 막기 위해 서둘러 포이즌 필을 도입하고 있다. 미국 S&P500 지수는 신종 코로나 바이러스 감염증(코로나19)의 확산으로 패닉장이 연출되면서 약 20% 수준 떨어졌다. 이로 인해 많은 기업의 지분 가치가 하락했고 이에 따라 경쟁기업과 헤지펀드의 적대적인 접근에 더 취약해졌다.

팩트셋 리서치와 딜 포인트 데이터에 따르면 지난 3월 미국에서 10개 기업이 포이즌 필을 발표해 기록을 세웠다고 로이터통신이 31일(현지 시간) 보도했다. 팩트셋에 따르면 3월 25일까지 과거 12개월 동안 총 44건의 포이즌 필이 채택됐는데 이는 그 전 12개월 동안의 두 배에 달하는 수치다.

포이즌 필은 타사와 투자자들이 일정 기준치를 넘는 소유지분을 축적하는 것을 막는 것이다. 이는 기업이 기존 주주들에게 새 주식을 할인된 가격으로 팔 수 있도록 승인하는 것이다. 1980년대 초에 기업 변호사 마틴 립톤이 정립했으며 포이즌 필을 사용함으로써 회사의 지분 가치를 높일 수 있다.

포이즌 필은 종종 소유에 대한 희석 효과로 인해 기관 주주나 지분율이 높은 주주들로부터 비난을 받는다. 때문에 포이즌 필의 사용은 대상 기업의 이사회가 통제권을 유지할 수 있도록 하는 비상 대책으로 여겨지고 있다.

대부분의 포이즌 필은 인수 위협이 진정될 때까지 한시적으로 채택된다. 적대적 매수자들은 기업이 포이즌 필을 발표하면 거의 움직임을 멈춘다. 기업지배구조 전문가들은 그럼에도 불구하고 코로나19 사태 이후 포이즌 필 채택이 급증한 것은 많은 미국 기업들이 주가 폭락 후 적대적 M&A와 적대적 기업 매수자에게 얼마나 취약한지를 보여준다고 분석했다.

석유 가스 탐사와 생산 회사인 옥시덴털 석유, 엔터테인먼트와 레스토랑 회사인 데이브 & 버스터즈 엔터테인먼트, 정유회사인 델렉 US홀딩스, 천연가스관 운영업체인 윌리엄스 컴퍼니, 기내 영상콘텐츠 업체인 글로벌 이글 엔터테인먼트, 고급 식품 및 음식점 공급업체 셰프스 창고 등이 최근 열흘간 포이즌 필 도입을 발표한 기업이다.

골드만삭스는 지난 주 메모에서 현금성 헤지펀드가 증시 침체기에 주식을 사들이고 있다고 고객에게 경고했다. 투자은행은 기업들에게 변호사와 포이즌 필 도입을 논의하라고 촉구했다. 많은 행동주의 헤지펀드들은 주식시장이 폭락할 때 손실을 보았으나 주가가 회복될 때 이전의 손실을 상쇄하거나 되돌리기를 바라면서 더 많은 주식을 사들였다.

최근 사례 중 제나파트너스는 2주 전 레스토랑 체인인 블루민 브랜드의 지분을 7.4%에서 9.2%로 늘렸다. 밸류액트 캐피탈은 지난 주 모험 유람선 회사인 린드블라드 익스페디션(Lindblad Expeditions Holdings)의 소유 지분을 7.4%에서 9.8%까지 늘렸다고 발표했다. 법무법인 시들리 오스틴의 주주 행동주의 실천 공동의장인 카이 라이크펠트는 "헤지펀드는 경제위기를 보지 않고 기회를 잡는다"고 강조했다.

[글로벌이코노믹 2020.04.01.]

백기사 사례

한번 백기사는 영원한 백기사?

소버린·엘리어드 등 해외 헤지펀드 공격 시 대기입간 공조

현대산업개발, 아시아나 인수로 삼양식품 백기사 역할 마감

최근 시장에서는 한진그룹 경영권을 지켜줄 '백기사' 등장에 관심이 쏠린다. 백기사는 과거부터 기업 간 인수합병(M&A)에 종종 등장했다. 현재까지도 든든한 백기사로 남아 기업을 지원하는 곳도 있지만 오늘의 동지가 내일의 적이 돼버린 사례도 있다.

올해 4월 조양호 전 한진그룹 회장이 갑작스럽게 별세한 뒤 KCGI(강성부펀드)는 한진그룹과 경영권 싸움을 시작했다. KCGI는 한진칼 2대주주로 경영권 쟁취를 위해 움직이자 오너가의 경영권 방어를 위한 기업들의 지원이 이어졌다.

GS홈쇼핑, 델타항공, 반도그룹은 한진그룹 관련 지분을 사들여 오너일가를 지원 사격했다. GS홈쇼핑은 조양호 전 한진그룹 회장이 보유하고 있던 ㈜한진 지분 전량인 6.87%를 인수했다. GS홈쇼핑과 한진은 총수들의 돈독한 관계를 바탕으로 GS홈쇼핑 설립 초기부터 협력관계를 맺어왔다. 현재 GS홈쇼핑 배송 물량 중 약 70%를 한진이 담당하고 있으며, 한진그룹은 GS홈쇼핑 2대주주로 올라있기도 하다.

이에 시장은 GS홈쇼핑이 한진그룹의 백기사라고 평가했다. 다만 GS홈쇼핑은 "급변하는

배송환경에 능동적으로 대응해나가기 위해 한진에 전략적 투자를 결정한 것"이라며 백기사가 아니라고 선을 그었다. 또 다른 지원자로 한진칼 지분 10%를 매입해 2대주주에 오른 미국 항공사 델타항공이 꼽히며, 한진칼 4대주주로 오른 반도그룹도 백기사 역할을 할지 관심이 쏠린 상황이다.

◆ 과거의 '백기사', 현재는?

이처럼 경영권과 경영 인사를 의결하는 데 있어 지분율 경쟁을 할 경우 경영자 편에 선 우호세력을 '백기사'라고 부른다. 통상 인수합병(M&A) 상황 시 합병되는 기업의 경영진을 보호하기 위해 지분매입 등 지원에 나서는 기업을 의미한다.

과거부터 우리 기업들은 활발히 M&A를 했고 수많은 백기사 기업들이 나왔다. 대표적으로 제일모직과 삼성물산의 합병 당시 KCC가 꼽힌다. 2015년 삼성물산은 제일모직과의 합병을 진행했다. 이 과정에서 미국 행동주의 헤지펀드 엘리어트는 이들의 합병이 주주권을 침해한다고 주장하면서 반발했다. 이에 KCC는 삼성물산 자사주 5.76%를 매입해 백기사로 나섰다. 삼성물산이 행사할 수 없는 자사주를 매입해 주주총회에서 삼성물산에 힘을 실어준다는 전략을 펼친 것이다. 현재 KCC는 삼성물산 지분 8.97%를 보유한 3대주주로 머물러 있다.

2003~2004년 SK그룹과 소버린의 경영권 분쟁에는 은행 3곳이 팔을 걷어붙였다. SK그룹은 SK네트웍스 분식회계, SK증권 관련 부당 내부거래 등으로 경영 및 사업이 혼란스러운 상황이었다. 이 틈을 타 뉴질랜드계 자산운용사 소버린이 SK 주식 14.99%가량을 경영 참여 목적으로 매입해 2대주주가 됐다. 이는 우리나라 적대적 M&A의 대표적인 사례로 꼽힌다.

소버린은 SK그룹 경영권을 인수하겠다고 나섰고 SK는 그룹 전체 경영권이 걸려있는 만큼 경영권 사수에 총력을 기울였다. SK 측은 전체 계열사는 물론 국내 기관투자가, 소액주주들까지 찾아다니며 우호세력이 돼주길 설득했다. 결국 SK그룹 경영권 방어를 위해 SK 계열사와 대주주, 기관투자가, 소액주주 등이 SK 편에 섰다. 특히 하나은행, 신한은행, 산업은행 3개사가 지분 1.5~2%씩 매입해 백기사로 나섰다. 결국 소버린은 SK 경영권 인수에 실패하고 SK그룹은 경영권을 지켜냈다. 그러나 소버린은 이 분쟁으로 7000억~8000억 원의 시세차익을 거둬 잃을 것 없는 실패를 거뒀다. 또 2004년 노르웨이계 해운 지주회사 골라LNG로부터 대한해운 경영권이 위협받자 대우조선이 백기사로 나섰다.

2010년에는 현대그룹과 현대차그룹이 벌인 현대건설 인수전에 동양종금증권(현 유안타증권)이 현대그룹 우호세력으로 나서기도 했다. 당시 현대건설 관리회사였던 한국외환은행(현 하나은행)은 현대건설 우선인수협상자로 현대그룹을 선정해 동양종금증권의 백기사 역할이 성공하는 듯했다. 하지만 외환은행이 현대건설 우선인수 협상자를 현대차그룹으로 변경하면서 결론적으로는 실패한 백기사로 남겨지게 됐다.

◆ 자본시장에 '영원한 백기사'는 없다

지난 2005년에는 신한금융지주가 삼양식품 보유 지분 매각을 추진하면서 삼양식품 오너일가 경영권이 위협을 받았다. 이에 현대산업개발이 신한금융지주가 내놓은 지분 중 20.65%를 인수, 3대주주에 오르면서 백기사 역할을 했다. 정몽규 현대산업개발 회장은 전인장 삼양식품 회장과 초등학교 동창으로 삼양식품이 흔들릴 때마다 든든한 지원군이 됐다.

그러나 지난 9월 HDC현대산업개발은 아시아나 인수전에 참여하면서 유동성 확보를 위해 삼양식품 주식 전량을 매각했다. 이를 통해 HDC현대산업개발은 947억 원의 현금을 확보해 미래에셋대우와 컨소시엄을 꾸려 아시아나항공 우선협상자로 선정됐다. 약 14년간 이어온 백기사 역할을 마감한 것이다. 시장에서는 삼양식품의 오너리스크 등 문제들이 영향을 미친 것으로 분석했다. 이처럼 백기사로 나섰다고 해도 언제든지 자신의 이익을 추구하기 위해 떠나거나, 돌아설 수 있는 것이 자본주의의 현실이다.

백기사로 등장해 함께 성장하고 있는 기업들도 있다. 게임개발 및 서비스업체 엔씨소프트와와 게임 퍼블리셔 기업 넷마블이 대표적이다. 2015년 넥슨은 엔씨소프트 지분 15.08%를 인수하며 경영 참여를 선언, 경영권을 위협했다. 이에 넷마블이 백기사로 등장해 엔씨소프트 지분 8.9%를 인수해 엔씨소프트 3대 주주가 됐다. 엔씨소프트도 넷마블 지분 9.8%를 사들여 경영권 방어에 성공했다.

이를 계기로 넷마블은 엔씨소프트의 IP를 공유할 수 있게 됐다. 넷마블은 엔씨소프트 IP를 통해 2016년 12월 '리니지2 레볼루션'을 출시했다. 이 게임은 출시 한 달 만에 매출 2000억 원을 기록했으며, 넷마블은 이듬해 5월 국내 게임사 중 최대 규모인 시가총액 13조7000억 원으로 코스피에 상장했다. 한편 올해 초 넥슨이 매물로 나오면서 넷마블이 인수할 가능성도 점쳐졌으나 매각 자체가 무산됐다.

[아주경제 2019.12.09.]

황금낙하산 사례

"우릴 내쫓겠다고? 100억 내놔"…'황금낙하산' 도입하는 기업들

"대표이사를 내쫓으려면 100억 원 주셔야 합니다."

신종 코로나바이러스 감염증(코로나19) 대유행으로 국내외 경기 침체에 대한 우려가 커지고 있는 와중에 적대적 인수합병(M&A)을 방어하기 위해 황금낙하산을 도입하는 기업들이 줄 잇고 있다.

코로나19 여파로 올 들어 주가가 급락하면서 자칫 잘못하단 경영권을 뺏길 수 있다는 우려에서다. 과거엔 대주주 지분율이 낮은 코스닥 상장사들이 선호했지만 최근엔 대주주 지분율이 높아도 선제적으로 도입하려는 모습이다. 다만 황금낙하산이 부실 경영진의 모럴해저드(도덕적 해이)를 부추길 수 있다는 지적도 나온다.

7일 증권업계에 따르면 국내 반도체장비 업체 에프에스티는 지난달 정기 주주총회에서 정관을 변경해 적대적 M&A 따른 퇴직보상금 지급 규정을 신설했다. 이른바 황금낙하산이다. 황금낙하산은 적대적 M&A로 경영진이 해임될 경우 통상적인 퇴직금 이외에 거액의 보상금을 주도록 정관에 못 박는 제도다. 적대적 M&A를 추진하는 측의 재무 부담을 눈덩이처럼 불려 사전에 적대적 M&A 시도를 막으려는 취지다. 일종의 경영권 방어를 위한 안전장치다.

에프에스티는 정관에 "대표이사나 이사가 정상적인 경영활동을 하고 있는데 경영권 위협세력에 의해 해임되는 경우 퇴직금 이외에 퇴직보상액으로 대표이사에게 각 50억 원 이상을, 등기이사에게 각 30억 원 이상을 지급한다"는 내용을 적시했다. 대화제약 역시 지난달 "퇴직금 이외에 퇴직 보상액으로 대표이사에게 각 100억 원을 퇴직 후 7일 이내에 지급한다"는 내용을 정관에 추가했다. 남영비비안 역시 "적대적 M&A로 임기 만료 전에 이사가 해임되는 경우 퇴직금 외에 퇴직보상액으로 대표이사의 경우 50억 원 이상, 이사의 경우 30억 원 이상의 퇴직위로금을 별도로 지급한다"고 정관에 못을 박았다.

황금낙하산은 코스닥에 상장된 중소기업들이 주로 도입한다. 유가증권시장 상장사에 비해 대주주나 기관투자가의 지분율이 낮아 적대적 M&A에 취약한 구조이기 때문이다. 코스닥에 상장된 중소기업들은 자기자본 규모가 작은 데다 절대적인 주가 자체가 낮아 경영권 장악에 필요한 지분율을 확보하는 게 상대적으로 수월하기도 하다. 하지만 최근엔 대주주 지분율이 높은 중소기업들도 황금낙하산을 찾고 있다. 코로나19 여파로 연일 주가가 급락하고 있어 적대적 M&A에 노출될 가능성이 높아진 탓이다. 여기에 지난해까지 전환사채(CB)나 교환사채(EB) 발행으로 자금을 모았던 중소기업들이 많아 투자자들이 이들 사채의 권리를 행사하면서 신주가 발행되면 경영권을 위협할 수도 있기 때문에 미리 방어벽을 치려는 것이다.

실제 에프에스티의 최대주주 측 지분율은 30%에 달한다. 지분율만 놓고 보면 사실상 적대적 M&A 위험이 그리 크지 않다. 업계에선 미리 황금낙하산을 도입해 혹시 발생할 수도 있는 적대적 M&A 가능성을 원천 차단하려는 것으로 보고 있다. 투자은행(IB) 관계자는 "앞으로 기업 가치가 높아질 가능성을 염두에 둔 것으로 보인다"며 "아무래도 황금낙하산이 도입된 기업이 경영권을 방어하기에 수월한 측면이 있다"고 말했다.

시장 일각에서 이 같은 황금낙하산이 기업들의 원활한 구조조정을 방해할 수 있다는 우려도 내놓는다. 정상적인 경영이 이뤄지고 실적이 좋은 기업이 경영권 안정을 추구하는 건 바람직하지만 부실기업들이 악용하는 사례가 많다는 판단에서다. 업계 안팎에선 코로나19 이후 산업 재편이 가속화할 것이라는 전망이 많다. 부실기업에 대한 옥석 가리기가 시작될 수 있다는 얘기다. 부실기업의 경우 경영진 교체 등을 통해 회생 기회를 찾아야 하는데, 황금낙하산이 전봇대처럼 버티고 있으면 쉽지 않다는 논리다. 증권사 관계자는 "황금낙하산으로 인해 기업을 부실화시킨 경영진에 대한 책임을 묻기 어려워지고, 오히려 경영진들이 막대한 자금을 챙기는 등 개인의 실속만 챙기기도 한다"고 말했다.

실제 국내에서 가장 먼저 황금낙하산을 도입했던 옵셔널벤처스가 대표적인 악용 사례다. 옵셔널벤처스는 2001년 대표이사가 타의로 물러날 경우 50억 원의 퇴직위로금을 지급한다는 정관을 신설했다. 옵셔널벤처스 대표는 황금낙하산을 악용해 합법적으로 자금을 빼내갔고, 이후 영업정지와 감사의견 거절로 코스닥 시장에서 퇴출됐다.

기업지배구조원 관계자는 "황금낙하산은 부실 경영을 한 임원에게조차 과도한 보상금을 지급해 기업가치와 주주권익을 훼손할 수 있다"며 "성장 기업의 안정적인 경영을 지원하기 위해 도입됐지만 경영진이 잇속을 챙기거나 자리를 지키는 수단으로 악용될 수도 있다"고 말했다. 부실기업과 혁신·창의기업에 대한 경영권 보호 조치를 달리해야 한다는 의미다.

[마켓인사이트 2020.04.07.]

황금주 사례

佛, 전략산업 황금주 도입…마크롱도 '프랑스 퍼스트'

프랑스 정부가 전략산업에 대한 외국 기업 인수를 제한하는 법적 장치를 마련한다. 기업 사냥으로 악명 높은 미국과 중국 자본으로부터 기업을 지키기 위한 조치로 풀이된다.

20일 로이터통신에 따르면 에마뉘엘 마크롱 정부는 황금주(golden shares) 사용을 핵심으로 한 전략산업보호 법안을 준비하고 있다. 황금주란 1주 만 갖고 있어도 기업 주요 의사 결정에 거부권을 행사할 수 있는 주식으로, 이 황금주를 기업에 부여하면 경영권 방어 수단이 된다.

이날 발표는 프랑스 전략기업들이 미·중 자본에 잇달아 인수돼 자국 산업을 보호해야 한다는 목소리가 높아지는 가운데 나왔다. 법안 초안에 따르면 인공지능(AI), 반도체, 우주항공 등이 보호 대상으로 지정된다. 또 프랑스 정부가 지분을 5% 이상 보유한 기업들에도 황금주가 지급된다. 이 계산대로라면 자동차업체 푸조·시트로엥(PSA)과 르노, 항공사 에어프랑스, 에너지기업 엔지 등이 황금주를 행사하게 된다.

외국 투자자가 프랑스 정부에 허가를 받지 않고 전략기업 지분을 매입하면 해당 기업에 연 매출 중 10%를 과징금으로 부과하는 조항도 포함될 예정이다. 이번 법안이 소개된 배경은 외국인직접투자(FDI) 급증과도 관련이 있다. 프랑스의 친기업 정책으로 미국과 중국 자본이 몰려들자 자국 전략산업을 보호해야 할 필요가 생긴 것이다. 프랑스 정부에 따르면 지난해 미국과 중국의 직접투자는 전년보다 25% 증가했다. 마크롱 대통령은 시장주의자로 알려져 있지만 전략산업에 관해서는 보호주의 입장을 취해왔다.

프랑스 전략기업이 미·중 자본에 넘어간 뼈아픈 기억도 한몫했다. 앞서 2014년 미국 GE는 프랑스 원전 터빈을 독점 생산하는 알스톰의 에너지 분야를 인수했다. 2016년에는 미국 해양플랜트 전문업체인 FMC테크놀로지스가 프랑스 해양플랜트 회사인 테크닙을 합병했다. 프랑스에서는 법안을 두고 호평이 나오고 있다. 한 변호사는 로이터통신에 "황금주를 적극 지지한다. 이번 법안은 프랑스가 여러 가지 위험 상황에 잘 대처하도록 도울 것"이라고 말했다.

[매일경제 2018.07.20.]

지금까지 살펴본 적대적 M&A에 대항하는 방법에 관한 사례들과는 별개로 미국이나 유럽연합(EU) 그리고 EU내 주요 국가들은 코로나 19 사태로 경영난을 겪으면서 주가나 자산가격이 폭락한 기업들에 대한 외국자본의 적대적 M&A나 불공정한 M&A를 규제하는 법안을 만들고 있다. 특히 중국정부의 보조금을 지원받아서 불공정한 국제 M&A를 시도하는 중국자본에 대하여 미국이나 유럽 국가들이 국가 안보를 이유로 중국기업들의 공격적 M&A를 규제하는 방안을 마련하고 있다.

불공정 M&A 규제 사례

EU, 기업 사냥 '차이나머니'에 빗장 건다

정부 보조금 받는 中기업들 적대적 M&A 막을 기구 설립

EU "불공정한 수난 차난"

유럽연합(EU)이 중국의 기업사냥에 맞서기 위한 전담기구를 설치한다. 코로나19 타격으로 유럽 기업의 자산 가치가 떨어진 틈을 노리고 중국 기업이 정부 지원금을 등에 업은 채 공격적 인수·합병(M&A)에 나서자 EU가 방패막이를 세우기로 한 것이다.

파이낸셜타임스(FT)는 3일(현지시간) EU 집행위원회가 이 같은 내용을 담은 법안을 이달 17일 발표할 예정이라고 EU 집행위 문건을 인용해 보도했다. 신설기구는 비(非)EU 국가가 직접 보유한 기업, 또는 이들 국가가 불공정하게 정부 보조금을 지원한 기업이 유럽 시장에서 활동하거나 진입을 시도할 때 조사할 권한이 있다.

신설기구는 이들 기업이 받은 정부 보조금을 활용해 유럽 단일 시장 질서를 왜곡시키는지를 우선 살핀다. 특히 이들 기업이 유럽 기업에 적대적 M&A를 시도하면 이를 조사해 문제가 발견됐을 때 시정을 요청할 수 있다. 문제가 해결되지 않으면 최후 수단으로 협상이 끝난 M&A 계약도 파기할 수 있다. 보고서는 "자국 정부에서 보조금을 받은 기업이 EU 기업을 손쉽게 인수하거나, 가격정책을 왜곡시키는 일이 빈번하게 발생하고 있다"며 "문제점을 다루고 공정한 경쟁을 보장할 수 있는 새로운 기구가 필요하다"고 밝혔다.

EU는 이미 수차례 중국 정부의 보조금을 등에 업은 중국 기업의 공격적인 M&A에 대해 우려를 표시했다. 마르그레테 베스타게르 EU 집행위 부위원장은 지난달 12일 FT와 인터뷰하면서 "취약해진 유럽 기업이 인수 대상이 될 수 있다"며 "EU 회원국 정부가 자국 기업의 적대적 인수를 막기 위해 필요시 기업 지분을 인수하는 등 시장에 참여하는 것을 반대하지 않을 것"이라고 말했다. 그는 "과거에는 EU가 기업 주식 거래에 개입할 필요도, 그렇게 한 적도 없었지만 지금은 다르다"며 "현재 많은 유럽 기업이 M&A 위험에 노출됐다는 사실을 심각하게 여겨야 한다"고 밝혔다.

비EU 자본의 불공정한 M&A를 규제하는 법안도 이미 예고했다. 베스타게르 부위원장은 "누구든지 유럽에 와서 사업하는 것을 환영하지만 불공정한 수단을 써서는 안 된다"며 "유럽과 중국이 동일한 조건에서 경쟁할 수 있는 새로운 규제를 준비하고 있다"고 말했다. 그는 지난 3월 독일·프랑스에서 '유럽과 중국 경쟁자 사이에서 공정한 경쟁의 장을 보장하라'는 압력을 받아 6월께 대책을 내놓겠다고 약속한 바 있다.

유럽 주요국도 차이나머니의 적대적 M&A를 막기 위한 조치들을 잇달아 내놓고 있다. 독일 정부는 4월 비EU 자본이 자국 기업을 인수할 때 정부가 개입할 수 있도록 하는 조치를 승인했다. 페터 알트마이어 경제부 장관은 "의료장비·에너지·디지털 산업을 보호할 것"이라고 말했다. 독일은 2016년 중국 미데아그룹이 자국 로봇 제조업체 쿠카AG를 사들인 뒤 자국 첨단기술이 중국에 넘어갈 것을 우려해 본격적으로 보호 조치를 만들기 시작했다. 지난해에는 인공지능(AI), 로봇, 정보기술(IT) 보안 같은 전략 업종 기업의 지분 10% 이상을 비EU 국가 기업이 인수하려 하면 정부가 개입하고 저지까지 할 수 있도록 하는 법안도 마련했다.

주세페 콘테 이탈리아 총리는 같은 달 외국 인수에 대응하기 위해 이른바 '골든 파워(국방·전략 산업의 해외 거래를 제한하는 정부 권한)' 법안에 따른 조치를 은행·보험·헬스케어·에너지 등 주요 산업에 시행하기로 했다. 스페인 역시 외국인 직접투자에 대한 새로운 규제 방안을 마련했다. 중국 기업은 최근 유럽 우량 자산 사냥에 나서겠다고 공개적으로 발표해 유럽에 우려를 증폭시켰다.

블룸버그는 지난달 7일 중국 최대 민영투자기업인 푸싱그룹이 3월 "세기에 한 번 있을까 말까 한 코로나19 대유행으로 세계 자산가격이 폭락한 상황에서 전 세계에 걸쳐 투자 기회를 모색하고 있다"고 밝혔다고 전했다. 푸싱그룹은 유럽과 아시아를 중심으로 위기에 처한 기업을 사들이겠다는 계획을 드러냈다. 실제로 푸싱그룹 계열사인 상하이 유위안 투어리스트 마트그룹은 3월 프랑스 보석 브랜드 '줄라' 지분 55.4%를 2억1000만 위안(약 360억 원)에 인수했다. 블룸버그는 최근 유럽 은행권에 유럽 기업에 대한 중국 기업의 인수 제안이 급증했으며, 최근 5년간 중국 기업이 191억달러 규모 유럽 자산을 인수했다고 보도했다.

[매일경제 2020.06.03.]

4. 인수대금 지급방법에 따른 분류

피인수기업의 주식을 취득하면서 피인수기업의 주주들에게 인수대금 지급을 어떤 방법으로 하느냐에 따라 현금지급과 주식교환으로 나뉜다.

1) 현금지급

현금지급은 인수기업이 피인수기업의 주식을 현금으로 인수하는 방법이다. 현금지급은 주식교환과 비교하여 상대적으로 인수가격의 결정이 간단하다. 그러나 피인수기업의 주주들은 현금을 받고 보유주식을 처분하기 때문에 자본이득에 대하여 세금을 납부해야 하는 부담이 있다.

현금지급 사례

길리어드, 독일 간염약 제약사 1.5조원에 인수

미국 제약사 길리어드 사이언스는 최근 D형 간염 치료제 헵클루덱스(HEPCLUDEX)를 개발한 독일 'MYR GmbH'를 13억9천만 달러(약 1조5천106억원)에 인수한다고 10일(현지시간) 발표했다.

월스트리트저널(WJ) 등의 보도에 따르면 길리어드는 전액 현금거래 방식으로 MYR를 인수하기로 했으며 내년 1분기에 인수작업을 완료할 계획이라고 밝혔다. 길리어드는 추후 헵클루덱스에 대한 미국 내 사용 승인이 나오면 추가로 3억6천200만 달러(약 3천934억원)를 MYR에 지급한다고 덧붙였다.

헵클루덱스는 지난 7월 유럽 보건당국으로부터 조건부 사용승인을 받았다. 현재 프랑스와 독일, 오스트리아에서 판매되고 있으며 미국 출시는 내년 하반기 사용승인 신청을 거쳐 이뤄질 예정이다.

신종 코로나바이러스 감염증(코로나19) 치료제로 승인된 렘데시비르 생산업체인 길리어드는 지난 9월에도 항암제 제조사 이뮤노메딕스를 210억달러에 인수한다고 발표한 바 있다.

[매일경제 2020.12.11.]

2) 주식교환

주식교환은 일반적으로 피인수기업의 보통주를 일정비율에 따라서 인수기업의 보통주로 교환해 주는 방법을 말하는데, 인수기업은 발행할 주식 총수의 범위 내에서 신주를 발행하여 피인수기업의 주주들에게 할당한다. 피인수기업의 주주들은 현금을 받고 주식을 파는 것이 아니기 때문에 현금지급의 경우와는 달리 양도차익에 대한 과세에 노출되지 않는다.

주식교환 사례

미국 전기차 업체 테슬라, 솔라시티 인수합병 공식 발표

미국의 전기차 업체 테슬라가 태양광업체인 솔라시티의 인수합병(M&A)을 공식 발표했다. 태양광발전을 통한 전기차 충전 인프라 조성에 박차를 가할 것으로 보인다.

테슬라는 자사 공식 블로그를 통해 "테슬라와 솔라시티가 합병한다"고 1일(현지 시간) 밝혔다. 테슬라의 솔라시티 인수가는 26억 달러(약 2조 9120억 원)이다. 테슬라는 주당 25.37달러에 솔라시티를 인수한다고 밝혔다. 양사의 합의에 따라 솔라시티 주주는 보유한 주식 1주당 테슬라 주식 0.110주를 받게 된다.

테슬라의 최고경영자(CEO) 일론 머스크는 솔라시티의 회장직을 맡고 있는 양사 최대 주주다. 머스크는 테슬라의 지분 20%, 솔라시티의 지분 23%를 보유하고 있다. 그는 6월 21일 처음으로 테슬라의 솔라시티 인수 계획을 처음 밝혔다. 머스크는 당시 "(두 회사의 인수합병으로) 태양광 패널과 가정용 배터리부터 전기차에 이르는 청정에너지 제품을 제공하는 세계 유일의 수직적으로 통합된 에너지 회사가 될 것"이라고 말한 바 있다.

머스크의 계획에 처음부터 모든 이들이 우호적인 것은 아니었다. 인수합병 계획이 발표되자 투자자들은 강력히 반발했고 테슬라의 주가가 10% 넘게 떨어지기도 했다. 그러나 지난달 20일 머스크는 사업계획안 '마스터 플랜 파트2'를 공개하며 "솔라시티 매입은 태양광 루프와 배터리가 통합된 제품을 만드는 데 도움이 될 것"이라며 투자자들을 설득하며 반전을 맞았다. 인수 제안 발표 직후 22.43달러까지 떨어진 솔라시티의 주식이 머스크가 마스터 플랜 파트2를 발표 이후 26.95달러로 상승했다.

테슬라 측은 솔라시티 인수로 첫 해에만 1억 5000만 달러의 비용 절감 효과가 날 것으로 보고 있다. 테슬라의 자체적인 가정용 태양광 배터리팩인 '파워월'과 기업용 배터리팩 '파워팩'이 솔라시티와 만나 효율적인 전기 에너지를 제공할 수 있게 됐다는 설명이다.

이번 합병 합의안에는 '고 숍(Go Shop)'이라는 조항도 포함됐다. 피인수기업인 솔라시티는 앞으로 45일 후인 다음달 14일까지 다른 잠재적인 인수 대상자로부터도 제안을 받고 이를 검토할 수 있다. 양사의 주주 총회에서 주주승인을 얻으면 합병은 최종적으로 마무리된다. 테슬라 측은 "올해 4분기 안에는 합병을 마무리 짓기를 기대한다."고 밝혔다.

[동아일보 2016.08.01.]

9.4 국제 M&A의 장·단점

국제 M&A의 장점은 해외자회사를 직접 설립하는 것과 비교할 때, 앞에서 설명한 국제 M&A의 동기와 유사하다.

첫째, 현지시장으로의 신속한 침투가 가능하다. 예를 들어, CJ제일제당은 2018년에 18억 4천만 달러를 들여 미국의 냉동식품 전문업체인 슈완스컴퍼니를 인수함으로써 세계 최대의 냉동식품 시장인 미국에 다수의 생산기지를 확보함은 물론 기존의 판매망과 거래처를 활용할 수 있게 되었다.

둘째, 피인수기업이 가지고 있는 기술, 유통망, 브랜드, 경영관리 노하우 등을 쉽게 획득하여 이들을 자체 개발하는데 따른 막대한 자금과 시간을 최소화할 뿐만 아니라 시장지배력을 강화하면서 경영환경의 불확실성을 극복할 수 있다.

셋째, 인수기업과 피인수기업은 상호 보완적인 자원 결합을 통해 시너지를 창출할 수 있다.

해외자회사의 직접설립과 비교할 때 국제 M&A의 단점은 다음과 같다.

첫째, 적합한 인수대상기업을 찾기도 쉽지 않을 뿐만 아니라 인수대상기업을 발견하더라도 인수가격의 산정에 상당한 어려움이 따른다. 일부 국가들에서는 적합한 인수대상기업이 존재하지도 않고, 설령 존재하더라도 기업의 기술력, 영업권, 시장잠재력이나 시너지 효과 등을 정확히 평가하기가 어렵기 때문에 과도한 인수프리미엄을 지불할 수도 있는 위험이 있다.

둘째, 서로 다른 국적의 기업들 간의 인수합병은 문화적 차이를 극복하는데 많은 어려움이 따르기 때문에 피인수기업이 모기업의 기업문화와 경영스타일에 적응하거나 조화를 이루는데 많은 시간과 경영노하우가 필요하다. 1998년 '꿈의 결합'으로 불렸던 다임러크라이슬러(Daimler Chrysler)의 국제 M&A는 대표적인 실패 사례로 꼽힌다. 완고함과 서열 중심적인 독일 특유의 기업문화와 유연성과 성과 중심적인 미국의 기업문화가 충돌하여 서로 끝까지 대립하면서 결국 독일의 다임러는 400억 달러를 들여 인수했던 크라이슬러를 단 60억 달러에 매각하였다.

셋째, 인수 후 통합(PMI: Post Merger Integration)의 과정에 많은 어려움이 있으며, 특히 주요 기술자 등 핵심인재를 잃을 가능성이 있다. 따라서 인수기업은 피인수 기업과의 영업조직 통합, 조직문화통합, 직급통합 등의 복잡한 통합과정에서 피인수기업의 핵심인재 유출방지나 사기진작의 문제를 해결해야 한다.

9.5 국제 M&A의 추진 및 통합방법

1. 국제 M&A의 추진절차

국제 M&A를 추진하는 데는 몇 가지 단계가 필요하다. 1 단계는 M&A 팀을 구성하는 것이다. M&A 팀은 전문투자은행, 변호사, 회계사, 해당 사업부의 책임자를 포함한 다양한 분야의 전문가로 구성한다. 2 단계는 우리 기업이 왜 이 기업을 인수해야 하며, 인수된 기업이 보유한 경영자원은 어느 정도의 가치를 가질 것인가 등에 관한 전략적 검토를 한다. 3 단계는 인수대상기업의 재무적 가치를 평가하는 단계이다. 4 단계는 평가가 끝난 후에 구체적으로 인수가격과 인수조건에 대한 협상을 진행한다. 마지막 5 단계에서 인수협상이 완결되면 구체적인 통합절차를 결정하고 실제적인 통합과정을 진행한다.

이러한 국제 M&A의 일반적인 추진절차를 정리하면 <표 9-2>와 같다.

〈표 9-2〉 국제M&A의 추진절차

1단계	인수·합병팀 구성	· 인수합병의 전문가로 팀을 구성한다. M&A 전문투자은행, 변호사, 회계사, 해당 사업부의 책임자를 포함한 팀을 구성한다.
2단계	전략적 검토	· 인수대상기업들을 검토한다. · 제품별, 지역별로의 시너지효과가 있는가를 검토한다. · 인수대상기업이 매각할 의사가 있는가? · 왜 이 기업을 인수하며, 인수시 얻을 수 있는 경영자원을 구체적으로 확인한다.
3단계	재무적인 기업가치의 평가	· 구매자와 대상기업을 방문하는 실사를 벌인다. · 대상기업의 자산가치를 객관적으로 평가한다. · 특히 영업권, 기술력에 대해 구체적인 가치평가를 행한다. · 대상기업의 감추어진 부조리나 회계 상의 문제점과 각종 채무의무를 명확하게 밝혀낸다.
4단계	인수합병조건에 대한 협상	· 구매자와 판매자가 기업자산의 평가에 대해 합의한다. · 구체적인 인수가격과 인수조건을 정한다.
5단계	인수결정 후 통합	· 인수통합 팀을 구성하여 구체적인 통합절차를 결정한다. · 실제적인 통합과정을 시작한다.

자료: 장세진, 글로벌경영, 박영사, 2019, p.322.

특히 5단계에서 인수 후 실제적인 통합과정은 매우 중요하다. 두 기업의 통합운영이 실패한다면 어떠한 새로운 가치도 창출해낼 수 없기 때문이다. 두 기업의 기업문화가 충돌하지 않도록 적절한 대응책을 강구해야 하며, 통합과정에서 두 기업의 경영자원이 효과적으로 공유되고 핵심역량들이 서로 간에 활발히 이전될 수 있는 메커니즘을 만들어야 한다.

2. 국제 M&A 이후 통합방법 (PMI: Post-Merger Integration)

인수 후 통합 (PMI)은 인수·합병에서 높은 성과를 얻기 위한 가장 중요한 단계이다. 인수·합병으로 발생할 수 있는 새로운 가치는 인수된 기업을 얼마나 잘 통합하고 운용하는가에 따라 결정된다. 인수·합병의 당사자인 두 기업이 가진 경영자원이 상호 보완적이고 좋더라도 통합에 실패한다면 어떠한 가치도 창출할 수 없게 된다. 특히 두 기업이 상당히 다른 독특한 기업문화를 갖고 있을 경우에는 많은 갈등을 일으킬 소지가 있다.

인수 후 통합 (PMI)의 'P'는 원래 '사후(事後·Post)'의 의미지만, '사전(事前·Pre)'의 의미로도 이해할 필요가 있다. 합병 전부터 회계, 법률, 기업문화, 인사 팀들이 함께 참여하는 M&A 팀을 구성해 통합 계획안을 마련하는 것이 인수·합병의 성공에 매우 중요한 요인이다. 두산이 M&A에 연이어 성공한 여러 이유 중 가장 중요한 것은 PMI 역량이 뛰어났기 때문이다. 두산은 한국중공업을 인수했을 때 서로 다른 기업문화로 인해 많은 어려움을 겪은 경험이 있기 때문에 PMI의 중요성을 일찍 깨닫고, PMI에 대한 원칙을 미리 세워 사전에 치밀한 준비기간을 가지고 조직을 통합하기 시작했다.

PMI의 세 가지 중요 요소는 첫 번째로 피인수기업의 핵심인재들을 유지하는 것이고, 두 번째로 시너지를 창출하는 것이며, 세 번째는 조직 문화를 통합시키는 것이다. Boeing이 Rockwell과 McDonell Douglas를 인수한 것은 PMI의 대표적인 성공사례로 꼽히고 있다. 반면 무리하게 피인수기업을 뜯어 고치려고 했던 Wells Fargo 은행의 First Interstate 인수는 M&A 후 핵심인재들이 대거 빠져나가면서 실패한 사례로 평가된다.

인수·합병에서 실패하는 기업들은 대개 피인수기업 내에 팽배한 불확실성의 분위기를 진정시키는데 소홀히 하는 경우가 많다. 따라서 피인수기업의 구성원을 안정시키기 위해서 통합범위를 설명하고, 피인수기업의 경쟁력을 제고시킬 수 있는 마스터 플랜을 신속히 제시하여야 한다. 또한 인수·합병의 성공을 위해서는 빠른 시간 내에 핵심 인재와 이들의 역량을 파악하여 이들에게 어떠한 인센티브를 줄 것인지에 대한 구체적 계획도 제시할 필요가 있다. 통합과정의 핵심부분 중의 하나는 피인수기업의 중요 인재들을 잃지 않는 것이며, 회사에 머물게 된 인재를 적소에 배치하는 일이기 때문이다.

국제 M&A는 기업 간의 문화적 차이뿐만 아니라 국가 간의 문화적 차이도 극복하여야 하므로 인수 후 통합과정에서의 어려움은 더욱 크다. 인수·합병 후의 통합비용을 줄이기 위해서는 피인수기업의 기업문화를 어떻게 형성할 것인가를 탐색하여야 한다. 피인수기업의 기업문화를 그대로 유지할 것인가, 인수기업의 기업문화를 이전시킬 것인가, 아니면 새로운 다른 기업문화를 이식시킬 것인가 등을 고려하여야 한다.

PMI 사례

인수합병 성공의 열쇠는 PMI에 달려 있다

많은 기업들이 성장을 위한 전략적 수단으로 M&A(인수합병)를 고려하고 있다. 세계 경제가 저성장 속에 뚜렷한 성장동력도 없는 상황이어서 더욱 사업 다각화나 수직 계열화의 방안으로 최대한의 시너지 효과를 기대할 수 있는 M&A에 기댈 수밖에 없는 처지다.

기업 내부에 쌓인 현금과 그동안 저금리로 인해 시중에 풍부해진 유동성도 기업들이 M&A를 추진하기에 최적인 여건을 조성했다. 그러나 M&A를 실행하는 것이 결코 쉽지 않은 과정을 거쳐야 한다.

M&A는 R&D(연구개발)나 마케팅 등에 의존하는 요인보다 동적인 프로세스 과정이며 M&A가 완료되기까지 긴 시일과 많은 조직간 협업을 필요로 한다. 성공적 M&A의 과실을 얻기 위해서는 분명 리스크도 존재한다. M&A에는 회사의 사활이 걸릴 수 있는 재원과 많은 인력이 투입되기 때문에 실패할 경우 결과는 회사에 재앙을 가져올 수 있다.

금호아시아나그룹은 2006년 대우건설을 인수했다. 이어 2008년에는 대한통운까지 사들였다. 그러나 금호아시아나그룹은 무리한 M&A로 유동성 위기에 처했고 결국 금호산업과 금호타이어가 2009년 채권단 손에 넘어가는 비운을 맞게 됐다. 이른바 '승자의 저주'다. M&A는 전략적 목표를 달성하기 위한 도구다. 기업의 전략, 내부 자원, 시장 환경 등과 같은 요인들에 의해 M&A가 '마법'이 되기도 하며 반대로 '저주'가 될 수도 있다.

10여년 전의 M&A 업계는 M&A 진행과정에서의 사전 준비단계에 가장 많은 비중을 뒀고 마무리 및 통합과정은 전체 과정에서 그다지 신경을 쓰지 않는 분위기였다. 그러나 수차례의 M&A 실패사례를 겪어오면서 최근에는 M&A 마무리 및 통합과정의 중요성이 부각됐고 전체 과정의 60~70%를 차지할 정도로 중요하게 인식되고 있다.

최근 M&A의 성패는 거래 종결 이후의 과정에서 결정되는 구조가 되고 있고 합병 성공의 열쇠는 인수합병 후 통합과정이라고 불리는 PMI(Post Merger Integration)에 달려 있다고 할 수 있다. PMI는 목적한 시너지를 달성하는데 초점을 맞추어야 한다. 또한 PMI를 제대로 설계하고 실행할 수 있는 역량과 자원을 필요로 한다.

대부분의 기업들은 노동시장의 경직성으로 인해 통합작업의 어려움을 많이 겪는다. 따라서 M&A 이전에 사후통합을 위한 계획이나 구조를 짤 필요가 있다. 통합과정에서 가장 경계해야 될 점은 마치 점령군처럼 행세하는 것이다. 이는 올바른 통합 작업에 매우 큰 걸림돌이 될 뿐만 아니라 인수 후 경영에도 큰 어려움을 던져주게 된다.

M&A가 성공하기 위해서는 대상기업의 임직원들과 협조라는 대승적인 차원에서 접근하여 구조조정을 원활히 하여 기회비용을 줄이는 것도 중요하다. M&A에서 두각을 나타내는 기업들은 제대로 된 PMI 계획 및 실행에 대한 가치를 잘 인지하고 있다.

미국의 시스코는 M&A로 기업을 성공적으로 성장시킨 대표적인 사례다. 시스코는 인터넷 초창기 시대 M&A를 통해 괄목할만한 성장을 이뤘다. 시스코는 M&A 이후에 발생한 문제점과 개선 사항들을 분석하여 다음 딜에 대비하는 것으로도 유명하다. 이러한 사후 분석 프랙티스(실행) 덕분에 시스코는 안정적이고도 빠른 M&A 통합 작업을 이루어 낼 수 있었다. 시스코는 구축된 PMI를 통해 수많은 M&A의 전략적 목표들을 성공적으로 빠른 시간 내에 달성하면서 성장할 수 있는 계기를 만들었다.

시스코는 피인수 기업 통합 시에 필요한 원칙과 프로세스를 표준화했고 6명 정도로 통합팀을 구성해 M&A 딜 시작 초기부터 피인수 기업과의 시스템 통합 작업에 투입한다. M&A 시너지 효과가 크고, 많은 돈을 투입하면서 공들여 성공적으로 M&A를 성사시켰다해도 이후의 PMI 계획이 제대로 설계되고 실행되지 않았을 때 실패로 끝난 M&A를 우리 주변에서 적지 않게 볼 수 있다.

[글로벌이코노믹 2017.02.28.]

9.6 우리나라 기업의 국제 M&A 전략

1. 우리나라 기업의 국제 M&A 현황과 성과[20)]

우리나라의 해외직접투자는 1968년 시작된 이래로 매년 계속적으로 증가하여 왔지만, 대부분 직접설립의 형태를 취했다. 그러나 우리나라 기업의 해외진출이 급증하면서 국제 M&A전략이 해외시장 진출전략의 하나로 각광받고 있다.

우리나라 기업의 국제 M&A는 1986년 대우중공업이 미국의 반도체설계회사인 Zymos사를 1340만 달러에 인수한 것이 처음이었다. 이어서 삼성, 현대, LG, 대우 등의 대기업은 물론 서통, 태일정밀 등 중소기업들도 국제 M&A에 참여해 왔다. 한국기업의 국제 M&A는 1990년대 들면서 활발하게 진행되었다. 특히 기술이나 유통망, 브랜드를 확보하기 위한 국제 M&A가 급증하였다. 국내 임금상승, 원재료의 상승, 과다한 로열티 지불로 인한 해외시장에서의 가격경쟁력 상실과 기술개발수준의 상대적 열위로 인한 품질경쟁력의 저하 등을 극복하고, 해외에서의 안정적인 시장을 확보하기 위하여 우리나라 기업들의 국제 M&A는 활발히 전개되어 왔다.

우리나라 기업들의 국제 M&A는 첨단기술의 획득이나 현지 유통망 구축 등의 목적을 위해 주로 미국이나 유럽 등 선진국 지역을 중심으로 많이 이루어져 왔다. EU통합, 북미지역의 경제 블록화 등의 국제적인 여건 변화로 시간제약 문제를 안고 있던 국내기업들은 빠른 시간 내에 첨단기술을 획득하고, 역내 국가에 진출하여 현지 시장점유율을 높일 수 있는 국제 M&A 방식은 효과적인 해결책이 될 수 있었다.

그러나 1990년대 활발하게 진행되어 왔던 우리나라 기업들의 국제 M&A 중에서도 이미 실패하였거나 고전하고 있던 사례가 많았다. 삼미특수강은 1989년 북미 특수강 시장의 호황이 계속될 것으로 판단하여 3억 달러를 들여 캐나다의 아틀라스 철강회사(Atlas Steel)와 자회사인 미국 알텍 공장을 인수하였다. 하지만 예상과 달리 특수강 경기가 침체하였고, 더구나 삼미가 인수한 재래식 공장들의 운영비용이 급증하고 환경문제까지 야기되면서 이 공장들은 1997년 부도 처리되었다.

---

20) 중앙일보 1999.01.12., IT잡지 2002.04.23., 한경비즈니스 2008.01.08., 한국일보 2008.08.06., 매일경제, 2009.09.06., 중앙일보 2016.06.08., 매경이코노미 2020. 등의 관련기사 참고.

1994년 삼성전자는 글로벌 브랜드 전략에 따라 자사 PC 제품의 해외시장 진출을 모색하면서 인수한 미국 AST도 실패사례로 손꼽히고 있다. 한때 7천명이던 종업원을 5백 명으로 대폭 줄이는 등 강도 높은 구조조정도 단행했지만 적자는 계속 쌓여만 갔고 결국 삼성전자는 인수에 5억4700만 달러가 들어간 AST의 경영권을 1999년 1월에 포기하고 말았다. AST 인수 실패의 충격으로 삼성전자는 이후 2007년까지 국제 M&A를 전혀 추진하지 않게 된다.

LG전자는 1995년 3억 5천만 달러를 들여 제니스(Zenith)를 인수했지만, 사업부진으로 디지털 TV의 원천기술을 갖고 있는 제니스의 연구개발(R&D) 부문을 제외한 모든 사업부문을 정리했다. 글로벌 TV 제조사들에게 이 원천기술을 팔아 실적을 내어 왔지만 그마저도 크지 않은 규모이고, 기업회생절차에 많은 비용과 시간이 소요되었기 때문에 여전히 실패한 M&A라는 평가를 받고 있다.

현대전자가 1993년 말에 인수한 HDD 제조업체인 맥스터(Maxter)의 경우도 마찬가지이다. 이 회사는 원래 삼성전자에 지분 40%를 8천만 달러에 인수하지 않겠느냐고 제의를 한 적이 있었는데, 현대전자가 무려 1억 5천만 달러를 주고 전격 인수한 회사이다. 인수이후 맥스터는 막대한 적자를 기록하였고 누적적자가 점차 커지면서 경영상 엄청난 어려움에 빠졌다. 이러한 우리나라 대표 가전 기업들의 1990년대 국제 M&A 사례들은 모두 실패한 M&A로 평가받았다.

가전 3사의 쓰라린 실패이후 한 동안 잠잠하던 국제 M&A는 IMF에서 회복되던 2000년대 초반부터 다시 활기를 되찾기 시작했다. CJ제일제당은 2005년 말 내추럴 푸드 식품업체인 미국 애니천(Annie Chun)을 인수했다. 애니천은 CJ제일제당이 인수한 이후 2006년 매출이 전년 대비 40% 신장하는 등 괄목할만한 성장을 거두고 있다. 두산그룹은 2006년 발전소 보일러 원천기술 업체인 영국 미쓰이밥콕의 인수를 시작으로 2007년 중국 휠로더 생산업체, 미국 친환경 엔진 원천기술업체를 차례로 인수하였다. 삼성전자는 2007년 이스라엘 비메모리 반도체 회사인 '트랜스칩'을 인수했다. 미국 AST의 인수 실패이후 그동안 국제 M&A에 소극적이라는 평가를 받아온 심싱전자가 13년 만에 처음 인수하였다.

2008년 LS전선은 북미 최대의 전선 회사이자 세계 1위의 권선 제조업체인 슈페리어 에식스를 주식공개매수방식으로 인수하면서 글로벌 업계 순위가 7위에서 3위로 뛰어올랐다. 2008년 동원그룹은 미국 델몬트의 수산사업부문인 세계 최대 참치브랜드 '스타키스트'를 3억 6300만 달러에 인수하였다. 참치캔 시장에서 스타키스트의 미국 시장점유율은 2008년 33%에서 2017년 46%로 1위를 고수하고 있고, 코로나 팬데믹으로 장기간 보관이 가능한 참치캔에 대한 수요가 급증하고 있다.

2012년 한화는 태양광 셀 가격폭락으로 파산한 세계 1위 태양광 업체인 독일 큐셀을 과감히 인수하여 초기에는 적자에 허덕였지만, 지금 한화큐셀은 흑자를 기록하면서 독일, 미국 등에서 태양광 모듈시장 점유율 1위 기업으로 올라섰다.

2016년 삼성전자가 차량용 전자장비(전장)사업 강화를 위해 M&A 사상 최대규모인 80억 달러(약 9조3000억원)에 전장부품과 오디오 사업부문의 세계적 기업인 미국 하만(Harman)을 인수하였다. 하만은 자체 브랜드를 그대로 유지하면서 독립적으로 경영되고 있다. LG전자는 2018년 오스트리아 자동차용 헤드램프 제조사 ZKW를 LG그룹 사상 최대금액인 1조4500억 원에 인수하여 자동차 전장사업부문을 구조조정하면서 시너지를 위한 사업재편을 하고 있다.

2. 우리나라 기업의 국제 M&A 실패원인

우리나라 기업들의 국제 M&A는 성공사례도 많이 있었지만, 1990년대 중반 한국의 대표기업인 가전 3사들이 국제 M&A에서 실패한 것이나 일본기업들이 1980년 대 후반 국제 M&A에서 성과가 좋지 못했던 것은 자국 내 M&A에 대한 축적된 노하우가 없는 상태에서 무리하게 국제 M&A를 하는 경우에 실패할 가능성이 높다는 사실을 보여 준다. 사실 그 당시 한국이나 일본은 자국 내 M&A시장이 제대로 발달되어 있지 않았기 때문에 한국이나 일본 기업들은 국제 M&A와 관련된 노하우가 미국이나 유럽의 기업들에 비하여 제대로 축적되어 있지 못한 상태였다.

우리나라 기업들이 국제 M&A에 실패하는 이유는 인수추진전략 자체의 실패와 인수 후 통합과정의 실패에 기인한다고 볼 수 있다. 우리나라 기업들이 과거 국제 M&A에서 많이 경험한 주요 실패 원인들을 정리하면 다음과 같다.

첫째, M&A에 대한 경험부족으로 노하우가 축적되어 있지 않았다.
앞에서 설명했듯이 국내에서 작은 규모의 M&A라도 여러 차례 하면서 경험과 노하우를 축적해야 되는데, 자국 내 M&A 시장이 제대로 발달되어 있지 않았었기 때문에 M&A와 관련된 경험이 부족했다. 이런 상태에서 대규모의 국제 M&A를 성공하기는 어렵다. 국내에서 연습경기도 한번 제대로 못 치른 팀이 규모가 큰 국제대회에서 좋은 성적을 내기 힘든 것과 같은 이치이다.

둘째, 지나치게 과다한 인수가격을 지불하였다.
인수대상기업에 대한 정보가 부족한 상태에서 제대로 된 기업가치 평가가 이루어지지 않았기 때문에 인수가격의 조정협상에 실패했다. 즉 철저한 기업실사에 의한 인수대상기업의 자산 가치평가, 특히 영업권이나 기술력에 대한 구체적인 가치평가를 소홀히 하고 M&A로부터 발생할 수 있는 시너지를 지나치게 낙관적으로 평가하여 막대한 인수프리미엄을 지불하였다.

셋째, 인수목적이 불명확하였다.

자사의 비즈니스 전개와 인수한 회사의 강점이 일치하지 않는 경우가 많았다. 구체적인 전략이나 명확한 인수목적 없이 국제 M&A를 추진함으로써 막대한 인수프리미엄을 낭비하는 결과를 초래한 것이다. 1990년대 우리나라 가전 3사의 국제 M&A 사례에서 나타났듯이, 우리 기업들은 경쟁기업이 국제 M&A를 하니까 나도 한다는 식의 접근방법으로 구체적인 인수목적과 이에 따른 전략 없이 경쟁적으로 인수·합병을 하였기 때문에 인수 후 막대한 손실을 볼 수밖에 없었다.

넷째, 장부상에 나타나지 않은 문제점들을 철저히 파악하지 못하였다.

국제 M&A시 인수대상기업에 대한 면밀한 검토 없이 서둘러 인수한 후, 인수대상기업이 갖고 있는 각종 악성채무(부외채무, 우발채무), 다른 기업과의 불리한 장기계약, 노동계약, 부정행위 등 감춰진 문제점들을 발견하게 되면서 큰 비용이 추가되는 경우도 상당수 존재하였다. 어떤 제약회사는 미국의 약품회사를 인수한 후, 그 회사가 인수하기 전에 부정한 자료를 사용하여 약품승인을 받은 것이 밝혀지면서 불가피하게 그 제품을 회수해야 했다.

다섯째, 인수 후 통합(PMI)에 실패하였다.

국제 M&A는 일종의 문화충돌이라는 현상을 수반하는데, 인수한 기업의 운영에 인사문제 등 상이한 기업문화의 차이를 극복하지 못한 경우가 많았다. 예를 들면 어떤 기업은 한국 본사에서 파견된 인력이 마치 점령군처럼 피인수기업의 주요 요직을 차지하면서 우수인력들이 대거 퇴사하게 되었다. 이것은 피인수기업의 핵심인재 유출을 막기 위한 구체적인 '인수 후 통합(PMI)'의 계획이 없었다는 것을 단적으로 보여주는 좋은 예이다.

3. 우리나라 기업의 국제 M&A 성공적 추진방향

치열한 글로벌 경쟁환경 하에서 우리나라 기업의 해외직접투자는 앞으로도 지속적으로 이루어 질 것이며, 글로벌 경쟁력 강화를 위한 국제 M&A는 계속 늘어날 것으로 전망된다. 그러므로 우리나라 기업들이 향후 성공적인 국제 M&A를 추진하기 위해서는 앞에서 언급한 실패원인들을 잘 분석하여 이를 최소화하는 방향으로 국제 M&A 전략을 계획하고 실행해야 할 것이다.

일반적으로 국제 M&A의 성공을 위하여 강조되는 요인들은 다음과 같다.

첫째, 최고경영자의 명확한 인수목적과 의지가 있어야 한다.
최고경영자는 "우리는 왜 이 기업을 반드시 인수해야 하는가?"에 대하여 구성원들에게 명확하게 답을 줄 수 있어야 한다. 국제 M&A는 국내 M&A보다 시간과 자금이 상당히 많이 투입되므로 최고경영자의 명확한 인수목적과 의지가 없으면 실행하기 어렵다. 최고경영자는 인수의 중요성을 강조하며 국제 M&A의 성공을 위하여 인수관련 권한을 위임하는 등 최고경영자의 확고한 목표, 강력한 의지와 지원은 필수적이며 가장 중요한 성공요인이다.

둘째, 국제 M&A 전담팀을 상시 조직으로 구성하는 것이 필요하다.
기업 내에 상시 조직의 국제 M&A 전담팀을 만드는 것이 바람직하며, 국제 M&A 전담팀은 재무, 회계, 법무, 생산, 기술, 마케팅 등 각 분야 전문 인력으로 구성한다. 외국의 적합한 인수대상기업을 꾸준히 찾으면서 충분한 사전조사와 준비기간을 가져야하고, 인수대상기업이 나왔을 경우에 신속히 인수가능성을 타진하게 된다. 또한 국제 M&A 전담팀은 해외기업 인수뿐만 아니라 자사의 불필요한 사업부문은 과감히 매각하는 업무도 담당하여야 한다.

한편 인수대상기업을 목표로 구체적인 국제M&A절차를 추진할 때는 사내 국제 M&A 전담팀과 M&A전문 투자은행, 현지국 변호사, 현지국 공인회계사 등으로 구성된 태스크포스를 만드는 것도 필요하다.

셋째, 인수목적에 입각한 철저한 실사(Due Diligence)가 필요하다.
실사는 최대한의 전문 인력을 동원하여 세밀한 점검을 실시하여야 한다. 실사 비용이 적지 않지만, 이 과정을 적당히 넘길 경우에는 인수가격도 아주 높게 책정될 수 있고, 인수 후에 발생하게 될지도 모를 손실로 모기업이 치명타를 입을 수도 있기 때문이다. 실사결과의 자료들은 인수대상기업의 가치를 제대로 평가하여 가격협상을 유리하게 이끌기 위해 사용되며, 또한 인수 후 기업경영에 도움이 되는 많은 정보를 제공하게 된다. 즉 인수 후 어떤 점을 개선할 것인가, 어떤 부문을 매각할 것인가, 어떤 부문에서 통합된 시너지를 발휘하여 기업가치가 향상 될 수 있을 것인가 등에 관한 정보를 제공할 것이다.

그러므로 인수대상기업의 방문을 통한 실사는 대상기업의 자산가치를 철저히 객관적으로 평가하여야 한다. 특히 영업권, 기술력에 대하여 구체적인 가치평가, 각종 부채(차입금, 우발채무, 부외부채 등), 분식회계 등 회계적인 측면에서 조사, 그리고 다른 기업과의 장기계약(리스, 라이선싱 등), 진행 중인 소송, 노동계약 등 법적인 측면에서의 조사가 모두 정확히 이루어져야 한다. 따라서 해당 국가의 제도와 법률 등에 익숙한 현지 전문변호사와 공인회계사들의 자문이 필수적이다.

넷째, 작은 규모의 M&A를 통해 노하우를 축적해야 한다.

M&A의 성공률을 높이려면 대규모 M&A보다는 작은 규모의 M&A를 실행하면서 경험과 노하우를 축적해야 한다. M&A는 학습효과가 크게 작용하므로 조그만 규모의 거래부터 시작해 차근차근 경험을 쌓는 것이 좋다. 두산그룹의 성공적인 대규모 국제 M&A가 가능하였던 것도 과거에 작은 규모의 M&A 거래를 여러 차례 실행하면서 경험과 역량을 축적해온 결과라 할 수 있다.

다섯째, 국제M&A 이후 통합(PMI)이 중요하다.

M&A의 성패는 '인수 후 통합(PMI)'에 달려있다. 물리적 통합 이후 서로 다른 두 기업을 가장 생산적인 방향으로 결합시켜야 하기 때문이다. 이를 위해 협상 단계에서부터 PMI를 위한 계획을 세우고, 통합 후 일관된 정책을 유지해야 한다. 특히 빠른 시일 내 핵심인재를 파악하고 이들의 능력에 적합한 인센티브를 신속히 제시하면서 핵심인력 유출을 최소화해야 한다. 통합의 핵심 중 하나가 핵심 인재를 잃지 않고, 이들을 적재적소에 배치하는 일이다. 2007년 삼성전자가 이스라엘 기업인 트랜스칩을 인수하면서 핵심인력에 대하여 최고 수십만 달러에 달하는 충성도 보상 제도를 시행하여 핵심인력들이 거의 다 남게 된 것이 좋은 예이다.

PMI 과정에서 기업 간 상이한 문화차이를 인정하는 것이 중요하다. 피인수기업 국가의 언어, 문화, 시스템에 익숙한 현지국 출신을 최고 경영자로 선임하는 것도 한 방법이다. 우리나라 기업들이 외국 기업을 인수할 경우에 현지국의 이질적인 기업문화를 인정하고, 한국의 기업문화를 강요하지 않는 것이 오히려 통합에 바람직할 수 있다. 비록 시간이 오래 걸리더라도 우리 기업문화를 천천히 이식하면서 피인수기업의 기업문화와 절충해 나가는 지혜가 필요하다. 1998년 '세기의 결합'으로 불렸던 독일 다임러벤츠와 미국 크라이슬러 합병의 경우 독일기업과 미국기업 간 문화 차이를 극복하지 못해 실패하였다.

우리 기업들이 국제 M&A의 실패요인을 최소화하면서 위에서 언급한 성공요인들을 잘 고려하여 철저히 준비하면서 대응한다면, 국제 M&A 전략은 치열한 글로벌 경쟁환경에 적극 대처할 수 있는 생존전략인 동시에 매우 유용한 성장전략이 될 것이다.

기업실사 사례

옷 한벌 사도 꼼꼼히 따지면서…왜 M&A 실사는 대충하나요

기업실사(Due Diligence·DD)란 인수·합병(M&A), 증자, 사채 발행 등과 같이 지분 또는 자본구조에서 중대한 변화를 초래하는 거래를 위해 대상 기업의 현재 상태와 향후 발생할 수 있는 잠재요인 등을 조사하는 업무다. 회계감사와 비슷한 면이 있지만 회계감사는 재무제표가 회계기준에 따라 적정하게 표시돼 있는가에 대한 내용이라면 기업실사는 대상 기업의 재무, 법률, 영업, 환경, 인적자원(HR), 정보기술(IT) 등 실사 대상이 광범위하다.

M&A에서 기업실사는 필수적인 절차이며, 특히 중소기업 M&A에서 실사는 매우 중요하다. 많은 중소기업이 재무제표를 스스로 작성할 능력이나 인력이 부족해 회계사무소에 용역을 맡기고 있기 때문에 회사에서 제공하지 않은 거래 내용은 장부에 기록되지 않을 수 있다.

게다가 금융기관 대출 등의 목적으로 재무제표를 조작할 가능성도 배제할 수 없어 피인수기업이 제시한 재무제표에 대한 지나친 신뢰는 금물이다. 또 스타트업 기업은 유형자산보다 기술이나 인력 등 무형자산 비중이 높고, 신생기업이 많기 때문에 과거 실적에 대한 정보 자체가 부실한 경우가 많다. 따라서 재무정보의 투명성 확보 및 잠재 위험요소의 사전 파악을 위한 장치로서 실사가 반드시 필요하다.

실사의 주목적은 피인수기업의 재무, 영업, 인사조직, 고객관계 등 피인수기업에 대한 정보를 정확히 파악함으로써 기업 인수의 목적을 분명히 하고, 거래중단 요소(Deal breaker)를 파악하며 기업가치 평가를 통해 적절한 인수가격을 정하기 위한 것이다.

실사의 종류는 통상적으로 재무실사, 세무실사, 법률실사, 영업실사 등으로 구분되며, 각 분야 전문가집단이 수행한다. 재무실사와 세무실사는 통상 회계법인이 수행하며, 재무상태 및 경영성과 파악, 투자계획, 필요 운전자본, 부외부채, 조세관련 리스크 등을 실사한다. 법률실사는 소송사건, 인허가 및 규제, 지적재산권 등 권리관계, 계약상 이슈 등 피인수기업의 법률적 사항에 대한 실사로 통상 법무법인이 수행한다. 영업실사는 산업동향 및 전망, 경쟁 현황, 사업계획 등 피인수기업이 속한 사업환경을 분석해 미래 가치를 파악하는 것으로 피인수기업이 성장할 기회의 크기를 보는 데 초점을 두고 있다. 주로 컨설팅회사 및 산업 전문가가 수행한다. 그 밖에 고용관계, 핵심인력, 노조활동 등에 대한 실사인 인사실사, IT 시스템에 대한 실사, 기술적 역량 및 생산설비 등에 대한 기술실사 등 다양한 분야에서 실사를 수행한다.

과거 몇몇 대기업 사례를 통해 잠재부실, 우발부채, 법률 및 규제 등 M&A 과정 중에 발생 가능한 리스크가 미디어에 많이 노출돼 재무실사 및 법률실사의 필요성에 대한 인식이 보편화하고 있다. 하지만 산업 특성상 기술실사나 인사실사가 이에 못지않게 중요한 경우도 있다. 제약·바이오산업의 기술이전거래에서는 각종 시험 및 연구, 특허 등을 파악하기 위한 기술실사가 중요하고, 스타트업처럼 인력의 연구·기술 능력이 중요한 기업은 인사실사가 필수적이다. M&A 이후 핵심 인력이 유출되면 결과적으로 껍데기 회사를 인수하는 셈이 될 수 있기 때문이다.

이처럼 광범위한 실사과정에서 발견된 결과를 이용해 인수자는 피인수기업의 잠재위험을 파악해 이를 매매대금에서 조정하거나, 추후 계약을 통해 손해배상을 받을 수 있다. 발견된 위험이 중대하면 M&A를 중단하는 의사결정을 할 수도 있다.

실사는 기업인수 과정의 필수사항임에도 대부분 중소기업 오너들은 실사 자문수수료에 인색한 경향이 있다. M&A는 수십억 원에서 수조 원에 이르는 매매대금이 오가기 때문에 면밀한 검토가 필요하다. 심지어 피인수기업의 위험이 기존 회사의 존폐에도 영향을 미칠 수 있다는 점을 인식해야 한다.

[매일경제 2019.10.11.]

국제M&A 성공적 추진사례

급변하는 글로벌 공급체인 속 M&A '기회' 될까

글로벌 공급망이 급격한 변화를 겪는 가운데 M&A가 우리 기업의 새로운 기회가 될 수 있을 것으로 보인다. 코로나19 확산에 따른 봉쇄 조치와 공장 폐쇄로 물류 이동과 생산에 차질이 빚어지면서 팬데믹 이후에는 공급망 지역화, 국내 귀환 등 '탈세계화' 움직임이 가속화될 것이라는 전망이 이어지고 있다. 특히 글로벌 생산기지 역할을 해오던 중국에서 이번 사태가 시작함에 따라 기업들이 대중국 공급망 의존도를 낮추려 할 것이란 분석도 속속 나온다.

이처럼 급변하는 시장 환경에 대응하고, 기업의 지속 성장을 추구하기 위해 기업들은 M&A를 활용할 수 있다. M&A는 기술, 영업망, 인적자원 등 다양한 경영자원을 기업 외부에서 신속하게 확보할 수 있는 수단이지만, 서로 다른 체계를 갖던 기업이 만나는 만큼 신중하게 결정하고 진행해야 한다. 그러나 중소·중견기업은 매물정보, 노하우가 부족하고 절차가 복잡해 M&A에 부담을 느끼는 경우가 많다. 성공적인 M&A를 위해서는 구체적인 추진 목적과 전략이 필수다.

KOTRA가 6월 2일 발간한 해외 M&A 지원사업 성공사례집 '중소 중견기업, 해외 M&A에서 길을 찾다'에 따르면 M&A에 성공한 기업들은 같은 업종의 업체를 인수하거나, 직·간접적인 거래 관계에 있던 업체에 투자한 경우가 많았다. 인수 대상 기업이 속한 산업과 시장에 대한 깊이 있는 이해를 바탕으로 M&A를 통해 달성하고자 하는 명확한 목표와 전략을 수립했기에 성공적인 M&A가 가능했다고 풀이된다.

해외 기업과 M&A를 진행할 경우 오랜 기간에 걸쳐 진행되는 만큼 다양한 변수가 발생하기 쉽고, 다수의 이해관계자와 이해 상충 문제가 부각되는 경우도 많다. 따라서 인수기업과 매각기업의 커뮤니케이션을 효과적으로 지원할 수 있는 자문기관을 활용하는 것이 좋다. 국내 기업에 생소한 해외 지역의 법률, 제도, 규제사항 등과 관련한 면밀한 검토가 이뤄질 수 있도록 실사 단계에서는 현지 전문가의 참여가 반드시 필요하다.

KOTRA는 국내 중소·중견기업이 외국기업을 인수하는 '아웃바운드 M&A'를 직접 지원하고 있다. 해외 피인수기업 발굴, 실사·가격협상, 딜 클로징(deal closing) 등 전 과정을 뒷받침하며, 2013년부터 지난해까지 KOTRA 지원으로 성사된 계약은 총 55건이다. M&A 추진 동기는 해외 영업망 확보가 전체 38%로 가장 많았고 원천기술 확보(27%), 해외 생산거점 확보(22%), 신사업 발굴(13%)이 뒤를 이었다. 또한 성약 건 중 90%가 중소·중견기업으로 건당 평균금액은 166억 원으로 나타났다.

'중소·중견기업, 해외 M&A에서 길을 찾다' 사례집에는 55건의 프로젝트 중 유형·전략·성과를 기준으로 우수사례 10개를 선정했다. 사례집에는 M&A 추진동기부터 진행과정, 인수 후 운영 실태까지 알찬 정보가 담겼다.

◇ M&A 통해 국내 편중된 매출구조 탈피=일례로 서연인테크는 과다한 부채 등 많은 리스크를 가지고 있는 업체를 전략적으로 인수해 해외 영업망을 확보했다.

서연인테크는 설립 이래 줄곧 내수시장에서 국내 완성차 업체를 대상으로 사업을 전개해 왔다. 사업 특성상 상용차 위주의 안정적인 실적을 얻고 있었으나, 매출 기반이 국내 기업에 편중돼있어 매출구조 다각화를 고민해야 했다.

글로벌 파트너십 구축을 목적으로 서연인테크는 벤츠, 아우디 등 글로벌 완성차 업계와 네트워킹을 추진하던 중 이탈리아 피아트 본사와 접촉하게 됐다. 피아트는 서연인테크의 내장재 생산 기술력을 높이 평가했고, 비즈니스 파트너십 관계를 맺고자 하는 의지가 강했다. 때마침 피아트의 남미 사업과 관련해 납품을 담당하던 브라질 내장재 부품 협력사 인제플라스틱(Injeplastic)이 경영상의 어려움을 겪고 있었는데, 피아트 측은 이를 서연인테크에 공유하며 인수를 제안했다.

인제플라스틱은 피아트에 납품함으로써 매년 600억 원 수준의 안정적인 매출을 내고 있었지만, 재무관리 부실, 회계 처리 불투명, 과도한 부채 등으로 영업에 차질을 빚고 있었다. 서연인테크는 남미 시장 자체가 생소한 데다 재무적 이슈가 큰 기업을 인수한다는 점에 부담감이 상당했다. 이를 보완하고자 피아트 측에 인수에 따른 리스크 분담을 요구했고, 합의 각서를 통해 이를 관철한 후, 최종적으로 인수를 결정했다.

그러나 여전히 부채 과다에 따른 자본 잠식, 불투명한 회계 처리, 브라질법인 인수와 관련한 제반 정보부족 등은 서연인테크에 큰 어려움으로 다가왔다. 이런 상황에서 KOTRA 투자 M&A팀의 글로벌 인수합병 지원사업을 알게 됐고, 업무지원을 요청했다.

투자M&A팀은 먼저 가장 큰 리스크 요소인 재무상태 파악에 집중했다. 변호사, 회계사 출신 전문가 팀원들은 현지에서 진행된 1차 재무실사 결과를 자세히 검토해 결과를 서연인테크 실무진과 공유했다. 계약 구조를 통한 대안 마련 방안, 제도적 보안법 등도 구체적으로 제시했다. 원격지인 브라질에서 진행되는 실사의 절차적 불안감을 해소하고자 2차 실사 자문 법인 선정에도 참여했다. 또한 한국과 브라질 자문 법인의 공동 수임을 통해 원활한 소통과 효율적인 의사결정이 가능하도록 지원했다. 이뿐만 아니라 상파울루 무역관을 통해 현지의 생생한 정보를 전달함으로써 서현인테크의 인수 협상 과정 전반을 지원했다.

이를 통해 서연인테크는 인제플라스틱을 성공적으로 인수할 수 있었다. 특히 장시간 지지부진한 협상에도 쟁점과 리스크를 분명히 알고 있던 서연인테크 경영진은 시종일관 협상의 우위를 잃지 않고 성과를 일궈냈다. 이를 통해 유럽과 남미에서 큰 영향력을 가지고 있는 피아트와도 직접적인 파트너십을 구축했으며, 남미 시장에 안정적으로 진출할 수 있었다.

인제플라스틱은 인수 다음 연도에 성공적으로 영업이익 흑자 전환을 달성했다. 현재 인수 후 3년이 지난 시점에도 안정적인 경영 상태를 유지하면서 피아트의 1차 부품 공급사로서의 지위를 공고히 하고 있다. 서현인테크 또한 한국 시장에 국한된 매출 구조를 탈피함으로써 국내 자동차 산업 경기에 따른 매출 변동성을 어느 정도 보완할 수 있었다.

김주철 KOTRA 투자M&A팀장은 "코로나19 이후 글로벌 공급망 재편이 진행되면서 M&A는 우리 기업의 새로운 기회로 떠오르고 있다"며 "이번 사례집이 앞으로 우리 중소·중견기업의 M&A 길라잡이가 될 것으로 기대한다"고 말했다. 사례집은 온라인(news.kotra.or.kr)에서 내려 받아 볼 수 있다.

[한국무역신문 2020.06.04.]

참고문헌

반병길, 국제경영, 박영사, 2000.
장세진, 글로벌경영, 박영사, 2019.
전용욱, 김주헌, 윤동진, 국제경영, 문영사, 2008.

Bendaniel, David J., Arthur H. Rosenbloom and James J. Hanks, *International M&A, Joint Ventures and Beyond*, 2ed., John Wiley & Sons, 2002.

Cullen, John B. and K. Praveen Parbotteeah, *Multinational Management: A Strategic Approach*, Thomas Press, 2005.

Czinkota, Michael R., Ilkka A. Ronkainen and Michael H. Moffett, *Fundamentals of International Business*, 1st/Asia-Pacific ed., John Wiley & Sons, 2009.

Galpin, Timothy and Mark Herndon, 한국 왓슨와이어트 M&A 팀 번역·감수, 성공적인 M&A로의 초대, 도서출판 무한, 2001.

Hill, Charles W. L., *International Business: Competing in Global Marketplace*, 7ed., McGraw-Hill, 2008.

Lajoux, Alexander Reed, *The Art of M&A Integration : A Guide to Merging Resources, Processes, and Responsibilities*, McGraw-Hill, 2005.

Luthans, Fred and Jonathan Doh, *International Management: Culture, Strategy, and Behavior*, 7ed., McGraw-Hill, 2008.

Reed, Stanley Foster, Alexandra Reed Lajoux and H. Peter Nesvold, *The Art of M&&A*, 4ed., McGraw-Hill, 2007.

Stefanowski, Robert, *Making M&A Deals Happen*, McGraw-Hill, 2007.

제10장

국제 전략적 제휴

국경을 초월한 무한경쟁의 글로벌 경영환경 하에서 전 세계 많은 기업들이 세계를 무대로 서로 치열한 경쟁을 하면서도, 다른 한편으로는 필요에 따라 다양한 형태의 협력적 관계를 추구하면서 각자의 핵심역량을 더욱 강화하는 전략을 전개하고 있다. 이러한 국제 전략적 제휴는 기업들의 핵심역량을 효율적으로 활용하는 생존전략인 동시에 성장전략이라고 할 수 있다. 최근 각광을 받고 있는 국제 전략적 제휴의 개념과 동기, 국제 전략적 제휴의 유형을 살펴보고, 우리나라 기업의 성공적인 전략적 제휴의 활용방향에 대하여 알아본다.

10.1 국제 전략적 제휴(International Strategic Alliance)의 개념

국제 전략적 제휴란 국적이 다른 둘 또는 그 이상의 기업들이 특정 사업 또는 업무부문에서 각각이 보유한 핵심역량(경쟁우위요소)을 서로 보완 및 활용해서 각자의 경쟁력을 높이기 위해 일정기간 동안 협력관계를 맺는 것을 말한다. 즉 '전략적'이란 경쟁력 강화를 위한 수단을 의미하며, '제휴'는 기술, 경영노하우, 자원, 자산 등을 공유하는 협력관계를 맺는 것을 의미한다. 달리 표현하자면 협력을 뜻하는 'cooperation'과 경쟁을 의미하는 'competition'의 합성어인 코피티션(coopetition) 전략이며, 기업들이 경쟁관계를 유지하면서도 필요시에는 서로 협력을 통해 모두 승자가 되는 윈-윈(win-win) 전략이라고도 할 수 있다.

광의의 국제 전략적 제휴는 수출과 100% 단독투자를 제외한 기업 간 모든 국제적 협력형태가 포함될 수 있다. 반면에 협의의 국제 전략적 제휴는 모든 국제적 협력형태에서 국제라이선싱, 국제프랜차이징, 턴키계약 등과 같은 정형화된 국제계약방식은 제외하고, 기능별 제휴와 자본제휴의 국제협력형태만을 포함한다. 이 책에서는 협의의 국제 전략적 제휴를 중심으로 설명하므로 기술·조달·생산·마케팅제휴 등의 기능별 제휴와 자본제휴가 포함된다.

글로벌 경영환경이 급속히 변화하고 세계시장에서 경쟁이 첨예화되면서, 기업 단독으로는 더 이상 경쟁적 우위를 확보하기가 어렵게 되었기 때문에 다른 기업들과 협력관계를 모색하게 된다. 기업들은 서로 간에 지배나 통제를 받지 않고, 각 기업들이 상호 대등한 입장에서 서로의 경쟁적 우위요소를 결합하여 각자의 글로벌 경쟁력을 향상시키기 위해 국제 전략적 제휴를 많이 활용하고 있다.

국제 전략적 제휴의 특성은 첫째, 합의된 분야에서는 상호 협력을 하지만 그 외 분야에서는 별개의 독립적 기업으로 활동한다. 각 제휴 파트너가 독립성을 그대로 유지하면서 제휴업무영역에서만 서로 협조한다. 둘째, 각 제휴파트너는 각자의 핵심역량을 바탕으로 서로 합의된 분야에 한정하여 일정기간동안 협력함으로써 각자의 경쟁우위를 확보하고자 한다.

10.2 국제 전략적 제휴의 동기

오늘날 글로벌 경영환경의 주요 변화로는 우선 제품수명주기의 단축과 신기술의 신속한 상업화를 들 수 있다. 이러한 경영환경의 변화에 신속히 대처하면서 치열한 경쟁에 살아남기 위해서 기업들은 다른 기업들과의 전략적 협력관계 구축을 고려하지 않을 수 없다. 국제 전략적 제휴의 주요 동기는 다음과 같다.

1. 자원과 위험의 공유

자원과 위험의 공유가 전략적 제휴의 본래 목적이다. 오늘날 기술이 극도로 대형화·고도화됨에 따라 연구개발(R&D)에 소요되는 투자액도 대규모화되고, 기술개발 및 시장개척에 대한 불확실성도 크게 증대되고 있다. 따라서 기업들은 교차 라이선싱(cross licensing) 등과 같은 기술제휴를 통해서 기업자체적으로 쉽게 개발할 수 없는 핵심기술들을 서로 교환하면서 중복투자를 피하는 한편, R&D자원과 지식 및 정보 등을 공유하여 효율적으로 이용하면서 연구개발에 소요되는 투자비용을 상당히 낮추려고 한다.

또한 제품 브랜드의 인지도를 높이기 위한 광고비용, 판매 및 유통에 소요되는 비용, 그리고 제품생산에 필요한 생산설비 구축 등에도 막대한 비용이 소요되기 때문에 상호 보완적인 기술, 제품, 유통망, 생산시설 등의 자원을 제공해 줄 수 있는 제휴파트너를 찾아서 연구개발, 마케팅, 생산 등의 분야에서 전략적 제휴관계를 구축함으로써 각 파트너의 보유자원을 서로 공유할 수 있게 된다.

한편 전략적 제휴를 이용하면 기업이 가지는 여러 경영상의 위험도 줄일 수가 있다. 기업들은 전략적 제휴를 통해 새로운 사업이나 시장으로의 진출에 따른 위험을 분산할 수 있고, 제휴파트너와의 협력으로 경영비용을 절감할 수 있다. 즉 전략적 제휴는 사업과 관련된 비용과 위험을 제휴 파트너들이 함께 공유하기 때문에 경영위험을 분산시키는 유효한 수단이 된다. 예를 들면 영국, 프랑스, 독일, 스페인 4개국이 Airbus Industries를 설립하여 새로운 항공기 개발에 소요되는 엄청난 개발비를 함께 분담하고, 개발된 제품을 4개국이 우선적으로 구매할 뿐만 아니라 공동판매망을 구축함으로써 사업위험을 경감할 수 있었다.

2. 용이한 해외시장 진입

해외시장에 진입하고자 하는 기업의 경우 현지기업과 제휴를 하게 되면 제휴 파트너의 유통망을 이용할 수 있고, 제휴파트너가 개발한 제품을 각자의 자국시장에서 교차 판매할 수 있으며, 제휴파트너가 보유한 기존 생산설비를 상호 이용함으로써 해외시장진입 시간을 줄일 수도 있다.

예를 들면, 모토롤라와 도시바가 맺은 전략적 제휴에서 모토롤라는 도시바에게 마이크로프로세서 기술과 미국 유통망을 제공하고, 도시바는 모토롤라에게 D-RAM기술과 일본 유통망을 제공하였다. 이와 같이 기업들이 서로 보유하고 있는 기술교환과 함께 자국에 구축해 놓은 유통망을 상호 이용함으로써 기술개발과 유통망의 구축에 소요되는 엄청난 비용과 시간을 줄이면서 해외시장으로의 진입이 용이하게 되는 것이다.

3. 신속한 신제품개발

오늘날 치열한 글로벌 경쟁 환경 속에서 신제품개발 속도가 빠르고 제품의 수명주기도 짧아지고 있기 때문에 경쟁기업보다 더 빨리 신제품을 개발하여 시장에 내어놓아야만 매출과 이익을 높일 수 있다. 대부분의 산업분야에서 신제품을 처음으로 시장에 도입하는 기업들은 비교적 쉽게 시장지위를 구축하기 때문에 가격인하를 유발시키는 경쟁상대가 나타나기 전이나 또는 특허보호가 만료되기 전에 신제품 개발에 소요된 비용을 충분히 회수할 수 있다.

그러나 기업들이 빠른 시간 내 신제품을 개발하여 시장에 내어놓는데 필요한 기술, 자본, 인력 등의 경영자원을 자체적으로 모두 보유하기란 쉽지 않다. 이런 조건이 다 갖춰진 후 제품을 시장에 출시한다면 이미 경쟁이 격화되어 가격인하와 그에 따른 수익감소를 감수해야만 한다. 특히 이러한 현상은 ICT산업 분야에서 두드러지게 나타난다. 따라서 기업들이 신속히 신제품을 개발하여 시장에 출시하기 위해서는 상호 핵심역량을 보완해 줄 수 있는 제휴 파트너를 가능한 빨리 찾아야 할 필요성이 있는 것이다.

4. 산업표준의 선택

국제 전략적 제휴는 기업이 개발한 기술의 산업표준을 위해서도 이루어진다. 기업이 개발한 기술을 표준화하면서 산업표준을 선점하는 것도 첨단산업분야에서 기업이 취할 수 있는 핵심적인 글로벌 경영전략이다.

산업표준과 관련하여 많이 회자되는 유명한 사례는 1970년대 소니와 마쓰시타가 벌였던 VCR 표준화 전쟁이다. 소니는 당시 화면의 색상이나 품질이 뛰어난 베타방식의 VCR을 먼저 시장에 내 놓으면서 가정용 비디오 시대를 열었으나 기술적 우위를 믿고 다른 기업에게 라이선싱을 허용하지 않았다. 그러나 VHS방식을 들고 나온 마쓰시타의 자회사인 JVC는 소니보다 기술적 열위에 있었지만, 라이선싱을 적극 허용하면서 기술 내용을 공개하였고 Hitachi, RCA, 삼성전자, 필립스 등 시장 지배력이 큰 다국적기업들과 전략적 제휴를 통해 산업표준화를 선점하면서 완승을 거두었다.

10.3 국제 전략적 제휴의 주요 유형

이 책에서는 협의의 국제 전략적 제휴를 중심으로 설명하므로, 국제 전략적 제휴는 기능별 제휴와 자본제휴가 포함된다. 기능별 제휴는 지분참여 없이 기술, 조달, 생산, 마케팅 등의 업무분야에서 이루어지는 제휴를 말한다. 자본제휴는 소수지분참여, 상호 지분 교차보유, 그리고 경쟁기업간의 합작투자 형태를 의미한다.[21)]

1. 기술제휴

기술제휴란 참여기업들이 자사의 취약한 기술을 보완하기 위해 각자 보유하고 있는 기술을 서로 교환하거나 새로운 기술을 공동연구 개발할 목적으로 추진된다.

기술교환을 위한 제휴방식 가운데 가장 대표적인 것이 바로 교차 라이선싱(cross licensing)이다. 교차 라이선싱은 자사가 갖고 있는 기술을 제공하는 대가로 상대기업의 기술을 사용하게 되는 방식인데 기술의 상호 보완성이 핵심요소가 된다. 특허권 공유가 교차라이선싱의 대표적 유형이라 할 수 있다.

공동연구개발은 신기술이나 신제품 개발을 위하여 참여기업들이 연구인력과 자본 등의 연구개발 자원을 분담해 공동으로 개발하는 협력관계를 말한다. 제휴의 범위는 공동연구개발에 국한되며, 연구결과물은 각 참여기업들이 독자적으로 활용한다.

---

21) Yoshino와 Rangan(1995)은 교차 라이선싱에서부터 합작투자에 이르기까지 다양한 업무제휴와 자본제휴 형태를 국제 전략적 제휴의 유형에 포함하였다. 자본제휴에는 법인을 신설하지 않는 소수지분투자나 지분교차 보유만 포함되고, 법인을 신설하더라도 다국적기업의 자회사 성격이 아닌 합작투자만 자본제휴에 포함시켰다.

기술제휴-교차 라이선싱

퀄컴, 삼성전자와 특허 크로스 라이선스 계약 갱신

퀄컴이 삼성전자와 특허 크로스 라이선스 계약을 갱신했다. 퀄컴은 1월 31일(현지시간) 공식 성명을 통해 삼성전자와 모바일 기기 및 인프라 장비에 대한 특허권 공유 계약을 확대했다고 발표했다. 계약의 구체적인 내용은 알려지지 않았으나 이번 계약갱신을 통해 삼성전자는 서울고등법원에 계류 중인 퀄컴과 공정거래위원회 간 과징금 결정 취소 본안 소송의 보조 참가인에서 빠지기로 했다.

스티브 몰렌코프 퀄컴 최고경영자(CEO)는 "퀄컴은 오랫동안 삼성전자와 강력한 파트너십을 맺어왔으며 크로스 라이선스 계약갱신으로 양사의 관계가 더 강화되고 확대된 점을 기쁘게 생각한다"고 말했다.

앞서 공정위는 지난 2016년 12월 퀄컴에 대해 시장 지배적 지위를 남용해 삼성전자를 비롯한 스마트폰 제조사와 불공정거래행위를 했다며 시정명령과 함께 사상 최대 규모인 1조300억 원의 과징금 처분을 내렸다. 이에 퀄컴은 공정위의 결정에 반대해 지난해 2월 불복소송을 제기했다.

이번 계약 갱신은 공정위의 시정명령에 포함된 내용으로 퀄컴 입장에선 본안 소송에서 이전보다 유리한 입장에 설 수 있을 것으로 전망된다. 삼성전자 관계자는 "시정명령에 따라 퀄컴과 크로스 라이선스 계약을 갱신하고 앞으로도 협력키로 했다"며 "계약 갱신으로 인해 자연스럽게 보조 참가인에서 빠지게 됐다"고 설명했다.

[파이낸셜뉴스 2018.02.01.]

기술제휴-공동연구개발

LG전자, 엘레멘트와 AI 공동연구 업무협약 체결

LG전자는 인공지능(AI)의 새로운 기준을 만들기 위해 캐나다의 인공지능 기반 소프트웨어 솔루션 업체인 엘레멘트 AI(Element AI)와 업무협약을 체결하고 공동연구를 진행한다고 5일 밝혔다.

LG전자와 엘레멘트 AI는 현지시간으로 5일 미국 라스베이거스에서 LG전자 CTO 박일평 사장, 엘레멘트 AI CEO 장 프랑스와 가녜(Jean-François Gagné) 등이 참석한 가운데 업무협약을 체결했다.

엘레멘트 AI는 CEO 장 프랑스와 가녜가 딥러닝 분야 세계적인 석학인 캐나다 몬트리올대학교(University of Montreal) 교수 겸 밀라연구소 창업자 요슈아 벤지오(Yoshua Bengio) 등과 함께 설립한 인공지능 스타트업이다. 금융, 유통, 전자전기 등 여러 산업에 활용할 수 있는 인공지능 솔루션 개발을 주도하고 있다.

이번 협약을 통해 양사는 인공지능의 체계적 발전을 위해 공동으로 연구하고 제품과 서비스에 적용할 수 있는 다양한 기술을 개발할 계획이다. 또한 양사는 최근 분야를 가리지 않고 무수히 거론되고 있는 인공지능이 더욱 발전하기 위해서는 나침반 역할을 하는 기준이 필요하다는 것에 공감해 협업을 진행하게 됐다. 특히 양사는 인공지능 기술개발을 가속화해 고객들의 삶에 더 빠르게 적용한다는 계획이다. 이를 통해 고객과 사회에 더 큰 가치를 줄 것으로 기대하고 있다.

엘레멘트 AI 장 프랑스와 가녜 CEO는 "LG전자와 함께 인공지능의 여정(AI journey)을 함께하게 돼 기쁘다. 양사는 인공지능 분야의 선구자로서 사용자 경험을 최우선으로 생각하는 기술을 함께 만들어나갈 것"이라고 말했다. LG전자 CTO 박일평 사장은 "인공지능이 고객의 삶에 더 높은 가치를 전달하기 위해서는 뚜렷한 방향성이 필요하다"면서 "엘레멘트 AI社와의 협업을 통해 인공지능의 체계적 발전을 주도해 나갈 것"이라고 강조했다.

박 사장은 현지시간 6일 라스베이거스 만달레이베이(Mandalay Bay)호텔에서 열리는 글로벌 프레스 콘퍼런스에 참석해 장 프랑스와 가녜 CEO와 함께 인공지능의 발전에 대해 연설할 예정이다.

[쿠키뉴스 2020.01.06.]

2. 조달제휴

조달제휴는 조달분야에서 원료나 부품, 중간재 등을 장기간에 걸쳐 안정적으로 확보하기 위한 전략적 제휴로서 기업들이 글로벌 경영차원에서 필요한 경영자원을 지속적으로 확보하기 위한 경영전략이다.

조달제휴에는 부품조달, 외부조달(아웃소싱) 등이 있다. 부품조달은 제품생산에 필요한 각종 부품을 기업 서로 간에 보완적으로 공급하는 것을 말하며, 외부조달은 타 기업으로부터 부품을 조달받는 것이다.

또한 부품공용화도 조달제휴의 한 형태인데, 동종기업 간 부품공용화를 통해 평균단가를 인하하고 새로운 부품개발에 따른 비용부담도 줄여 기업의 경쟁력을 높이려는 전략이다. 이러한 부품공용화 현상은 자동차업계에서 가장 두드러지게 나타나고 있다. 예를 들면 후지중공업과 스즈키 자동차는 경자동차의 주요 구동장치인 자동변속기를 공용화하였고, 현대차와 기아차도 자동차의 주요 품목들을 공용화하였다. 이에 따라 규모의 경제에 따른 원가절감뿐만 아니라, 기술 노하우의 공유와 공동연구개발을 통한 기술력 향상 등의 부수적 효과도 얻게 되었다.

조달제휴

도요타, 세계최대 中전기차 배터리업체 CATL과 제휴

일본 도요타자동차가 세계 최대 전기자동차(EV) 배터리 제조기업인 중국의 CATL와 제휴

한다고 니혼게이자이신문이 7일 보도했다. 도요타와 CATL은 '전략적 파트너십' 각서를 교환하고 협업의 구체적인 검토에 들어갈 방침이다.

CATL은 도요타 자동차가 2020년 이후 중국 등지에서 판매하는 전기차에 대해 리튬이온 배터리를 공급하고, 배터리 품질 향상 및 규격의 공통화, 재활용 등 폭넓은 분야에서 협업한다는 계획이다.

CATL은 세계 최대 전기차 배터리 제조기업으로, 일본 혼다자동차도 CATL과 전기차 배터리를 공동 개발하고 있으며, 닛산자동차도 2018년도부터 판매하고 있는 전기차에 CATL 배터리를 사용하고 있다. 독일 BMW 및 폴크스바겐(VW)도 CATL에서 배터리를 조달하고 있다. CATL의 차량용 리튬이온 배터리의 세계 점유율은 2017년에 약 16%로, 파나소닉(약 15%)을 제치고 세계 선두를 차지하고 있다.

도요타는 하이브리드차(HV) 및 전기차용 배터리는 파나소닉과 공동 출자하는 회사 등에서 조달해왔으며, 파나소닉은 2020년 말까지 새 회사를 설립한다는 계획이다. 전기차 등 친환경차의 생산 비율을 높이는 데 있어서 배터리의 조달 확대가 과제로, 도요타는 CATL와 연대해 전기차 최대 시장인 중국을 중심으로 조달처를 다양화하겠다는 전략이다.

도요타는 전기차 보급 확대에 대비해 CATL외에 국내외 배터리 업체들과도 연대할 방침이다. 배터리는 전기차 가격의 30% 이상을 차지하는 핵심부품이며, 항속 거리 등 전기차의 성능 향상에서도 배터리의 역할은 크다.

[뉴시스 2019.06.07.]

3. 생산제휴

생산제휴는 생산기술이나 생산시설 등의 경영자원을 서로 공유하면서 공동으로 생산활동을 수행하거나, 상대방 기업의 생산을 위탁받아 제품을 생산하는 형태이다. 조달제휴가 상대기업으로부터 부품이나 중간재 등을 제공받는 형태인 반면, 생산제휴는 최종 제품을 공급하는

OEM이나 공동생산 등의 형태가 있다.

공동생산은 제휴에 참여한 기업들이 공동으로 특정 제품을 제작하는 것이다. 물론 이때 각 기업은 노동·자본·기술 등의 생산요소 중에서 상대방에 비교우위를 갖고 있는 요소를 투입하게 된다. OEM은 독자적 생산기술이 부족한 기업이 기술우위에 있는 기업으로부터 완성제품을 주문자상표 부착방식으로 공급받는 것이다. 예를 들면 독자적으로 전기차 개발이 어려웠던 프랑스의 푸조·시트로엥은 2009년 일본 미쓰비시 자동차로부터 OEM방식으로 전기차를 공급받는 생산제휴를 하였다.

생산제휴-OEM

동양물산 계열사인 국제종합기계, 미국 BadBoy사와 트랙터 공급

충북 옥천에 본사를 둔 국제종합기계는 지난 2월 10일 미국 아칸소 주에 위치한 BadBoy사(승용제초기 생산업체)와 트랙터OEM 공급계약을 체결했다. 본 OEM 공급 계약을 통하여 국제종합기계는 소형트랙터(22~35마력) 7기종을 연간 5,000여대를 공급할 계획으로 전해졌으며, BadBoy사 측은 연간 1만대 이상도 판매 가능하며, 공격적인 마케팅을 전개할 계획이다.

미국의 BadBoy사는 2003년부터 승용제초기(Zero Turn Mower)를 생산하기 시작하여 현재는 미국 내에서만 연간 6만대 이상 판매하여 급성장하는 기업이다. BadBoy사는 세계 농기계 경쟁업체 중에 국제종합기계 트랙터의 품질과 서비스를 높게 평가하고 있다고 전했다. 지난해 국제종합기계는 자체 생산하는 디젤 엔진의 기술력도 인정받아 독일의 도이츠사에 엔진 OEM 공급 계약도 체결하여 현재 수출 중이다.

국제종합기계 진영균 대표는 자체 수출 브랜드인 브랜슨(Branson) 트랙터의 미국 현지 판매를 확대하는 한편, 이번 BadBoy사와 트랙터 OEM 공급 계약을 통하여, 대미 수출을 더욱더 확대해갈 계획으로 전했다.

[매일경제 2020.02.21.]

생산제휴-공동생산

[글로벌-Biz 24] 포드-폭스바겐 동맹구축…800만대 생산공유 추진

미국 자동차 업체 포드와 시장점유율 기준 세계 최대 자동차 업체인 독일 폭스바겐이 협력을 확대하기로 했다. 이르면 내년부터 차량 800만대를 공동생산하기로 했다.

수십억 달러의 비용절감이 기대된다. 이는 양사가 전기차·자율주행차 등 미래 자동차 개발에 더 몰두할 수 있게 됨을 의미한다. 10일(현지시간) CNBC에 따르면 포드와 폭스바겐은 이르면 내년부터 시작해 조립시설을 공유하는 상용차 800만대를 생산하기로 했다.

짐 해켓 포드 사장 겸 최고경영자(CEO)는 이날 도이체방크 화상 컨퍼런스에서 협력 강화 사실을 공개하고 해당 차종의 생산주기가 끝날 때까지 적어도 수년간 공동생산이 지속된다고 밝혔다. 생산물량은 아직 최종 조율이 끝나지는 않은 상태여서 유동적이다.

공동생산 차종은 폭스바겐의 시티밴, 포드의 1톤 카고밴, 폭스바겐이 포드 레인저 생산 플랫폼을 활용해 만들게 되는 중형 픽업트럭 등이 포함될 전망이다. 폭스바겐 CEO 헤르베르트 디스는 보도자료에서 "코로나19와 이에 따른 글로벌 경제충격으로 인해 포드와 폭스바겐 간 굳건한 협력체계 구축은 그 어느 때보다 필수불가결한 것이 됐다"면서 "이번 협력으로 개발비용을 효과적으로 낮출 수 있게 됨에 따라 전기차와 상용차 글로벌 배급망을 확대하고 양사의 시장점유율도 높일 수 있게 됐다"고 평가했다. 상용차에는 기업, 렌터카 업체를 비롯한 대규모 차량 운행 업체, 정부에 납품하는 차량들이 포함된다. 양사 동맹은 북미 이외 지역에 집중할 계획이며 양사간 지분 교차 소유는 없다.

양사간 협력은 지난해 1월 발표된 이후 전기차 등으로 협력 범위가 확대돼 왔다. 양사는 동맹을 통해 막대한 비용이 필요한 미래 자동차 개발 자금을 더 쉽게 확보할 수 있게 됐다. 포드는 현재 전기차·자율주행차 개발비용을 마련하기 위해 수익성을 높이기로 하고 110억 달러 구조조정을 진행 중이다. 양사 동맹 구축으로 포드는 또 폭스바겐의 ID.3 전기차의 기반이 되는 MEB 설계도 활용할 수 있게 됐다. 폭스바겐은 2023년부터 수년간 유럽에서 ID,3 약 60만대를 판매할 계획이다.

[글로벌이코노믹 2020.06.11.]

4. 마케팅제휴

마케팅제휴는 제휴기업들이 가지고 있는 마케팅 능력을 서로 간에 활용하는 것이다. 마케팅제휴에는 공동브랜드 개발, 위탁판매, 공동마케팅 등이 있으며, 영업의 특성이 지역단위로 전개되기 때문에 특정지역 내에서 선택적인 마케팅 제휴활동이 이뤄지기도 한다.

먼저 공동브랜드 개발은 새로운 지역시장 진출 시에 주로 사용되는 방식이다. 상품을 보유하고 있는 회사는 소비자들에 대한 이미지가 좋고 판매능력이 뛰어난 현지기업과 함께 현지인들에게 친숙한 느낌을 줄 수 있는 공동브랜드를 만들어 현지판매를 강화할 수 있다.

또한 최근에는 고유브랜드를 유지하면서 제휴기업의 유통망과 유통노하우를 활용하는 위탁판매도 증가하고 있다. 위탁기업은 수탁기업의 뛰어난 판매능력을 이용해 시장지배력을 강화하고 수탁기업은 위탁기업으로부터 판매이익의 일정 부분을 보장받으면서, 또한 상품 구색을 갖출 수 있는 이점을 얻게 된다.

공동마케팅은 두 기업이 각각 상대기업의 마케팅능력을 이용해 상대시장에서의 마케팅활동을 강화하기 위해 추진하는 제휴방식이다. 파트너들간 상대편의 제품을 자국이나 제3국 등에서 상호 마케팅하기로 협정을 맺는 제휴이다. 예를 들면, 삼성전자는 BMW코리아와 공동마케팅을 통해 최고급 브랜드 이미지를 극대화하였다. BMW코리아는 VIP 고객을 초청해 럭셔리 세단의 장점과 역동적인 주행 영상을 전시장에 설치된 삼성 파브 LED TV를 통해 보여주었다.

마케팅제휴-공동 마케팅

"나이키 신은 라이언"…카카오-나이키 공동 마케팅

카카오는 나이키 코리아와 함께 카카오프렌즈의 캐릭터 '라이언'과 오프라인 매장 등을 통해 공동 마케팅을 진행한다고 23일 밝혔다. 카카오의 톡 비즈 솔루션과 카카오프렌즈의 캐릭터 '라이언'이 나이키의 새로운 러닝화 '조이라이드'와 만나 다양한 체험과 이벤트가 마련된다.

먼저 카카오톡 비즈보드를 통해 노출되는 배너를 클릭 시 카카오톡 #탭의 브랜드탭을 통해 라이언과 박나래의 유쾌한 광고 영상이 노출된다. 또 '카카오톡 간편가입 서비스'를 통해 나이키 제품의 접근성도 높였다. 카카오 계정으로 나이키닷컴에 로그인하면 선착순으로 이모

티콘을 받을 수 있다. 아울러 카카오톡 프로필에서도 '달리는 라이언' 스티커와 배경화면 등의 프로필 아이템이 무료로 제공된다.

이밖에 카카오의 오프라인 접점을 통한 마케팅도 함께 선보인다. 나이키 조이라이드 이노베이션 및 디지털 인터랙티브 게임 등 다양한 경험을 할 수 있는 제품 체험 공간이 카카오프렌즈 홍대 플래그십 스토어 지하에 마련된다. 또 한정판 카카오프렌즈 제품도 오는 8월 말부터 카카오프렌즈 플래그십 스토어에서 판매된다.

카카오 관계자는 "이번 나이키 코리아와의 협업은 카카오톡의 손쉬운 접근성과 인기 캐릭터 라이언의 친숙함을 기반으로 이용자들에게 차별화된 가치와 경험을 제공하고자 한 것"이라며 "앞으로도 카카오의 자산을 활용한 다양한 형태의 브랜드 간 협업을 이어갈 계획"이라고 말했다.

[서울경제 2019.08.23.]

5. 자본제휴

자본제휴란 주로 경쟁기업 간에 지분참여를 수반하는 형태의 제휴로서 특정 기술이나 제품을 개발 또는 생산하기 위해서, 합작기업을 세우는 형태나 기업 간 지분을 교차 보유하는 형태 또는 상대기업의 주식을 일부 취득하는 형태 등이 있다.

합작기업을 세우는 형태를 예로 들면, 자동차산업에서 서로 경쟁관계에 있는 미국 GM과 일본 도요타는 캘리포니아 주 프레몬트에 있는 GM의 유휴 공장설비와 시설을 이용하여 합작회사 뉴미(NUMMI)를 설립하였다. 도요타는 본격적인 미국시장 내 직접투자를 앞두고 미국 내 노사관리 및 부품공급업자 관리에 관한 지식습득의 목적을 가졌고, GM은 경쟁력을 상실해 가고 있는 소형차부문을 활성화하기 위해 도요타의 경영기법을 배우고자 하였다. 이러한 자본제휴 성격의 합작투자를 통해 도요타는 미국에서의 공장운영에 관한 경영노하우와 전미자동차노조의 실체 및 GM의 약점을 충분히 학습하였고, GM은 도요타식 생산방식과 경영시스템 학습에 성공하였다.

자본제휴-합작회사 설립

GM과 도요타의 합작투자회사 뉴미(NUMMI)

"우리는 노동자들을 인간(human being)으로 대접했습니다. 그게 GM과 우리의 다른 점이지요." 미국 GM과 일본 도요타가 함께 미국에 세운 자동차 공장 '뉴미'의 성공비결을 묻는 질문에 대한 일본인 경영자의 대답이었다. 더듬거리는 일본식 영어지만 그 한마디로 강의실은 충격에 휩싸였다. 수업 시간에 시청한 '뉴미' 관련 다큐멘터리의 마지막 장면은 이랬다.

1983년, 원수처럼 으르렁거리던 일본과 미국의 선두 자동차업체 도요타와 GM은 자동차 공장 공동경영계약을 체결한다. 미국 캘리포니아 프레몬트에 있는 폐쇄된 GM 자동차공장을 일본인 경영진의 관리 아래 다시 연다는 내용이었다. 그 새로운 공장의 이름은 'New United Motors Manufacturing Incorporation' (NUMMI)라고 붙여졌다.

미국 자동차업계에게 80년대 초는 지옥과 같았다. 세계 자동차업계의 제왕과 같던 GM, 포드, 크라이슬러는 수십 년 동안의 고도성장을 멈추고 모두 엄청난 손실을 기록하기 시작했다. 크라이슬러는 정부 지원으로 연명하고 있었고, 포드 역시 벼랑 끝에 선 처지였다. GM의 미국 시장 점유율은 40%에서 30%로 크게 줄었다. 그 이유는 일본 자동차업체들의 성장이었다. 일본 자동차업체들의 미국 시장 점유율은 하루가 다르게 급상승해 30%에 육박하고 있었다. 미국 정부는 일본 정부에게 통상 압력을 가하고 있었지만 효과는 미미했다. 미국 기업들은 잇따라 공장 문을 닫았다. 반면에 일본 기업들은 앞 다퉈 미국 현지 공장을 세우기 시작했다.

1982년, GM은 샌프란시스코 근처의 프레몬트 공장을 폐쇄하기에 이르렀다. 당시 프레몬트 공장은 거의 모든 최악의 기록을 갖고 있는 상태였다. 가장 낮은 품질, 가장 낮은 생산성, 그리고 가장 격렬한 노사갈등이 공장을 지배하고 있었다. 파업은 일상화되고, 이직도 잦았다. 결근율은 20%에 육박했다. 공장에선 알코올 중독자와 마약 사용자들이 늘어나고 있다는 보고도 올라왔다. 한때 7200명까지 고용했던 공장은 이렇게 순식간에 무너졌고 급기야 폐쇄라는 결정에까지 이르렀다. 그리고 뉴미의 실험이 시작됐다.

1985년 뉴미 공장이 다시 문을 열고 생산을 시작했을 때, 공장 노동자 가운데 85%는 예전 공장에서 일하던 사람이었다. 그 노동자들은 여전히 같은 자동차산업 노조 소속이었다. 물론

장비도 똑같았다. 경영진만 일본인으로 바뀌었을 뿐, 폐쇄 3년 만에 똑같은 사람들이 똑같은 장소에서 똑같은 장비로 생산을 시작한 것이다. 결과는 놀라웠다. MIT 국제 자동차산업 과정의 존 크래프식의 연구에 따르면, 86년 뉴미에서 측정된 자동차 1대당 조립 시간은 19.6시간으로, 78년 같은 장소에서 GM이 생산하던 때의 29.1시간보다 거의 50%나 향상됐다. 같은 해 매사추세츠 주 GM 공장보다도 57%나 높은 생산성을 보여줬다.

일본 경영자들이 GM 공장에서 도대체 무슨 일을 벌였기에 같은 공장에서 이렇게 엄청난 생산성 차이가 나타난 것일까? "인간으로 대접한다."는 건 도대체 무엇을 말하는 걸까? 새 경영진이 가장 먼저 선언한 것은 무해고 정책이었다. 그동안 실적에 따라 해고를 일상화하며 노동조합과 거칠게 대립하던 이전 미국 경영진과는 대조적이었다. 고용 계약서에는 '회사의 생존이 위협받는 상황에만 해고가 가능하되, 한 사람이라도 해고하기 전에 먼저 최상위 65명 임원들의 임금 삭감부터 실시한다.'고 명시했다. 얼마 뒤 88년 불경기로 생산을 삭감하게 됐을 때도 장기 휴가, 재교육 등으로 인력 공급을 조절하며 버텼다. 얼마 뒤 설문조사 결과 뉴미 노동자의 80% 이상이 고용 안정성이 이 공장에서 일하는 데 가장 중요한 요인이라고 응답했다.

하지만 해고 없는 공장이 전부는 아니었다. 새 경영진은 생산 시스템을 혁신적으로 바꿨다. 유명한 일본식 유연 생산방식이 여기서 소개된다. 한 사람의 노동자가 기계 부품처럼, 하루 종일 컨베이어 벨트 앞에 서서 수동적으로 한 가지 종류의 볼트만 조이는 식의 공장은 사라진 것이다. 이제 모든 생산은 5~6명으로 구성된 팀을 중심으로 이뤄졌다. 한 사람은 당연히 그 팀이 맡은 작업 전체를 숙지해야 한다. 노동자들은 자기가 맡은 볼트 조이기에만 능하던 단순기능공에서 자동차 전체를 보는 자동차 전문가로 변신해야 했다. 안전벨트 테스트 담당자는 자동차 안전 전문가가 돼야 했고, 엔진의 너트를 조이던 사람은 동력장치 전문가가 돼야 했다. 그리고 옆 사람이 어떤 일을 하는지조차 모르고 있던 예전과는 달리, 팀 전체가 서로의 업무를 완전히 숙지하고 한 명이 빠져도 모두가 그 사람을 대체할 수 있게 훈련받았다.

더 중요한 건 인사 시스템의 변화였다. 사람을 다루는 방식이 근본적으로 달라진 것이다. 우선 채용과정의 중요성이 엄청나게 강조됐다. 뉴미 공장에 지원한 모든 사람들은 필기시험을 거쳐 사흘 동안 개인 및 집단 면접을 거쳤다. 면접관들은 노동조합원들을 포함한 현장 노동자들이었다. 이 단계를 통과하고 나면 석 달 동안의 교육이 시작된다. 여기서는 도요타 생산시스템과 기업문화에 대해 집중적으로 교육을 받는다. 더 중요한 것은, 이 석 달 동안 지원자들은 생산라인에 직접 투입돼 팀 중심 생산과정을 체험한다는 것이다. 생산라인에서 일하는 시간은 시간이 갈수록 점점 늘어나게 된다. 이런 과정을 거치고 나서야 채용이 최종 결정된다. 석 달을 지나고 나면 지원자의 약 80%가 떨어져 나간다. 이 회사의 문화와 생산 시스템을 확실히 받아들이는 사람만을 채용하기 위해 고안된 시스템이다.

성과에 따른 금전적 보상은 최소한으로 줄었다. 새로운 기술을 배우거나 새로운 임무를 성공적으로 끝내도 월급이 오르는 일은 없다. 미국식 보상 시스템과는 180도 달라진 것이다. '회사 성공의 결과물은 모든 사람에게 공평하게 나눠져야 한다.'는 등식이 새로 설정됐다. 대신 업무 개선을 위해 새로운 제안을 하는 노동자에게는 물건을 살 수 있는 포인트를 줬다. 결과적으로 뉴미 공장이 노동자 제안으로 절감한 비용은 2700만 달러 이상으로 추산됐다.

교육훈련에 대한 강조도 빼놓을 수 없다. 관리자들은 지배자가 아니라 '교육자'라는 원칙이 세워졌다. 새 관리자들은 13주 동안의 대인관계교육을 받아야 했다. '평생교육 시스템'이라는 이름 아래 교육은 업무의 일부로 통합됐다. 같은 맥락에서 토론도 활성화했다. 각 팀의 하자와 생산성 등 모든 기록이 공개됐다. 이 결과를 놓고 팀 관리자들은 매일 토론을 벌이고 서로의 경험을 공유했다. 노동조합이 신입사원 채용에 개입하면서 노사관계도 완전히 바뀌었다. 노조의 경영 참여와 함께 모든 노력은 명분 싸움보다는 실제 문제 해결에 집중됐다. 뉴미 공장의 성공은 노동자를 부품처럼 대하던 미국식 대량생산 공장에 대한 근본적 반성을 낳았다. 같은 공장에서 같은 물건을 생산하면서 사람 다루는 방식만 바꿨을 뿐인데, 결과는 눈부셨다. 인력감축과 비용절감 전략의 미학은 설 자리가 없어졌다. 뉴미 공장은 말한다. 사람 없이 전략 없다. 사람이 전략이다.

그러나 결단은 쉽지 않았다. 아직도 대부분의 미국 공장은 전통적 방식으로 운영된다. 전통적 미국 공장의 권력은 경영자와 노동조합에 집중돼 있다. 새로운 시스템에서 경영자는 지배권을, 노동조합은 저항권을 잃고 불안한 동거에 들어가게 된다. 화이트칼라와 블루칼라는 여전히 불신의 눈초리를 거두지 못한다. 뉴미는 더 이상 무엇도 잃을 게 없는 폐허상태에서 시작됐기 때문에 성공할 수밖에 없다는 자조도 그래서 새어나온다. 이는 뉴미가 보여준 한계이자 기회이기도 하다.

[Economy 21, 2004년 04월 23일]

자본제휴-지분 교차보유

도요타, 마쓰다와 자본제휴···전기자동차 개발 박차

일본 도요타 자동차와 마쓰다 자동차가 차세대 에코카로 자리매김할 전기자동차 기술 개발 추진을 위해 자본제휴를 한다고 니혼게이자이신문이 4일 보도했다. 도요타가 마쓰다 지분 5%가량을 확보하고, 마쓰다도 도요타에 출자하는 방향으로 협의 중인 것으로 알려졌으며, 이를 통해 양사는 미국에 공장을 설립해 전기자동차 관련 기술개발을 함께 추진할 방침이다.

세계 자동차 업계는 환경규제가 강화되고 있어 전기자동차 및 자율주행자동차 기술 개발에 부심하고 있는 상황으로, 도요타도 전방위로 제휴를 통해 생존을 도모하는 양상이다. 프랑스와 영국은 2040년까지 휘발유차와 디젤 차량의 판매를 금지하는 정책을 세웠으며, 중국과 인도도 전기자동차 우대 방안을 추진하고 있다. 특히 자율주행 자동차 기술에서는 미국 구글 등 타 업종과의 개발 경쟁도 치열하다.

도요타는 세계 자동차 판매량에서는 2위이고 하이브리드차(HV) 분야에서는 세계적으로 앞섰지만, 전기자동차에서는 유럽 등에 뒤쳐진 상황이다. 이에 따라 제휴기업을 늘려 생존을 도모하는 것으로 분석된다. 앞서 도요타와 마쓰다는 지난 2015년 5월 환경안전 기술 분야를 중심으로 하는 포괄적 제휴 방침을 발표한 바 있다. 당시 마쓰다 측은 "도요타와의 자본제휴는 고려하지 않고 있다"고 밝혔지만, 전기자동차 등 첨단 분야의 개발 및 생산 등을 위해서는 자본제휴는 불가피하다고 판단했다고 닛케이는 전했다.

자본제휴를 통한 관계강화로 도요타는 개발 중인 전기자동차와 연료 전지차 등 친환경자동차의 기술 등을 마쓰다에 제공하고, 마쓰다의 엔진 개발력 등의 도움을 받을 전망이다.

[뉴시스 2017.08.04.]

자본제휴-상대기업 주식 일부 취득

TV용 OLED 한국 독주 막으려 몸부림…中·日 뭉쳤다

중국 2위 디스플레이 업체 CSOT가 일본의 OLED(유기발광다이오드) 기업 JOLED에 200억 엔(약 2300억 원)을 투자한다. LG디스플레이가 독자 생산 중인 TV용 OLED 패널을 공동 개발해 이 시장에 도전장을 내밀기 위해서다. LG디스플레이는 다음 달 중국 광저우 공장을 본격 가동해 양산체제에 들어가는 등 원가 경쟁력을 확보해 대응할 계획이다.

22일 관련 업계에 따르면 JOLED는 지난 19일 홈페이지를 통해 "중국 CSOT와 투자·업무 제휴 계약을 맺고 TV용 OLED 패널을 공동 개발할 것"이라고 발표했다. JOLED는 CSOT에 제3자 배정 유상증자를 해 지분 약 11%를 넘길 예정이다. CSOT는 200억 엔을 JOLED에 투자한다.

두 회사는 각각 일본과 중국을 대표하는 패널 업체다. JOLED는 소니, 파나소닉 등이 2015년 설립한 합작사다. CSOT는 중국 1위 TV 업체 TCL의 자회사다. 공동 개발은 두 업체의 이해관계가 맞아떨어진 결과다. JOLED는 모니터용 OLED 패널 양산에 성공했지만 TV용 제품은 내놓지 못하고 있다. 2018년 8월 일본 업체를 대상으로 1조원 규모의 자금 조달을 추진했지만 절반에도 못 미치는 4700억 원을 확보하는 데 그쳤다. 최근 업계에선 "JOLED가 자금 부족으로 TV용 OLED 패널 개발에 어려움을 겪고 있다"는 얘기가 나왔다.

CSOT는 자금력이 충분하지만 기술력이 부족하다는 평가가 나온다. CSOT는 2~3년 전부터 TV용 OLED 패널 시장 진출을 시도했지만 뚜렷한 성과를 내지 못하고 있다. 일본 니혼게이자이신문은 "두 업체가 3년 안에 TV용 OLED 패널을 대량 생산하기 위해 노력할 것"이라고 전망했다.

TV용 OLED 패널 시장이 계속 커질 것이라는 전망도 중·일 협력을 촉발하는 계기가 됐다. 시장조사업체 옴디아에 따르면 지난해 25억 달러 규모였던 TV용 OLED 패널 시장은 2025년 60억 달러까지 확대될 것으로 예상된다. 최근 화웨이, 샤프 등도 OLED TV 제조에 나서면서 패널 수요가 커지고 있다.

JOLED와 CSOT의 공동 개발이 성공하면 대형 OLED 패널 시장에 작지 않은 파장을 불러올 것으로 예상된다. 두 회사는 '잉크젯 프린팅' 방식으로 OLED 패널을 생산할 계획이다. LG디스플레이가 활용하는 '진공증착방식'보다 공정이 간편하고 소재가 절약돼 생산 원가를 약 30~40% 줄일 수 있는 것으로 알려졌다.

LG디스플레이는 긴장하고 있다. 중국 1위 LCD 업체 BOE가 시장 진출을 선언한 가운데 중·일 연합군까지 위협하는 상황이 됐기 때문이다. LG디스플레이는 다음 달 광저우 대형 OLED 패널 공장에서 양산을 본격화하는 동시에 잉크젯 기술 개발을 통해 원가를 낮추는 데 주력할 계획이다.

[한국경제 2020.06.22.]

6. 복합제휴

현실적으로 전략적 제휴는 여러 분야에 걸쳐 매우 복잡한 형태로 다양하게 나타난다. 전략적 제휴의 내용만을 고려하면 지금까지 언급한 기술제휴, 조달제휴, 생산제휴, 마케팅 제휴 및 자본제휴로 크게 구분할 수 있지만, 이처럼 특정분야별로 국한되었던 전략적 제휴가 점차적으로 폭넓고 다양한 제휴형태로 발전하는 양상을 보여주고 있다. 다시 말해, 기업들 간에는 다양하면서도 매우 복합적인 형태의 전략적 제휴가 여러 경영활동의 영역에서 이루어지고 있다. 예를 들면 서로 다른 산업 간의 제휴, 생산과 마케팅·유통의 제휴, 기술과 브랜드의 제휴 등 다양한 형태의 복합제휴가 이루어지고 있다. 그리고 앞으로도 국제 전략적 제휴는 기존에 없던 새로운 형태로 다양하게 계속 진화해 나갈 것이다.

복합제휴-1

신상품 개발 짝짓기
서로 자신 있는 것만 주고 받는다

화장품업체와 식품업체의 공동 기술개발

두 기업의 제품성격이 달라 기술제휴 자체가 불가능한 것으로 보인다. 그러나 최근 세계 제1위 화장품그룹 로레알과 다국적 식품업체 네슬레는 공동 기술연구로 '먹는 화장품' 이네오브(Inneove)를 개발했다. 그동안 먹는 화장품이 시장에 없었던 것은 아니나 실제 화장품이라기보다 피부미용보조식품이었다. 로레알과 네슬레가 공동 출시한 이네오브는 주름살 제거 및 피부노화 방지 영양크림이다. 이는 얼굴에 바르지 않고 먹는 화장품이다. "먹는 화장품이다 보니 체내흡수가 빨라 피부반응 효과가 일반 화장품보다 훨씬 뛰어나다."라는 브리지트 리베르만 이네오브연구소 소장의 설명이다.

두 회사는 먹는 화장품 출시를 위해 4년 전 공동출자로 이네오브 연구개발 (R&D)센터를 설립했다. 이 연구소에는 두 회사의 기술연구진이 파견돼 근무하고 있다. 화장품업계 선두주자의 노하우에 식품회사의 영양섭취 기술을 합쳐 혁신적인 신상품을 개발하자는 것이 이네오브연구소 조인트 벤처 설립의 목적이었다. 몇 해 전만 해도 기업들이 사내 신상품전략 기밀누출을 우려해 R&D센터를 마치 군사용 벙커처럼 생각했던 것에 비하면 대단히 놀라운 발상의 전환이다.

날이 갈수록 한정된 시장의 경쟁이 치열해지며 기업들은 혁신적인 상품개발을 위해 전략사령실마저 공유하고 있다. 과거에도 기업의 상호보완적 측면을 제휴하는 코브랜딩(co-branding)이라는 제휴가 존재했지만 그 개념을 벗어났다. 이제는 분야가 다른 두 업체의 전략과 노하우를 장기적 차원으로 혁신제품 개발에 활용하고 있다. 어느 한쪽에서 아직 시장에 나오지 않은 상품 아이디어를 제안하면 진지하게 연구하고 시장성이 있다고 판단되는 즉시 공동출시에 착수한다. 새로운 상품으로 좁은 시장에서 살아남기 위해 신제품 개발에 필요한 기술을 주고받는 것이다.

유럽의 대표적 가전제품업체 필립스와 커피회사 메종드카페의 전략적 제휴도 혁신상품 개발전략에 성공한 케이스로 꼽힌다. 지난해 필립스와 메종드카페는 기존 원두커피기계와는 완전혀 다른 커피메이커 센세오(Senseo)를 개발해 큰 인기를 얻고 있다. 센세오는 기존 시장의 일반 커피메이커에 커피엑기스 엑스프레소 메이커 기능을 첨부시켜 강한 커피 향과 맛을 선호하는 유럽시장에서 인기몰이를 하고 있다. 커피메이커 전문업체 필립스는 하드웨어(커피머신)를 개발했고 커피회사 메종드카페는 이 기계에 맞는 특별상품을 생산하고 있다. 현재 필립스의 센세오 커피머신은 커피메이커 시장점유율은 14%로 출시 1년도 안 돼 베스트셀러 넘버원 상품으로 부상했다. 필립스와 메종드카페는 '센세오 커피메이커에 센세오 커피만 사용'이라는 전략으로 시장 확대는 물론 부가가치 높은 고급상품시장이라는 일석이조의 효과를 올렸다.

제품생산과 마케팅· 유통 제휴

미국의 식용 인공향기 전문화학업체인 듀퐁 뉴트리션&헬스와 식품업체 제너럴밀스(General Mills)는 일반 두유가 몸에는 좋으나 독특한 향으로 마시기 어렵다는 것에서 착안, 비린 콩 냄새를 없애고 과일 향을 주입한 두유 '8th Continent'로 대성공을 거뒀다. 듀퐁 N&H는 콩에 당분과 인공향료를 첨가한 유제품을 개발했고 소비자들의 식성과 취향을 잘 아는 제너럴밀스는 마케팅과 유통을 책임졌다. 두 회사는 2년 전 신상품 컨셉을 결정하고 50대 50으로 총 4,000만 달러를 투자해 조인트벤처를 설립했다. 듀퐁 N&H와 제너럴밀스는 평소 신제품 개발에 18~24개월이 걸리는 시간을 불과 8개월로 줄이고 신제품 '8th continent'를 출시했다. 에릭 프라이왈드 듀퐁 N&H 사장은 "최근 시장경쟁이 치열해지며 신제품 개발 시간단축은 품질만큼 중요하다."며 "기업 간의 전략적 제휴는 시간절약은 물론 예산절감 효과도 있다"고 설명한다.

미국의 종합건강제품업체 존슨&존슨과 유제품 및 먹는 샘물 전문업체 다논의 신제품 공동개발도 성공한 케이스다. 프랑스 시장 진출에 어려움을 겪던 미국계 다국적 기업 존슨&존슨은 알프스산 먹는 샘물 에비앙으로 유명한 다논을 찾아와 에비앙 브랜드를 부착한 피부 영양크림 개발을 제안했다. 존슨&존슨은 제품개발은 자사가 맡고, 다논은 무공해 먹는 샘물 에비앙의 이미지를 빌려주며 유통을 책임지라는 것이었다. 존슨&존슨과 다논의 제휴에서 탄생한 영양크림이 에비앙 아피니티다. 두 회사가 공동출자해 탄생시킨 에비앙 아피니티는 현재 프랑스 영양크림시장 점유율 5%를 넘어섰다. 미국 존슨&존슨은 다논을 통해 프랑스 시장 확대 기회를 얻었으며 대신 다논은 먹는 샘물 에비앙의 가치를 극대화했다.

어떤 업체와 전략적 제휴를 한다고 해서 다른 기업과 못하는 것은 아니다. 특히 대기업의 경우 제품성격과 분야만 다르면 동시에 여러 업체와의 제휴도 가능하다. 존슨&존슨과 미용제품 전략파트너인 다논은 프랑스 맥도널드와도 제휴관계에 있다. 다논의 우유제품을 취급하던 맥도널드는 다논측에 바이어와 공급자의 관계를 격상시킨 전략적 파트너십을 제의했다. 패스트푸드점 고객수가 가장 적은 오후 3~5시에 다논의 인기 비스킷 프랭스와 요구르트 악티멜을 넣은 특별 간식메뉴를 출시하자는 것이었다. 이 역시 소비자들로부터 좋은 반응을 얻고 있다. 특히 고칼로리 정크푸드 판매업체라는 맥도널드의 부정적 이미지 개선에도 큰 효과가 있었다.

세계적으로 유명한 네스티와 네스카페는 네슬레와 코카콜라의 유통망 확대를 목적으로 한 공동제휴 제품이다. 네슬레와 코카콜라는 서로 경쟁관계인 일본시장만 제외하곤 세계 24개국에서 공동유통 전략을 실시하고 있다.

전혀 분야가 다른 제조업과 문화산업이 신상품 개발제휴를 맺은 경우도 있다. 지난해 코카콜라는 미국의 디즈니와 워너유니버설, 프랑스 영화배급업체 고몽 등 세계 12개 영화제작사 및 배급사와 제휴해 영화와 콜라를 연계한 신상품 시네모시온을 공동 판매했다.

[한경비즈니스 2003.6.2]

복합제휴-2

스마트폰, 명품 브랜드 협업의 역사… 프라다폰 · 아르마니폰도 있었다

삼성전자가 21일부터 판매에 들어가는 '갤럭시Z 플립 톰브라운 에디션'이 벌써부터 인기다. 무려 297만 원에 달하는 가격이지만, 한정된 수량인 탓에 예약 전쟁도 치열할 것으로 전망된다.

'갤럭시Z 플립 톰브라운 에디션'은 새로운 디스플레이와 위아래로 접는 혁신적 폼팩터를 가진 '갤럭시 Z 플립'에 톰브라운의 절제된 디자인이 더해졌다. 톰브라운의 시그니처 색상과 패턴이 적용됐으며, 스마트폰을 하나의 패션 아이템으로 여기는 사용자들을 위한 제품이다.

그렇다면 스마트폰과 명품 패션브랜드의 콜라보 역사는 어떨까. 물론 '갤럭시Z 플립 톰브라운 에디션'이 처음은 아니다. 가장 잘 알려진 제품은 LG전자의 프라다폰이다. 프라다폰은 이탈리아 명품 브랜드 프라다와 콜라보를 해 선보인 제품으로 2007년부터 2011년까지 총 3개의 모델이 출시됐다.

2007년과 2009년에 출시된 프라다폰, 프라다폰2는 피처폰임에도 불구하고 풀터치 스크린에 쿼티 키보드를 탑재하는 등 10년이 지난 지금 봐도 세련된 디자인을 선보였다. 특히 두 번째 모델은 손목시계형 블루투스 액세서리 프라다 링크를 함께 내놨다. 일종의 스마트 워치였다. 두 제품이 포함된 세트 가격은 무려 179만3000원에 달했다. 2011년 출시된 프라다폰 3.0은 프라다 고유의 사피아노 원단 질감을 후면에 구현했다. 프라다와 협업한 제품이지만 디자인은 LG전자가 직접 한 것으로 알려져 있다. 이 디자인은 미국 뉴욕현대미술관(MoMA)과 중국 상하이현대미술관(MOCA)에 상설 전시 돼있다.

삼성전자 역시 2007년 세계적인 명품 디자인 회사인 조르지오 아르마니와 전략적 제휴를 체결하고 2009년까지 3종의 럭셔리폰을 출시했다. 유럽 등을 중심으로 출시한 아르마니폰은 국내에 2009년 정식 출시됐다. 명품폰 답게 예약판매도 조르지오 아르마니 서울 청담점, 신세계 백화점 본점, 부산 해운대 신세계 백화점 센텀시티점 등 총 3곳에서만 진행했다. 출시에 앞서 많은 소비자들이 조르지오 아르마니 매장에 아르마니폰을 먼저 구입하겠다고 문의하기도 했다.

또 삼성전자는 2010년 애니콜을 버리고 스마트폰 '갤럭시S'를 처음 공개한 후 아르마니와 협력한 '조르지오 아르마니 갤럭시 S'를 이탈리아 등 일부 국가에 선보였다. 한때 '스카이'로 이름을 날렸던 팬택도 2009년 고가의 라이터, 만년필 등으로 유명한 명품 브랜드 에스티듀퐁과 손잡고 '듀퐁폰'을 내놓은 바 있다.

업계 관계자는 "패션의 정점을 찍은 브랜드와 하이테크의 정점에 있는 브랜드가 합쳐져 고객에게 차별화된 만족도를 준다는 점에서 명품과 기술기업의 콜라보는 이어질 것"이라며 "명품 브랜드의 디자인 철학을 스마트폰에 가져올 수 있어 제품의 가치를 끌어올리는 홍보효과도 누릴 수 있다"고 말했다.

[이투데이 2020.02.14.]

10.4 우리나라 기업의 성공적인 전략적 제휴 활용방향

전략적 제휴는 치열한 경쟁 속에 살아남기 위한 기업들의 생존전략인 동시에 다양한 제휴를 통해 기업들의 핵심역량을 강화시켜 나갈 수 있는 성장전략이라고 할 수 있다. 우리나라 기업들은 자신의 핵심역량강화에 도움이 된다면 국내기업뿐만 아니라 세계 어느 기업과도 상호협력을 추구할 수 있는 전략적 제휴를 적극 활용하여야 한다. 경쟁기업의 이익은 자기 기업의 손해라는 제로-섬(zero-sum) 게임의 관념에서 벗어나서, 서로의 이익을 극대화해 줄 수 있는 윈-윈(win-win) 게임의 사고로 전환이 중요하다.

다음은 대기업과 중소기업을 포함한 우리나라 기업들이 전략적 제휴를 성공적으로 활용하기 위해서 갖추어야 할 몇 가지 방향을 제시한다.

1. 전략적 제휴파트너와 제휴수단의 다양화

오늘날 무한경쟁의 글로벌화 시대에서 살아남기 위한 생존전략으로서의 국제 전략적 제휴는 첨단산업분야에서 시작되었지만, 지금은 모든 분야의 산업으로 확산되어가고 있다. 세계 초일류기업 간에 이루어지고, 대기업과 대기업, 대기업과 중소기업, 중소기업과 중소기업 간에도 이루어지는 등 기업규모에 관계없이 다양한 형태의 전략적 제휴가 전 세계적으로 활발하게 전개되고 있다.

다국적 기업 대부분이 전 세계 기업들과 무수히 많은 거미줄처럼 복잡한 제휴관계를 형성하고 있다. 따라서 우리나라 기업들도 국내기업과 외국기업 간, 그리고 국내기업들 간의 보다 다양하면서 적극적인 전략적 제휴가 필요하다. 지금까지 우리나라 기업들의 전략적 제휴는 주로 미국과 일본 기업에 많이 편중되어 왔는데, 앞으로는 유럽이나 제3국의 다른 기업들과의 전략적 제휴를 맺으면서 제휴파트너를 다양화 할 필요성이 있다.

또한 전략적 제휴수단도 다양하게 적용할 수 있어야 한다. LG전자와 21세기폭스와의 전략적 제휴처럼 첨단영상기술을 바탕으로 제작된 3D입체영화 ‘아바타’를 첨단기능을 갖춘 LG 휴대폰을 통해 실감나게 보여주면서 서로가 서로를 멋있게 광고하는 이러한 종류의 색다르고 다양한 제휴를 많이 활용해 나가야 한다. 전략적 제휴는 창의적인 발상을 통해 얼마든지 다양한 형태로 나타날 수 있을 것이다.

2. 차별적 핵심역량의 지속적 개발

전략적 제휴를 맺는데 필요한 핵심역량은 일반적으로 기술력, 자본력, 생산능력, 경영능력 등이 있는데, 이 중에서도 가장 필요한 것이 뛰어난 기술력이다. 제휴파트너 간에 서로 보완할 수 있는 확실한 특유기술이나 노하우 등의 경쟁우위요소를 보유해야만 전략적 제휴가 활발히 이루어질 수 있다. 즉 내가 가진 것을 상대방이 원하고, 상대방이 가진 것을 내가 원할 때 서로 간에 제휴할 마음이 생기는 것이다. 최근에 국내산업의 눈부신 발전과 우리나라 기업들의 기술력 향상으로 선진국 기업들과 대등하게 국제 전략적 제휴를 활발히 추진하고 있다.

그러나 일단 제휴를 하게 되면 제휴파트너와 공유하게 된 나의 기술은 더 이상 나만의 기술이 아니며, 그 기술은 이미 제휴파트너에게 넘어갔기 때문에 새로운 기술을 계속적으로 개발하지 않으면 더 이상 나의 핵심역량을 유지할 수 없게 된다. 자체 핵심역량을 유지할 수 없다면 제휴관계도 오래가지 못하게 된다. 왜냐하면 전략적 제휴는 파트너가 더 이상 필요 없다고 생각하면 언제든지 끝날 수 있는 한시적인 계약관계이기 때문이다.

그러므로 나 또한 제휴파트너로부터 필요한 기술을 학습하면서 나의 부족한 부분을 채워 이를 통해 한층 더 업그레이드된 기술력을 끊임없이 개발해 나가는 것이 중요하며, 이렇게 함으로써 기업의 핵심역량을 계속 유지, 강화해 나갈 수 있는 것이다.

3. 제휴파트너에 대한 철저한 분석

전략적 제휴의 성공여부는 거의 100% 올바른 제휴파트너의 선정에 달려있다고 해도 과언이 아니다. 기업의 경영목표나 경영전략에 입각하여 상대 제휴파트너에 대한 정확한 분석 후에 적절한 제휴방식을 채택해야 한다.

이를 위해서는 상대파트너의 제휴목적이 무엇인가, 우리기업에 필요한 보완적 핵심역량을 상대파트너가 보유하고 있는가, 제휴를 통해 이익을 얼마나 극대화하고 위험을 얼마나 최소화할 수 있는가 등에 대한 정확하고 철저한 분석이 필요하다. 즉 상대 제휴파트너가 우리 기업의 부족한 부분을 보완해 줌으로써 우리 기업이 새로운 경쟁우위요소를 창출할 수 있는가를 사전에 면밀히 검토해야 한다.

4. 대기업과 중소기업 간의 전략적 제휴

산업의 기반인 중소기업을 활성화하면서 성장잠재력을 확충하기 위해서는 대기업과 중소기업 간의 다양한 분야에서 전략적 제휴가 추진되어야 한다. 전략적 제휴는 상호 강점을 갖는 부문에 대한 역할 분담이 전제되어야 하는데, 해외시장 진출에 있어 중소기업은 생산기술 등을 제공하고, 대기업은 자금, 마케팅, 시장정보, 기술 등을 지원을 하는 전략적 제휴를 시도할 수도 있다. 이러한 전략적 제휴관계는 우리나라에서 종합상사와 중소제조업체간에 활발히 이루어지고 있다.

예를 들어, 삼성물산은 5개 중소섬유기업 컨소시움과 합작투자로 인도네시아에 의류공장을 건립했으며, 또한 4개 중소섬유업체와 합작으로 과테말라에 의류 생산공장을 설립하여 중소기업들은 제품을 생산하고, 삼성물산은 풍부한 정보력과 해외 판매 네크워크를 기반으로 해외마케팅과 판매를 맡는 역할분담을 하였다. 또 다른 예로 LG상사와 중소컨테이너 생산업체인 에이스산업은 중국에 컨테이너 생산 합작기업을 설립해서 좋은 경영성과를 올리고 있다. LG상사는 해외마케팅과 판매를 맡고, 에이스산업은 기술지도를 하고, 합작기업의 지분 75%를 소유한 중국 파트너측이 전체 경영권을 갖고 제품을 생산하는 역할분담을 하였다. 종합상사들은 중소기업과 해외에 합작투자로 진출하여 자금지원, 경영지원, 해외 판매 네크워크 활용 등을 통해서도 우리나라 중소기업들과 다양한 전략적 제휴를 추진할 수 있을 것이다.

게스트 엔지니어링(guest engineering)도 최종제품 메이커인 대기업과 협력업체인 중소기업 간에 이루어지는 공동개발형태의 전략적 제휴라고 할 수 있다. 게스트 엔지니어링은 대기업들이 중소기업에서 파견된 엔지니어들과 함께 최종제품에 필요한 부품들의 설계와 부품개발을 공동으로 수행하면서 중간재 개발기간과 비용을 절감하고, 효과적인 기술이전을 통해 궁극적으로 최종제품의 품질을 높여가는 방식이다. 예를 들어 현대자동차가 '엑센트'를 개발할 때 주요 부품의 50% 이상을 게스트 엔지니어링 방식으로 설계했다. 현대차와 협력업체 엔지니어들은 부품양산단계까지 세부사항을 긴밀히 협의함으로써 기존방식에 비해 개발기간을 20~30% 정도 단축시키는 효과를 올릴 수 있었다.

5. 중소기업과 중소기업 간의 전략적 제휴

중소기업 간에도 다양한 전략적 제휴를 통해 글로벌 경영환경 변화에 적극 대처해 나가야 한다. 중소기업들 간에 활용할 수 있는 전략적 제휴로는 공동브랜드 및 판매망 구축을 들 수 있다. 해외시장개척에는 상당한 자금과 인력, 정보수집 능력 및 마케팅 능력이 필요한 데, 이것은 중소기업들에게는 힘든 과제이다. 따라서 자본이 취약하고 판매조직과 광고능력이 부족한 중소기업들끼리 전략적 제휴를 맺어 공동브랜드와 판매망의 공유를 통해 자신들의 약점을 커버할 수 있을 것이다.

'햇볕에 잘 익은'이라는 뜻의 'Sun kissed'를 줄여서 만든 썬키스트(Sunkist)는 미국 캘리포니아 주의 수백 개 오렌지농가에서 고품질의 오렌지에 공동브랜드인 썬키스트 상표를 붙이면서 사용하기 시작했고, 100년 넘게 브랜드를 유지해 오면서 소비자들에게 맛있고 신선한 과일을 제공하는 브랜드로 인식되게 되었다. 국내에서도 기술과 품질이 뛰어나지만 인지도가 낮은 중소기업 제품을 하나로 묶는 공동브랜드인 '브랜드K'를 출범해서 국가차원에서 육성하고 판로개척 등을 지원하고 있다. 여러 지방자치단체에서도 공동브랜드를 활성화하고 있는데, 한 예로 대구시는 의류, 패션, 안경테, 생활용품 등의 분야 업체들이 참여하는 공동브랜드인 쉬메릭(CHIMERIC)의 육성 및 지원에 힘을 쏟고 있다.

우수 중소기업 공동브랜드 사례

큐텐, 우수 중소기업 '브랜드K' 세계화 나선다

큐텐이 중소벤처기업진흥공단과 함께 중소기업 국가대표 브랜드인 '브랜드K'의 세계화에 나선다고 18일 밝혔다. 큐텐은 전날 서울 코엑스에서 중진공과 대한민국 중소벤처기업 우수제품 '브랜드K'의 신남방 온라인수출 시장 진출을 지원하는 업무협약을 체결했다.

브랜드K는 인지도는 낮지만 우수한 기술력을 보유한 중소벤처기업의 해외 진출을 지원하기 위해 중소벤처기업부가 선정한 우수 제품 공동브랜드다. 지난해 9월 제1기 제품으로 39개, 지난 4월 제2기로 81개가 선정됐다. 큐텐은 제2기 브랜드K 선정을 위한 품평회에도 직접 참여해 국내 중소기업 제품의 글로벌 경쟁력을 확인한 바 있다.

이번 협약에 따라 큐텐은 브랜드K 및 국내 우수 중소기업 제품을 소개하는 '한국상품 전용관'을 큐텐 홈페이지 메인에 구축하고 동남아 진출을 전방위로 지원한다. 이를 위해 큐텐은 전문 MD가 프로모션 및 배너 기획과 개별 상품페이지 제작에 참여하고 동남아 시장 트렌드

분석에 따른 홍보·마케팅 자문을 제공하는 한편 중소기업들이 어려워하는 통관 작업을 포함한 해외배송 등 판매대행 서비스를 지원할 계획이다.

큐텐은 동남아 리딩 마켓인 싱가포르에서 온라인 쇼핑 1위를 수년째 지켜오고 있으며 말레이시아, 인도네시아 현지 사이트 외에도 글로벌 사이트인 큐텐닷컴 및 인도 이커머스 플랫폼 샵클루스를 운영하고 있다.

이번 협약에는 동남아 온라인 쇼핑몰 쇼피를 운영하는 SEA그룹의 쇼피코리아도 참여했다. 큐텐 관계자는 "동남아에서 한국 제품의 우수성과 품질에 대한 신뢰도는 굉장히 높은 편"이라며 "이번 중진공과의 협력으로 브랜드K 인지도 제고를 통해 신남방시장 수출 기회 창출에 기여하겠다"고 말했다.

[파이낸셜 뉴스 2020.06.18.]

참고문헌

권영철, "기업간 경쟁과 협력논리와 규범", 경영학연구, 제30권 3호, 2001, pp.706-708.
강태구, 국제경영, 박영사, 2012.
장세진, 글로벌경영, 박영사, 2019.
전용욱, 김주헌, 윤동진, 문영사, 2008.

Bartlett, Christopher A., Sumantra Ghoshal and Paul W. Beamish, *Transnational Management: Text, Cases & Readings in Cross-Border Management*, 5ed., McGraw-Hill, 2007

Bleeke, J., and D. Ernst. "Is Your Strategic Alliance Really a Sale?," *Harvard Business Review*, 73(1), 1995.

Borys, B., and D. B. Jemison. "Hybrid Arrangements as Strategic Alliances : Theoretical Issues and Organizational Combinations," *Academy of Management Studies* 32(4), 1989.

Czinkota, Michael R., Ilkka A. Ronkainen and Michael H. Moffett, *Fundamentals of International Business*, 1st/Asia-Pacific ed., John Wiley & Sons, 2009.

Daniels, John D., Lee H. Radebaugh and Daniel P. Sullivan, *International Business: Environments and Operations*, 11th ed., Prentice Hall, 2005.

Gomes-Casseres, Benjamin, "Managing International Alliances: Conceptual Framework," *Harvard Business School Case* #9-793-133, 1993.

Hill, Charles W. L., *International Business: Competing in Global Marketplace*, 7ed., McGraw-Hill, 2008.

Lorange, P., J. Roos and P. S. Bronn. *Building Successful Strategic Alliances*, Long Range Planning, 1992.

Murray, E. A. and J. F. Mahon. "Strategic Alliances : Gateway to the New Europe?," *Long Lange Planning* 26(4), 1993.

Ohmae, Kenichi "The Global Logic of Strategic Alliances," *Harvard Business Review*, 1989, March-April.

Rugman, Alan M. and Richard M. Hodgetts, *International Business*, 3ed., Financial Times Prentice Hall, 2003

Wild, John J., Kenneth L. Wild and Jerry C. Y. Han, *International Business*, 3ed., Prentice-Hall, 2005

Yoshino, M. Y. and U. S. Rangan, *Strategic Alliance: An Entrepreneur Approach to Globalization*, Harvard Business Press, 1995.

국문 찾아보기

ㄴ

ㄷ

ㄹ

ㅁ

ㅂ

ㅅ

ㅇ

ㅈ

ㅊ

ㅋ

ㅌ

ㅍ

영문 찾아보기

A

B

C

D

J

K

L

M

N

O

p

R

S

T

U

V

W

Z

저자소개

김기현(金起賢)

고려대학교 경영학과를 졸업하고 럭키금성상사(현 LG상사)에 잠시 근무한 뒤에 미국유학을 가서 뉴욕주립대학(SUNY-Buffalo)에서 경영학석사(MBA)를 취득하였고, 펜실베이니아 주립대학교(Pennsylvania State University) Business School에서 국제경영·국제재무관리를 전공하여 경영학박사 학위(Ph.D.)를 취득하였나. 영남대학교에 부임하기 전에 선경경제연구소 경영연구실 실장을 역임하였다. 또한 미국 시애틀 소재 와싱턴 대학교(U. of Washington)의 Business School에 1년간 객원교수로 다녀왔다.

현재 영남대학교 상경대학 무역학부 교수로 재직 중이며, 글로벌경영학, 글로벌재무관리, 해외직접투자전략 등을 강의하고 있다. 21세기를 이끌어갈 유능한 경영자는 글로벌한 시야를 갖추면서 다른 문화를 이해하고 포용하려는 마음을 가진 사람이라는 생각을 가지고 학생을 가르치고 있다. 한국국제경영학회 등에서 임원으로 있으며, 외부강연 및 여러 기업체의 경영자문교수로서도 활동하고 있다. 주요 연구분야는 기업의 해외직접투자 및 철수와 경영성과, 글로벌기업의 재무구조, 환위험관리 등이며, 경영학연구, 국제경영연구, 무역학회지, 경영교육연구, 경영연구 등에 다수의 논문을 발표하였다.

사례로 배우는

글로벌 경영학

2판 1쇄 | 2021년 3월 10일
초판 1쇄 | 2010년 3월 5일

지 은 이 | 김기현
펴 낸 이 | 최외출
펴 낸 곳 | 영남대학교 출판부

출판등록 | 1975년 9월 5일 경산 제16-1호
주 소 | 경북 경산시 대동 214-1
전 화 | 053 810 1801~3
팩 스 | 053 810 4722
홈페이지 | book.yu.ac.kr

ISBN 978-89-7581-838-7 93320

*값은 표지 뒷면에 있습니다.
*잘못 만들어진 책은 바꾸어 드립니다.